Brandl-Bredenbeck & Stefani (Hrsg.)

**Schulen in Bewegung –
Schulsport in Bewegung**

Schriften der Deutschen Vereinigung für Sportwissenschaft

Herausgeber: Deutsche Vereinigung für Sportwissenschaft ISSN 1430-2225

Band 190

Hans Peter Brandl-Bredenbeck & Miriam Stefani (Hrsg.)

Schulen in Bewegung – Schulsport in Bewegung

Jahrestagung der dvs-Sektion Sportpädagogik
vom 22.-24. Mai 2008 in Köln

Czwalina Verlag Hamburg

Wissenschaftlicher Beirat
Prof. Dr. Michael Bräutigam (TU Dortmund)
Prof. Dr. Claus Buhren (Deutsche Sporthochschule Köln)
Prof. Dr. Rüdiger Heim (Universität Heidelberg)
Juniorprof. Dr. Katja Schmitt (Universität Göttingen)
Dr. Jessica Süßenbach (Universität Duisburg-Essen)
Prof. Dr. Ralf Sygusch (Universität Mainz)

Fotos
Udo Liebert

Endredaktion
Miriam Stefani, Frederik Borkenhagen

ISBN: 978-3-88020-528-4

Alle Rechte vorbehalten
Das Werk und seine Teile sind urheberrechtlich geschützt. Jede Nutzung bedarf der schriftlichen Zustimmung des Verlages. Nachdrucke, Fotokopien, elektronische Speicherung oder Verbreitung sowie Bearbeitungen – auch auszugsweise – sind ohne diese Zustimmung verboten! Verstöße können Schadensersatzansprüche auslösen und strafrechtlich geahndet werden.

© 2009 by Czwalina Verlag
Eine Edition im FELDHAUS VERLAG GmbH & Co. KG
Postfach 73 02 40
22122 Hamburg
Telefon +49 40 679430-0
Fax +49 40 67943030
post@feldhaus-verlag.de
www.feldhaus-verlag.de

Druck und Verarbeitung: WERTDRUCK, Hamburg
Gedruckt auf chlorfrei gebleichtem Papier

Bibliografische Information der Deutschen Nationalbibliothek
Die Deutsche Nationalbibliothek verzeichnet diese Publikation in der Deutschen Nationalbibliografie; detaillierte bibliografische Daten sind im Internet über http://dnb.d-nb.de abrufbar.

Inhalt

Einleitung zum Tagungsband 9

Hauptvorträge

JÖRG THIELE
„Aufklärung, was sonst?" –
Zur Zukunft der Schulsportentwicklung vor dem Hintergrund
neoliberaler Vereinnahmungen des Bildungssystems 13

KATHARINA MAAG MERKI
Schulentwicklung und Schulsport. Braucht der Schulsport die
Schulentwicklung – oder die Schulentwicklung den Schulsport? 28

DIETRICH KURZ
Der Auftrag des Schulsports 36

Arbeitskreise

AK „Rhythmisierung und Takt in der Ganztagsschule – Bewegungsaktivitäten als Gestaltungsbeitrag"

RALF LAGING
Wissenschaftlicher Quellentext und Fallvergleich als
Auswertungsverfahren qualitativer Ganztagsschulforschung 53

REINER HILDEBRANDT-STRAMANN
Unterricht in der Ganztagsschule – durch Bewegung rhythmisiert 59

AK „Schulsport mit Preisen preisen. Qualitätsentwicklung durch Wettbewerbe"

SVEN DIETERICH
Der Schulentwicklungspreis *Gute gesunde Schule* – Die Bedeutung von
Bewegung, Spiel und Sport in der schulischen Qualitätsentwicklung 67

DETLEF KUHLMANN
Deutscher Schulpreis – Deutscher Schulsportpreis.
Eine vergleichende Analyse 72

AK „Informelles Lernen im Sport – ein Modell für den Schulsport"

NILS NEUBER
Informelles Lernen – ein sportpädagogisches Thema?   77

TIM BINDEL
Wissenserwerb beim informellen Teamsport   83

AHMET DERECIK
Informelle Bewegungsaktivitäten zur Aneignung von Schulhöfen in Ganztagsschulen   88

MEIKE BREUER & MARION GOLENIA
Informelles Lernen im Sportverein   94

AK „Standards und Lehrpläne"

HEINZ ASCHEBROCK & GÜNTER STIBBE
Standardorientierte Lehrpläne – Beispiele, Probleme, Perspektiven   100

CHRISTOPHER HEIM & ULRICH FRICK
Fußballvermittlung im Geiste der neuen Lehrpläne für das Fach Sport   106

AK „Schulen in Bewegung am Beispiel des Projekts ‚Tägliche Sportstunde an Grundschulen in NRW'"

JÖRG THIELE
Das Pilotprojekt „Tägliche Sportstunde an Grundschulen in NRW" – Hintergründe und Projektablauf   112

GERD THIENES
Entwicklung koordinativer Fähigkeiten von Grundschulkindern im Projekt „Tägliche Sportstunde"   117

MIRIAM SEYDA
Entwicklung der psycho-sozialen Dimension von Grundschulkindern im Projekt „Tägliche Sportstunde"   123

ESTHER SERWE
Schulsportentwicklung zwischen Fach- und Schulperspektive   129

AK „Schlaglichter der Schulsportentwicklung"

ECKART BALZ
Schlaglichter der Schulsportentwicklung   135

GÜNTER STIBBE
Schuleigene Lehrplanarbeit als Instrument der Unterrichtsentwicklung 136

TIM BINDEL & OLIVER WULF
Sportabstinente und Multiplayer – Ergebnisse einer Reanalyse 142

JUDITH FROHN, CLAUDIA HENRICHWARK & LUTZ KOTTMANN
Bewegung und Lernen in der Lehrerbildung – ein Projekt 149

AK „Neue Lehr-Lernkulturen im Sportunterricht"

ANDRÉ GOGOLL, ANDREA MENZE-SONNECK & ANNE RISCHKE
Neue Lehr-Lernkulturen im Sportunterricht 153

ANDRÉ GOGOLL
Neue Lehr-Lernkulturen im Sportunterricht.
Ein sportdidaktisch-theoretischer Rahmen 154

ANNE RISCHKE
Neue Lehr-Lernkultur im Sportunterricht:
Problemorientierter Sportunterricht als Kontext verstehenden Lernens 160

ANDREA MENZE-SONNECK
Methoden zur Förderung der Lesekompetenz im Sportunterricht 166

Einzelbeiträge

RÜDIGER BOCKHORST & CHRISTOPHER VON TAUBE
Sportunterricht im Spannungsfeld von individueller Förderung
und schulischer Qualitätsentwicklung 173

INGRID BÄHR
Lehrer- und Schülerhandeln als methodologisches Problem bei der
Implementierung von Unterrichtskonzepten 179

ANDREAS BUND
Probleme der Implementierung selbstgesteuerter Lehr-/Lernformen
in den Sportunterricht aus Lehrer- und Schülersicht 185

MIKE LOCHNY
Selbstgesteuertes Bewegungslernen und Lernstrategien im
informellen und institutionellen Sporttreiben – eine empirische
Untersuchung im Kanusport 191

JESSICA SÜßENBACH
Zur Situation des Grundschulsports 196

MARTIN HOLZWEG
Diagnostik und Förderung der Bewegungskompetenz von Kindern
im frühen Grundschulalter 203

JÜRGEN KRETSCHMER
Welche Bewegung ist in der Bewegten Schule? 208

ILKA SEIDEL, ANDREA SEDLAK & KATRIN WALTER
Auswirkungen regelmäßiger Bewegungspausen auf das
Klassenklima jugendlicher Schüler 214

MAUD HIETZGE
Bewegung in der Pause – Zeit- und Raumaneignung.
Problementfaltung, Forschungssetting, Ausblick 220

SERGIO ZIROLI
Längsschnittstudie zur motorischen Leistungsfähigkeit und zum
Gewichtsstatus von Schülerinnen und Schülern einer sportbetonten
Grundschule mit täglichem Sportunterricht in Berlin 227

SABINE REUKER
Wirkungen erlebnispädagogischer Schulfahrten –
Bausteine eines sozialerzieherischen Schulprofils 234

ELKE GRIMMINGER
Schulinterne Sportlehrerfortbildungen als Schulentwicklungsinstrument –
Die Förderung interkultureller Kompetenz von Sportlehrkräften 240

PETRA GIEß-STÜBER, ELKE GRIMMINGER, HELMUT SCHMERBITZ &
WOLFGANG SEIDENSTICKER
Reflexive Interkulturalität als Schul(sport)entwicklungsperspektive –
Die Laborschule in Bewegung 246

ANDRÉ GOGOLL
Kognitiv aktiv? Bedingungen des Wissenserwerbs im Oberstufensport 253

Die Autorinnen und Autoren 259

Einleitung zum Tagungsband

Nach etwas mehr als einem Jahrzehnt war die Deutsche Sporthochschule im Jahre 2008 wieder einmal Veranstaltungsort für die Tagung der dvs-Sektion Sportpädagogik. Zum traditionellen Termin an Fronleichnam (22. bis 24. Mai 2008) hatte das Institut für Schulsport und Schulentwicklung nach Köln eingeladen. Die Tagung stand unter dem Thema „Schulen in Bewegung – Schulsport in Bewegung". Das inhaltliche Spektrum der Sektionstagung knüpfte an aktuelle Themen der bildungspolitischen und schulpädagogischen Diskussion an.

Die Tagung verfolgte das Ziel, die zentralen Themenfelder dieser Debatte in ihrer aktuellen Dynamik aus sportpädagogischer Sicht zu diskutieren und neue Wege und Lösungsansätze zu den thematischen Schwerpunkten wie etwa „Schulsport und Schulentwicklung", „Bewegung, Spiel und Sport in Schulen" und „Bildungsstandards im Schulsport" vorzustellen. Dabei sollten die jüngsten Veränderungen in der Schullandschaft berücksichtigt und in ihrer Bedeutung für die Zukunft des Schulsports analysiert werden.

Da diese Veränderungen und Entwicklungen im Feld des Schulsports auch die Kolleginnen und Kollegen, die in der Schulpraxis tätig sind in besonderer Weise betreffen, wurde die Sektionstagung zeitlich und inhaltlich mit dem nationalen Kongress des Deutschen Sportlehrerverbandes (DSLV) am Vormittag des Samstags (24. Mai 2008) verknüpft. Der Kongress des DSLV stand unter dem Motto „Schule bewegt alle". Die Kooperation zwischen der dvs-Sektion Sportpädagogik und dem DSLV sollte ein Stück weit an historische Verbindungen anknüpfen und eine engere Verzahnung der sportpädagogischen Forschung und der schulischen Alltagspraxis gewährleisten. Zudem sollte diese Verknüpfung für alle Referenten/innen und Teilnehmer/innen die Möglichkeit zur Begegnung und zum Gedankenaustausch bieten.

Der hier vorliegende Tagungsband vereint neben den drei Hauptvorträgen auch die Arbeitskreise und Einzelbeiträge der dvs-Sektionstagung, die vom wissenschaftlichen Beirat zur Veröffentlichung ausgewählt wurden.

Die drei Hauptvorträge nehmen die Bedeutung des Schulsports im Kontext der aktuellen bildungspolitischen Entwicklungen unter die Lupe und akzentuieren das Thema „Schulen in Bewegung – Schulsport in Bewegung" aus unterschiedlichen Perspektiven.

Der erste Hauptvortrag von Katharina Maag Merki (Zürich) zum Thema *„Schulentwicklung und Schulsport. Braucht der Schulsport die Schulentwicklung – oder die Schulentwicklung den Schulsport?"* nimmt explizit die Sichtweise der allgemeinen Schulentwicklung ein. Aus dieser Außenperspektive diskutiert Katharina Maag Merki zwei Optionen und zwar, ob zum einen der Schulsport als ein Ziel der Schulentwicklung angesehen werden sollte oder ob zum anderen der Schulsport als ein Mittel der Schulentwicklung betrachtet werden kann. Sie kommt zu dem Schluss, dass beide Perspektiven ihre Berechtigung haben. In ihrem Fazit fordert die Verfasserin deshalb alle Akteure im schulischen Kontext auf, Schulentwicklung und Schulsport systematischer aufeinander zu beziehen, um die Entwicklung der einzelnen Schule zum Wohle der Kinder positiver gestalten zu können.

Vertreter des Instituts für Schulsport und Schulentwicklung der DSHS Köln mit der Hauptreferentin (v.l.n.r.): Prof. Dr. Claus Buhren, Prof. Dr. Katharina Maag Merki, Prof. Dr. Hans Peter Brandl-Bredenbeck.

Im zweiten Hauptvortrag „Aufklärung, was sonst?" – Zur Zukunft der Schulsportentwicklung vor dem Hintergrund neoliberaler Vereinnahmungen des Bildungssystems nimmt Jörg Thiele eine von ihm seit längerem vertretene Diskussionslinie auf, in dem er nachzuweisen versucht, dass die Entwicklungen im Bildungssystem nicht in erster Linie wissenschaftlichen Erkenntnissen und pädagogischen Überlegungen verpflichtet sind, sondern einer im Hintergrund wirkenden neoliberalen Logik folgen, ohne dass dies den Akteuren im Bildungssektor bewusst ist. Das Anliegen von Jörg Thiele besteht darin, diese versteckten Mechanismen kenntlich zu machen und zu einer fachinternen Diskussion anzuregen. Damit möchte er die Selbstreflexionsfähigkeit des Faches einfordern und herausfordern, mit dem Ziel, mögliche alternative Konzepte und Entwicklungen – jenseits der neoliberalen Wirkmechanismen – zu prüfen und nicht von vorneherein auszuschließen.

Der Titel des dritten Hauptvortrags von Dietrich Kurz ist prägnant und lautet: „Der Auftrag des Schulsports". Dietrich Kurz, der die deutsche Sportpädagogik der letzten 30 Jahre in nachhaltiger Weise mitgeprägt hat, bezieht in seinem Beitrag noch einmal Position in der aktuellen Fachdebatte um den Kern des Fachauftrages, der in der gegenwärtigen bildungspolitischen und sportpädagogischen Diskussion nur noch schwer konturierbar zu sein scheint und auch innerhalb des Faches kaum mehr auf eine eindeutige „Sinn-Mitte" zu verdichten ist. Die in den neuen Lehrplänen beschriebenen Bewegungsfelder, die pädagogischen Perspektiven und auch der Doppelauftrag des Schulsports polarisieren oder scheinen zumindest unterschiedliche Interpretationen zuzulassen, an denen sich die Diskussion entzündet hat. Hinzu kommt die neue Outputsteuerung, die sich für das Fach Sport bisher in weiten Teilen einer Konkretisierung entzieht. Diese Gemengelage greift Dietrich Kurz auf und versucht die „Streitlinien" zu skizzieren und bietet in seinem Beitrag eine mögliche theoretische wie auch didaktische Auflösung an.

Prof. Dr. Jörg Thiele (TU Dortmund)   Prof. Dr. Dietrich Kurz (Universität Bielefeld)

Die Arbeitskreise und Einzelbeiträge des vorliegenden Tagungsbandes verdeutlichen das breite Spektrum der diskutierten Themen zu „Schulen in Bewegung – Schulsport in Bewegung".

Das Tagungsthema – und vielleicht auch der attraktive Tagungsstandort – haben eine große Anzahl an Kolleginnen und Kollegen nach Köln gelockt. Wir danken allen Teilnehmerinnen und Teilnehmern für ihr Kommen und ihren Beitrag zum Gelingen der Tagung.

Ganz besonders hervorheben möchten wir die Unterstützung durch unser studentisches Helferteam. Alle Studierenden hatten durch ihre freundliche und umsichtige Art einen großen Anteil am Erfolg der Tagung. Auf diesem Wege noch einmal herzlichen Dank für den tollen Einsatz!

Hans Peter Brandl-Bredenbeck & Miriam Stefani

JÖRG THIELE

"Aufklärung, was sonst?" – Zur Zukunft der Schulsportentwicklung vor dem Hintergrund neoliberaler Vereinnahmungen des Bildungssystems

1 Zur Orientierung

1997, also vor elf Jahren, wurde die Frage nach der Standortbestimmung der Sportpädagogik hier in Köln mit einer Abkehr von allzu viel Selbstreflexion und verstärkter Hinwendung zu empirisch fundierter Forschung beantwortet (Thiele & Schierz, 1998). Man wird konstatieren können, dass der Intention auch Taten folgten. Seit der viel beschworenen Jahrtausendwende werden aber alle schulpädagogischen und fachdidaktischen Diskurse vor dem Hintergrund des Phänomens PISA neu modelliert. Die Soester Tagung 2004 hat diese Wende zum Anlass genommen, einen Schwerpunkt der Neuorientierung – die Qualitätsfrage – auch auf den Schulsport zu projizieren. Dort haben Matthias Schierz und ich auf aus unserer Sicht problematische bildungspolitische Entwicklungen aufmerksam gemacht, die wir unter die Schlagworte Ökonomisierung und Standardisierung gefasst haben (Schierz & Thiele, 2004). Heute stehen wir wieder in Köln und „das Tagungsthema knüpft an die aktuelle bildungspolitische und schulpädagogische Diskussion an und soll die Gelegenheit bieten, die zentralen Themenfelder in ihrer aktuellen Dynamik aus sportpädagogischer Sicht zu diskutieren..." (vgl. Tagungsankündigung Homepage). Das will ich tun. Ich bin nun der Auffassung, dass in den letzten Jahren sehr viele und sehr tiefgreifende bildungspolitische Änderungen initiiert und partiell umgesetzt wurden, die sich recht gut in ein Schema einpassen lassen, das ich in Anlehnung an Soest als „neoliberale Kolonialisierung" bezeichnen möchte. Dazu ist allerdings – und damit bin ich wieder in Köln, aber 1997 – Selbstreflexion dringend erforderlich oder anders formuliert: „Aufklärung – was sonst?". Was bedeutet dies für den Vortrag, der sie erwartet?
Zunächst geht es sicher nicht um neue Entdeckungen, die hier in Köln das Licht der Welt erblicken würden. Die meisten Dinge, die ich Ihnen vortragen werde, sind bereits an anderen Stellen veröffentlicht, aber gelegentlich sind diese Stellen nicht leicht auffindbar und zudem auch für Sportpädagogen wenig einschlägig.
Konkret bedeutet dies, dass die aktuellen bildungspolitischen und schulpädagogischen Entwicklungen nicht zufällig so ablaufen, wie sie ablaufen und dass die Choreographie sich auch nicht primär wissenschaftlichen Erkenntnissen verdankt, obwohl dieser Anschein wohl aus bestimmten Gründen erweckt werden soll. Die Rolle des Choreographen kommt dem Konzept des hier so genannten „Neo-Liberalismus" zu, der sich allerdings gerne im Hintergrund hält. Ein erster Ansatz der Aufklärung gilt dann auch folgerichtig einer Beschreibung der Kernprinzipien eines neoliberalen

Gesellschaftscredos. Sowohl führende neoliberale Theoretiker selbst wie auch sich langsam Gehör verschaffende kritische Positionen aus Ökonomie und Gesellschaftstheorie dienen hier als Informationsquellen (Becker, 1993; Schumpeter, 1987; Hayek, 1971; Butterwegge, 2007, Chomsky, 2002). Insbesondere den Bereichen der Bildung und der Wissenschaft gilt die Aufmerksamkeit neoliberaler Veränderungsstrategien in den letzten Jahren, und beide Bereiche sind für unser Anliegen ersichtlich von Bedeutung. Auf einer zweiten Konkretisierungsstufe soll die Strategie neoliberaler Bildungspolitik als „Bildungswissenschaft-Politik" am Beispiel der allseits bekannten PISA-Studie näher ausbuchstabiert werden. Dabei wird auf Besonderheiten Bezug genommen, die im PISA-Diskurs offenbar wiederum nicht zufällig weitgehend unbekannt bleiben, ein zweiter Aspekt der Aufklärung (Flitner, 2006; Jahnke & Meyerhöfer, 2007; Hopmann, Brinek & Retzl, 2007; Langer 2008). Erst im dritten Schritt kommt dann der Schulsport bzw. die aktuelle Schulsportentwicklung in den Blick. Hier wird die Frage zu stellen sein, ob und inwieweit sich strukturelle Ähnlichkeiten der Entwicklung auch auf den hierarchisch untergeordneten Ebenen identifizieren lassen und welche Bedeutung ihnen zukommt. Angesichts der konstatierten Dominanz der skizzierten Entwicklungen wird abschließend dann der Blick nach vorn gerichtet und die Frage möglicher Perspektiven oder wichtiger noch: Alternativen gestellt. Dies scheint auch deswegen besonders wichtig, weil – wie wir noch sehen werden – ein Kernargument neoliberaler Dogmatik in der Beschwörung ihrer eigenen Alternativlosigkeit liegt.

2 Choreographie im Hintergrund: Neoliberalismus als Gesellschaftstheorie

Die Beschreibung des Neoliberalismus als „verborgener" Akteur mag Überraschung hervorrufen, da der Begriff doch offenbar aktuell in aller Munde und ständig präsent ist. Allerdings sollte man sich nicht täuschen. Zum Ersten ist die aktuelle Aufgeregtheit um den Neoliberalismus in der Tat eine sehr aktuelle, die im Kern auf dem desolaten Management der Krise des internationalen Finanzmarkts beruht. Gerade das Versagen eherner neoliberaler Marktprinzipien hat den Neoliberalismus hier ins Gerede gebracht und noch vor wenigen Monaten war die Situation eine grundsätzlich andere. Ungeachtet dieser aktuellen Akzentsetzung ist aber ein anderer Aspekt von größerer Bedeutung. Auch wenn der Begriff des Neoliberalismus durchaus zum alltäglichen Gebrauch einlädt, so ist sein Programm doch weitgehend unbekannt. Abgesehen von einigen Schlagworten wie Marktmacht, Wettbewerbsorientierung, Staatsversagen oder Globalisierung, bleiben die zentralen Leitideen des Neoliberalismus zumeist im Dunklen. Dieses Defizit soll einleitend zumindest so weit verringert werden, dass die für uns bedeutsamen Konsequenzen verständlich werden.
Zunächst ist darauf hinzuweisen, dass die systematische Einordnung des Neoliberalismus als Wirtschaftstheorie nur einen kleinen Teil seines Selbstverständnisses widerspiegelt. Zwar startet das neoliberale Denken als ein im Kern ökonomisches,

zwar sind die „neoliberalen" Nobelpreise (z.B. von Hayek, Becker, Friedman) an Wirtschaftswissenschaftler vergeben worden, zwar sind auch nutzenmaximierendes Verhalten, Marktgleichgewicht, Wettbewerbsorientierung anfangs in der ökonomischen Theorie zu Grunde gelegte Prinzipien, doch ist der prinzipielle Anspruch ein ganz und gar anderer: "In der Tat bin ich zu der Auffassung gekommen, dass der ökonomische Ansatz so umfassend ist, dass er auf alles menschliche Verhalten anwendbar ist, sei es nun Verhalten, das monetär messbar ist oder unterstellte „Schatten"-Preise hat, seien es wiederkehrende oder seltene Entscheidungen, handele es sich um emotionale oder nüchterne Ziele, reiche oder arme Menschen, Männer oder Frauen, Erwachsene oder Kinder, kluge oder dumme Menschen, Patienten oder Therapeuten, Geschäftsleute oder Politiker, Lehrer oder Schüler" (Becker, 1993, S. 7). So einer der Nobelpreisträger des neoliberalen Paradigmas, Gary S. Becker – und wohl nicht zufällig werden hier Erinnerungen an den Behaviorismus wach. Ergänzt wird dieser Totalitätsanspruch durch eine aggressive Bekämpfung alternativer Erklärungskonzepte und ein ausgeprägtes Freund-Feind-Denken. (ebd., S. 12; auch grundsätzlich Butterwegge, 2007, S. 24f.).

Begründungen für diese Totalisierung und Immunisierung – insbesondere empirischer Art – sucht man aber weitgehend vergeblich. Kritiker (auch wohlwollende) solcher neoliberaler Allmachtsphantasien sprechen dann auch eher von Praktiken einer „religiösen Sekte" (Weingart, 2005, S. 102) oder von „Wirtschaftstheologie" (v. Rüstow, 2001, S. 78). Nebenbei bemerkt ist der Neoliberalismus auch keine amerikanische Erfindung, sondern in wesentlichen Teilen parallel zu den europäischen Wirtschaftskrisen zu Beginn des 20. Jahrhunderts und in Fortführung klassischer liberalistischer Wirtschaftstheorien (insbesondere A. Smith) entstanden und danach erst in Amerika aufgegriffen und weiter entwickelt worden[1]. Im Zentrum steht die möglichst freizügige Entfaltung der am Markt wirkenden Kräfte, die bei weitgehender staatlicher Zurückhaltung bzw. Entmachtung zu einem Marktgleichgewicht führen, welches wiederum den größtmöglichen Nutzen für alle Marktakteure nach sich ziehen soll. Eine ganz besondere Rolle spielt dabei die „invisible hand", eine Art übergeordneter Vernunft, die jenseits der Intentionalität aller Akteure das jeweils beste Wettbewerbsergebnis marktgerecht und wohlfahrtsorientiert produziert. Unabhängig von der zu Grunde liegenden Plausibilität bzw. der Frage nach der diese Theorie speisenden irrationalen Elemente (Butterwegge, Lösch & Ptak, 2007, S. 45ff.) bleibt festzustellen, dass der neoliberale Ansatz im Verlauf der letzten beiden Jahrzehnte gemessen an seinen eigenen Ansprüchen eine einzigartige Erfolgsbilanz aufzuweisen hat. Auch dies kommt nicht von ungefähr, sondern basiert auf einem generalstabsmäßigen Vorgehen (ebd., S. 73ff.). Bezogen auf die Bundesrepublik Deutschland sind insbesondere die gesellschaftlichen Teilsysteme in den neoliberalen Fokus geraten, die den Prinzipien von Markt und Wettbewerb traditionell enthoben waren, konkret: Recht/Sicherheit, Gesundheit, Bildung,

---

[1] Am bekanntesten und bedeutendsten ist dabei wohl die „Chicagoer Schule" um Milton Friedman geworden. Als einer der wirkungsvollsten europäischen Protagonisten ist sicher Friedrich August von Hayek zu nennen.

Wissenschaft. Das Ziel besteht darin, die in diesen Systemen vorherrschenden staatlichen Organisations- und Funktionsprinzipien durch vorgebliche Marktmechanismen zu ersetzen: mehr Transparenz, mehr Wettbewerb, mehr Effizienz, mehr Exzellenz, mehr Gerechtigkeit, mehr Selbstbestimmung, mehr Freiheit. Ein Kernresultat dieses Prozesses ist – entgegen auf Differenzierung und Pluralisierung angelegten Entwicklungen auf anderen gesellschaftlichen Ebenen – eine Homogenisierung der Teilsysteme der Gesellschaft mit dem Ziel einer „Monokultur" auf der Programmebene. Das neoliberale Lob der Vielfalt ist also nur sein vorletztes Wort! Diese vielleicht auf den ersten Blick überraschende Konsequenz ist aber in der ‚Logik des Neoliberalismus' nur folgerichtig. Wenn es nur den einen richtigen Weg zur optimalen Entwicklung eines gesamtgesellschaftlichen Wohlstands gibt, dann ergeben Alternativen schlicht keinen Sinn. Diese Grundposition macht auch verstehbar, warum Toleranz innerhalb dieses Paradigmas keinen Platz finden kann, sondern als Schwäche gedeutet wird[2]. Der Neoliberalismus betrachtet sich selbst als alternativlos, weil alle anderen Wege zum Scheitern verurteilt sind. So ist es gerade kein Zufall, dass einer der meist zitierten Sätze M. Thatchers lautet: „There is no alternative". Indes benötigt auch der Neoliberalismus Reaktionsmuster für Prozesse, die der eigenen Prognostik zuwider laufen, wenn also z.B. trotz fortschreitender Privatisierung des Gesundheitssystems Kosten weiter steigen, die Qualität der Versorgung abnimmt oder gar Rationierungen vorgenommen werden müssen. Für diese Fälle hat der Neoliberalismus zwei durchaus bekannte Argumentationsmuster als systematische Einsatzstrategien ausgearbeitet, die bei entsprechenden Anlässen immer wieder zum Einsatz kommen. Die erste Reaktionsform lautet: „More of the same". Wenn neoliberale Strategien nicht oder nicht genug greifen, dann ist die Dosis der neoliberalen Medikation zu erhöhen. So wird die ungenügende Konsequenz in der Umsetzung neoliberaler Prinzipien für eventuelle Misserfolge verantwortlich gemacht, was wiederum zu einer weiteren Stärkung der eigenen Position führt. Es sind dann die immer noch zu weitgehenden staatlichen Interventionen oder Zwänge, die den Erfolg behindern. Sollte auch diese Strategie auf Dauer nicht überzeugen, dann folgt als nächste Variante: „In the long run". Der eingeschlagene Weg ist noch nicht lange genug verfolgt worden, um die Früchte auch ernten zu können. Den wohl bekanntesten ökonomischen Gegenspieler des Neoliberalismus, John Keynes, hat dies zu der süffisanten Bemerkung „In the long run we are all dead!" veranlasst. In ihrer Kombination führen beide Strategien angesichts ihrer Nicht-Falsifizierbarkeit aber zu einer Form der Immunisierung, die wieder nur die eigene Alternativlosigkeit bestätigt.

Das Selbstbewusstsein des Neoliberalismus basiert aber nicht nur auf abstrakten Prinzipien der vorgestellten Art, sondern auch auf einer besonderen Vorliebe für

---

2   Diese Einstellung kann – so eine zugegeben sehr „steile" These – auch verstehbar machen, warum der Neoliberalismus als Theorie und Praxis allenthalben mit einem hohen Aggressionspotenzial auftritt. Der mit besonderer Eindringlichkeit innerhalb der ökonomischen Sphäre beobachtbare „Kampf ums Überleben" basiert so gesehen durchaus auf weltanschaulichen Glaubensprinzipien, die von den Glaubensbrüdern und -schwestern dann in die Welt getragen werden. So kann denn auch der missionarische Eifer seiner Verfechter kaum noch überraschen.

Zurechenbarkeit. Innerhalb der Logik des Neoliberalismus werden Prozesse, Erwartungen, Ziele u. a. m. in „Zahlenwerke" transformiert, die über Indikatoren, Standards, Benchmarks u.ä. konkrete Messungen und Zuordnungen erlauben. Der zentrale Vorteil dieser Strategie liegt in seiner vordergründigen Objektivität, dem Mythos der Zahl. „Typisch dafür sind betriebswirtschaftliche Zu-Rechnungen. Sie sagen nicht nur, was ist, sondern, um Austins berühmten Buchtitel zu paraphrasieren, sie ‚tun Dinge mit Zahlen'. Sie präsentieren uns die Rechnung. Das ist ihr Werk. Zahlenwerke behaupten nicht nur quantitative Zusammenhänge, sondern etablieren sie als geltend – verschaffen ihnen, alsbald kaum mehr bezweifelbare Geltung" (Ortmann, 2007, S. 8). Hat man sich diese neoliberale Logik der Zahl erst einmal zu Eigen gemacht oder wird ihr unterworfen, dann entwickelt sie eine eigene Dynamik, der schwer zu entrinnen ist.

Was passiert nun, wenn neoliberale Prinzipien auf genuin bzw. traditionell anders strukturierte Gebiete übertragen werden, wie es momentan flächendeckend und systemübergreifend geschieht? Dazu soll im Folgenden der Blick auf das Phänomen PISA gelenkt werden – ein Lehrstück neoliberaler Bildungs- und in Teilen Wissenschaftsokkupation.

3 Das Phänomen PISA – ein Lehrstück

Vorweg: Unbestritten besitzt die PISA-Studie ein hohes bildungswissenschaftliches Potenzial, unbestritten auch ihr Verdienst, das Thema Bildung wieder auf die Tagesordnung gebracht zu haben.

Dabei hat PISA wie kaum eine andere Einzelstudie in Deutschland zuvor einen lange nicht mehr gesehenen bildungspolitischen Aktionismus provoziert. Zugleich und irritierender Weise ist aber festzustellen, dass diese Umwälzungen ohne eine nennenswerte bildungspolitische und erziehungswissenschaftliche Diskussion ablaufen – „a silent educational revolution", wie auch internationale Erziehungswissenschaftler feststellen. Ziel der nachfolgenden Darlegungen ist eine bewusste Fokussierung auf das Ungesagte zu PISA, Kritik, die aus noch zu erläuternden Hintergründen weitgehend ungehört bleibt[3]. Auch wenn es einer der Verdienste von PISA sein mag, die deutsche Bildungslandschaft aus einem dogmatischen Schlummer geweckt zu haben, so sollten auch mögliche Kollateralschäden grundsätzlicher Art nicht ausgeblendet werden. Wollen wir uns also der „Zuchtnorm eines virtuell international konkurrenzfähigen Schülers" – wie es ein PISA-Kritiker formulierte (Jahnke, 2007, S. 6) – anschließen?

Zunächst ist noch einmal festzustellen, dass PISA im Auftrag (!) der OECD durchgeführt wird. Die OECD ist eine Vereinigung der führenden Wirtschaftsnationen und ihre Leitidee ist eine effektive wirtschaftliche Entwicklung auf der Basis neoliberaler

---

3   Ausgeblendet bleibt dabei die politische Hinterbühne der Grundsatzentscheidungen zur Ein- und Durchführung von PISA und anderen Vergleichsstudien. Zwar ist auch dieser – weitgehend unbekannte – Prozess von hohem Interesses und ausgesprochen lehrreich, doch würde seine Einbeziehung den Rahmen der vorliegenden Überlegungen endgültig sprengen (vgl. dazu Langer, 2008).

Prinzipien. „The overall logic behind the strategy of the OECD seems to be to support an increase of a competetive mentality combined with a system of having common standards for nations, as this is expected to be beneficial for a common market" (Uljens, 2007, S. 298). Um nicht missverstanden zu werden: die Prinzipien der OECD mögen ökonomisch sinnvoll sein, es stellt sich aber die Frage, ob ihre Übertragung auf die Bewertung von Bildungssystemen dies auch ist. Wenn – ohne irgendeine wissenschaftsimmanente Notwendigkeit, ja sogar gegen wissenschaftliche Bedenken – die Ergebnisse von PISA, deren Akribie, Komplexität und methodische Finesse von ihren Konstrukteuren ja immer wieder betont wird, letztlich in Nationentabellen enden, dann mag dies durchaus einem neoliberalen Konkurrenzprinzip entsprechen, der bildungswissenschaftliche Nutzen aber bleibt unerkennbar. Verständlich ist aber vor dem Hintergrund dieser neuen Bildungslogik, dass nun auch das Bildungssystem immer mehr zum Spielfeld von wirtschaftlichen Interessen und Interessenvertretern wird. Es stimmt mich nicht gerade optimistisch, dass die gleichen Vertreter, die sich vor einigen Jahren anschickten, das Banken- und Finanzsystem „zukunftsfähig" zu machen, sich aktuell und massiv dem öffentlichen Sektor zuwenden[4]

Aber auch PISA selbst kann hier als Beispiel dienen. So ist weitgehend unbekannt geblieben, dass die gesamte PISA-Untersuchung von der OECD an eine Gruppe von international agierenden Firmen vergeben worden ist, die das entsprechende Design entworfen und die Durchführung dann an nationale Agenturen übertragen haben, deren Einflussmöglichkeiten allerdings durchaus begrenzt blieben. Über die Gründe für das verschämte Verschweigen dieses ökonomischen Details mag man spekulieren und spezifisch deutsche Empfindlichkeiten ins Feld führen, wenn es um die Vermarktung von Bildungsangeboten geht, immerhin werden die Kosten für die letzte PISA-Erhebung 2006 auf insgesamt ca. 80 Mio. € veranschlagt. Wichtiger scheint auch hier die Durchsetzung eines neoliberalen Prinzips, das in der Verdrängung des Staats aus genuinen Bereichen des öffentlichen Interesses besteht (vgl. Flitner, 2006). Auch aus dem Schulsystem wird so sukzessive ein Dienstleistungsmarkt mit allen Konsequenzen marktliberaler Logik. Es ist sicher kein Zufall sondern Geschäft, dass von den PISA-Firmen mit jedem Durchlauf immer mehr Nationen erfasst, immer neue Tests und Testaufgaben entwickelt, immer neue Kompetenzen einbezogen und sich wiederholende Testzyklen vertraglich fest geschrieben werden. Allein PISA soll mindestens bis 2018 fortgesetzt werden. Ob dies alles bildungspolitisch oder erziehungswissenschaftlich sinnvoll ist, sei dahingestellt, marktwirtschaftlich stringent ist es jedenfalls. „No child – no school – no state left behind",

---

4   Immerhin flossen im Jahr 2006 ca. 1,4 Mrd. € Beraterhonorare aus den öffentlichen Haushalten der Bundesrepublik in die Kassen der entsprechenden Unternehmen. Interessant sind in dieser Hinsicht auch Details wie die zunehmende Präsenz von bekannten Beratungsunternehmen und ihren Leitwölfen in z. B. ministeriellen Publikationsorganen (z.B. Schule in NRW). Macht man sich einmal die Mühe, diese Verlautbarungen dann auch zu studieren, dann werden natürlich auch hier die erwartbaren Kernbotschaften schnell deutlich. Nach Begründungen, die über bereits aus den entsprechenden Fachwissenschaften allseits Bekanntes hinausgehen, sucht man dagegen vergeblich. Wozu also der zusätzliche finanzielle Aufwand, mag man sich fragen?

so lautet ein ironischer Kommentar in Anlehnung an den bekannten Educational-Act der Regierung Bush aus dem Jahr 2001 (Hopmann, 2007, S. 363ff.). Passend zu diesen marktwirtschaftlichen Aspekten präsentieren sich auch die Inszenierungsformen. Pressekonferenzen, vorab gestreute Insider-Informationen, Fernsehauftritte sind die Plattformen der Ergebnisverbreitung. Dies entspricht – wohl gemerkt – nicht dem Niveau der PISA-Untersuchungen, aber es ist auch von denen mit zu verantworten, die diese Form der Präsentation gewählt haben und da ist auch die Bildungs-Wissenschaft in der Zelebration ihrer eigenen Bedeutsamkeit und Unentbehrlichkeit nicht unbeteiligt. Alles hat eben seinen Preis – der Neoliberalismus lässt grüßen!

Was aber aus einer Wissenschaftsperspektive noch mehr irritiert, ist der PISA-spezifische *Umgang mit* bzw. auch die *Produktion von* Wissen. Der Umgang mit Wissen soll hier auf die Dimension der Kritik an PISA konzentriert werden, denn auch hier könnte PISA zu einem Lehrstück werden. Betrachtet man aus der gegenwärtigen Perspektive die Geschichte von PISA in Deutschland, dann fällt neben der Wucht der Inszenierung der Ergebnispräsentation vor allem die eigentlich ungeteilte Wertschätzung der Qualität der Studie auf. Lange Zeit gab es kaum differenzierte Kritik an methodischen oder inhaltlichen Fragen, wenn überhaupt dann handelte es sich um Grundsatzkritik, die letztlich auf anderen „Weltanschauungen" basierte. Auch wenn man ganz im Sinne eines ungetrübten neoliberalen Selbstbewusstseins an die Überlegenheit der Qualität marktwirtschaftlicher Bildungsforschungsfirmen glauben mag, so ist die Wahrscheinlichkeit der weitgehend fehlerfreien Durchführung einer komplexen Großunternehmung (zudem auf relativ neuem Feld nicht-curricularer Kompetenzforschung) doch relativ gering (auch Olechowski, 2007). Die Ausblendung von Kritik hat denn auch Methode. Betrachtet man darauf hin die mittlerweile sich Gehör verschaffende methodische und inhaltliche Detailkritik an PISA (Jahnke & Meyerhöfer, 2007; Hopmann, Brinek & Retzl, 2007), dann wird man – auch ohne Verfechter einer Verschwörungstheorie werden zu wollen – einen sehr bitteren Beigeschmack nicht los. Diese Kritik überzeugt – wohlgemerkt ohne dass man ihr immer zustimmen müsste – durch Sachlichkeit, Detailkenntnis, Akribie und durchaus auch Konstruktivität. Eine Diskussion findet trotzdem nicht statt, weil das PISA-Konsortium entweder schweigt, den Kritikern vornehmlich in den Medien pauschal Unkenntnis unterstellt oder selbst die „Weltanschauungskarte" zieht, wenn es um präzise Anfragen geht. Dieser befremdliche Vorgang kann nicht detailliert dargestellt werden, er mag aber exemplarisch als ein Vorbote dafür dienen, was einer Wissenschaftskultur ins Haus steht, die sich als alternativlose Monokultur versteht und dies aggressiv durchsetzt[5]. Vergleichbar dem Rechtssystem ist die staatliche Zuständigkeit auch für die Unabhängigkeit von Wissenschaft

---

5   Z. B. Wuttke (2007, S. 217ff.), Hopmann & Brinek (2007, S. 13ff.). Dabei soll an dieser Stelle gar nicht bestritten werden, dass auch in der Wissenschaft (natürlich auch in der Erziehungswissenschaft) immer schon Machtkämpfe um Deutungshoheiten stattgefunden haben. So waren auch Vertreter der so genannten „geisteswissenschaftlichen Pädagogik" in ihrer Hochzeit durchaus nicht zimperlich im Umgang mit den wenig geschätzten Konkurrenten einer empirischen Pädagogik. Nur: ein Fehlverhalten kann das folgende Fehlverhalten natürlich nicht legitimieren!

unersetzlich, wenn nicht die Kernwährung von Wissenschaft – Vertrauen – aufs Spiel gesetzt werden soll.
Nicht nur der Umgang mit Wissen – hier am Beispiel der Kritik – ist PISA-typisch, sondern auch die Produktion von Wissen. Die neoliberale Vorliebe für „Zahlenwerke" und messbare Indikatoren kennzeichnet bekannter Maßen auch PISA. Dies ist insofern besonders süffisant, als einer der zentralen Vertreter des neoliberalen Paradigmas F. v. Hayek, auch noch in seiner Nobelpreisrede diese Reduzierung dezidiert als „Anmaßung des Wissens" kritisiert und vor den Folgen einer Übertragung auf sachfremde Gebiete (z.b. den Verhaltenswissenschaften) nachdrücklich gewarnt hat (v. Hayek, 1975). Dies aber nur am Rande. Wichtiger scheint mir ein grundsätzlicher Wandel im Status des Wissens, das bereits im Kontext von PISA auch zur Ware mutiert. So bringt es die ökonomische Orientierung der PISA-Firmen mit sich, dass bestimmte Prozeduren der Wissensproduktion nicht veröffentlicht werden, weil sie „Betriebswissen" darstellen und die Position der Unternehmen am Bildungsmarkt bestimmen. Bestimmte Ergebnisse von PISA sind also von externen Forschern nicht überprüfbar, weil sie die Wissensproduktion nicht im Detail nachvollziehen können. Dies ist ein für den Bildungsbereich relativ neues Phänomen (im Unterschied zu bestimmten Bereichen der Wissenschaft), und es stellt sich die zentrale Frage, ob angesichts der massiven Konsequenzen, die aus PISA zumindest in Deutschland gezogen werden, ein solcher Zustand legitim oder gewünscht ist.
Eng verknüpft mit dem Warencharakter von Bildungswissen ist die Frage seiner Nützlichkeit. Der in der Wissenschaft häufig betonte unnütze Status von Wissen, ihre gelegentliche Beschäftigung mit Orchideen, das Verweilen im Elfenbeinturm wird mit der Transformation von Wissen in Ware obsolet. Nützlich in einem neoliberalen Sinn ist Wissen dann, wenn es marktfähig ist und an den Kunden gebracht werden kann, schlicht gesprochen, wenn Rankings und Punkteskalen Eindeutigkeit gewährleisten bzw. etwas komplizierter, wenn Zahlenwerke Zurechenbarkeit ermöglichen – secumdum non datur. Man kann dies alles für richtig und wünschenswert halten, aber es bleibt die Frage bestehen, von wem und mit welchem Recht diese Norm der Nützlichkeit zur Norm gemacht wurde. Angesichts der weitgehend diskursfreien Entwicklung trifft für den Bildungsbereich genau das zu, was Chomsky als Strategie neoliberaler Formung des öffentlichen Bewusstseins identifiziert hat: „Konsens ohne Zustimmung" (Chomsky, 2002, S. 74).
Die Darstellung einiger rückwärtiger Ansichten von PISA sollte exemplarisch am Bildungs- und Wissenschaftsbereich Tendenzen einer neoliberalen Zurichtung deutlich machen. Der von PISA beschrittene Weg ist im Kern alternativlos (andere Formen haben nachweislich versagt), er verlangt einen langen Atem (in the long run) und bedarf unterstützender Maßnahmen z.B. in Form von Bildungsstandards (more of the same). Die möglichen Kosten sind angesprochen, auf Kollateralschäden ist hingewiesen worden, sie standen jedoch nicht im Fokus der Aufmerksamkeit. Wenn die bisher skizzierte Situation im Kern Plausibilität beanspruchen kann, dann stellt sich ganz zwangsläufig auch die Frage, ob und welche Konsequenzen sich daraus für hierarchisch untergeordnete Bereiche wie z.B. dem Schulsport ergeben. Wenn

Gesellschaft, wenn Wissenschaft, wenn Bildung sich aktuell in einem Prozess der neoliberalen Homogenisierung befinden, kann das dann ohne Auswirkungen für die Ebene des Schulsports bleiben?

4 Der Schulsport als Gegenstand neoliberaler Vereinnahmung?

Angesichts der aggressiven und totalisierenden Grundstrategie des neoliberalen Projekts auch im Bildungssystem halte ich eine Verschonung der „schönsten Nebensache der Welt" in der Institution Schule für wenig wahrscheinlich. Die Frage ist für mich demnach nicht ob, sondern wie solche Vereinnahmungen sich konkret ausgestalten können. Ich möchte dazu nicht den Blick in eine spekulative Zukunft richten, sondern auf der Basis von aktuellen Beispielen denkbare Verknüpfungen zu dem bisher Gesagten herstellen.

Das Beispiel der so genannten Bildungsstandards kann als direkte Konsequenz der allgemeinen Bildungsdebatte gelesen werden. Ohne PISA wäre die Diskussion um Bildungsstandards nicht in der aktuellen Massivität entstanden und wohl auch nicht auf den Schulsport transformiert worden. Zum Stand der Überlegungen im Fach Sport sind mittlerweile einige grundlegende und zusammenfassende Publikationen zugänglich, so dass ich mich hier auf zwei ergänzende Aspekte beschränken will (Krick, 2006; Kurz, 2007; Thiele, 2007; Tillmann, 2007). Zum einen ist auf den aktuellen Stand zu verweisen, der eigentlich eine Art Leerlauf darstellt. Nachdem die KMK zur Konstruktion von Bildungsstandards im Sport aufgerufen und die Länder sich auf den Weg gemacht haben, wurde der Versuch einer nationalen Grundlegung gestartet, wobei die Mitarbeit der Sportpädagogik explizit durch die KMK angefragt wurde. Nach einigen durchaus kontroversen Diskussionen wurde von der einfachen Fortschreibung der vorhandenen Standards Abstand genommen und auf die immanenten wissenschaftlichen Ansprüche an die seriöse Konstruktion von Standards hingewiesen. Diese durchaus konstruktiven forschungsmethodischen wie inhaltlichen Vorschläge der Sportpädagogik wurden in ein Positionspapier aufgenommen. Kurz danach wurde die weitere Arbeit innerhalb der Arbeitsgruppe eingestellt, da laut KMK zurzeit und absehbar mindestens bis 2010 keine nationalen Bildungsstandards im Sport geplant seien. Ob auf Länderebene an den vorhandenen Standards festgehalten oder ob auch länderspezifisch weiter gearbeitet wird, ist mir aktuell nicht bekannt. Es gibt aber – ich beziehe mich nun auf NRW – die Arbeit an neuen Kernlehrplänen auch für das Fach Sport, wobei kompetenzorientierten Kernlehrplänen natürlich insbesondere mit Blick auf Bildungsstandards besondere Bedeutung zukommt, welche es aber laut KMK auf absehbare Zeit nicht geben wird. Die Kernlehrpläne zeichnen sich nun durch eine ministeriell vorgeschriebene „Verschlankung", man könnte auch von „Entkernung" sprechen, aus, wobei nach jetzigem Entwicklungsstand insbesondere die pädagogischen Rahmungen der alten Lehrpläne nur mit größten Schwierigkeiten präsent gehalten werden konnten. Diese Entwicklungen deuten m. E. darauf hin, dass mittelfristig auch für Fächer wie Sport eine Orientierung an Standards erfolgen wird.

Betrachtet man nun die auch außerhalb des Sports beginnende Diskussion um Standards in den „weichen" Fächern, so sollte der Verweis auf das momentane Moratorium den Blick nicht für parallel laufende Prozesse verstellen. Im jüngsten Heft der „Zeitschrift für Pädagogik" lässt sich erahnen, wie solche Prozesse aussehen könnten. Die – man verzeihe den Ausdruck – üblichen PISA-Konsorten geben auch hier die Koordinaten vor[6]. Zunächst allgemein: „Keine Fachdidaktik kann mehr der Frage ausweichen, welchem Kompetenzmodell ihre Arbeit folgt und welchen spezifischen Beitrag zur Allgemeinbildung sie erbringt; keine auch der Frage, ob denn ihre hehren Ziele und Vorgaben auch realisierbar sind..." (Tenorth, 2008, S. 160). Angesichts auch dieser leicht konstatierten Alternativlosigkeit „hilft kulturkritische Klage wenig, Forschung ist gefragt" (ebd., S. 162). Also verkneife ich mir auftragsgemäß das Klagen und betrachte die Forschung. Hier findet sich ein – wie ich finde – idealtypisches Beispiel für eine standardisierte Zukunft der „weichen" Fächer. Es geht um das Beispiel der Entwicklung von Bildungsstandards für Evangelische Religion, und es geht nicht um die Inhalte des beschriebenen Projekts, sondern um die quasi mit gelieferte „Begutachtung" des Projekts der Religionsdidaktiker. Ich empfehle die Gesamtlektüre, beschränke mich aber hier auf das abschließende Fazit des Gutachters Leutner:

> „Das Projekt hat eine Art erfolgreiche ‚Metamorphose' durchlaufen: Es begann mit einer normativ-anwendungsorientierten Konzeption, unterzog sich zu Beginn und nach kurzer Anlaufzeit einem konstruktiv-kritischen ‚Peer-Review', griff die Anregungen der Kritiker auf und legt nun am Ende der ersten Phase grundlagenforschungsorientierte Ergebnisse vor, die nicht nur hohen forschungsmethodischen Ansprüchen gerecht werden, sondern auch theoretische und praktische Implikationen beanspruchen können. Das Projekt-Team ist zwischenzeitlich – wie von den ‚Peers' empfohlen – mit erneuter Drittmittelunterstützung in die zweite Projektphase eingetreten, um die bisher erfolgreiche Zusammenarbeit von Religionspädagogik, Erziehungswissenschaft und Forschungsmethodik fortzusetzen" (Leutner, 2008, S.192f.).

Alles wird gut! Verhalte Dich so, wie die Forschungsmethodiker (sprich: pädagogischen Psychologen) es wollen, dann bekommst Du auch Deine Drittmittel. Allgemeiner formuliert: Nur wer sich von vornherein innerhalb der Logik der reinen Lehre der Bildungsstandards bewegt, der darf auch forschen – secundum non datur, kulturkritische Klagen bitte an eine andere Adresse. Das ist „in sich" durchaus stimmig, aber eben auch nur da, das Homogenisierungsprinzip lässt grüßen. Wie steht es angesichts dieser Entwicklungen nun um Bildungsstandards für das Fach Sport?
Eine Möglichkeit läge in der Orientierung an dem gerade skizzierten Forschungsparadigma, was z.B. dem Ansatz der Qualitätsstandards in NRW diametral entgegenlaufen würde, aber mit dem entsprechenden finanziellen Aufwand prinzipiell denkbar wäre[7]. Viel naheliegender erscheint aber ein anderer Weg, der möglicher Weise

---

6   „Konsorten" sind die Mitglieder eines Konsortiums, in diesem Falle eben des sich selbst so bezeichnenden „PISA-Konsortiums".
7   Dies würde z.B. bedeuten, ein im Sinne der PISA-Logik nutzbares Instrumentarium zu entwickeln, also die Entwicklung eines Kompetenzstufenmodells sowie einer beträchtlichen Anzahl von entsprechenden Testaufgaben. Dies alles kann – wie aktuell sichtbar – nur mit einem erheblichen empirischen Aufwand geschehen, für den aber offensichtlich die finanziellen Ressourcen fehlen. Auf dieses Problem hat der Kollege R. Heim aufmerksam gemacht. Denkbar ist angesichts dieser Situation aber auch die Nutzung einer Art „light" Version von Bildungsstandards. Dazu mehr im Text.

genuin zwar andere Ziele verfolgt, aber relativ leicht passförmig gemacht werden könnte. Gemeint sind die Einschränkung der Kompetenzdimensionen des Sportunterrichts auf rein motorische Aspekte und der Versuch einer flächendeckenden Testung von Schülerinnen und Schülern mittels eines solchen Tests. Das potenzielle Instrument dazu liegt seit einigen Monaten vor. Gemeint ist der „Motorische Test für Kinder und Jugendliche", der von einer ad-hoc-Gruppe der dvs im Auftrag der Sportministerkonferenz konzipiert wurde. In der Kurzfassung der Testbeschreibung dazu heißt es: „Die aktuelle Diskussion in Wissenschaft, Medien und Öffentlichkeit zeigt, dass die Leistungsfähigkeit heutiger Kinder und Jugendlichen gegenüber früheren Generationen zurückgegangen ist. Diese Diskussion passt zu der bildungspolitischen Diskussion um Standards in den unterschiedlichen Schulfächern, die durch die Ergebnisse der PISA-Studie ausgelöst wurden" (S. 4).
Die Frage ist nur: wie passt sie dazu? Der Test deckt keinerlei curricular ausgewiesene Kompetenzen ab, aber genau das tut und will PISA ja mit seinem Literacy-Konzept auch nicht. Insofern könnte der Verweis auf die gewissermaßen „alltagsweltliche" Ebene motorischer Basiskompetenzen als gute Anschlussmöglichkeit an die PISA-Logik interpretiert werden. Die Autoren selbst werden aber nicht deutlicher und präsentieren so gewissermaßen ein offenbar als anschlussfähig betrachtetes Instrument zum weiteren Gebrauch. Da die Autoren des Tests auch nicht zu den ausgewiesenen Experten der Diskussion um Bildungsstandards im Sportunterricht zählen, ist hier im wahrsten Sinne des Wortes alles denkbar und vielleicht ist das ja mit „passend" zur PISA-Diskussion gemeint. Man entwickelt ein Instrument für einen standardfernen Zweck, verweist zugleich auf Nähen zur Standarddiskussion, ohne allerdings zu konkret zu werden und wartet dann ab, was andere damit eventuell anfangen können. Das wäre dann die mögliche Vorlage für die Variante einer „schulsportlichen Zuchtnorm eines international standardisierten Schülerkörpers". Ein öffentlichkeitswirksamer Dissertationstitel wie „fit für pisa – mehr Bewegung in die Schule" (Henze, 2007) bekommt da ein interessanten Bedeutungshorizont.
Als ebenfalls passend zu dieser möglichen Entwicklung wie auch den zuvor geschilderten Vereinnahmungen erweist sich eine Diskussion innerhalb der letzten Jahre, die ebenfalls vor dem Hintergrund der Szenarien motorischer Verwahrlosung unserer Kinder und Jugendlichen neue „alte" Akzente des Sportunterrichts wieder verstärkt in den Mittelpunkt rücken wollen. Im Kern geht es dabei um die Rehabilitierung von Tugenden wie Anstrengung, Disziplin, Fleiß, Leistung u.ä. im Sportunterricht zum Zwecke der Verbesserung von körperlicher Fitness und motorischer Leistungsfähigkeit. Häufig im gleichen Atemzug werden auch die Ursachen für die aktuell desaströse Lage mitgeliefert:

> „Jahrelange Hochzeiten einer weit verbreiteten Spaß- und Kuschelpädagogik gingen einher mit Tiefzeiten der Wertschätzung des Sich-Anstrengens und Leistens und eines damit verbundenen anspruchsvollen Übens und Trainierens sowie pädagogisch angemessenen unterrichtsgemäßen Belastung" (Hummel, 2005, S. 353).

Regelmäßige Tests werden als probates Mittel für eine Entwicklung der körperlichen Fitness wie auch der Anstrengungsbereitschaft gesehen (Wydra, 2007, S. 199f.). Ich möchte an dieser Stelle nicht auf die Plausibilität der Unterstellungen und der daraus gezogenen Ableitungen näher eingehen, sondern mich mit dem Hinweis begnügen, dass die gerade skizzierten Gedanken sehr genau in das Modell passen, dass vom Grundsatz her Foucault und bezogen auf die Sportpädagogik z. B. Matthias Schierz im Kontext neoliberaler Vereinnahmungen als „Biopolitik" gekennzeichnet haben (Schierz, 2006)[8]. Das „flexible Subjekt" des Neoliberalismus benötigt einen leistungsfähigen und -bereiten Körper zur Bewältigung der allfälligen Ansprüche. Fitness auf der physischen und Anstrengungs- und Leistungsbereitschaft auf der psychischen Seite bilden zentrale Facetten des zugrundeliegenden Menschenbildes und offenbar kann der Sportunterricht, so er denn „angemessen" praktiziert wird, dazu einen erheblichen Beitrag leisten. So finden sich nicht nur auf der Ebene der Instrumente und Werkzeuge sondern auch auf der Programmebene Anzeichen für sportpädagogische Anschlüsse an den skizzierten neoliberalen Überbau.

Fairer Weise soll an dieser Stelle deutlich darauf hingewiesen werden, dass die Vertreter der hier skizzierten sportpädagogischen Positionen sich selbst m. W. nirgendwo mit den entsprechenden Etiketten versehen haben. Die Bezüge und Passungen lassen solche Interpretationen aber sehr leicht zu, und gerade deshalb sind Diskurse und Explikationen des Impliziten für die Selbstreflexion so zentral.

Die gerade skizzierten Vereinnahmungstendenzen sollen natürlich nicht verdecken, dass es auch andere bedeutsame Entwicklungen des Schulsports gibt, die ganz anderen Grundüberzeugungen folgen, es ging also nicht um eine umfassende Zusammenschau aller Facetten aktueller Entwicklungen im Schulsport. Die m. E. entscheidende Frage wird aber sein, welche Tendenzen sich angesichts der sich verändernden Rahmenbedingungen auch werden durchsetzen können. Hier wollten meine Überlegungen auf die Gleichförmigkeit von Tendenzen auf ganz unterschiedlichen, aber aufeinander verwiesenen Ebenen aufmerksam machen, die m.E. bislang unterschätzt oder ausgeblendet werden. Daran anschließend und zugleich abschließend stellt sich aber auch die Frage nach möglichen Konsequenzen aus dem Gesagten.

5 Ausblick: So what?

Die intensive Auseinandersetzung mit neoliberalen Konzepten und Strategien hinterlässt häufig so etwas wie Ratlosigkeit. Angesichts seiner aggressiv betriebenen Durchsetzungsstrategien, der in vielen gesellschaftlichen Bereichen wahrnehmbaren Totalisierungs- und Immunisierungstendenzen und seiner immer wieder beschworenen Alternativlosigkeit kann man leicht resignativ werden. Gibt es also Alternativen und was ist zu tun?

Auch mir fällt die Antwort auf solche Fragen alles andere als leicht und es wäre aus meiner Sicht auch fahrlässig an dieser Stelle fröhlich ein „alles halb so schlimm und

---

8   Was für den fitten, leistungsbereiten und „schlanken" Schüler gilt, das lässt sich auch sehr plausibel wieder auf die gesellschaftspolitische Ebene zurück spiegeln. Die allgegenwärtige Rede vom „schlanken Staat" ist eben auch alles andere als Zufall (vgl. dazu Fach, 2000).

es wird schon werden" zu verkünden. Trotzdem möchte ich der Antwort auch nicht ausweichen, halte aber zuvor die Frage der Positionierung für angebracht! Meine Position dürfte klar geworden sein, um sie geht es aber nicht allein. Gefragt ist jeder Einzelne, aber auch mit Blick auf unseren Bereich die Sportwissenschaft bzw. Standesvertretungen wie die dvs oder der DSLV. Wollen wir, will man diese Entwicklungen prinzipiell unterstützen oder nicht? Passt man sich den „Zeichen der Zeit" an oder tut man es nicht? Folgt man einem Bildungs- und Wissenschaftsverständnis wie ich es skizziert habe oder lehnt man es ab? Zumindest diese Alternativen bestehen, sie sollten diskutiert und entsprechende Positionierungen expliziert werden – auch damit man weiß, was man tut und woran man ist.

Die Frage nach weiter gehenden Alternativen stellt sich folgerichtig nur für diejenigen, die dem Grundprinzip neoliberaler Vereinnahmung nicht folgen wollen. Eine Grundvoraussetzung stellt hier eine klare Positionierung des Staats zur Sicherung von öffentlichen Gütern – wie z.b. Bildung oder Wissenschaft – dar. Hier können in der Tat die aktuell sich zeigenden Sackgassen neoliberaler Fehlentwicklungen ein erster Wink in eine andere Richtung sein, mehr noch nicht, aber auch nicht weniger.

Und sonst? – „Aufklärung – was sonst!" – „Sapere aude! Habe den Mut dich deines eigenen Verstandes zu bedienen", diese Aufforderung Kants zum „öffentlichen Vernunftgebrauch" hat nichts von ihrer Aktualität eingebüßt (Kant, 1968 [1784]). Insbesondere die Wissenschaft sollte sich diese Tradition bewahren, weil auch in ihr eine Alternative liegt. Und warum?

Der neoliberale Ansatz ist außerhalb seiner ökonomischen Herkunftssphäre fast reine Ideologie, dort findet sich wenig Theorie geschweige denn Empirie, die die weitgehenden Ansprüche auch nur halbwegs abdecken könnten. Hier liegt zumindest eine Chance für Wissenschaft, diese Schwachstellen zu identifizieren, bloß zu legen und damit auch öffentlich diskutierbar zu machen. Dies wird aber so lange nicht genügen, wie nicht zugleich auch Alternativen systematisch ausgearbeitet werden und auch dazu ist Wissenschaft prädestiniert. Dazu nur ein kurzer abschließender Hinweis.

Der genuine Ansatz der Einzelschulentwicklung, der in den letzten Jahren durch die veränderte Perspektive der großen Leistungsuntersuchungen allzu stark verengt wurde, besitzt nach wie vor das Potenzial für die konkrete Ausarbeitung, Erprobung und Bewertung solcher Alternativen. Hier liegen nach meiner Überzeugung nach wie vor auch erhebliche Möglichkeiten für den Bereich der Entwicklung des Schulsports, die ausgearbeitet und natürlich auch von entsprechenden Forschungsinitiativen unterstützt werden sollten. Keine Form der Steuerung von Bildung – sei sie neoliberal inspiriert oder anders – wird es sich aktuell oder zukünftig erlauben können oder wollen, auf die wissenschaftliche Expertise als Legitimationsinstanz zu verzichten. Aber in jedem Fall muss wissenschaftliche Forschung auch im Hinblick auf denkbare Alternativen überhaupt stattfinden, anderenfalls werden die Alternativen gar nicht erst entscheidungsfähig. Die Entwicklung funktionsfähiger und wissenschaftlich gut gestützter Alternativen erscheint mir als „conditio sine qua non" für eine offensive Auseinandersetzung gegen neoliberale Zugriffe.

Ich komme damit zum Anfang zurück: Die (Schul-)Sportpädagogik benötigt natürlich auch gegenwärtig Forschung, sie benötigt aber auch – und vielleicht wieder dringender als noch vor einem Jahrzehnt – den Willen zur Selbstreflexion. Mir scheint, der zweite Aspekt ist angesichts des Bildungsaktionismus der vergangenen Jahre zu sehr in den Hintergrund geraten. Auch das wäre im Übrigen kein Zufall, sondern ein Produkt neoliberaler Beschäftigungstherapie zum Zwecke der Ablenkung potenziell widerständiger Teilsysteme. Dies zu erläutern fehlt mir aber die Zeit und Ihnen vermutlich die Geduld.

Literatur

Adler, K., Erdtel, M. & Hummel, A. (2006). Belastungszeit und Belastnugsintensität als Kriterien der Qualität im Sportunterricht. *sportunterricht, 55* (2), 45-49.
Becker, G.S. (1993). *Der ökonomische Ansatz zur Erklärung menschlichen Verhaltens.* Tübingen: Mohr.
Butterwegge, C., Lösch, B. & Ptak, R. (2007). *Kritik des Neoliberalismus.* Wiesbaden: Verlag für Sozialwissenschaften.
Butterwegge, C., Lösch, B. & Ptak, R. (Hrsg.) (2008). Neoliberalismus. Analysen und Alternativen. Wiesbaden: Verlag für Sozialwissenschaften.
Chomsky, N. (2002). *Profit over People. Neoliberalismus und globale Weltordnung.* Hamburg, Wien: Europa.
Fach, W. (2000). Staatskörperkultur. Ein Traktat über den „schlanken Staat". In U. Bockling, S. Krasmann & T. Lemke (Hrsg.), *Gouvernementalität der Gegenwart. Studien zur Ökonomisierung des Sozialen* (S. 110-131). Frankfurt am Main: Suhrkamp.
Flitner, E. (2006). Pädagogische Wertschöpfung. Zur Rationalisierung von Schulsystemen durch public-private-partnerships am Beispiel von PISA. In J. Oelkers, R. Casale, R. Horlacher & S. Larcher Klee (Hrsg.), *Rationalisierung und Bildung bei Max Weber* (S. 245-266). Bad Heilbrunn: Klinkhardt.
Geiselberger, H. (Hrsg.) (2007). *Und jetzt? Politik, Protest und Propaganda.* Frankfurt am Main: Suhrkamp.
Gertenbach, L. (2007). *Die Kultivierung des Marktes. Foucault und die Gouvernementalität des Neoliberalismus.* Berlin: Parodos.
Hayek, F.A. v. (1975). Die Anmaßung des Wissens. *Ordo. Jahrbuch für die Ordnung von Wirtschaft und Gesellschaft, 26,* 12-21.
Hayek, F.A. v. (1971). *Die Verfassung der Freiheit.* Tübingen: Mohr.
Heinrich, M. (2007). *Governance in der Schulentwicklung. Von der Autonomie zur evaluationsbasierten Steuerung.* Wiesbaden: Verlag für Sozialwissenschaften.
Henze, V. (2007). *Untersuchung über den Einfluss und die Wirkungen zusätzlicher Sportstunden auf die körperliche Fitness und das subjektive Wohlbefinden Göttinger Grundschulkinder.* Göttingen: Sierke.
Hickel, R. (2006). *Kassensturz. Sieben Gründe für eine andere Wirtschaftspolitik.* Hamburg: Rowohlt.
Hopmann, S.T. (2007). Epilogue: No child, No School, No State Left Behind: Comparative Research in the Age of Accountability. In S.T. Hopmann, G. Brinek & M. Retzl (Hrsg.), *PISA zufolge PISA. Hält PISA, was es verspricht?* (S. 363-415). Münster: Lit.
Hopmann, S.T., Brinek, G. & Retzl, M. (Hrsg.) (2007). *PISA zufolge PISA. Hält PISA, was es verspricht?* Münster: Lit.
Hummel, A. (2005). Üben, Trainieren, Belasten – Elemente einer Neuorientierung des Sportunterrichts. *sportunterricht, 54* (12), 353.
Jahnke, T. & Meyerhöfer, W. (Hrsg.) (2007). *Pisa & Co. Kritik eines Programms.* (2., erweiterte Aufl.). Berlin: Franzbecker.
Kant, I. (1968 [1784]). Beantwortung der Frage: Was ist Aufklärung? In *Kants Werke. Akademie Textausgabe Bd. VIII. Abhandlungen nach 1781* (S. 33-42). Berlin: de Gruyter.
Krick, F. (2006). Bildungsstandards – auch im Sportunterricht? *sportunterricht, 55* (2), 36-39.

Kurz, D. (2007). Bildungsstandards für das Fach Sport. In I. Hunger & R. Zimmer (Hrsg.), *Bewegung, Bildung, Gesundheit. Entwicklung fördern von Anfang an* (S. 70-81). Schorndorf: Hofmann.
Langer, R. (2008). Warum haben die PISA gemacht? Ein Bericht über den emergenten Effekt internationaler politischer Auseinandersetzungen. In R. Langer (Hrsg.), „Warum tun die das?" – Governanceanalysen zum Steuerungshandeln der Schulentwicklung (S. 49-72). Wiesbaden: VS Verlag für Sozialwissenschaften.
Leutner, D. (2008). Metamorphose eines Forschungsprojektes. *Zeitschrift für Pädagogik, 54*, 189-193.
Maier-Rigaud, F.-P. & Maier-Rigaud, G. (2001). *Das neoliberale Projekt*. Marburg: Metropolis.
Olechowski, R. (2007). Vorwort. In S.T. Hopmann, G. Brinek & M. Retzl (Hrsg.), *PISA zufolge PISA. Hält PISA, was es verspricht?* (S. 5-8). Münster: Lit.
Ortmann, G. (2007). Vorwort – Was wirklich zählt. In A. Mennicken & H. Vollmer (Hrsg.), *Zahlenwerk. Kalkulation, Organisation, Gesellschaft* (S. 7-9). Wiesbaden: VS.
Schierz, M. & Thiele, J. (2004). Schulsportentwicklung im Spannungsfeld von Ökonomisierung und Standardisierung. Anmerkungen zu einer (noch) nicht geführten Debatte. *Spectrum der Sportwissenschaften, 16* (2), 47-62.
Schierz, M. (2006). Die Erziehung der Muskeln und der Preis der Reflexivität. Historische Hypotheken und aktuelle Entwicklungstendenzen in der Sportpädagogik. In Universität Jena (Hrsg.), *Jenaer Universitätsreden. Fakultät für Sozial- und Verhaltenswissenschaften IV* (S. 183-204). Jena: Friedrich Schiller Universität.
Schumpeter, J. A. (1987). *Beiträge zur Sozialökonomik*. Wien: Böhlau.
Tenorth, H.-E. (2008). Bildungsstandards außerhalb der „Kernfächer". Herausforderungen für den Unterricht und die fachdidaktische Forschung. *Zeitschrift für Pädagogik, 54* (2), 159-162.
Thiele, J. & Schierz, M.(1998). *Standortbestimmung der Sportpädagogik – Zehn Jahre danach* (Schriften der Deutschen Vereinigung für Sportwissenschaft, 97). Hamburg: Czwalina.
Thiele, J. (2007). Standards im Fach Sport – ein Orientierungsversuch. *Spectrum der Sportwissenschaften, 19* (1), 65-78.
Tillmann, K.-J. (2007). Qualitätssicherung durch Leistungsvergleiche und Bildungsstandards? *sportunterricht, 56* (3), 78-82.
Uljens, M. (2007). The Hidden Curriculum of PISA – The Promotion of Neo-Liberal Policy By Educational Assessment. In S.T. Hopmann, G. Brinek & M. Retzl (Hrsg.), *PISA zufolge PISA. Hält PISA, was es verspricht?* (S. 295-304). Münster: Lit.
Vereinigung der Bayerischen Wirtschaft e.V. (Hrsg.) (2008). *Bildungsrisiken und -chancen im Globalisierungsprozess*. Jahresgutachten 2008. Wiesbaden: Verlag für Sozialwissenschaften.
Von Rüstow, A. (2001). *Das Versagen des Wirtschaftsliberalismus*. Marburg: Metropolis.
Weber, S. & Maurer, S. (Hrsg.) (2006). *Gouvernementalität und Erziehungswissenschaft. Wissen – Macht – Transformation*. Wiesbaden: Verlag für Sozialwissenschaften.
Weingart, P. (2001). *Die Stunde der Wahrheit? Zum Verhältnis der Wissenschaft in Politik, Wirtschaft und Medien in der Wissensgesellschaft*. Weilerswist: Velbrück.
Weingart, P. (2005). *Die Wissenschaft der Öffentlichkeit. Essays zum Verhältnis von Wissenschaft, Medien und Öffentlichkeit*. Weilerswist: Velbrück.
Wernicke, J., Brodowski, M. & Herwig, R. (Hrsg.) (2005). *Denkanstösse. Wider die neoliberale Zurichtung von Bildung, Hochschule und Wissenschaft*. Münster: Lit.
Wydra, G. & Leweck, P. (2007). Zur kurzfristigen Trainierbarkeit der Fitness im Schulsport. *sportunterricht, 56* (7), 195-200.
Wydra, G. (2006). Die Bedeutung der Anstrengung für den Sport und den Sportunterricht. *sportunterricht, 55* (10), 307-311.

KATHARINA MAAG MERKI

Schulentwicklung und Schulsport.
Braucht der Schulsport die Schulentwicklung –
oder die Schulentwicklung den Schulsport?

In diesem Beitrag soll das Verhältnis zwischen Schulsport und Schulentwicklung ausgelotet werden. Dazu wird in einem ersten Schritt der Begriff „Schulentwicklung" definiert und zentrale Fragestellungen der Schulentwicklungsforschung vorgestellt. Darauf aufbauend werden zwei verschiedene Optionen des Verhältnisses zwischen Schulsport und Schulentwicklung skizziert. Zum einen ein Verständnis von *Schulsport als Ziel von Schulentwicklung*, zum andern ein Verständnis von *Schulsport als Mittel für Schulentwicklung*.

1 Defintion von Schulentwicklung

In den letzten Jahrzehnten wurde der Begriff „Schulentwicklung" in Abhängigkeit von bildungspolitischen Entwicklungen und wissenschaftlichen Erkenntnissen unterschiedlich definiert (Holtappels & Rolff, 2004; Fullan, 2008). Die meisten aktuellen Definitionsansätze in der Literatur verstehen Schulentwicklung als die Entwicklung von Einzelschulen. Holtappels und Rolff (2004, S. 65) sowie Buhren und Rolff (2008) unterscheiden drei Ebenen von systematischer Schulentwicklung, die intentionale, die institutionelle und die komplexe Schulentwicklung. Diese drei Ebenen greifen ineinander. Schulentwicklung ist damit eine absichtsvolle, systematisierte Weiterentwicklung von Einzelschulen mit dem Ziel, Lernende Schulen zu schaffen. Schulentwicklung ist in einen bildungspolitischen Gesamtzusammenhang eingebunden. Charakteristisch für die systematische Schulentwicklung ist die Fokussierung auf die Qualität der Einzelschule, das Verständnis der Schule aus organisationstheoretischer Perspektive und die Neuausrichtung der Steuerungskompetenz. Auch Rahm (2005) oder Esslinger-Hinz (2006) verstehen Schulentwicklung als Entwicklung einer Schule, wobei der Lernprozess der Schule im systematischen Zusammenhang betrachtet und auf den Ebenen der Organisations-, der Personal- und der Unterrichtsentwicklung betrieben wird (Rahm, 2005, S. 46).
Im internationalen Kontext wird Schulentwicklung ebenfalls in Bezug auf die Einzelschule definiert. Explizit wird aber Schulentwicklung mit dem Ziel der Verbesserung des Lernangebotes von Schulen beschrieben, damit Schüler/innen besser lernen können. Hopkins (2005) nimmt dies auf und beschreibt Schulentwicklung zweidimensional, indem damit sowohl Veränderungsprozesse für die Optimierung schulischen Lernens bei den Schüler/innen wie auch die Entwicklung der Professionalität der Schule verstanden werden. Nach Hopkins wird Schulentwicklung verstanden als

"a distinct approach to educational change that enhances student outcomes as well as strengthening the school's capacity for managing change. School improvement is about raising student achievement through focusing on the teaching – learning process and the conditions which support it. It is about strategies for improving the schools capacity for providing quality education in times of change" (Hopkins, 2005, S. 3).

Auch Hopkins (vgl. ebd., S. 8) verweist auf die Bedeutung des Systemzusammenhangs bzw. das Eingebettetsein von Schulentwicklung der Einzelschule (Mesoebene) im Bildungssystem (Makroebene). Eine analoge Definition von Schulentwicklung findet sich bei Creemers, Stoll, Reezigt et al. (2007, S. 826).

Die Fokussierung auf die Einzelschule erfolgt konsistent über die verschiedenen Definitionsansätze von Schulentwicklung. Ebenfalls ist es angesichts systemtheoretischer Überlegungen zentral, Schulentwicklung im Kontext des Gesamtzusammenhangs zu versehen, wie dies Holtappels und Rolff (2004), Hopkins (2005), Fullan (2008) sowie Altrichter und Langer (2008) formuliert haben, wobei vor allem die Interdependenz zwischen der Mesoebene (Einzelschule) und der Makroebene (Bildungssystem) in den Blick geraten muss. Sehr zentral erscheint zudem analog zu den im internationalen Kontext vorzufindenden Definitionen von Schulentwicklung, diese im Hinblick auf die Lernprozesse und -ergebnisse der Schüler/innen zu definieren und damit die Schüler/innen zum zentralen Fokus der Schulentwicklung werden zu lassen. Die aktuellen Entwicklungen, wie sie in verschiedenen Ländern sichtbar werden, nämlich die Vernetzung von einzelnen Schulen untereinander, die systematische Einrichtung von Bildungsregionen oder die Realisierung von Kooperationen über verschiedene Schulen hinweg lässt zudem vermuten, dass mit dem alleinigen Fokus auf die Entwicklung der Einzelschule Schulentwicklung zu knapp skizziert wird. In diesem Sinne wird Schulentwicklung in diesem Beitrag folgendermaßen definiert (vgl. Maag Merki, 2008):

a) *Schulentwicklung ist der systematische, zielgerichtete, selbstreflexive und für die Bildungsprozesse der Schüler/innen funktionale Entwicklungsprozess von Schulen, Schulnetzwerken und Bildungsregionen im Kontext des gesamten Bildungssystems und ihrer Zielvorgaben mit dem Ziel der Professionalisierung der schulischen Prozesse.*

Hier wird betont, dass es sich bei Schulentwicklung um einen systematischen, zielgerichteten und selbstreflexiven Entwicklungsprozess handelt. Er muss funktional sein für die Bildungsprozesse der Schüler/innen mit dem Ziel der Professionalisierung der schulischen Prozesse. Zudem ist Schulentwicklung nicht nur auf die Einzelschule, sondern auch auf Schulnetzwerke und Bildungsregionen bezogen. Basis der Schulentwicklungsforschung ist ein mehrebenenanalytisches Modell, welches die Makro-, Meso-, Mikro- und interpersonale Ebene voneinander unterscheidet.

b) *Schulentwicklung entspricht einem selbstreflexiven Prozess der Verarbeitung von internen und externen Zielvorgaben und Ergebnissen von internen und externen Monitoringverfahren mit dem Ziel der Gestaltung einer optimalen Lernumgebung für die Bildungsprozesse der Schüler/innen.*

Dieser Defintionsbestandteil weist darauf hin, dass Schulentwicklung in einem Austauschprozess zwischen internen (z. B. Schulprogramm) und externen Vorgaben (z. B. Bildungsstandards) erfolgt und datengestützt auf der Basis von internen (z. B. Selbstevaluation) und externen (z.B. Schulinspektion, Lernstandserhebungen) Evaluationen durchgeführt wird. Wichtigstes Ziel dabei ist wiederum die Professionalisierung der Lernumgebung für die Bildungsprozesse der Schüler/innen.

c) *Schulentwicklung basiert auf von verschiedenen innerschulischen Akteursgruppen geleisteten Transformations- und Rekontextualisierungsprozessen gesetzlicher und reglementarischer Vorgaben schulischen Handelns und hat zum Ziel, diese im Hinblick auf die Zielerreichung zu optimieren.*
Mit diesem dritten Teilaspekt treten die verschiedenen Akteursgruppen in den Fokus. Schulentwicklung ist damit getragen durch die verschiedenen Individuen und Gruppen in der Schule, die die Vorgaben aufgrund ihrer Perspektiven, Einstellungen, Kompetenzen oder subjektiven Wahrnehmungen auf ihre schulische Situation transferieren und umformulieren (Fend, 2006). Schulentwicklung bezieht sich aus diesem Grund immer auf einen spezifischen situativen Kontext.

d) *Schulentwicklung ist sowohl Ergebnis wie auch Ausgangspunkt für die Erreichung einer hohen Schulqualität in der Einzelschule, in einem Schulnetzwerk oder einer Bildungsregion.*
Schulentwicklung und Schulqualität stehen in einem interdependenten Verhältnis zueinander. So ist Schulentwicklung zentrales Mittel, um die Qualität der Einzelschule, eines Schulnetzwerkes oder einer Bildungsregion zu verbessern. Gleichzeitig lassen sich Schulentwicklungsprozesse in Schulen, Schulnetzwerken oder Bildungsregionen mit hoher Professionalität qualitativ von jenen Schulentwicklungsprozessen in Schulen, Schulnetzwerken oder Bildungsregionen unterscheiden, deren schulische Qualität weniger ausgeprägt ist. Schulentwicklung lässt sich damit stufenspezifisch differenzieren (Hopkins, 2005; Steinert et al., 2006). Dabei muss berücksichtigt werden, dass Schulentwicklungsprozesse und -strategien nicht in jedem Fall effektiv sind und sich produktiv auf die Qualitätsentwicklung von Schulen, Schulnetzwerken und Bildungsregionen auswirken.

Die nachfolgend dargestellte Architektur einer Theorie der Schulentwicklung (siehe Abb. 1) erlaubt die Unterscheidung der einzelnen Dimensionen, Strukturen oder Inhalte (Strukturanalyse) und stellt die Basis für eine systematische Prozess- und Entwicklungsanalyse sowie eine Wirkungsanalyse dar. Die skizzierte Architektur verweist damit auf die zentralen Merkmale einer Theorie der Schulenwicklungsforschung: Mehrebenenstruktur, Längsschnittstruktur (dies auf allen Ebenen, siehe dazu Klieme & Steinert, 2008) und Funktionalität für Bildungsprozesse und Bildungsergebnisse der Schüler/innen.

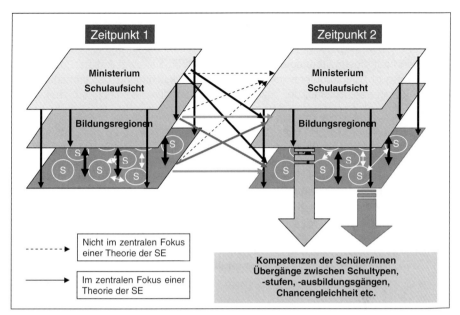

Abb. 1. Architektur einer Theorie der Schulentwicklung (vgl. Maag Merki, 2008).

Damit lassen sich zentrale Forschungsfragen ableiten. Die nachfolgenden Fragen sind Beispiele solcher Fragen, allerdings ohne dass das Ziel verfolgt wird, einen abschließenden Katalog aller möglichen Fragen zusammenzustellen (siehe dazu auch Altrichter & Langer, 2008; Altrichter & Heinrich, 2007):

- Welches sind die Prozesse und Dynamiken der Strukturbildung?
- Welche Strukturen sind funktional für die Herstellung einer optimalen Lernumgebung für die Schüler/innen?
- Wie bearbeiten die verschiedenen Akteure die verschiedenen Aufgaben schulischen Handelns in Abhängigkeit zueinander?
- Wie verändern sich die Strukturen, Dynamiken, Abhängigkeiten etc. im Zeitverlauf und inwiefern gehen diese Veränderungen mit Veränderungen in den Lernprozessen der Schüler/innen einher?
- Wie sind Interaktionen zwischen Akteueren der gleichen bzw. unterschiedlichen Ebenen gestaltet?
- Welches sind optimale Umgebungen für die Professionalisierung der Lehrpersonen, Schulleitungen und weiterer wichtiger Akteursgruppen?
- Welchen Einfluss haben ministerielle Vorgaben und Reglemente auf die Herstellung einer optimalen Lernumgebung und die Lernprozesse der Schüler/innen?
- Inwiefern gelingt es, über kooperativ-reflexive Prozesse zwischen Personen und Institutionen systematische Qualitätsentwicklung in der Einzelschule und in

einem größeren Kontext wie beispielsweise einer Bildungsregion anzustoßen und nachhaltig zu verankern?

Aufbauend auf diesen Überlegungen werden nachfolgend zwei Ansätze vorgestellt, wie Schulsport und Schulentwicklung, unter Berücksichtigung der verschiedenen Analysekategorien, aufeinander bezogen werden können.

2 Schulsport als Ziel von Schulentwicklung

Die erste Option stellt Schulsport als Zielkategorie von Schulentwicklung dar und fragt danach, inwiefern der Schulsport die eigenen Ziele erreichen kann und damit effektiv ist für die Erreichung der im Lehrplan formulierten allgemeinen sowie der fachspezifischen Bildungs- und Erziehungsziele im Schulsport selber (vgl. Abb. 2).

Abb. 2. Schulsport als Ziel von Schulentwicklung.

Die Erreichung allgemeiner Bildungs- und Erziehungsziele kann zwar als fachübergreifende Aufgabe schulischer Bildung verstanden werden, bei der der Schulsport nur einen Teilbeitrag leisten kann. Die Frage, die im Rahmen der Analysen zu bearbeiten ist, bezieht sich auf die Bestimmung dieser allgemeinen Ziele, die im Rahmen des Schulsportes zu erreichen sind sowie der fachspezifischen Ziele, die über eine Analyse der fachwissenschaftlichen und bildungspolitischen Anforderungen zu bestimmen sind. Zudem sind diese Ziele gegeneinander zu stellen und zu priorisieren. Dabei ist zu untersuchen, *welche* dieser Ziele unter den vorherrschenden gesellschaftlichen, bildungspolitischen und schulischen Rahmenbedingungen kurz-, mittel- und langfristig erreicht werden können und *wie* diese, d. h., unter Bezugnahme auf welche methodisch-didaktischen Verfahren, erreicht werden können. Unter Berücksichtigung der oben formulierten Anforderungen an Schulentwicklung ist ergänzend dazu immer zu untersuchen, *wie effektiv* diese Ziele erreicht werden können. Die Auseinandersetzung mit Standards und eine Stärkung der Kompetenzorientierung können dabei als gewinnbringend angenommen werden (Klieme, 2003).

Schulentwicklung kann diesbezüglich als Instrument der Qualitätsentwicklung dienen, um die aktuelle Ausgestaltung der Antworten explizit zu machen, Stärken und Schwächen zu analysieren, Entwicklungsmaßnahmen abzuleiten und umzusetzen und diese mit Bezugnahme auf die gestellten Ziele erneut zu beurteilen. Hierzu eignen sich Modelle der Selbstevaluation (Altrichter, Messner & Posch, 2004) oder

der Schulevaluation (Klieme, 2005), die explizit interne und externe Evaluationsprozesse und -analysen aufeinander bezieht. Dies ist langfristig notwendig, um blinde Flecken der eigenen Analysen über die Auseinandersetzung mit externen Rückmeldungen zu reflektieren.

3 Schulsport als Mittel für Schulentwicklung

Die zweite Option versteht Schulsport nicht als Ziel von, sondern als Mittel für Schulentwicklung. Die Ziele der Schulentwicklung beziehen sich damit nicht in erster Linie auf die Qualitätsentwicklung des Schulsports selber. Vielmehr schafft der Schulsport aufgrund der je eigenen spezifischen Kompetenzen, Prozesse und Verfahren Voraussetzungen, um Schulentwicklungsziele der ganzen Schule oder einzelner Fachschaften zu erreichen (vgl. Abb. 3). Hierzu lassen sich insbesondere drei Schwerpunkte identifizieren.

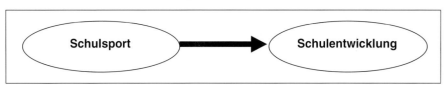

Abb. 3. Schulsport als Mittel von Schulentwicklung.

So kann angenommen werden, dass der *Schulsport explizit als Lernort für den Erwerb von überfachlichen Kompetenzen* der Schüler/innen (Grob & Maag Merki, 2001) verstanden werden kann, so beispielsweise für den Erwerb von Teamfähigkeit, Durchhaltevermögen, Selbstbeurteilungsfähigkeiten, Strategieanwendung für Zielerreichung, Umgang mit Erfolg/Misserfolg, Selbstvertrauen oder Kreativität. Indem im Schulsport neben dem Erwerb von fachlichen Kompetenzen Schwerpunkte auf den Erwerb dieser personalen Kompetenzen gelegt wird, können Ziele der ganzen Schule, die beispielsweise im Schulprofil verankert sind, erfolgreicher verfolgt werden.
Schulsport kann als „Ort der Diagnostik" verstanden werden, da es im Rahmen der sportlichen Aktivitäten mit den Schüler/innen möglich wird, Risikoverhalten und besondere Leistungsfähigkeiten von Schüler/innen zu diagnostizieren und – auch über einen fachübergreifenden Austausch mit anderen Lehrpersonen – geeignete Maßnahmen abzuleiten, um die Schüler/innen professionell zu fördern. Der Vorteil des Schulsports bei der Analyse von Risikoverhalten und besonderen Leistungsfähigkeiten der Schüler/innen ist, dass im Schulsport neben kognitiven Fähigkeiten der Schüler/innen in besonderem Maße motorische, soziale oder emotional-motivationale Kompetenzen der Schüler/innen sichtbar werden, die für eine umfassende Beurteilung der Schüler/innen absolut zentral sind.
Der Schulsport bzw. die Fachkompetenz der Lehrenden kann des Weiteren *als Teil einer „Bewegten Schule"* oder *„Gesunden Schule"* Know-how zu Gesundheitsprävention/Gesundheitsstörungen oder für den Umgang mit gesundheitlichem Verhalten

einbringen, welches für die Zielerreichung der gesamten Schule von zentraler Bedeutung ist. Über den Transfer von Bewegungserfahrungen im Schulsport in die ganze Schule kann die Schule optimale Bewegungsangebote für die Schüler/innen bereitstellen, welche für die Zielerreichung, beispielsweise die Schüler/innen zu aktiver Bewegung und zu wenig gesundheitsschädigendem Handeln zu animiere.

4 Ausblick: Schulentwicklung und Schulsport auf gemeinsamen Wegen

Schulentwicklung und Schulsport lassen sich, wie dargelegt, an verschiedenen Stellen systematisch aufeinander beziehen. Etwas stärker formuliert gibt es große Evidenzen, dass Schulsport und Schulentwicklung gegenseitig aufeinander angewiesen sind. Der Schulsport kann langfristig nicht ein optimales Lernangebot für Schüler/innen sein, wenn die eigene Qualität (Bestimmung der Lernziele, Effektivitätsüberprüfung) nicht systematisch überprüft, über Schulentwicklungsmaßnahmen verbessert und allenfalls veränderten Bedürfnissen der Schüler/innen angepasst wird. Die Entwicklung der einzelnen Schule kann wiederum nicht optimal vorangetrieben werden, wenn die Fachkompetenz und das Know-how der Akteure im Schulsport nicht für die Erreichung fachübergreifender Ziele einbezogen werden und das Lernen im Schulsport nicht in Beziehung gesetzt wird zum Lernen in der ganzen Schule.

Literatur

Altrichter, H. & Heinrich, M. (2007). Kategorien der Governance-Analyse und Transformationen der Systemsteuerung in Österreich. In H. Altrichter, T. Brüsemeister & J. Wissinger (Hrsg.), *Educational Governance. Handlungskoordinationen und Steuerung im Bildungssystem* (S. 55-98). Wiesbaden: Verlag für Sozialwissenschaften.
Altrichter, H. & Langer, R. (2008). Thesen zu einer Theorie der Schulentwicklung. *journal für schulentwicklung, 12* (2), 40-47.
Altrichter, H., Messner, E. & Posch, P. (2004). *Schulen evaluieren sich selbst. Ein Leitfaden.* Seelze: Kallmeyer.
Buhren, C. & Rolff, H.-G. (2008). Das neue Interesse an Theorie. Editorial. *journal für schulentwicklung, 12* (2), 4-6.
Creemers, B.P.M., Stoll, L., Reezigt, G. & ESI Team (2007). Effective School Improvement – Ingredients for Success: The Results of an International Comparitive Study of Best Practice Case Studies. In T. Townsend (Ed.), *International Handbook of School Effectiveness and Improvement* (S. 825-838). Dordrecht: Springer.
Esslinger-Hinz, I. (2006). *Schulentwicklungstheorie. Ein Beitrag zum schulentwicklungstheoretischen Diskurs.* Jena: edition Paideia.
Fend, H. (2006). *Neue Theorie der Schule. Einführung in das Verstehen von Bildungssystemen. Lehrbuch.* Wiesbaden: Verlag für Sozialwissenschaften.
Fullan, M. (2008). From School Effectiveness to System Improvement. An Inevitable Conceptual Evolution. *journal für schulentwicklung, 12* (2), 48-54.
Grob, U., & Maag Merki, K. (2001). *Überfachliche Kompetenzen. Theoretische Grundlegung und empirische Erprobung eines Indikatorensystems.* Bern: Peter Lang.
Holtappels, H.G., & Rolff, H.-G. (2004). Zum Stand von Schulentwicklungstheorie und -forschung. In U. Popp & S. Reh (Hrsg.), *Schule forschend entwickeln. Schul- und Unterrichtsentwicklung zwischen Systemzwang und Reformansprüchen* (S. 51-74). Weinheim: Juventa.

Hopkins, D. (2005). Introduction. Tensions in and Prospects for School Improvement. In D. Hopkins (Ed.), *The Practice and Theory of School Improvement. International Handbook of Educational Change* (S. 1-21). Dordrecht: Springer.
Klieme, E. (2003). Bildungsstandards. Ihr Beitrag zur Qualitätsentwicklung im Schulsystem. *Die Deutsche Schule, 95* (1), 10-16.
Klieme, E. (2005). Zur Bedeutung von Evaluation für die Schulentwicklung. In K. Maag Merki, A. Sandmeier, P. Schuler & H. Fend (Hrsg.), *Schule wohin? Schulentwicklung und Qualitätsmanagement im 21. Jahrhundert* (S. 40-61). Zürich: Forschungsbereich Schulqualität & Schulentwicklung, Pädagogisches Institut, Universität Zürich.
Klieme, E. & Steinert, B. (2008). Schulentwicklung im Längsschnitt. Ein Forschungsprogramm und erste explorative Analysen. In M. Prenzel & J. Baumert (Hrsg.), *Vertiefende Analysen zu PISA 2006* (Zeitschrift für Erziehungswissenschaft, Sonderheft 10, S. 221-238). Wiesbaden: Verlag für Sozialwissenschaften.
Maag Merki, K. (2008). Die Architektur einer Theorie der Schulentwicklung. *journal für schulentwicklung, 12* (2), 22-30.
Rahm, S. (2005). *Einführung in die Theorie der Schulentwicklung.* Weinheim, Basel: Beltz.
Rolff, H.-G. (1993). *Wandel durch Selbstorganisation. Theoretische Grundlagen und praktische Hinweise für eine bessere Schule.* Weinheim, München: Juventa.
Steinert, B., Klieme, E., Maag Merki, K., Döbrich, P., Halbheer, U. & Kunz, A. (2006). Lehrerkooperation in der Schule. Konzeption, Erfassung, Ergebnisse. *Zeitschrift für Pädagogik, 52* (2), 185-204.

DIETRICH KURZ

Der Auftrag des Schulsports[1]

Welchen Auftrag die Schule mit ihren Fächern erfüllen soll, kann man in Lehrplänen lesen. In Lehrplänen sind zu dieser Frage keine ewigen Wahrheiten formuliert, sondern normative Setzungen; Lehrpläne sind, wie schon Erich Weniger sagte, das Ergebnis eines „Kampfes gesellschaftlicher Mächte", sie stehen permanent auf dem Prüfstand und sind jederzeit veränderbar. Zu den „gesellschaftlichen Mächten", die um Sportlehrpläne und damit um den Auftrag des Schulsports kämpfen, gehören die Lehrkräfte, die für die Verwirklichung dieses Auftrags in vorderster Linie verantwortlich sind, bei dieser Tagung vertreten durch den DSLV und die pädagogisch interessierte, für die Sportlehrerausbildung zumindest mitverantwortliche Sportwissenschaft, hier vertreten durch die Sektion Sportpädagogik der dvs. Dass sich beide Organisationen, DSLV und dvs, und einige ihrer engagiertesten Mitglieder heute hier treffen, bietet einen idealen Rahmen, um diesen Kampf – wie ich hoffe – friedlich und fair zu proben.

Als Leser der Verbandszeitschrift des DSLV, der Zeitschrift *sportunterricht*, kann man den Eindruck gewinnen, dass der Kampf um den Auftrag des Schulfachs Sport aktuell an Schärfe gewinnt, vielleicht gar auf eine heiße Phase zugeht. Dabei geht es nicht um Kleinigkeiten, sondern um den Kern dieses Auftrags, manche sagen auch: um die „Mitte" und fügen zur Verdeutlichung hinzu: die „Sinn-Mitte" (Beckers, 2007) Im Zentrum der Auseinandersetzung, die sich da anbahnt oder schon in vollem Gange ist, scheint eine Auslegung des Fachauftrags zu stehen, die sich in den aktuell gültigen Richtlinien und Lehrplänen für den Schulsport in Nordrhein-Westfalen findet. Zumindest lässt sich, worum es geht, besonders gut an diesem Lehrplanwerk verdeutlichen, das nach der gründlichen Analyse in der DSB-SPRINT-Studie als „Prototyp einer neuen Lehrplangeneration" anzusehen ist (Prohl & Krick, 2006, S. 21).

Merkmale einer neuen Lehrplan-Generation ...

Was diese neue Lehrplangeneration von früheren unterscheidet, lässt sich auf drei Begriffe bringen: Bewegungsfelder, Mehrperspektivität, Doppelauftrag[2]. Zur Verdeutlichung hier nur so viel:

„Bewegungsfelder". Gegenüber früheren Lehrplänen setzt sich die Ausweitung des Inhaltskanons fort. Dabei ist das pädagogisch Entscheidende und Umstrittene nicht, dass immer mehr Sportarten für den Unterricht zur Auswahl stehen, sondern dass

---

1 Zuerst veröffentlicht in *sportunterricht, 57* (2008), 211-218, für diesen Band nochmals überarbeitet, z. T. aktualisiert und ergänzt.
2 Zum Folgenden vgl. u. a. Aschebrock & Stibbe (2004); LSW (2000).

auch das weitere bewegungskulturelle Umfeld des Sports zum Thema des Unterrichts werden kann und soll. In Lehrplänen der neuen Generation bekommt z. B. der Inhaltsbereich, der früher wie die Sportart „Leichtathletik" hieß, nun den Zusatz „Laufen, Springen, Werfen", und das soll nicht nur ein neues Etikett sein. Die Benennung soll vielmehr zum Ausdruck bringen, dass Laufen als eine der Bewegungstätigkeiten, die dem Menschen möglich ist, in einer Vielfalt Unterrichtsinhalt werden soll, die über das hinausgeht, was Leichtathletik in Training und Wettkampf nahe legt. Analoges gilt auch für das ganze Fach, das in den Lehrplänen der neuen Generation daher korrekterweise „Bewegung, Spiel und Sport" genannt wird.

„Mehrperspektivität". Dieser erweiterte Inhaltskanon soll im Schulsport, insbesondere im Sportunterricht, ausdrücklich nicht nur sportlich ausgelegt, in sportlichem Sinn zum Thema werden, sondern unter verschiedenen Perspektiven. Schülerinnen und Schüler sollen im Unterricht erfahren und reflektieren, dass ein Inhalt wie z. B. das Laufen in unterschiedlicher Weise mit Sinn belegt werden kann: nicht nur als sportliche Herausforderung in der Leichtathletik, als instrumentelle Technik in vielen anderen Sportarten, sondern auch als gesundheitlich bedeutsame Praxis, als Material ästhetischer Bewegungsgestaltung oder als Quelle eindrücklicher Körpererfahrungen.

„Doppelauftrag". Es wird unterschiedlich ausgelegt, was damit gemeint ist. Verbreitete Auslegungen lassen sich auf diesen kleinsten gemeinsamen Nenner bringen: Es geht nicht mehr nur darum, die jungen Menschen in die Kultur des Sports (oder wie wir nun korrekterweise sagen müssen: die Bewegungs-, Spiel- und Sportkultur) einzuführen und ihre Handlungsfähigkeit in ihr zu fördern. Der Unterricht, in dem das geschieht, soll zugleich so angelegt sein, dass er die Entwicklung der Schüler umfassend („ganzheitlich") fördert und zwar mit Wirkungen, die nicht nur für ihr Handeln im Sport, sondern auch darüber hinaus bedeutsam sein können. „Entwicklungsförderung durch Bewegung, Spiel und Sport" ist die andere, nun ausdrücklich genannte Seite des Doppelauftrags, den das Fach in der Schule erfüllen soll.

Wenn ich weiter beim Beispiel „Laufen" bleibe, dann heißt das: Der Inhalt Laufen soll im Sportunterricht in einer Weise thematisiert und vermittelt werden, dass die Schüler nicht nur lernen, besser zu laufen, dass sie also schnellere, ausdauerndere, geschicktere Läufer werden, sondern sie sollen im Sportunterricht am Inhalt Laufen eine Förderung erfahren, die für sie auch dann einen Wert hat, wenn sie außerhalb des Sportunterrichts und nach der Schulzeit nicht laufen, ja möglicherweise überhaupt keinen Sport treiben. Ich lasse an dieser Stelle vorerst offen, was ein solcher Wert sein könnte, komme darauf aber später wieder zurück.

... und ihre Akzeptanz

So weit in aller Kürze zu den konzeptionellen, fachbezogenen Merkmalen der Lehrpläne der neuen Generation. Aufmerksame Analysten (z.B. Aschebrock & Stibbe, 2004) fügen hinzu, dass Lehrpläne der neuen Generation sich noch durch ein weiteres Merkmal von den früheren unterscheiden, ein Merkmal, das auf einer anderen Ebene liegt und im Zuge neuerer Tendenzen der Schulentwicklung Lehrpläne aller Fächer verbindet: Die neuen Lehrpläne haben zunehmend den Charakter von Rahmenvorgaben, sie geben einen didaktischen Rahmen vor, gewissermaßen eine Bauanleitung mit Prinzipien für guten Unterricht, kaum verbindliche Inhalte oder gar methodische Anweisungen für deren Vermittlung. Die Lehrpläne der neuen Generation betonen vielmehr die Selbständigkeit der einzelnen Schule und ihrer Fachkonferenz, die diesen Rahmen durch schulinterne Absprachen, z. B. einen schuleigenen Fachlehrplan, ausfüllen und damit am Profil ihrer Schule mitwirken.

In den allerneusten Lehrplänen aller Fächer, die seit 2003 erscheinen, findet sich dieses Merkmal zugespitzt unter dem Gedanken einer *Neuen Steuerung* des Bildungswesens vom Output aus.[3] Die sogenannten Kernlehrpläne, die jetzt entstehen, sind in ihrem Kern gar keine Lehrpläne mehr, sondern Ergebniserwartungspläne. Sie beschreiben, was als Ergebnis des Unterrichts erwartet wird, sagen aber wenig darüber, wie das zu erreichen ist.

Dieses Merkmal verbindet neuere Lehrpläne aller Fächer und liegt, wie gesagt, auf einer anderen Ebene als die drei zuvor genannten, fachspezifischen. Es hat aber erheblichen Einfluss darauf, wie diese, nämlich die Erweiterung des Inhaltskanons, die Forderung von Mehrperspektivität und der Doppelauftrag, aufgenommen werden. Die Wahrnehmung ist durchaus ambivalent: Fachkonferenzen und Lehrkräfte können die neue Freiheit, den erweiterten pädagogischen Spielraum begrüßen, den die Lehrpläne bieten, aber sie können sich von ihnen auch allein gelassen und überfordert fühlen, wenn nicht von anderer Seite Rat und Hilfe geboten werden. Fortbildung und gute, an den neuen Anforderungen orientierte Materialien sind mehr gefragt als je zuvor, aber – wie zu recht kritisiert wird – bislang eher rar.

Das Programm des DSLV-Kongresses 2008 scheint mir symptomatisch dafür, wie mit den fachspezifischen Neuerungen in der Praxis umgegangen wird: Die Ausweitung des Inhaltskanons, die neue Vielfalt der Inhalte wird als Herausforderung verbreitet angenommen. Zumindest die engagierten Fachkräfte, die einen solchen Kongress besuchen, lassen sich auf sie ein. Aber gegenüber den weiteren Forderungen, wie diese Inhalte zu Themen des Unterrichts werden sollen, den Forderungen, die sich mit den Stichworten „Mehrperspektivität" und „Doppelauftrag" verbinden, scheint es doch, vorsichtig gesprochen, Zurückhaltung zu geben. Pädagogisch betrachtet, ist jedoch eine Ausweitung der Inhalte allein belanglos. Entscheidend ist, wie sie zum Thema des Unterrichts werden und was dieser Unterricht bei den Schülern bewirken soll. Und darum vor allem wird gekämpft.

Dieser Kampf kann mit verschiedenen Mitteln geführt werden. Ich werde im Folgenden nur Argumente betrachten, die in allgemein zugänglichen Schriften zum Auftrag des Schulsports in Deutschland derzeit vorgebracht werden, spreche daher nun nicht mehr vom „Kampf", sondern vom „Streit", weil sich dieses Wort für mich leichter mit „Kultur" verbindet. Eine ergiebige Quelle ist das Verbandsorgan des DSLV, der *sportunterricht*, von dort aus findet sich Weiteres.

---

3 Zur Bezeichnung und zum Anliegen der „Neuen Steuerung" Bellmann (2006).

Kritische Positionen zu den neuen Lehrplänen

So weit in Publikationen bisher nachzulesen, sind die Parteien in diesem Streit jedoch nicht auf der einen Seite die Vertreter der Sportpädagogik, die immer höhere Ansprüche formulieren, und auf der anderen Seite die Akteure der pädagogischen Praxis, die diese Ansprüche für überzogen oder unrealisierbar halten. Die Streitlinien verlaufen anders, und sie gehen mitten durch die universitäre Sportpädagogik hindurch. Einen verdienstvollen Ordnungsversuch hat Schmidt-Millard (2007) unternommen. Angesichts der Umgestaltung des deutschen Schulwesens sei eine „bildungstheoretisch begründete Positionierung des Faches Sport" gefragt und dazu leiste das nordrhein-westfälische Lehrplanwerk „bereits eine große Hilfe" (S. 105). Das werde aber nicht von allen Sportpädagogen so gesehen. Während einigen, namentlich Thiele und Prohl, die bildungstheoretische Besinnung im neuen NRW-Lehrplan nicht weit oder nicht tief genug geht, macht er auch eine „traditionalistische" Position aus, die – wie das Attribut anzeigen soll – die Entwicklung wieder zurückdrehen möchte. Als Hauptvertreter dieser Position sieht Schmidt-Millard zwei Herausgeber des *sportunterricht*, Brettschneider und Hummel. Ihre Position, sehr ähnlich dem Sportartenkonzept, das in den letzten zehn Jahren nur noch Söll unerschrocken verteidigt hatte, bedeute einen Rückfall in längst überholte materiale Bildungsvorstellungen, zugleich eine Reduktion des pädagogischen Anspruchs, der allein aus der Sache Sport unter Ausklammerung des Subjekts begründet werde. Mit dieser Position löse man das Fach aus dem Bildungsanspruch der Schule. „The Empire Strikes Back" ist die Überschrift, unter der Schmidt-Millard seine Diskussion führt, und damit will er wohl andeuten, dass hier nicht nur Argumente ausgetauscht werden, sondern auch Macht ausgespielt wird.
Ich kann Schmidt-Millards Zuordnungen und Wertungen nachvollziehen. Aber er führt eine schwierige Normendiskussion, indem er gegen die traditionalistische Position, wie vor ihm schon Beckers (2007) und Prohl (2006, S. 105-125), über den Bildungsbegriff argumentiert, den er in ihr implizit zu erkennen glaubt. Doch so kann er ihre Vertreter, namentlich Brettschneider und Hummel, vermutlich nicht beeindrucken, denn sie argumentieren, wenn ich sie richtig verstehe, anders, nämlich pragmatischer und politischer, und hoffen auf positive Resonanz bei Lehrkräften und Freunden des Sports. Das will ich aufnehmen und mich dann in den Streit auf eine andere Weise einmischen.

Vorschläge zur Neuorientierung (Konzentration) des Schulsports ...

In zwei aufeinander folgenden Brennpunkten der Zeitschrift haben Brettschneider (2005) und Hummel (2005) pointiert, wie es diese Textsorte nahe legt, neuere Lehrpläne kritisiert, für eine „Spaß- und Kuschelpädagogik" (so Hummel) verantwortlich gemacht und dringend eine „Neuorientierung" des Schulsports gefordert. Ausdrücklich fordern sie grundsätzliche Korrekturen zu allen drei fachspezifischen Merkmalen neuer Lehrpläne, die ich eben skizziert habe. Sie zielen dabei offensichtlich auf die

nordrhein-westfälischen Lehrpläne, auch wenn sie sie nicht nennen. Die Tendenz ihrer Forderungen ist klar: Der Auftrag des Schulsports soll wieder auf das Wesentliche konzentriert werden, auf das, was in der Schule nachweisbar erreicht werden kann. Aber was soll das sein?
Der Doppelauftrag, so ausdrücklich Brettschneider, ist in Frage zu stellen (2005, S. 321): „Erschließung der aktuellen Sportkultur" – man beachte auch hier die Konzentration! – soll der vorrangige Auftrag des Schulsports sein, Entwicklungsförderung ist nachrangig und – so explizit Hummel (2005, S. 353) – auf die Förderung der körperlichen und motorischen Entwicklung zu konzentrieren.
Weiterhin ist die Mehrperspektivität zu relativieren. „Anstrengung und Leistung", so Brettschneider, sollen „als Sinnmitte und Leitidee auch des schulischen Sportunterrichts (wieder neu) anerkannt werden" (ebd.). Hummel (ebd.) fordert ergänzend „Üben, Trainieren und Belasten", genauer: „anspruchsvolles Üben und Trainieren sowie pädagogisch angemessenes, unterrichtsgemäßes Belasten" als „Elemente einer Neuorientierung des Sportunterrichts".
In der Linie dieser Forderungen liegt es auch, dass beide die Ausweitung des Inhaltskanons wieder zurücknehmen wollen. Sie wollen Sportarten zugunsten der Bewegungsfelder in den Mittelpunkt des Unterrichts stellen und ihre Zahl begrenzen. Nur so könne in den Sportarten ein akzeptables Niveau erreicht werden.

... und ihre Begründung

Wie begründen Brettschneider und Hummel ihre Forderungen? Da Argumente in den drei Spalten eines „Brennpunkts" nur anzudeuten sind, habe ich Aufschluss in weiteren Texten der beiden gesucht (v. a. Brettschneider, 2008; Hummel, 2000). Auf dieser Basis glaube ich folgende Argumentation rekonstruieren zu können:
Den Ausgangspunkt bildet die empirisch gestützte Feststellung, dass die motorische Leistungsfähigkeit der Heranwachsenden im säkularen Trend dramatisch absinkt und gesundheitlich bedeutsame Symptome mangelnder Fitness (Stichworte: Adipositas, metabolisches Syndrom) sich schon unter Kindern ausbreiten. Angesichts der gesamtgesellschaftlichen Bedeutung dieser Entwicklung (Stichwort: Kosten des Gesundheitssystems) müsse dem, wie zum Glück inzwischen auch die Politik erkannt habe, mit wirksamen Maßnahmen begegnet werden. Hier könne der Sportunterricht einen durch kein anderes Fach ersetzbaren Beitrag leisten und damit zugleich seinen Status im Kanon der Schulfächer verbessern. Denn insbesondere für die Förderung der körperlichen und motorischen Entwicklung gebe es „wissenschaftlich fundierte und praktisch wirksame unterrichtsmethodische Instrumentarien" (Hummel, 2005, S. 353). Brettschneider fügt hinzu, dass für Ziele in diesem Förderbereich keine Vermittlungslücke bestehe wie z. B. für Ziele im Bereich des sozialen Lernens und dass man nicht auf waghalsige Transfer-Vermutungen bauen müsse (2008). Ziele bezüglich der körperlichen und motorischen Entwicklung ließen sich vergleichsweise klar und eindeutig („operational") formulieren, und wir verfügten über bewährte Verfahren, ihre Erreichung und damit die Effektivität des Unterrichts zu überprüfen.

Einige Fragezeichen – oder Missverständnisse?

Ich hoffe, dass ich die Argumentation in den wesentlichen Punkten getroffen habe.[4] Sie beeindruckt durch ihre Einfachheit, Klarheit und Geradlinigkeit, und es muss kein Nachteil sein, dass hier als „Neuorientierung" etwas empfohlen wird, was im Grunde recht alt ist. Was alt ist, muss nicht schlecht sein; und Konzentration auf das Wesentliche ist gerade in unserem Fach immer wieder notwendig. Aber dann irritieren doch ein paar Widersprüche – oder sind es nur Missverständnisse?

Brettschneider und Hummel wollen die beiden Seiten des Doppelauftrags nicht als gleich gewichtig anerkennen, sondern die erste (bei Brettschneider: „Erschließung der aktuellen Sportkultur") betonen. Aber sie machen sich zu Anwälten einer Entwicklungsförderung, die Hummel auch ausdrücklich so nennt. Diese Entwicklungsförderung wollen sie auf körperliche und motorische Aspekte konzentrieren. Aber letztlich geht es ihnen darum, die nächste Generation, die jetzt die Schulen besucht, für ein bewegungsaktives Leben zu gewinnen – und das hat doch mindestens auch mit Motivation und Interesse zu tun.

Ihre besondere Sorge, so verstehe ich ihre Botschaft, gilt den Kindern und Jugendlichen, bei denen jetzt schon Anzeichen eines Bewegungsmangels und ein entsprechender Förderbedarf zu erkennen sind. Aber ist eine konsequentere Orientierung an Sportarten und an der „Sinn-Mitte" des Sports (bei Hummel: „Üben, Trainieren, Belasten") gerade für diese jungen Menschen das probate Mittel?

Ich nehme an, dass Brettschneider und Hummel nicht verlegen wären, diese Fragezeichen begrifflich aufzulösen oder auf Missverständnisse zurückzuführen und vermute, dass die Debatte auf dieser Ebene nicht überzeugend zu beenden ist. Daher versuche ich, ihren Vorschlag zur Konzentration des Schulsports auf andere Weise zu prüfen, nämlich von den erwarteten Ergebnissen aus. Das didaktische Konzept, das ich hinter ihrem Vorschlag zu erkennen glaube, nenne ich im Folgenden das Sportprogramm.[5]

---

4 Ausgelassen habe ich den Hinweis auf die Ergebnisse der SPRINT-Studie, die Brettschneider ebenfalls als Stütze seiner Forderung nach einer Neuorientierung heranzieht. Ich kann nicht sehen, welche Daten seine Forderung stützen, und dass es scheint auch dem Team so gegangen zu sein, das die Forschungsergebnisse in Handlungsempfehlungen umsetzen sollte (DSB, 2006, S. 263-266). Außerdem gibt es ein zeitliches Problem: Die nordrhein-westfälischen Lehrpläne, die ersten der neuen Generation, traten für die Schulformen der Sekundarstufe I im Jahr 2001 in Kraft. Die Daten der SPRINT-Studie sind 2003/2004 erhoben worden. Es widerspricht allen mir bekannten Annahmen über die Wirkung von Lehrplänen, dass sich der Geist (der Ungeist) neuer Lehrpläne in so kurzer Zeit schon in einer bundesweiten Datenerhebung an Schulen fassen lassen sollte.

5 Seit Balz (1992) ist es geläufig, das didaktische Konzept, als dessen Hauptvertreter bis heute Söll gilt, „Sportartenkonzept" zu nennen (so auch Prohl, 2006, S. 105-125f.). Unterstellt man, dass auch Söll letztlich nicht in bestimmte Sportarten, sondern (an ihrem Beispiel) in den Sport einführen möchte, lässt sich hier auch Hummels Konzept der „sportlichen Grundlagenbildung" zuordnen (so jetzt auch Balz, 2009). Die didaktische Richtung, die sich hinter den hier herangezogenen Äußerungen Brettschneiders und Hummels erkennen lässt, denen auch Söll vermutlich zustimmen würde, nenne ich daher im Folgenden „Sportprogramm".

Output-Standards für den Schulsport – eine Überraschung

Spätestens seit 2003, dem Jahr der Veröffentlichung der sog. Klieme-Expertise (Klieme u. a., 2003), stehen die Schulen in Deutschland unter der Erwartung, dass sich die Qualität ihrer Arbeit an den Lernergebnissen ablesen lässt, die ihre Schüler an bestimmten Punkten ihres Bildungsgangs vorweisen können. Das zentrale Instrument, mit dem das Bildungswesen ausgehend vom Output, also den bei den Schülern feststellbaren Ergebnissen, gesteuert werden soll, sind die Bildungsstandards, die nun für alle Fächer entwickelt werden sollen – möglichst national. Das ist ein aufwändiger Entwicklungsprozess, den die Bundesregierung und die Deutsche Forschungsgemeinschaft mit beachtlichen Ressourcen fördern. Solide Ergebnisse sind nicht vor 2010 zu erwarten, dabei haben die Kernfächer, das sind hier die PISA- und TIMSS-Fächer, Vorfahrt. Ob und ggf. wann es auch nationale Bildungsstandards für das Fach Sport geben wird, steht noch in den Sternen (Kurz, 2008).

Dennoch haben sich mehrere Bundesländer seit 2003 eilig auf den Weg gemacht und haben kleine Kommissionen, überwiegend zusammengesetzt aus erfahrenen Lehrkräften, beauftragt, Standards für das Fach Sport zu erarbeiten. Auch die Kommission Sport der KMK hat diesen Prozess begleitet. Inzwischen liegen nach meinem Überblick ergebnisorientierte Lehrpläne oder Standards für den Schulsport für sieben Bundesländer vor, nämlich Hamburg, Baden-Württemberg, Berlin, Brandenburg, Mecklenburg-Vorpommern, Niedersachsen und Hessen.

Anfangs war ich in Sorge, was solche Standards mit unserem Fach anrichten könnten: Wir müssen uns zunächst darauf einlassen, allen Unterricht auf seine Ergebnisse hin zu planen und von seinen Ergebnissen aus zu bewerten, und dürfen dem erfüllten Augenblick oder dem gelungenen Prozess einen pädagogischen Wert nur dann zugestehen, wenn sie zugleich mit einem nachweisbaren Ergebnis enden.[6] Aber selbst wenn wir das tun, ist zu befürchten, dass sich längst nicht alles als Standard formulieren lässt, was als Ergebnis des Unterrichts zu wünschen ist. Kreative Lösungen, kooperative Leistungen, das Verhalten im sozialen Miteinander und vieles anderes, womit sich unser Fach für den Bildungskanon der Schule empfehlen lässt, lassen sich nicht so in Standards fassen wie die Leistung im 100-m-Lauf und drohen daher aus dem Blick zu geraten. So dachte ich.

Man könnte also vermuten, dass sich in den bisher veröffentlichten Standards die Erwartungen an die Ergebnisse des Sportunterrichts mehr oder weniger im Sinne des Sportprogramms auf die Förderung der körperlichen und motorischen Entwicklung konzentrieren. Auf den ersten Blick ist das auch der Fall, denn die meisten Aussagen beziehen sich auf diesen Bereich. Aber wer genauer in diese Textpassagen hineinsieht, erlebt eine Überraschung. Die Ergebniserwartungen sind nämlich gerade für das Bewegungskönnen und die körperliche Leistungsfähigkeit

---

6 Vor einer derartigen Verengung des Schulsports, die nur das gelten lässt, was sich als Ergebnis geplanten Lernens einstellt, hat mein Lehrer Ommo Grupe immer gewarnt, so z.B. in einem seinerzeit einflussreichen Gutachten für den Deutschen Bildungsrat (Grupe, Bergner & Kurz, 1974). In den 1970-er Jahren war es unter Sportpädagogen ein Topos, dass Sportunterricht nicht, zumindest nicht nur „produktorientiert" sein dürfe (neuerdings wieder Grupe, Kofink & Krüger, 2004).

merkwürdig offen formuliert und sie lassen auch kaum erkennen, was denn als Ergebnis der Unterrichts im Laufe der Schulzeit an Fortschritt, an Progression, erwartet wird.
Ich erläutere diesen überraschenden Befund wieder am Beispiel des Inhalts Laufen und verenge meinen Blick nochmals auf das ausdauernde Laufen. Das Beispiel scheint mir aus mehreren Gründen geeignet, u. a. deshalb, weil die sportliche und gesundheitliche Bedeutung des ausdauernden Laufens unumstritten ist und das ausdauernde Laufen einer der wenigen Inhalte ist, für die überhaupt Standards und so etwas wie eine Progression formuliert werden.
In Baden-Württemberg[7] sollen die Schülerinnen und Schüler am Ende der Klasse 2 „lang und ausdauernd laufen", hinzugefügt wird für das Laufen allgemein – wohl auch das schnelle: „allein und gemeinsam, über Hindernisse und mit Zusatzaufgaben, in der Halle und im Freigelände". In Klasse 4 sollen sie „längere Strecken ausdauernd laufen [können]". Am Ende der Klasse 6 wird erwartet„ dass sie „eine ausdauernde Belastung zeitlich einteilen und durchhalten." Am Ende der Klasse 8 sollen sie „längere Läufe absolvieren und eine Ausdauerleistung erbringen". Wörtlich dasselbe wird am Ende der Klasse 10 erwartet.
Was also soll das Ergebnis des Unterrichts in diesem Kernbereich unseres Faches sein? Ich verallgemeinere, ohne das hier im Einzelnen belegen zu können: Die bisher in den Ländern vorliegenden Ergebniserwartungen für die körperliche und motorische Entwicklung sind offen und nicht als Standards formuliert und sie lassen kaum eine Progression erkennen. Wenn im Laufe der Schuljahre etwas hinzukommt, dann in der Breite, jedoch nicht in der Höhe der erwarteten Leistungen. Aber keine Standards, also keine bestimmten Anforderungen für bestimmte Jahrgangsstufen, und damit auch keine Progression.
Daher drängt sich die Frage auf: Hat man die Kommissionen alle falsch besetzt? Haben hier überall, sogar in Baden-Württemberg, der Heimat des Sportartenkonzepts, schon Spaß- und Kuschelpädagogen die Lehrplankommissionen erobert? Ich vermute das nicht. Mitglieder der Kommissionen waren erfahrene Lehrkräfte, die wissen, welche Ergebnisse sich nach einem lehrplangemäßen Unterricht erwarten lassen. Daher behaupte ich im Gegenteil, dass die Verlegenheit, die sich in diesen Ergebniserwartungen ausdrückt, beim Sportprogramm unvermeidlich ist. Diese zugestandenermaßen steile These will ich nochmals am Beispiel des ausdauernden Laufens begründen.

Zehn Minuten ohne Pause laufen können – mehr als eine konditionelle Fähigkeit ...

Dieses Beispiel eignet sich nun auch deshalb, weil das ausdauernde Laufen einer der wenigen bewegungsbezogenen Inhalte ist, für den wenigstens in einem Bundesland

---

[7] Die Bildungspläne und -standards sind zu finden unter http://www.schule-bw.de/unterricht/faecher/sport/1Bldg_stands_plaene (Zugriff am 17.November 2008).

ein Standard so formuliert ist, dass die zugehörige Testaufgabe erkennbar ist. Es ist eine geläufige Erwartung, dass Schülerinnen und Schüler ihr Lebensalter in Minuten laufen können. Niedersachsen fordert im Kerncurriculum[8] für die Schulformen der Sekundarstufe I aus dem Jahr 2007 für das Ende der Klasse 6 sogar: „Laufen mindestens 25 Minuten ohne Pause ausdauernd". Es erfordert wenig Phantasie, sich den Test vorzustellen: Man braucht eine Laufstrecke oder ein übersichtliches Laufgelände und eine Uhr.

Aber was brauchen die Kinder, um diese Aufgabe zu bewältigen? Zunächst brauchen sie Ausdauer, vor allem allgemeine aerobe Ausdauer. Aber es ist zu einfach, das Testergebnis nur als Aussage über die Ausprägung der Ausdauer zu sehen. Die Kinder brauchen auch eine einigermaßen ökonomische Lauftechnik. Diese beiden Komponenten, Ausdauer und Technik, gehen, mathematisch betrachtet, als Faktoren in das Produkt Laufleistung ein. Das heißt, je schlechter die Technik, desto besser muss die Ausdauer sein, damit ein Kind die geforderten 25 Minuten ohne Pause durchhält.

Doch wenn wir einmal in dieser Weise anfangen, die Laufleistung in ihre Komponenten oder Faktoren zu zerlegen, finden wir noch viel mehr, z. B. das Körpergewicht, das Kinder beim Laufen, anders als beim Radfahren oder Schwimmen, selbst tragen müssen. Ein weiterer Faktor ist das Tempogefühl, das auf spezifische Körpersignale bezogene Wissen darüber, welches Lauftempo man über die Zeit durchhalten kann. Wissen zum Umgang mit Körpersignalen kann auch in anderer Form gefordert sein: Herzklopfen, Hitzeentwicklung, Seitenstechen, Atemnot, Muskelschmerzen und damit verbundene negative Emotionen. Was tun, damit das verschwindet oder zumindest erträglich wird? Dann kann sich auch die Frage stellen: Darf ich, soll ich, will ich noch weiterlaufen oder breche ich ab? Je mehr ein Kind aus früheren Ausdauerbeanspruchungen weiß, dass und wie sich damit umgehen lässt, desto besser ist es vorbereitet, diese Entscheidung zu treffen, desto größer ist die Wahrscheinlichkeit, dass es den Test besteht.

... eine Kompetenz!

Was also messen wir mit der Testaufgabe, eine bestimmte Zeit ohne Pause zu laufen? Wir messen eine Kompetenz.[9] Erläuterungen zum Kompetenzbegriff, die sich in Anleitungen zur Erarbeitung von Bildungsstandards und Kernlehrplänen finden, stimmen, oft unter Berufung auf Weinert (2001), in folgenden Punkten weitgehend überein: Kompetenzen sind „Dispositionen, die eine Person befähigen, fachbezogen konkrete Anforderungssituationen eines bestimmten Typs zu bewältigen"[10]. Sie

---

8 Niedersächsisches Kultusministerium (2007). *Kerncurriculum für die Schulformen des Sekundarbereichs I, Schuljahrgänge 5-10, Sport* (S. 25). Zugriff am 17. November 2008 unter http://www.nibis.de/nli1/gohrgs/kerncurricula_nibis/kc_2007/kc07_sekI/kc_sek1_sport_07_nib.pdf
9 Zum Folgenden vgl. die ausgezeichnete Aufarbeitung zum Konzept „Kompetenz" durch Klieme und Hartig (2007).
10 Material für die Kernlehrplan-Kommissionen zur gymnasialen Oberstufe in NRW.

sind insofern komplex (manche sagen auch „holistisch", deutsch: „ganzheitlich"), dass sie nicht nur aus Wissen bestehen, das auch tot sein kann, oder nur aus Können, das auch blind sein kann, sondern ausdrücklich auf einer Verbindung von Wissen und Können.

"Wer kompetent zu handeln vermag, verfügt nicht nur über träges Wissen [oder blindes Können, D.K.], sondern ist nachweislich in der Lage, reale Anforderungssituationen zu bewältigen. Und dies nicht nur einmalig und zufällig, sondern auf der Basis eines latenten Merkmals, das gewissermaßen garantiert, dass der kompetent Handelnde in immer neuen Situationen [ähnlicher Art, D.K.] adäquate Handlungen *generieren* kann" (Klieme & Hartig, 2007, S. 14).

Alles dies trifft für die Disposition zu, eine längere Strecke ohne Pause zu laufen – die wir damit als Kompetenz ansprechen dürfen. Das halte ich nicht für eine unnötige Begriffsklauberei, sondern für eine wichtige, ja notwendige Klärung. Denn wer diese Kompetenz bei anderen (oder auch bei sich selbst) entwickeln will, wird wenig Erfolg haben, wenn er sie nur mit einer ihrer Komponenten identifiziert, z. B. dem körperlich-motorischen Können, insbesondere der konditionellen Fähigkeit „Ausdauer". Doch nur wenn man das tut, die Komplexität der hier geforderten Kompetenz also vernachlässigt, lässt sich die Behauptung aufrecht erhalten, dass für die Förderung in diesem Kernbereich unseres Faches „wissenschaftlich fundierte und praktisch wirksame unterrichtsmethodische Instrumentarien vorliegen" (Hummel, 2005) und die Vermittlungslücke hier nicht bestehe. Das jedoch war eine entscheidende Voraussetzung, auf der die zitierten Wortführer des Sportprogramms ihre praktischen Empfehlungen zur Neuorientierung unseres Faches aufgebaut haben.

Kinder, die nicht ausdauernd laufen können

Ich kann an dieser Stelle meine Argumentation durch einige empirische Befunde stützen, aus denen wir etwas über die Kinder erfahren, die über die Kompetenz nicht verfügen, die ich hier als Beispiel gewählt habe. In den Jahren 2005 bis 2007 konnten wir an einer repräsentativen Stichprobe von Kindern der 5. Klassen aller staatlichen Regelschulen in Nordrhein-Westfalen, also Hauptschulen, Realschulen, Gymnasien und Gesamtschulen, testen, ob sie über Basisqualifikationen verfügen, die wir als Mindestvoraussetzungen für ein bewegungsaktives Leben angesehen haben.[11] Darunter war auch die Aufgabe, ihr Lebensalter (in der Untersuchung für alle gleich mit 10 angesetzt) in Minuten zu laufen. Von den 876 Kindern, die an dem Test teilnahmen und einen kleinen Fragebogen ausfüllten, haben 82% bestanden, 18% nicht.

Was erfahren wir nun aus unserer Untersuchung über die 18% der Kinder, die die Testaufgabe nicht bestanden haben? Zunächst einmal dies: Verglichen mit den Kindern, die die Aufgabe bestanden haben, scheiterten sie auch signifikant häufiger an anderen ähnlich einfachen Testaufgaben. Das waren in dieser Untersuchung

---

11 Vgl. Kurz, Fritz & Tscherpel (2007). Eine ausführliche Publikation ist in Vorbereitung.

(MOBAQ II) Aufgaben zum geschickten Laufen und Springen – das konnte man noch erwarten –, aber auch Aufgaben zum Rhythmischen Bewegen und zum sicheren Fahrradfahren. Kinder, die ihr Lebensalter nicht in Minuten laufen können, können also nicht nur dies nicht, sondern haben wahrscheinlich in mehreren Bereichen der für ihr Alter relevanten Bewegungskultur auffällige Schwierigkeiten oder, positiv gesprochen, Förderbedarf.

Was wissen wir aus unserer Untersuchung noch über diese Kinder? Ich nenne nur einige der auffälligsten Merkmale: Die Testaufgabe schafften nicht

- 14% aller Jungen, 21% aller Mädchen;
- 11% aller Kinder, die nach den für dieses Alter üblichen Grenzwerten als normal gewichtig einzustufen sind, 61% der adipösen Kinder (BMI über 25);
- 9% der Kinder, die zur Zeit der Untersuchung Mitglied in einem Sportverein waren, 28% der Nichtmitglieder;
- 3% aller Kinder, die jetzt die 5. Klasse eines Gymnasiums besuchen, aber 31% aller Fünftklässler einer Hauptschule.

Bei dem letzten, dem auffälligsten Unterschied ist zu berücksichtigen, dass wir die Untersuchung in der ersten Hälfte des 5. Schuljahrs durchgeführt haben. Die Unterschiede sagen also wenig oder nichts über die Qualität des Schulsports an der Schule aus, die die Kinder jetzt besuchen. Sie lassen sich auch nicht entscheidend auf die unterschiedliche Qualität des Schulsports an den Grundschulen zurückführen, die sie vorher besucht haben? Worauf dann? Die Antwort kann nur sein: Die Kompetenz, die sich in dem Lauftest zeigt, haben die Kinder im Laufe einer Bewegungssozialisation erworben, die in der Familie begonnen hat und bis jetzt maßgeblich durch sie geprägt wird, die sich u. U. im Verein und im selbst organisierten Bewegungsleben fortsetzt und in der Schule bis jetzt bestenfalls ergänzt, erweitert, vertieft und korrigiert wurde.

Damit komme ich wieder auf meine Hauptfrage zurück: Worauf soll sich der Schulsport konzentrieren? Welchen spezifischen Auftrag kann und sollte er erfüllen? Ich argumentiere weiterhin in der Weise, dass ich von den Ergebnissen aus frage, die der Schulsport ansteuern sollte und an deren Erreichung seine Qualität beurteilt werden dürfte.

Kinder mit Förderbedarf: Passt für sie das Sportprogramm?

Betrachten wir noch ein letztes Mal die Kinder mit fachspezifischem Förderbedarf und nehmen wir einmal an, eine Landesregierung legte ein Programm mit dem Ziel auf, bis zur übernächsten Landtagswahl sollten alle oder doch mindestens 90% aller Fünftklässler ihr Lebensalter in Minuten laufen können. Wäre das ein realistisches und wäre es ein pädagogisch sinnvolles Ziel und welchen Beitrag könnte der Schulsport dazu leisten? Damit ich nicht missverstanden werde, muss ich an dieser Stelle betonen, dass ich es jedem Kind wünsche, über diese Kompetenz zu verfügen, und zwar nicht nur aus Sorge um seine Gesundheit, sondern auch um seine

Chancen, ein glückliches Leben führen zu können. Aber die Frage ist, wie wir ihm in der Schule helfen, diese Kompetenz auszubilden. Zunächst ist die Schule der einzige Ort, an dem wir alle Kinder erreichen, so dass gezielte Förder-Programme am besten in ihr zu organisieren sind oder zumindest von ihr ausgehen sollten. Aber wie wären solche Programme zu gestalten und an welchen Ergebnissen können wir ihre Wirksamkeit erkennen? „Üben, Trainieren, Belasten", also ein gezieltes, regelmäßiges Laufprogramm würde, wenn sich die Kinder dazu bewegen ließen, natürlicherweise, sogar naturgesetzlich vorhersagbar Wirkungen zeigen. Mit zwei Trainingseinheiten pro Woche, angemessen dosiert, über einige Monate durchgehalten, ist etwas zu erreichen, was sich sogar in messbaren Ergebnissen zeigen müsste. Danach werden zwar immer noch nicht alle Kinder ihr Lebensalter in Minuten laufen können, aber einige mehr als vorher. Aber wie lange soll dieses Programm durchgeführt werden? Ausdauer ist kein bleibender Besitz, schon nach den Sommerferien müsste wieder von vorn begonnen werden – wenn die Kinder nicht selbst etwas tun, was ihre Ausdauer fördert.

Und das ist der entscheidende Punkt! Die Förderung dieser Kinder muss vor allem eine Förderung ihrer Fähigkeit sein, selbst das für sie Richtige zu tun. Ein schulisches Förderprogramm, das nur am körperlich-motorischen Können ansetzt und seine Effekte an dessen Entwicklung messen möchte, kann allenfalls kurzfristig erfolgreich sein. Für ein solches Förderprogramm hätten wir zwar technologisches Wissen, aber die Politik wird in der Stundentafel dem Fach Sport niemals so viele Unterrichtsstunden einräumen, die es brauchte, um dieses Programm bis zum Ende der Schulzeit mit akzeptablen Effekten durchzuhalten.

Daher muss es von Anfang an darum gehen, nicht nur blindes Können zu fördern, sondern Kompetenzen, also auch Wissen und – möglichst – Wollen.[12] Der Förderung des Wollens, der Motivation und des Interesses, haben wir in unserem Fach in Praxis und Wissenschaft schon längst mehr Aufmerksamkeit gewidmet als andere Fächer. Was die Förderung des Wissens angeht, haben wir Nachholbedarf. Das heißt zunächst einmal, dass wir das technologische Wissen, das Know How, über das Sportwissenschaft und Sportlehrerschaft verfügen, nicht nur als Vermittlungswissen nutzen, sondern auch an die Schüler weitergeben. Ein Programm zur Förderung ihrer Laufausdauer hat also von Anfang an auch die Vermittlung von Wissen darüber einzuschließen, wie sie ihre Laufausdauer selbst fördern können. Ein Vorteil unseres Faches ist, dass das lebendiges Wissen sein kann, dessen Brauchbarkeit die Schüler im eigenen Tun, schon im Unterricht selbst, erfahren können. Die Zeit, die für die Vermittlung solchen Wissens eingesetzt wird, ist keine verlorene Zeit, sie zahlt sich vielfach aus, wenn die Schüler diesem Wissen gemäß zunehmend selbständig handeln.

---

12 In diesem Punkt wird der Kompetenz-Begriff unterschiedlich ausgelegt. Weinert schließt in einer oft zitierten Definition (2001, S. 27) in das Konstrukt „Kompetenz" auch „motivationale, volitionale ... Bereitschaften und Fähigkeiten" ein, plädiert allerdings dafür, diese in empirischen Untersuchungen (also auch in Untersuchungen zu Bildungsstandards) getrennt zu erfassen (ausführlich dazu Klieme & Hartig, 2007, bes. S. 18f.; vgl. jetzt auch Köller, 2008, bes. S. 165). Unumstritten ist jedoch, dass die „Umsetzung (einer Kompetenz) in reales Handeln ... motivationale und volitionale Prozesse erfordert" (ebd.).

Ob sie das jedoch auch wollen, wenn sie nicht im Unterricht dazu angehalten werden, also in ihrer freien Zeit, und wie dieses Wollen zu fördern ist, das ist eine andere Frage, auf die ich hier nicht weiter eingehen kann. Im begrenzten Rahmen dieses Textes kann ich nur hoffen, dass Sie meine Zweifel teilen, ob die Orientierung an der Sinn-Mitte des Sports, der Leistung, für unsere förderbedürftigen Kinder ein gutes Rezept ist. Eine Ausdauerleistung zu erbringen, das ist für sie, die in ihrer Familie keine Sportsozialisation erfahren haben, typischerweise nicht als sportliche Herausforderung interessant. Sie müssen den Sinn einer solchen Aufgabe erst einmal anders erfahren. Vielleicht sehen einige von ihnen schon eher einen Sinn darin, beim Tanzen nicht so schnell müde zu werden oder in einem Ballspiel auch nach 20 Minuten noch einen Pass in den freien Raum zu erlaufen, und achten dann auch nicht auf die körperlichen Symptome, die ihnen beim Lauftest den Abbruch nahegelegt haben. Darüber hinaus könnten sie bestenfalls erfahren, dass Ausdauerbelastungen auch tiefes, körperlich spürbares Wohlbefinden verursachen können. Damit habe ich in aller Kürze einen Kerngedanken des mehrperspektivischen Sportunterrichts skizziert, den ich nicht aufgeben möchte: Der Sportunterricht sollte an geeigneten Beispielen die Vielfalt des Sinns erfahrbar machen, mit dem Sport belegt werden kann, und die Fähigkeit fördern, Sport unter verschiedenen Sinnzuschreibungen zu prüfen (Kurz, 2004).

Lernprogression im Schulsport

Aber was ist mit den anderen Schülerinnen und Schülern, diesen ca. 80 Prozent die unsere Testaufgabe im 5. Schuljahr gelöst haben? Wie sollte ihre Kompetenz weiter entwickelt werden in den folgenden Schuljahren? Die anspruchsvollen Niedersachsen, die für das Ende des 6. Schuljahrs mutig 25 Minuten ohne Pause verlangt haben, legen für das Ende des 8. Schuljahrs noch eins drauf und fordern nun 30 Minuten. Kann es das sein? Und vor allem: Kann das alles sein?

Für einen letzten kurzen Gedankengang müssen wir uns noch einmal an den Kompetenzbegriff erinnern. Kompetenzen setzen sich mindestens aus Können und Wissen zusammen, ihre Umsetzung in reales Handeln wird auch durch das Wollen bestimmt. Mit dem Testergebnis „ist 10 Minuten ohne Pause gelaufen" fassen wir, genau genommen, eine Performanz, in diesem Fall eine körperlich erbrachte Leistung. Aus ihr können wir auf eine Kompetenz schließen, aber wir erfassen diese nicht ganz, sondern nur unter einem performativen Aspekt. Denn wie diese Leistung zustande gekommen ist, was das Kind an Können, Wissen und Wollen aktiviert hat, erfahren wir aus dem Testergebnis nicht. Pädagogisch gesehen, d. h., Interesse an der weiteren Entwicklung des Kindes, ist das jedoch nicht belanglos. Sind wir gut beraten, die weitere Kompetenzentwicklung der Kinder, die nun bald Jugendliche werden, allein oder vor allem daran abzulesen, wie sich diese Leistung im Laufe der weiteren Schulzeit verändert?

Die Antwort auf diese Frage lässt sich auf harte empirische Fakten stützen. Selbst wenn wir den Sportunterricht so konsequent, wie es den Verfechtern des Sportprogramms vielleicht vorschwebt, als „Üben – Trainieren – Belasten" durchführen, wird es eine kontinuierliche Verbesserung der messbaren Ausdauerleistung bis zum Ende der Schulzeit nur bei denen geben, die auch über den Sportunterricht hinaus so leben, dass es ihrer Laufausdauer zugute kommt. Die körperlichen Veränderungen im Zuge der Pubertät bringen bei den meisten noch einmal einen – unverdienten – Leistungsschub, danach stagniert die messbare Leistung beim Durchschnitt jeder Lerngruppe, und wenn sie nicht schon nach der 8. Klasse wieder zurückgeht, dann ist das nicht der Trainingswirkung des Sportunterrichts zuzuschreiben, sondern dem, was die Schülerinnen und Schüler, nun Jugendliche, über den Unterricht hinaus tun.[13]

Unterrichtsvorhaben zur systematischen Verbesserung der Ausdauer gehören dennoch weiterhin in den Sportunterricht und dabei kann es durchaus auch sinnvoll und aufschlussreich sein, ihre Effekte mit geeigneten Tests zu messen. Aber diese Messergebnisse taugen nur sehr begrenzt als Indikatoren für die Qualität des Sportunterrichts. Sie eignen sich vielmehr als Impulse zur Weiterentwicklung einer spezifischen Kompetenz der Schülerinnen und Schüler. Diese Weiterentwicklung der Kompetenz kann im Rahmen des Schulunterrichts systematisch und mit klarer Progression nun vor allem unter dem Aspekt des Wissens gefördert und gesichert werden. Dabei geht es zunächst um technologisches Wissen, um Know How, mit zunehmendem Alter aber auch um Know Why, d. h., um Wissen, mit dem die Schüler die technologischen Empfehlungen begründen und den Sinn ihres Tuns reflektieren können. Sie sollten also nicht nur lernen, wie sie Ausdauer wirksam verbessern können, welche Effekte sie in welcher Zeit mit welchem Aufwand zu erwarten haben und welche Alternativen es zum Laufen als Mittel der Ausdauerförderung gibt. Sie sollten auch lernen, warum das Training nicht bei allen gleich wirkt, warum z. B. die meisten Jungen ausdauernder sind als die meisten Mädchen, welche Bedeutung Ausdauer für die Gesundheit, aber auch für die Leistung in den Sportarten hat, die sie mögen, und unter welchen Bedingungen sich durch Ausdauerbelastungen das Gewicht regulieren lässt.

In höheren Jahrgangsstufen kann und sollte dieses Wissen zunehmend explizit an wissenschaftliches Wissen anschließen. Wenn das dann in der Gymnasialen Oberstufe die Qualität von Wissenschaftspropädeutik gewinnt, kommt mit den mündlichen und schriftlichen Prüfungen in der Qualifikationsphase zum Abitur nicht plötzlich etwas Neues in den Sportunterricht, das die Einheit des Faches in Frage stellt. Wissenschaftspropädeutische Wissensvermittlung ist dann vielmehr die konsequente Fortsetzung unter dem Anspruch, dem sich auf dieser Schulstufe alle Schulfächer zu stellen haben (vgl. Gogoll, 2008). Nur mit einem solchen Sportunterricht können wir das weltweit fast einzigartige Privileg sichern, dass in deutschen Schulen Sport bis zum Abitur Pflichtfach ist.

---

13 Dieses (vermutlich nicht unumstrittene) Fazit ziehe ich aus der Interpretation der mir bekannten Untersuchungen zur motorischen Entwicklung im Schulalter. Hier sehe ich zwischen Trainingswissenschaft und Sportdidaktik ein weitgehend unbearbeitetes Feld lohnender Zusammenarbeit (vgl. Kurz & Lames, 2002).

Am Anfang dieses Beitrags habe ich den in der neuen Lehrplangeneration formulierten Doppelauftrag so ausgelegt: Es komme nicht nur darauf an, dass die Schüler das Laufen lernen, sondern auch darauf, was sie am Laufen lernen. Ich hoffe, dass nun wenigstens in Umrissen deutlich geworden ist, was ich damit meine.[14] Meine gesamte Argumentation habe ich am Beispiel einer Kompetenz entwickelt, die der Schulsport fördern kann. Das war nur ein Beispiel. In den neuen Lehrplänen wird es darum gehen, eine überschaubare Zahl solcher Kompetenzen zu formulieren, die der Schulsport über die Jahre schrittweise und nachprüfbar fördern kann. Ich stelle mir solche Kompetenzen als Bausteine jener Handlungsfähigkeit vor, zu der alle Schulfächer beizutragen haben. Dabei ist Handlungsfähigkeit mehr als die beliebige Addition solcher Kompetenzen. Handlungsfähig wird ein Mensch, indem er solche Bausteine in eine Ordnung bringt, mit der er leben kann. Dieser Prozess ist mit dem Ende der Schulzeit nicht abgeschlossen. Aber die Schule begleitet junge Menschen dabei über 10 bis 13 Jahre ihres Lebens, in denen sie besonders lernfähig sind. Sport ist nach erteilten Unterrichtsstunden für die meisten Schülerinnen und Schüler das drittgrößte Schulfach. Dieses Potenzial sollten wir gut nutzen.

Literatur

Aschebrock, H. & Stibbe, G. (2004). Tendenzen der Lehrplanforschung und Lehrplanentwicklung. In E. Balz (Hrsg.), *Schulsport verstehen und gestalten* (S. 39-54). Aachen: Meyer & Meyer.
Balz, E. (2009). Fachdidaktische Konzepte update oder: Woran soll sich der Schulsport orientieren? *sportpädagogik* (i.Dr.).
Beckers, E. (2007). Die Sinnmitte des Sports, Bildungsstandards und adipöse Kinder. In N. Fessler & G. Stibbe (Hrsg.), *Standardisierung, Profilierung, Professionalisierung. Herausforderungen für den Schulsport* (S. 41-63). Baltmannsweiler: Schneider.
Bellmann, J. (2006). Bildungsforschung und Bildungspolitik im Zeitalter „Neuer Steuerung". *Zeitschrift für Pädagogik, 52*, 487-504.
Brettschneider, W.-D. (2005). Brennpunkt: Vonnöten: Eine strukturelle und inhaltliche Neuorientierung des Sportunterrichts. *sportunterricht, 54*, 321.
Brettschneider, W.-D. (2008). Mozart macht schlau und Sport bessere Menschen. Transfereffekte musikalischer Betätigung und sportlicher Aktivität zwischen Wunsch und Wirklichkeit. In V. Oesterhelt, J. Hofmann, M. Schimanski, M. Scholz & H. Altenberger (Hrsg.), *Sportpädagogik im Spannungsfeld gesellschaftlicher Erwartungen, wissenschaftlicher Ansprüche und empirischer Befunde* (Schriften der Deutschen Vereinigung für Sportwissenschaft, 175, S. 15-26). Hamburg: Czwalina.
Gogoll, A. (2008). *Wissenserwerb im Sportunterricht. Zwischen didaktischem Anspruch theoretischer Begründung und empirischer Realisierungsmöglichkeit.* Habilitationsschrift, Universität Bielefeld.
Grupe, O, Bergner, K. & Kurz, D. (1974). Sport und Sportunterricht in der Sekundarstufe II. In Deutscher Bildungsrat (Hrsg.), *Spiel und Kommunikation in der Sekundarstufe II. Gutachten und Studien der Bildungskommission 40* (S. 109-140). Stuttgart: Klett.
Grupe, O., Kofink, H. & Krüger, M. (2004). Gegen die Verkürzung von Bildung auf Bildungsstandards im Schulsport. *sportunterricht, 34*, 484-495.
Hummel, A (2000). Schulsportkonzepte zwischen totaler Rationalisierung und postmoderner Beliebigkeit. *sportunterricht, 49*, 9-13.

---

14 Wenigstens andeuten will ich an dieser Stelle, dass eine stärkere Betonung systematischer Vermittlung von Wissen im Sportunterricht auch dazu beitragen kann, die permanenten Probleme besser zu bewältigen, die Sportlehrkräfte in Schulen mit ihrer spezifischen Professionalität haben (dazu jetzt Kastrup, 2008).

Hummel, A (2005). Brennpunkt: Üben, Trainieren, Belasten – Elemente einer Neuorientierung des Sportunterrichts. *sportunterricht, 54*, 353 .

Kastrup, V. (2008). *Der Sportlehrerberuf als Profession. Eine empirische Studie zur Bedeutung des Sportlehrerberufs an Gymnasien und Gesamtschulen*. Dissertation, Universität Bielefeld.

Klieme, E. u.a. (2003). *Zur Entwicklung nationaler Bildungsstandards. Eine Expertise*. Berlin: BMBF.

Klieme, E. & Hartig, J. (2007). Kompetenzkonzepte in den Sozialwissenschaften und im erziehungswissenschaftlichen Diskurs [Sonderheft]. *Zeitschrift f. Erziehungswissenschaft, 10* (8), 11-29.

Köller, O. (2008). Bildungsstandards – Verfahren und Kriterien bei der Entwicklung von Messinstrumenten. *Zeitschrift für Pädagogik, 54*, 163-173.

Kurz, D. (2004). Von der Vielfalt sportlichen Sinns zu den pädagogischen Perspektiven im Schulsport. In P. Neumann & E. Balz (Hrsg.), *Mehrperspektivischer Sportunterricht. Orientierungen und Beispiele* (S. 57-70). Schorndorf: Hofmann.

Kurz, D. (2008). Output-Standards für den Schulsport – Funktionen, Chancen, Gefahren. In P. Labudde (Hrsg.), *Bildungsstandards am Gymnasium – Korsett oder Katalysator?* (S. 293-304). Bern: hep.

Kurz, D., Fritz, T. & Tscherpel, R. (2007). Der MOBAQ-Ansatz als Konzept für Mindeststandards für den Sportunterricht? In V. Oesterhelt, J. Hofmann, M. Schimanski, M. Scholz & H. Altenberger (Hrsg.), *Sportpädagogik im Spannungsfeld gesellschaftlicher Erwartungen, wissenschaftlicher Ansprüche und empirischer Befunde* (Schriften der Deutschen Vereinigung für Sportwissenschaft, 175, S. 97-106). Hamburg: Czwalina.

Kurz, D. & Lames, M. (2002). Zur Bedeutung der Trainingswissenschaft für den Schulsport. In M. Lames u.a. (Hrsg.), *Trainingswissenschaft und Schulsport* (Schriften der Deutschen Vereinigung für Sportwissenschaft, 130, S. 9-28). Hamburg: Czwalina.

Landesinstitut für Schule und Weiterbildung (LSW) (Hrsg.). (2000). *Erziehender Schulsport. Pädagogische Grundlagen der Curriculumrevision in Nordrhein-Westfalen*. Bönen: Kettler.

Prohl, R. (2006). *Grundriss der Sportpädagogik* (2. Aufl.). Wiebelsheim: Limpert.

Prohl, R. & Krick, F. (2006). Lehrplan und Lehrplanentwicklung. In Deutscher Sportbund (Hrsg.), *DSB-Sprint-Studie. Eine Untersuchung zur Situation des Schulsports in Deutschland* (S. 19-52). Aachen: Meyer&Meyer.

Schmidt-Millard, T. (2007). Erziehender Sportunterricht oder Erziehung durch Sport-Unterricht? *sportunterricht, 56*, 105-109.

Weinert, F.E. (2001). Vergleichende Leistungsmessung in Schulen – eine umstrittene Selbstverständlichkeit. In F.E. Weinert (Hrsg.), *Leistungsmessungen in Schulen* (S. 17-31). Weinheim, Basel: Beltz.

AK Rhythmisierung und Takt in der Ganztagsschule – Bewegungsaktivitäten als Gestaltungsbeitrag

RALF LAGING

Wissenschaftlicher Quellentext und Fallvergleich als Auswertungsverfahren qualitativer Ganztagsschulforschung

1 Forschungsinteresse und Forschungsdesign

Die „Studie zur Entwicklung von Bewegung, Spiel und Sport" (StuBSS)[1] fragt danach, wie eine Schule mit der in Ganztagsschulen verfügbaren Zeit in Bezug auf Körper und Bewegung umgeht. So ist es nicht unbedeutend für die Konzeption einer Schule, ob Bewegung als sportliche Aktivität, Gestaltungsprinzip, Kompensationsmöglichkeit, motorische Förderung oder eigenständige Bewegungsbildung verstanden wird. Dieses Verständnis von Bewegung dürfte sich auch in der Praxis von Ganztagsschulen wiederfinden, indem z.b. Bewegungsaktivitäten den Tag rhythmisieren, sich informelle Bewegungsanlässe bieten oder Kooperationen stattfinden. Vor diesem Hintergrund ist es das Ziel des Forschungsprojektes einen Beitrag zur Schul- und Theorieentwicklung bewegungsorientierter Ganztagsschulen durch die Rekonstruktion des Bewegungsalltags mit Hilfe von Interviews und Beobachtungen zu leisten. Des Weiteren stellt die Beratung mit Hilfe von Schulportraits zur Entwicklung einer ganztägigen Bewegungspraxis eine zentrale Forschungsaufgabe dar. Der Forschungszugang entspricht in seinem Design einer Fallstudie. Die Einzelschule bietet die Möglichkeit, Erkenntnisse dort zu gewinnen, wo Bewegung in der Schule ermöglicht wird und Bewegungsaktivitäten stattfinden. In der Schulforschung haben Fallstudien ihren Standort zwischen einerseits didaktisch verwertbaren Fallgeschichten zur Veranschaulichung oder Bestätigung eines didaktischen Konzepts und andererseits wissenschaftlich kontrollierten Fallanalysen mit der Funktion der Theoriebildung (Fatke, 1997, S. 63). Daraus hat sich ein Forschungsdesign entwickelt, das in der ersten Phase die Datenerhebung (Leitfadeninterviews, Beobachtungen und Gruppendiskussionen) und die Erstellung der Schulportraits, in der zweiten Phase die Beratung und Intervention und in der dritten Phase die fallvergleichende Interpretation mit dem Ziel an einer Theoriebildung vorsieht.

2 Auswertungsverfahren

Für eine theoriegenerierende Perspektive sind ein nachvollziehbarer Rückbezug zu den erhobenen Daten und eine darauf aufbauende systematische reflektierende

---
1 R. Laging, T. Bartmann, O. Marschner, A. Derecik, C. Stobbe, P. Böcker (Uni Marburg); R. Hildebrandt-Stramann, K. Riegel, J. Raddatz (Uni Braunschweig); J. Teubner, O. Senff, A, Leschinski (Uni Jena).

Rekonstruktion (z.B. in Anlehnung an Bohnsack, 1993; Kelle & Kluge, 1999, oder Strauss, 1994) erforderlich. Wir haben uns daher für ein mehrstufiges und relativ aufwendiges Auswertungsverfahren entschieden, das den so genannten Wissenschaftlichen Quellentext zum Ausgangspunkt aller weiteren Interpretationen erhebt. Für ein solches Vorgehen stellt sich die Frage, wie man von den Daten zum Schulportrait bzw. zu Fallvergleichen im Sinne einer wissenschaftlichen Vorgehensweise gelangt und einen Rückbezug und eine Re-Interpretation ermöglichen kann.

2.1 Der wissenschaftliche Quellentext als Zwischenschritt

Um dies zu gewährleisten, haben wir uns für einen Zwischenschritt entschieden, den wir in Anlehnung an Friebertshäuser (1992), Apel u.a. (1995) und Lutz, Behnken und Zinnecker (1997) „Wissenschaftlichen Quellentext" nennen. Der Wissenschaftliche Quellentext wird als Teil einer mehrstufigen Auswertungsstrategie verstanden, in der unterschiedliche Materialien und Daten aus der Feldforschung für nachfolgende weitergehende Interpretationen zusammengeführt werden. Er umfasst nach Apel u.a. (1995, S. 367f.)

> „eine aufbereitete Zusammenstellung von primären und wissenschaftlich erzeugten Quellen unter analytischen Gesichtspunkten. Merkmale des wissenschaftlichen Quellentextes sind:
> a)   theoretisch reflexive Auswahl der Materialien anhand von Leitthemen,
> b)   das Zusammenführen von Quellen unterschiedlicher methodischer Herkunft ...".

Der wissenschaftliche Quellentext liefert die Materialbasis für die Schulportraits zur Beratung und Intervention sowie zur Rekonstruktion der schulischen Verständigungsprozesse im Sinne einer gegenstandsbezogenen Theoriebildung. Diese Auswertungsstrategie soll eine Antwort auf zwei grundlegende Probleme von Feldforschung generell, aber vor allem auch für unser Projekt zur Erstellung von Schulportraits und Fallvergleichen sein. Zum einen handelt es sich beim Wissenschaftlichen Quellentext um eine Form der Triangulation unterschiedlicher Methoden und Daten und zum anderen wird durch die Veröffentlichung der Quellentexte die Nachvollziehbarkeit und damit die Kontrolle des Schulportraits bzw. der Fallvergleiche sowie die Re-Interpretation der Daten, auch für neue Fragestellungen möglich.

> „Der ‚wissenschaftliche Quellentext' soll so abgefasst sein, daß darin das gültige Material aus den unterschiedlichen (Teil)Instrumenten, die in die Triangulation einbezogen werden, in einen Text vereint und konsistent präsentiert wird" (Lutz, Behnken & Zinnecker, 1997, S. 432).

Aus den Daten kann nur dann ein in sich konsistenter Quellentext entstehen, wenn es um die wechselseitige Ergänzung zur Erkenntniserweiterung und nicht um die Prüfung der je eigenen Gültigkeit der Methoden geht. Flick (2000, S. 315ff.) hat hierfür die „systematische Perpektiven-Triangulation" vorgeschlagen, die sich in unserer Studie auf Schulleitungsmitglieder, Lehrende und Lernende, auf das kollektive Meinungsbild eines (Teil-)Kollegiums und auf die von Beobachtern beschriebenen Aktivitäten der Schülerinnen und Schüler als Akteure im Schulalltag bezieht.

2.2 Vom offenen zum thematischen Kodieren

In Verbindung mit dem aufgezeigten Verständnis von Triangulation ergibt sich aus dem Forschungsdesign die Notwendigkeit, vom Datenmaterial auszugehen, um vor allem Divergenzen (und weniger Konvergenzen) aufzudecken (Flick, 2000, S. 318).

Daher ist ein induktives oder offenes Vorgehen in der Datenauswertung erforderlich. Wir haben uns in unserem ersten Schritt des mehrstufigen Auswertungsverfahrens vom offenen Kodieren nach Strauss (1994, S. 94) leiten lassen, da es eine größere Nähe zu den Rohdaten erhält als dies beispielsweise bei der induktiven Kategorienbildung mit den Reduktionsstufen der Paraphrasierung, Selektion, Streichung und Bündelung der Inhaltsanalyse von Mayring (1983) der Fall ist.

Im weiteren Prozess der Auswertung sind wir dem so genannten „thematischen Kodieren" gefolgt, das Flick (1995, S. 206ff.) für vergleichende Studien mit Bezug auf Strauss (1994) entwickelt hat. Um Vergleiche durchführen zu können, wird eine Vergleichbarkeit über bedeutsame Themen hergestellt. Dabei geht es beim selektiven Kodieren im Gegensatz zu Strauss nicht um die Entwicklung von Kernkategorien, sondern um die „Generierung von thematischen Bereichen und Kategorien ... für den einzelnen Fall" (Flick, 1995, S. 207). Die innerhalb der thematischen Bereiche entstehende thematische Struktur ist dann für uns gleichsam die Binnengliederung des Wissenschaftlichen Quellentextes. Als Leitthemen dienen „Konzeption und Kooperation", „Bewegungsangebote" sowie „Bewegung im Unterricht". Innerhalb dieser Leitthemen sind thematische Bereiche wie „Rhythmisierung", „Bewegung im Schulgelände" oder „Bewegungsaktivitäten in der Pause" entstanden.

2.3 Das Schulportrait

Aus dem Wissenschaftlichen Quellentext entstehen die Schulportraits dadurch, dass die Leitthemen und thematischen Bereiche zusammenfassend dargestellt und zugespitzt mit theoriebezogenen Erörterungen ergänzt werden. Im Schulportrait wird das schulische Geschehen auf der Grundlage der thematischen Struktur des Wissenschaftlichen Quellentextes mit Bezug auf die konzeptionelle Programmatik der Schule rekonstruiert und erörtert.[2] So geht es im Schulportrait vor allem um die Deskription der bewegungsbezogenen Schulprogrammatik und des bewegungsorientierten Handelns sowie um die Rekonstruktion handlungsgenerierender Strukturen und Bedingungen. Das Schulportrait will in diesem Sinn nicht nur zeigen, was ist, sondern auch zeigen, warum es so ist oder sein könnte und welche Konsequenzen sich daraus für die Schulentwicklung ergeben (vgl. Stobbe, 2008).

2.4 Der Fallvergleich

Erst die zweite Auswertungsstrategie führt zur Theoriegenerierung. Dieser Schritt vergleicht Schulen durch Kontrastierung mit dem Ziel, das Besondere des Einzelfalls als Allgemeines zu erkennen. Der Vergleich erfolgt auf der Basis der thematischen Struktur der Einzelfälle.

Ein solcher Vergleich ist für unser Projekt deswegen von Interesse, weil spezifische Konzeptualisierungen von Bewegung, Spiel und Sport bestimmte Vorstellungen generieren, die den Bewegungs-, Spiel- und Sportmöglichkeiten eine je spezifische Auslegung geben. Ein Vergleich soll dazu beitragen, die Gelingensbedingungen

---

2 U. E. reichen Schulportraits aus einer „quick and dirty"-Persektive (Thiele 2006, S. 30) oder wenig nachvollziehbaren Daten wie z.B. im Buch der Wuppertaler Arbeitsgruppe (2008) nicht aus.

von Ganztagsschulen zu analysieren und zu reflektieren. Dabei auftretende Bevorzugungen oder Vernachlässigungen können rekonstruiert werden, mit dem Ziel, neue Perspektiven der Schulentwicklung hervorzubringen.
Die Schulportraits sind durch ihre thematische Strukturierung ein erster Schritt zum Fallvergleich, aber für den Fallvergleich reichen sie wegen ihres zusammenfassenden Duktus nicht aus. Sie sind vor allem als würdigende Beschreibungen aus der Programmatik der Schule geschrieben. Unter der Perspektive der Theoriebildung soll aber danach gefragt werden, „inwiefern neue, über bestehende theoretische Sätze hinausweisende Erkenntnisse aus kontrastierenden Einzelfallanalysen generiert werden" können, so Idel (1999, S. 53).

3 Rekonstruktion durch Kontrastierung

Mit dem Anspruch auf Theoriebildung bzw. Theoriedifferenzierung rücken im Rahmen von rekonstruktiven Verfahren Typiken oder Typologien in den Vordergrund, die auf fallvergleichende Kontrastierungen angewiesen sind. Das wissenschaftlich orientierte Verstehen hat nach Bohnsack (1993, S. 127ff.) als Verstehensleistung die „begrifflich-theoretische Explikation" sozialer Prozesse in ihrer Genese zum Ziel. Dabei geht es um den erlebten sozialen Prozess, den es zu rekonstruieren gilt. In unserem Arbeitszusammenhang bezieht sich dies auf den Verständigungsprozess von Leitenden, Lehrenden und auch Lernenden über ganztagsorientierte Schulentwicklung. Wir wollen die erlebten Verständigungsprozesse über das, was in der Folge davon als Resultat im ganztägigen Schulalltag in Form bewegungsorientierter Aktivitäten vorliegt, in ihrer Genese verstehen und rekonstruieren. Dies erfordert eine Distanz des Wissenschaftlers zum „erlebnismäßigen Vollzug" (Bohnsack, 1993, S. 129) der Verständigungsprozesse ohne sie im Verstehensprozess außer Acht zu lassen. Der mit der Interpretation verfolgte Anspruch auf Wahrheit meint nicht das faktische Vorhandensein eines Ereignisses, sondern bezieht sich auf das, was sich im Verständigungsprozess einer Schule dokumentiert und etwas über die Bewegungsorientierung in Bezug auf die Tagesgestaltung, die Raum- und Zeitstruktur, die Schulform, das Unterrichtsverständnis, das Alter usw. aussagt, es geht also um die „Einklammerung des Geltungscharakters" (Bohnsack 1993, S. 129) und dieser ist immer in einem sozialen Lebens- und Arbeitszusammenhang eingebunden, der mit dem Handlungskontext der Schule in Bezug auf das Ziel einer ganztägigen Schulentwicklung beschrieben werden kann. Die dazu notwendige Distanz kann der Interpret besonders dann aufbringen, wenn er sich an den Originaltexten orientiert, wie sie in unseren Wissenschaftlichen Quellentexten thematisch vorliegen. Der Interpret trägt ohne dem situativen Handlungsdruck der Akteure ausgesetzt zu sein, verschiedene Lesarten an den Text heran, die er in einer Forschergruppe zur Diskussion stellt und im Theoriehorizont der Literatur prüft. Diese beziehen sich auf die Verständigungsprozesse über eine Ganztagsschulentwicklung und den beobachtbaren Alltag an Ganztagsschulen, der immer durch Kontrastierung in Form von Gegenhorizonten mit Vergleichsschulen interpretiert wird.

Für eine wissenschaftlich kontrollierte Rekonstruktion bewegungsorientierter Schulentwicklungsprozesse mit dem Ziel der Theoriebildung und Typisierung von Fällen eignet sich als ein Verfahren vom Grundgedanken her die dokumentarische Methode nach Bohnsack (1993), auch wenn er im Wesentlichen sequenzanalytisch Gruppendiskussionen auswertet und in unserer Studie der Wissenschaftliche Quellentext interpretiert wird. Ein anderes Verfahren, das wir ebenfalls anwenden, ist die empirisch begründete Typenbildung nach Kelle und Kluge (1999), bei dem es um die Kombination von Merkmalen geht. Auch mit dem axialen Kodieren von Strauss (1994) können kontrastierend Schlüsselkategorien für Typen des Sich-Bewegens im Ganztag gebildet werden. Generell ist die Entwicklung von Typologien ein angestrebtes Ziel qualitativer Forschung.

Im Wissenschaftlichen Quellentext unserer Studie werden Themen generiert, die einen Überblick über das Bedeutsame der jeweiligen Schule geben und die gleichzeitig als thematische Bereiche eine Vergleichbarkeit der Schulen ermöglichen. Mit Hilfe von zusammenfassenden Formulierungen der wesentlichen Themen sind die Schulportraits entstanden. Durch einige herausragende und besonders dichte Textpassagen hat es Erörterungen insbesondere hinsichtlich möglicher Schulentwicklungsperspektiven gegeben. Dieser Interpretationsprozess entspricht dem Grundgedanken der „formulierenden Interpretation" von Bohnsack (1993, S. 132ff.).

Während das Schulportrait im Sinne einer formulierenden Interpretation weitgehend innerhalb des Orientierungsrahmens der Akteure verbleibt, geht es in einem zweiten Schritt um die begrifflich-theoretische Explikation des Rahmens, innerhalb dessen ein Thema bedeutsam ist. Dabei sollen durch Rekonstruktion der schulischen Verständigungsprozesse und des alltäglichen Handelns an Ganztagsschulen der Rahmen des Themas durch Gegenhorizonte identifiziert werden. Nach Bohnsack (1993, S. 134) geht es um positive und negative Gegenhorizonte, die schließlich einzelne Orientierungsfiguren und einen übergreifenden Orientierungsrahmen aufscheinen lassen. Ein solcher Rahmen lässt sich an prägnanten Textstellen (Fokussierungsmetaphern) besonders gut herausarbeiten. Diesen zweiten Schritt nennt Bohnsack „Reflektierende Interpretation" (1993, S. 134ff.). Der Interpret nimmt einen Standpunkt außerhalb des Rahmens ein. Aus dieser Distanz bildet er Vergleichshorizonte, um die Besonderheit des einen Falles gegenüber anderen Fällen aufscheinen zu lassen. Die bisherige Auswertung dieses mehrstufigen Auswertungsverfahrens hat auf dieser Stufe des reflektierenden Interpretierens bereits eine Reihe von Typiken aufgezeigt, die in den weiteren Arbeitsschritten zu einer Typologie bewegungsorientierter Ganztagsschulentwicklung verdichtet werden sollen. Bewegung, Spiel und Sport kommen in unterschiedlichen Formen und Aktionsweisen vor. Ihre Typiken lassen sich im Vergleich der Fälle als Dimensionen einer bewegungsorientierten Ganztagsschulentwicklung beschreiben. Ohne hier an der Interpretation besonders prägnanter Textpassagen zeigen zu können, welche Typiken sich in den Fällen herausarbeiten lassen, soll nur summarisch und andeutungsweise auf solche Typiken für Bewegungsaktivitäten hingewiesen werden. Bewegungsaktivitäten haben in Ganztagsschulen offenbar eine Schulformtypik, Geschlechtstypik, Alterstypik, Schulleistungstypik, Körpertypik, Zeittypik, Raumtypik, Unterrichtstypik oder eine Ausstattungstypik.

Diese Typiken finden an den einzelnen Schulen oder an Gruppen von Schulen eine je spezifische Ausprägung, es gibt also je spezifische Bewegungsorientierungen in der Ganztagsschulentwicklung (vgl. den Beitrag von Reiner Hildebrandt-Stramann, in diesem Band).

Die weiteren Auswertungsschritte dieses in grober Anlehnung an Bohnsack entwickelten Verfahrens ist die Fall- oder Diskursbeschreibung mit dem Ziel, die Ergebnisse der Interpretation an die Öffentlichkeit zu vermitteln und um die Ausformulierung der Typiken, die sich zu einer Typologie ergänzen.

Thematisch wird im Projekt darüber hinaus zur Integration von mehr Bewegung, zu Bewegung und Lernen, zu Kooperationen mit Vereinen, zu Sportgelegenheiten aus Schülersicht, zum Sport in der Gestaltung von Ganztagsschulen aus Lehrersicht, zu Inklusion durch Bewegung, zu informellen Bewegungsaktivitäten u.a. gearbeitet.

Literatur

Apel, H., Engler, S., Friebertshäuser, B., Fuhs, B. & Zinnecker, J. (1995). Kulturanalyse und Ethnographie. Vergleichende Feldforschung im studentischen Raum. In E. König & P. Zedler (Hrsg.), *Bilanz qualitativer Forschung. Bd. II* (S. 343-375). Weinheim: Juventa.

Bohnsack, R. (1993). Rekonstruktive Sozialforschung. Einführung in die Methodologie und Praxis qualitativer Forschung (2. Aufl.). Opladen: Leske + Budrich.

Fatke, R. (1997). Fallstudien in der Erziehungswissenschaft. In B. Friebertshäuser & A. Prengel (Hrsg.), *Handbuch qualitativer Forschungsmethoden in der Erziehungswissenschaft* (S. 56-70). Weinheim, München: Juventa.

Friebertshäuser, B. (1992). *Übergangsphase Studienbeginn. Eine Feldstudie über Riten der Initiation in eine studentische Fachkultur.* Weinheim, München: Juventa.

Flick, U. (1995). *Qualitative Forschung. Theorien, Methoden, Anwendung in Psychologie und Sozialwissenschaften.* Reinbek: Rowohlt.

Flick, U. (2000). Triangulation in der qualitativen Forschung. In: U. Flick, E. v. Kardorff & I. Steinke (Hrsg.), *Qualitative Forschung. Ein Handbuch* (S. 309-318). Reinbek: Rowohlt.

Idel, T.-S. (1999). Die empirische Dignität der Einzelschule – Schulporträts als Gegenstand qualitativer Schulforschung. In A. Combe, W. Helsper & B. Stelmaszyk (Hrsg.), *Forum Qualitative Schulforschung. Schulentwicklung, Partizipation, Biographie. Bd. 1* (S. 29-60). Weinheim: Deutscher Studienverlag.

Kelle, U. & Kluge, S. (1999): *Vom Einzelfall zum Typus. Fallvergleich und Fallkontrastierung in der qualitativen Sozialforschung.* Wiesbaden: Verlag für Sozialwissenschaften.

Lutz, M., Behnken, I. & Zinnecker, J. (1997). Narrative Landkarten. Ein Verfahren zur Rekonstruktion aktueller und biografisch erinnerter Lebensräume. In B. Friebertshäuser & A. Prengel (Hrsg.), *Handbuch qualitativer Forschungsmethoden in der Erziehungswissenschaft* (S. 414-435). Weinheim, München: Juventa.

Mayring, P. (2003). *Qualitative Inhaltsanalyse. Grundlagen und Techniken* (8. Aufl.). Weinheim, Basel: Beltz.

Stobbe, C. (2008). Schulportrait der Sophie-Scholl-Schule in Gießen – ein Ausschnitt. In V. Oesterhelt, J. Hofmann, M. Schimanski, M. Scholz & H. Altenberger (Hrsg.), *Sportpädagogik im Spannungsfeld gesellschaftlicher Erwartungen, wissenschaftlicher Ansprüche und empirischer Befunde* (Schriften der Deutschen Vereinigung für Sportwissenschaft, 175, S. 138-141). Hamburg: Czwalina.

Strauss, A.L. (1994). *Grundlagen qualitativer Sozialforschung.* München: Fink.

Thiele, J. (2006). Das Schulsportportrait als Instrument der Schulsportentwicklung. In A. Hummel & M. Schierz (Hrsg.), *Studien zur Schulsportentwicklung in Deutschland* (S. 23-42). Schorndorf: Hofmann.

Wuppertaler Arbeitsgruppe (2008). *Bewegung, Spiel und Sport im Schulprogramm und Schulleben.* Aachen: Meyer und Meyer.

REINER HILDEBRANDT-STRAMANN

Unterricht in der Ganztagsschule – durch Bewegung rhythmisiert[1]

Vorbemerkung

Das Thema „Rhythmisierung im Unterricht" ist im wissenschaftlichen Quellentext der untersuchten Schulen dem Leitthema „Bewegung und Unterricht" zugeordnet. Wie zu zeigen sein wird, ist die Frage der Rhythmisierung des Ganztags insgesamt und speziell im Unterricht bei den Lehrerinnen und Lehrern dieser Schulen von hoher Relevanz, allerdings mit jeweils unterschiedlichen Voraussetzungen und Konsequenzen für die Schul- und Unterrichtsgestaltung. In dem einen Fall findet das Thema bisher noch keine entsprechende Umsetzung im Schul- und Unterrichtsalltag, während es im anderen Fall das prägende Merkmal der Lernkultur darstellt.
Für eine Berücksichtigung der Rhythmisierungsthematik sprechen leibanthropologische und leibpädagogische Überlegungen, die auch eine theoretische Grundlage sowohl für eine eher pragmatische Beratung der Schulen, aber auch für den zuvor angesprochenen Fallvergleich sein können, um daraus verallgemeinerbare Erkenntnisse über eine eigenrhythmische Gestaltung von Lernen und Leben im Ganztag einer Schule aus einer Leib- und Bewegungsperspektive ableiten zu können.

1 Mehr Zeit für Kinder – Schulpädagogische Überlegungen zur Rhythmisierung von Schule

Ein Qualitätskriterium für Ganztagsschulen ist die im Vergleich zu Halbtagsschulen veränderte Möglichkeit des Umgangs mit Zeit, den man mit „mehr Zeit für Kinder" umschreiben könnte. Die Rhythmisierung der Schulzeit unter verschiedenen Gesichtspunkten ist dabei eine Form des Umgangs mit Zeit (vgl. Burk, 2006, S. 35). Insofern finden wir in unseren Fällen so etwas wie eine Zeittypik ganztagsschulspezifischer Problematik, die je unterschiedliche Qualität annimmt.
Mit Bezug auf den Beitrag meines Kollegen Ralf Laging werde ich mich im weiteren Verlauf meiner Ausführungen auf zwei unserer Untersuchungsschulen in Niedersachsen, die typisch für die jeweiligen Gruppen sind, beziehen und fragen,

1. wie diese Schulen mit Zeit umgehen, d.h. wie sie Leben und Lernen zeitlich gestalten,
2. wie die Schulleiter und Lehrer diese Gestaltung einschätzen und welche Probleme sie erkennen,

---

1 Dieser Beitrag knüpft direkt an den Beitrag von Ralf Laging in diesem Buch an.

3. wie dieser Umgang aus einer fachlichen, d.h. leiblichen Perspektive einzuschätzen ist und
4. welche Konsequenzen sich aus dieser leiblichen Perspektive für eine inhaltsbezogene Beratung ableiten lassen.

Beide Schulen bilden wechselseitig Gegenhorizonte, so dass durch Kontrastierung das je Typische dieser Fälle hervortritt und sie im Rahmen einer zu bildenden Typologie zur Unterrichtsrhythmisierung eine je eigene Ausprägung dieser Zeittypik an Ganztagsschulen annehmen.

2 Lektionenschule: Wie ist das Leben und Lernen in dieser Ganztagsschule zeitlich gestaltet?

Es handelt sich bei der Schule um eine Gesamtschule mit einer gebundenen Ganztagsstruktur. Der Schultag beginnt mit einem offenen Anfang von 7.30-8.00 Uhr. Danach folgen sechs Stunden Unterricht am Vormittag und zwei Unterrichtsstunden am Nachmittag, in denen wie am Vormittag jedes Fach unterrichtet wird. Die ersten beiden und die letzten beiden Stunden sind 45-Minutenstunden, die dazwischen liegenden Stunden sind 40-Minutenstunden. Der Schultag endet um 15.30 Uhr. Die verkürzten Unterrichtsstunden ermöglichen eine 65-minütige Mittagspause. Nach den ersten beiden Unterrichtsstunden liegt eine 15-Minuten- und nach der vierten Unterrichtsstunde eine 20-Minutenpause.

Aufgrund der zeitlichen Strukturierung in 45- bzw. 40-Minutentakten kann man die Schule als eine „Lektionenschule" charakterisieren. „Die Lektionenschule mit ihrem 45-Minuten-Takt ist dadurch geprägt, dass die Takteinheiten relativ kurz und in der zeitlichen Ausdehnung gleich sind" (Burk, 2006a, S. 98).

2.1 Wie schätzen Schulleiter und/oder Lehrer eine solche Zeitgestaltung ein?

Zur Beantwortung dieser Frage beziehe ich mich auf den „Wissenschaftlichen Quellentext". Aus diesem geht deutlich hervor, dass Schulleiter und Lehrer erkennen, dass diese Tagesstrukturierung in keiner Weise den leiblichen Bedürfnissen der Schüler – und hier vor allem der jüngeren Schüler – entspricht.

> „Die Kinder sitzen zu viel" (GD/159-161; ISm10Jg/67-70)[2], sie sind z. T. „festgetackert" (GD/152).
> „Das halten die nicht aus von der Konzentration her, die brauchen Sport und Bewegung und ich denke, dass man noch mehr Angebote schaffen müsste" (GD/6-6).

Vor allem der Einstieg in den Unterricht um 14.00 Uhr erweist sich häufig als besonders schwierig. Dabei entsteht das Problem, dass sich ein Teil der Schülerinnen und Schüler in der Mittagspause so gut entspannt, dass zu Beginn des Unterrichts ihre Konzentrationsfähigkeit darunter leidet, andererseits sind andere Schülerinnen und Schüler durch viele Bewegungsaktivitäten so aufgedreht, dass die Lehrkraft

---

2   Die Abkürzungen beziehen sich auf die Datenerhebung: GD = Gruppendiskussion; ISm10Jg = Interview Schüler (männlich, 10. Jahrgang); I/L = Interview Lehrer; I/SL = Interview Schulleitung

erst einmal einen optimalen Aktivitätsgrad der Schülerinnen und Schüler für den Unterricht herstellen muss.

„... .Wenn dann der Unterricht an der Stelle ansetzt, „du hast jetzt sofort still zu sein, auf deinem Stuhl zu sitzen und zuzuhören", dann kehre ich ja sozusagen die Aktivitäten völlig um und dann gibt es ein Problem – für das Kind und für den Unterricht ... (Andererseits ist die Mittagspause) eine gute Gelegenheit, wirklich auch zu entspannen, weil ja dann noch mal zwei Stunden Unterricht kommen....(Da) ist zu beobachten, grad weil sie so gut entspannen, ist diese Einstiegssituation 14.00 Uhr und ich ... will Unterricht machen – schwierig" (I/SL/45-71).

2.2 Interpretation aus einer leibanthropologischen Perspektive

Die hier zu Tage tretenden Probleme des still gesetzten Kindes, das sich aus seiner Immobilität nur zu fremdbestimmten Zeiten befreien kann, sind u. a. zurückzuführen auf einen leiblichen Konflikt zwischen äußerer und innerer rhythmischer Ordnung. In einer technisierten Gesellschaft nimmt der menschliche Leib an vielfältigen vorgegebenen rhythmischen Ordnungen teil. Die Schule ist ein Beispiel einer solchen vorgegebenen rhythmischen Ordnung. In dem hier vorgestellten Schulbeispiel muss sich der Schülerleib in eine zeitliche Taktung einpassen, die es ihm schwer möglich macht, seinen „Eigenrhythmus" zu finden[3]; Dieser Konflikt äußert sich leiblich durch zunehmende Unruhe und Konzentrationsmangel im Unterricht, durch die Schwierigkeit der Kinder, ihren in der Mittagspause in Regung gekommenen Leib wieder ruhig zu stellen oder den entspannten, vielleicht durch die zuvor erfolgte Überbelastung ermüdeten Leib, neu zu aktivieren. Deutlich ist eine Überlagerung der inneren, naturnahen Rhythmen der Schülerinnen und Schüler, die sich z. B. durch einen steten Wechsel von Anspannungs- und Entspannungsphasen auszeichnen, von funktionalistischen Prozeduren zu erkennen (vgl. Bräuer, 1990, S. 83). Aus der empirischen Rhythmusforschung (der Chronobiologie und -psychologie) wissen wir, dass eine zu weitgehende Loslösung von natürlichen Rhythmen zu Erkrankungen mit typischen Erscheinungsbildern, wie z.B. Schulstress (bei Schülern und Lehrern) führen kann. Aus der pädagogischen Anthropologie ist bekannt, dass, je mehr sich die Arbeit von einem fremdbestimmten Takt her gliedert, desto stärker sich das Bedürfnis meldet, sich diesem Zwang partiell zu entziehen oder ihn – leibnäher formuliert – rhythmisch mitgestalten zu können. Aus einer leibpädagogischen Sicht könnte man so weit gehen und bemerken, dass die als Störungen oder Konzentrationsmängel gedeuteten leiblichen Regungen durchaus auch als Versuch einer rhythmischen Mitgestaltung zu interpretieren sind: „Das Gegenbild der vom Zwang entstellten Tätigkeit des Leibes ist nicht die Ruhe des Nichtstuns" schreibt Bräuer (1990, S. 79), „sondern die selbstbestimmte, d.h. hier die von den Bedürfnissen und vom Können her rhythmisch gegliederte Handlungsgestaltung". Für Ludwig Klages (1923, S. 137) – Vertreter einer irrationalistischen Lebensphilosophie, dessen Sicht bei der Frage nach dem Rhythmus anregend ist – und auch für den Gestaltpsychologen Victor von Weizsäcker (1960, S. 15) ist Rhythmus Ausdruck des Lebens[4], bloßer

---

[3] Zur Unterscheidung zwischen Takt, äußerer und innerer Rhythmisierung und Eigenrhythmus vgl. Burk (2006a, S. 96-98).
[4] Für Buytendijk (1967) ist Rhythmus „gelebte Zeit".

Takt dagegen die Konsequenz einer Rationalität, die machtförmig und damit immer bereit ist, ungeregelte Lebensimpulse zu unterdrücken. Wenn Rhythmus Ausdruck des Lebens ist, weil es offensichtlich ein menschliches Bedürfnis ist, seine Lebens- und Handlungssituationen mitgestalten zu wollen, dann erscheint es mir aus pädagogischer Sicht notwendig, der inneren Rhythmisierung, bei der es um den eigenen Rhythmus geht, den jeder Mensch hat, und bei der es um die Selbststeuerung der Lernprozesse geht (also Lernstrategien zu entwickeln, Kontakte zu anderen Kindern aufnehmen, Entspannungs- und Anspannungsphasen bewusst zu gestalten) hohe Aufmerksamkeit zu widmen. Burk (2006a, S. 97) schreibt hierzu: „Die innere Rhythmisierung findet quasi automatisch bei jedem Lernen statt; wird sie Kindern bewusst und als Metakognition einsetzbar, sind positive Auswirkungen auf das Lernen zu erwarten."

2.3 Welche Konsequenzen lassen sich aus dieser leiblichen Perspektive für eine inhaltliche Beratung ableiten?

Ich möchte nicht den Eindruck erwecken, als seien die Lehrerinnen und Lehrer sich nicht des Problems bewusst. So bemerkt der stellvertretende Rektor in einem Leitfadeninterview, dass es auf der Ebene des Schulprogramms eher darauf hinauslaufen wird,

„...noch einmal eindeutig die Zeitfenster zu identifizieren, wie so etwas (wie Rhythmisierung durch Bewegung; Anmerkung R.H.-S.) stattfinden kann. Wobei meine Idee ist, solche Geschichten stärker in den Unterricht einzubinden" (I/SL/18-19; vgl. I/SL/43-45).

Die Beratung kann sich auf die Erarbeitung und Erprobung von Beispielen zur Rhythmisierung des Schultags konzentrieren. Ein Ergebnis der fachlichen Erörterung war die Einsicht in die Notwendigkeit der Entwicklung von Eigenrhythmen. Solche Eigenrhythmen können Schüler dann entwickeln, wenn innerhalb vorgegebener Unterrichtsblöcke die zeitlichen Vorgaben so weit wie möglich flexibel gestaltet werden können. Der Rat könnte lauten: Richten sie statt der 45- und 40-Minuten-Einheiten mehr Blöcke in Form von Doppelstunden ein als sie schon haben. Solche Doppelstunden geben Spielraum für schülernahe Formen der äußeren Rhythmisierung. Beispiele hierfür sind offene Unterrichtsformen wie Wochenplan-, Frei- und Projektarbeit (vgl. Burk, 2006, S. 101). Solche Unterrichtsformen erlauben den Einsatz von vielfältigen Organisations- und Methodenformen, die z. T. per se Veränderungen der Arbeitshaltung der Schüler erfordern. Genau das praktizieren einige Lehrer dieser Schule:

„Allein schon dadurch, dass man relativ viel Gruppenarbeit macht oder eben Präsentationen, bleiben die eben nicht auf diesen Stühlen festgetackert und es gibt eben Phasen der Konzentration und es gibt Phasen, wo die was zusammen machen" (GD/152-152).

An solche Erfahrungen gilt es beispielsweise bei der Beratung anzuknüpfen und mit dem Thema der Rhythmisierung eines Schultages zu verbinden. Möglicherweise können dadurch die Einstiegsprobleme nach der Mittagspause abgefedert werden. Für die Entwicklung einer Typologie bewegungsorientierter Unterrichtsgestaltung zeigt sich zunächst, dass in der Rekonstruktion der Verständigungsprozesse zur Ganztagsschulentwicklung die Zeittypik in der Ganztagsschule offenbar ein besonderes Thema darstellt und es auch den beteiligten Akteuren bewusst ist, dass sich in der herkömmlichen Weise wohl kaum eine sinnvolles Lernen gestalten lässt. Gleichzeit fällt es dieser Schule aber schwer, einen anderen Lernrhythmus in der Schule durchzusetzen. Einige Lehrer versuchen jedoch eigene Wege zu gehen, um mit ihrem Unbehagen hinsichtlich der zeitlichen Gestaltung des Lernens besser umgehen zu können.

Der an dieser Schule praktizierte Umgang mit Zeit erscheint vor allem im Horizont anderer Umgangsformen mit Zeit als eine Form von ganz eigener Typik. Die Schule B bildet den kontrastierenden Gegenhorizont zu dieser Schule.

3 Spielraumschule: Wie ist das Leben und Lernen in dieser Ganztagsschule zeitlich gestaltet?

Bei dieser Schule handelt es sich ebenfalls um eine gebundene Ganztagsschule mit einem für alle Schüler verbindlichen Ganztagsangebot an drei Tagen in der Woche. Die Schule ist einzügig organisiert mit den Klassen eins bis zehn. Bis zur zehnten Klasse gibt es keine Zensuren und keine Zeugnisse, sondern Halbjahresberichte über jeden Schüler, die durch Beratungsgespräche mit den Eltern (in der Oberstufe auch mit den Schülern) ergänzt werden. Es gibt auch kein Sitzenbleiben. Die Schule ist untergliedert in eine ‚Unter- und in eine Oberstufe'. Zu der Unterstufe gehören die Klassen eins bis sechs, zu der Oberstufe die Klassen sieben bis zehn. Für die Unterstufe gibt es keine Jahrgangsklassen, sondern altersgemischte Lerngruppen für die Jahrgänge eins bis drei und vier bis sechs.

3.1 Wie schätzen Schulleiter und/oder Lehrer eine solche Zeitgestaltung ein?

Das durch den Ganztagsbetrieb erweiterte schulische Zeitraster bildet für die Lehrer den organisatorischen Sockel für die pädagogische Gestaltung der Lernkultur dieser Schule. Entscheidend ist für sie der Umgang mit der Zeit: also Zeit für die Schüler haben, Zeit investieren, die richtige Zeit für entsprechende Verhaltensweisen oder Interventionsmaßnahmen spüren, aber auch, den Schülern Zeit für eine individuelle Gestaltung des Lernens lassen. Damit sie diese Vorstellungen umsetzen können, rhythmisieren sie die Schulzeit unter verschiedenen Gesichtspunkten. So wird für jede Jahrgangsstufe das Schuljahr durch Tages- und Wochenrhythmen unterschiedlich strukturiert. Eine Lehrerin erklärt die Rhythmisierungsphilosophie wie folgt:

> „Kinderkollektiv und Individuum... haben ja unterschiedliche Rhythmusansprüche und ... da einen Ausgleich zu finden ist schwierig. ... zusätzlich zu diesen Tagesrhythmen gibt es dann Wochenrhythmen, Monatsrhythmen. ...Wir haben also diese Epochenstrukturierung, das rhythmisiert das Jahr auch. Dann haben wir in der Regel vier, manchmal fünf, Projektwochen. Das sind also Rhythmen, die im Jahresablauf das untergliedern, hin und wieder auch Feste, die ... rhythmisierend wirken und so ist das eigentlich ständig eine Bewegung in der Schule, die also versucht vom individuellen Einzelrhythmus bis zum ganzen Angebotsrhythmus eines Jahres das irgendwie auf die Reihe zu kriegen" (Quellentext, S. 13-14).

Deutlich wird das pädagogische Grundverständnis von Rhythmus: Ausgangspunkt ist immer der Eigenrhythmus des Schülers, der berücksichtigt werden muss und von dem aus in reziproker Abhängigkeit über den Tages-, Wochen- und Jahresrhythmus nachgedacht wird, wobei sich der Jahresrhythmus vor allem aus einer bestimmten Angebotsstruktur (ethisch-religiöse Woche, Forscherwoche, Kreativwoche, Sportwoche) ergibt. Ein Blick auf den Tagesrhythmus verdeutlicht die Verzahnung zwischen für alle Schüler einer Klasse verbindlichen Elementen und freien Lernzeiten: Der Schultag beginnt mit einem offenen Anfang, ihm folgt eine Klassenversammlung, in der z.b. Themen vorgestellt, Geschichten vorgetragen, Ergebnisse diskutiert oder auch Streit geschlichtet wird (vgl. Quellentext, S. 13-20). Der Klassenversammlung schließt sich eine Arbeitsphase an, in der die Kinder individuell oder in Gruppen an unterschiedlichen Themen arbeiten. Diese Arbeitsphase geht immer fließend in einen freien Bereich über. Auffällig ist, dass dies nicht für alle Schüler gleichzeitig gilt. Manche Kinder arbeiten und sitzen deshalb länger, weil sie von dem Thema ‚gefangen' sind. Andere arbeiten länger, weil sie ihre Arbeit unbedingt fertig stellen wollen. Wieder andere sind mit ihrer Arbeit schon fertig und beginnen mit anderen Aktivitäten. Viele ziehen es vor, sich draußen zu bewegen. Innerhalb dieses Tagesrhythmus bestimmen Unterrichtsformen wie Werkstatt-, Projekt- und Gruppenarbeit, Wochenplan-, Frei- und Stationsarbeit und darstellendes Spiel die Organisation des Lernens. Mit Ausnahme von Wochenplan- und Freiarbeit handelt es sich um Organisationsformen, die interaktives Lernen fordern und dadurch, dass die Schüler sich ihre Themen, ihren Raum selbst suchen und die Lernzeiten zum Teil selbst bestimmen können, Individualität fördert. Alle Lernformen sind von Bewegung durchdrungen.

3.2 Interpretation aus einer leibanthropologischen Perspektive

Aus einer leiblichen Perspektive kann man aus dieser Form der Tagesgestaltung die Absicht erkennen, dass die Schüler ihren „Eigenrhythmus" finden sollen. Deutlich werden die Bemühungen, durch den Wechsel von Anspannung- und Entspannungsphasen eine Balance zwischen den inneren, naturnahen Rhythmen der Schülerinnen und Schüler und funktionalistischen Prozeduren herzustellen. Die Schüler haben die Möglichkeit, ihren Lernprozess selbst zu steuern, d. h. eigene Lernstrategien zu entwickeln, Kontakte zu anderen Kindern aufzunehmen, Entspannungs- und Anspannungsphasen zu gestalten. Es werden Phasen des aufgabenbezogenen Lernens und Phasen des erforschenden Lernens, Phasen des formellen und solche des informellen Lernens miteinander verbunden. Für die Lehrer ist entscheidend, inwieweit den Schülern Handlungs- und Entscheidungsspielräume zugestanden werden, ihre Lerntakte und ihren Eigenrhythmus beim Lernen selbst zu finden.

Eine wichtige Frage innerhalb des Rhythmisierungsaspekts bleibt allerdings unklar: Sind sich die Schüler ihres inneren Rhythmus bewusst? Die Beantwortung dieser Frage ist wichtig, denn die innere Rhythmisierung findet quasi automatisch bei jedem Lernen statt. Wird sie den Kindern bewusst und als Metakognition einsetzbar, sind weitere positive Auswirkungen auf das Lernen zu erwarten (vgl. auch Burk, 2006, S. 97).

3.3 Welche Konsequenzen lassen sich aus einer leiblichen Perspektive für eine inhaltliche Beratung ableiten?

Auffällig für diesen Fall ist der Eindruck, dass manche Zeiten nicht effektiv zur Vermittlung des Lernstoffs genutzt werden, ohne dabei die pädagogischen Prinzipien selbstorganisierten Lernens zu vernachlässigen. Dieser Eindruck wird z. B. von einer Lehrerin geteilt:

> „… Also ich habe oft das Gefühl, dass … ich früher an einer anderen Schule, wo diese Rhythmisierung im 45-Minutentakt war und die Pausenzeiten gleich waren, dass ich wesentlich mehr Stoff geschafft habe" (Quellentext, S. 23).

Diesem Problem könnte man durch verstärkten Einsatz von Lernformen des Lernens durch Bewegung begegnen (Hildebrandt-Stramann, 2007, 2007a; Laging, 2005). Damit sind nicht Bewegungsaktivitäten gemeint, mit denen die Konzentration der Schüler wieder zurück gewonnen werden soll, damit sie anschließend kognitiv besser weiterarbeiten können. Gemeint ist eine Inszenierung von Lernen, in der die Verbindung von „Denken und Machen", also das leiblich-sinnliche Erfassen von Lerngegenständen, als nicht hintergehbare Formen der Erkenntnisgewinnung, und das Nachdenken darüber, möglich wird. Das ist z.B. dann der Fall, wenn in einem fächerübergreifenden Unterricht von Bewegungserziehung und Physik physikalische Kräfte mit dem Körper gespürt und geprüft werden können oder wenn alte und neue Spiele zum Thema von Deutsch und Bewegungserziehung werden.

4 Ausblick

Für die Theoriebildung bzw. -erweiterung ganztägig arbeitender Schulen lässt sich zeigen, dass eine Typologie zur Unterrichtsrhythmisierung vor allem mit der Eigengestaltung von Zeit zu tun hat. Lehrer und Schüler können im Rahmen eines anderen Zeitverständnisses aktiv an der Zeitgestaltung beteiligt werden. Ganztagsschulen wären dann in Bezug auf die für sie vorhandene Zeittypik unter der Perspektive der eigenen Zeitgestaltung durch die handelnden Lehrer und Schüler zu entwickeln. Es käme darauf an, die Zeitgestaltung in die Kompetenz der Akteure zu legen. Dabei spielt die Bewegungsperspektive eine wichtige Rolle, denn Zeiterleben ist auch an leibliches Erleben gebunden, Zeit wird in Bewegung erlebt. Daher erlangt Bewegung als Gestaltungselement nicht nur für den Schultakt, sondern auch für den Rhythmus im Unterricht Bedeutung.

Literatur

Bräuer, G. (1990). Zur Bedeutung des Rhythmisierens in der Elementarstufe. In E. Bannmüller & P. Röthig (Hrsg.), *Grundlagen und Perspektiven ästhetischer und rhythmischer Bewegungserziehung* (S. 72-84). Stuttgart: Klett.

Burk, K. (2006). Zeit und Rhythmus in der Ganztagsschule. In K. Burk & H. Deckert-Peaceman (Hrsg.), *Auf dem Weg zur Ganztags-Grundschule* (S. 28-42). Frankfurt am Main: Grundschulverband.
Burk, K. (2006a). Mehr Zeit in der Schule – der Rhythmus machts. In K. Höhmann & H.-G. Holtappels (Hrsg.), *Ganztagsschule gestalten. Konzeption, Praxis, Impulse* (S. 92-104). Seelze-Velber: Kallmeyer.
Buytendijk, J.J. (1967). *Prolegomena einer anthropologischen Physiologie.* Salzburg: O. Müller.
Hildebrandt-Stramann, R. (2007). Bildung und Leiblichkeit. Überlegungen für einen erweiterten Lernbegriff. *Sport Praxis, 48* (2), 4-9.
Hildebrandt-Stramann, R. (2007a) (Hrsg.). *Schule bewegt gestalten.* Baltmannsweiler: Schneider.
Klages, L. (1923). *Ausdrucksbewegung und Gestaltungskraft.* Leipzig: Engelmann.
Laging, R. (2005). Bewegung und leibliche Bildung – bewegungspädagogische Überlegungen zum Bildungsbeitrag des Schulsports. In J. Bietz, R. Laging & M. Roscher (Hrsg.), *Bildungstheoretische Grundlagen der Bewegungs- und Sportpädagogik* (S. 159-179). Baltmannsweiler: Schneider.
Weizsäcker, V. v. (1960). *Gestalt und Zeit.* Göttingen: Vandenhoeck & Ruprecht.

AK Schulsport mit Preisen preisen. Qualitätsentwicklung durch Wettbewerbe

SVEN DIETERICH

Der Schulentwicklungspreis *Gute gesunde Schule* – Die Bedeutung von Bewegung, Spiel und Sport in der schulischen Qualitätsentwicklung

Mit dem Schulentwicklungspreis *Gute gesunde Schule* können Schulen in Nordrhein-Westfalen für ihr herausragendes Engagement im Bereich der Gesundheitsförderung und Prävention von der Unfallkasse Nordrhein-Westfalen ausgezeichnet werden.
Ziel ist es, Anreize für Schulen zu schaffen, sich zu guten gesunden Schulen zu entwickeln. Ihre bisherige Arbeit soll sichtbar gemacht und ihre weitere Arbeit unterstützt werden. Gute gesunde Schulen erfüllen somit nicht nur die gesetzlich vorgeschrieben Anforderungen, sondern berücksichtigen Prävention und Gesundheitsförderung in der Schul- und Qualitätsentwicklung in vielfältiger Form.

Verfahren und Methodik

In einem dreistufigen Verfahren (vgl. Abb. 1) werden Schulen hinsichtlich ihrer Prozess- und Ergebnisqualität in fünf Bereichen analysiert und bewertet:

– Arbeitsplätze, Arbeitsbedingungen,
– Tagesstrukturen, Angebote,
– Klima, Integration, Partizipation,
– Kooperation, Teamarbeit und
– Gesundheitsmanagement als Führungsaufgabe

Das zugrunde liegende Qualitätsmodell orientiert sich dabei an bestehenden Referenzrahmen für Schulqualität, insbesondere der Qualitätsanalyse NRW (Homeier & Brügmann, 2007) und den Instrumenten für die Qualitätsentwicklung und Evaluation in Schulen (Brägger & Posse, 2007) und verknüpft dabei Fragen der Gesundheitsförderung und Prävention mit der schulischen Qualitätsentwicklung.
Schulen können abhängig von ihrer Größe als Preisträger einen Betrag von bis zu 12.000 € erhalten. Alle Schulen erhalten nach jeder Phase eine inhaltliche Rückmeldung zu ihrem Bewerbungsstand im schulforminternen Vergleich.

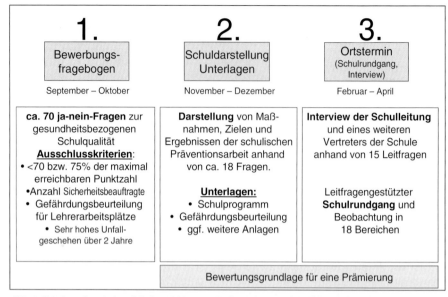

Abb. 1. Schulen, die mit dem Schulentwicklungspreis *Gute gesunde Schule* 2007/08 ausgezeichnet wurden, mussten sich in einem dreistufigen Verfahren bewähren. Jede Phase ist wissenschaftlich durch ein externes Institut überprüft worden.

Der Schulsport wird in diesem Rahmen an mehreren Stellen aufgegriffen. In der ersten Bewerbungsphase werden Schulen nach einem vereinbarten Konzept zur Rhythmisierung des Unterrichts durch Bewegung und Entspannung sowie zu Bewegungs-, Spiel- und Sportangeboten in Pausen und außerhalb des Unterrichts befragt. In der zweiten Bewerbungsphase können Schulen dann ihr Engagement bei Bewegungs-, Spiel- und Sportangeboten darstellen und dazu die damit verbundenen Ziele und Qualitätsansprüche sowie bisherige Ergebnisse schildern. Bei Schulen, die im Rahmen der dritten Phase besucht wurden, spielte darüber hinaus der Stellenwert der Bewegungsförderung im Kollegium, die Akzeptanz bei Schülern und Eltern und die Nutzung der Angebote für die Bewertung eine Rolle.

Ergebnisse

Von den Preisträgern des Schulentwicklungspreises haben ca. 80% angegeben, dass sie ein vereinbartes Konzept zur Rhythmisierung des Schulalltags durch Bewegung und Entspannung haben, währen dies bei den Schulen, die ausgeschieden sind nur zu ca. 45% der Fall ist (Abb. 2). Die Verständigung auf ein schulisches Bewegungskonzept ist demnach offenbar ein wichtiger Bestandteil für eine hohe Qualität im Bereich der gesundheitsbezogenen Schulentwicklung.

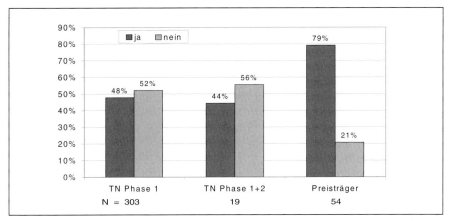

Abb. 2. Von den Bewerbern, die im Laufe des Verfahrens ausgeschieden sind, haben ca. 48% (Phase 1) bzw. 44% (Phase 2) angegeben, dass es an ihrer Schule ein vereinbartes Konzept zur Rhythmisierung des Unterrichts durch Bewegung und Entspannung gibt. Bei den Preisträgern liegt dieser Anteil bei knapp 80%.

Auch wenn man die Fremdbewertung des Bewegungsaspektes in der zweiten Bewerbungsphase betrachtet, kann man höhere Werte in allen Qualitätsbereichen für die Schulen nachweisen, die ein hohes Engagement in der Bewegungsförderung zeigen (Abb. 3).

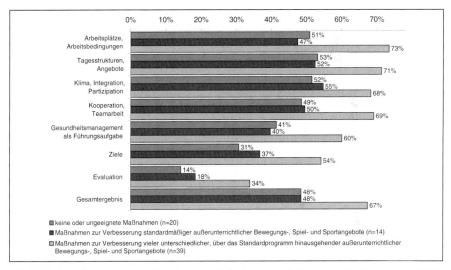

Abb. 3. Schulen mit einer positiven Bewertung der Maßnahmen zur Verbesserung des Bewegungs-, Spiel- und Sportangebotes erreichen in der zweiten Phase in allen Qualitätsbereichen im Mittel auch höhere Bewertungen als Schulen mit mittleren oder schlechten Bewertungen des Bewegungsengagements.

Demnach kann man einen Zusammenhang zwischen allen Qualitätsbereichen und der Bewegungsförderung beobachten und nicht nur bei den Tagesstrukturen und Angeboten. Auffallend ist bei allen Schulen eine vergleichsweise niedrige Bewertung der Einschätzungen zur Zielbildung und Evaluation von Maßnahmen. Dies spricht unabhängig vom Bewegungsaspekt dafür, dass vielfach eine systematische Qualitätsentwicklung kaum stattfindet. Die Schulen mit hohen Bewertungen im Bewegungsbereich erreichen jedoch auch hier höhere Werte als andere.

Bei ausschließlicher Betrachtung der Preisträger und dem Vergleich der Schulen mit, mit wenig bzw. ohne Engagement im Bewegungsbereich hinsichtlich ihrer Gesamtbewertung aus der zweiten und dritten Phase kann der o. g. Zusammenhang erneut deutlich beobachtet werden (Abb. 4).

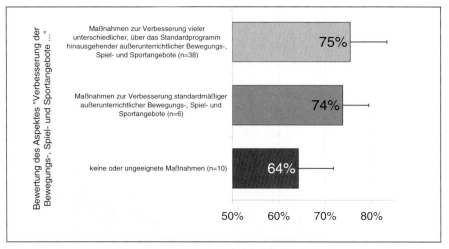

Abb. 4. Vergleich der Preisträgerschulen hinsichtlich der erreichten Gesamtbewertung in Prozent der Maximal möglichen Punktzahl (MW +St.-abw.) in Abhängigkeit von der Bewertung des Aspektes „Verbesserung der Bewegungs-, Spiel- und Sportangebote..." in der zweiten Phase (Schuldarstellung).

Diskussion

Schulen, die sich im Bereich der Bewegungsförderung weiterentwickeln, erzielen bessere Gesamtbewertungen der Qualitätsentwicklung von Bildung und Gesundheit. Bewegung, Spiel und Sport können demnach im Kontext von Schulqualität und -gesundheit einen bedeutenden Entwicklungsschwerpunkt darstellen.

Es wird deutlich, dass sich eine bewegungsfreundliche Gestaltung des Schullebens als ein wichtiges Handlungsfeld der Schulentwicklung vor allem bei solchen Schulen etabliert hat, die den Anspruch einer gesundheitsorientierten Profilierung haben. Problematisch erscheint jedoch, dass vielfach keine Klarheit hinsichtlich der beabsichtigten und tatsächlichen Wirkungen besteht. Die programmatische Verankerung von Bewegung, Spiel und Sport sollte stärker um eine zielgerichtete Evaluation ergänzt werden, um nachhaltig zu sein und den Nachweis zu erbringen, wo und wie die Qualitätsentwicklung von Schule hiervon profitieren kann. Eine Orientierung an einem Qualitätsleitbild von Schule ist dabei auch für die schulischen Akteure notwendig, die das bewegungsbezogene Engagement vertreten und tragen. Die Unfallkasse NRW geht als Initiator und Träger des Schulentwicklungspreises *Gute gesunde Schule* davon aus, dass er Anreiz und Motivation für Schulen ist, sich auch mit dem primären Ziel der eigenen Qualitätssicherung, die Gesundheitsförderung und Prävention zum integralen Bestandteil ihrer Entwicklungsarbeit zu machen.

Literatur

Brägger, G. & Posse, N. (2007). *Instrumente für die Qualitätsentwicklung und Evaluation in Schulen (IQES)*. Bern: h.e.p.
Homeier, W. & Brügmann, K. (2007). Der Blick von außen – Qualitätsanalyse Nordrhein-Westfalen. In *Schule NRW*, (09), 494-496
Hundeloh, H., Schnabel, G. & Yurdatap, N. (Red.) (2005). Gute und gesunde Schule – Kongressdokumentation. Zugriff unter http://www.guteundgesundeschule.de/gugs_full/bilder/Doku_GugS_web.pdf

DETLEF KUHLMANN

Deutscher Schulpreis – Deutscher Schulsportpreis. Eine vergleichende Analyse

1 Einleitung

Der Deutsche Schulsportpreis ist bereits zum zweiten Mal Thema bei einer Veranstaltung der dvs-Sektion Sportpädagogik: Bei der Jahrestagung 2004 in Soest berichtete Torsten Kleine in einem Arbeitskreis über die Flut von Einsendungen für den ersten Schulsportpreis und den Stand der Ermittlungen zur Findung der Preisträgerschulen. Er hatte seinerzeit die Aufgabe übernommen, für den DSB bzw. die dsj eine Synopse zu erstellen, um die Qualität der über hundert Bewerbungen im Vergleich herauszupräparieren (das Referat ist dann allerdings leider nicht in den Tagungsband aufgenommen worden; vgl. Gogoll & Menze-Sonneck, 2005).

Der Deutsche Schulsportpreis kann inzwischen als etabliert gelten. Ende Juni 2008 wurde er in Berlin zum fünften Mal vergeben. Und es kommt hinzu: Der Deutsche Schulsportpreis hat im Jahre 2006 einen „großen Bruder" bekommen, den Deutschen Schulpreis, der bisher zweimal ausgelobt wurde. Beide nationalen Wettbewerbe werden vergleichend vorgestellt (vgl. dazu auch schon Kuhlmann, 2008). Speziell beim Deutschen Schulpreis geht es darum, mögliche Spuren des Schulsports allgemein und des Sportunterrichts im Besonderen nachzugehen.

2 Preise als Evaluationsinstrumente

Fragen zur Qualität von Schule und Unterricht bzw. von Schulsport und Sportunterricht haben seit geraumer Zeit Konjunktur. Die Palette der Instrumente reicht von großflächigen Bestandserhebungen wie bei der DSB-*SPRINT*-Studie (vgl. DSB, 2006) bis hin zur Einführung von Bildungsstandards. Preise und Wettbewerbe, mit denen Leistungen in der Schule bzw. im Schulsport gewürdigt werden sollen, lassen sich so gesehen vorläufig auch als „einmalige" Instrumente einer „besonderen" Evaluation einstufen.

Worum geht es bei den Schulpreisen? Warum gibt es überhaupt einen Schulsportpreis? Ganz generell steht dahinter das Bemühen, genauer herauszufinden, was guten Sportunterricht bzw. guten Schulsport ausmacht. Es geht somit um das Bestreben, Leistungen von Schule und Unterricht sichtbar zu machen und in ihrer Qualität zu verorten. Sucht man nach sog. Alleinstellungsmerkmalen von Preisen als besondere Instrumente der Qualitätsmessung schulischer bzw. schulsportlicher Leistungen, dann gehören neben anderen die folgenden Kennzeichen dazu. Sie alle sind Bestandteil einer „Grammatik" von Preisen bzw. Wettbewerben und bilden

das regulative Inventar für diese Form der Qualitätsmessung. Die Auflistung ist revisionsoffen:
- Die Schulpreise beruhen auf Freiwilligkeit der Teilnahme.
- Die Freiwilligkeit der Teilnahme korrespondiert in aller Regel positiv mit einer hohen Erfolgserwartung.
- Das Produkt zur Qualitätsprüfung basiert zunächst auf einer schriftlichen bzw. medial gestützten (und ansonsten formlosen) Bewerbung.
- Die Bewerbung präzisiert in aller Regel originelle Beiträge zum Motto bzw. Thema der Ausschreibung.
- Die Entscheidung zur Preisvergabe erfolgt aufgrund „weicher" Kriterien einer externen Begutachtung durch berufene Personen (einer Jury).
- Die Qualitätsprüfung mündet bei explizit positiver Evaluation in einer besonderen Form von Auszeichnung.

3 Der Deutsche Schulpreis (DSP)

Der Deutsche Schulpreis (DSP) wurde 2006 zum ersten Mal von der Robert Bosch Stiftung und der Heidehof Stiftung zusammen mit der Zeitschrift *stern* und dem ZDF ausgelobt. Insgesamt 481 Schulen hatten sich beworben, bei der zweiten Vergabe 2007 waren es (nur) noch 170 Schulen. Der DSP ist mit 50.000 € dotiert. Die Initiatoren des DSP suchen unabhängig von Schulform und Schulgröße herausragende pädagogische Konzepte und Leistungen von Schulen, die Vorbild für andere Schulen sein können. Dazu werden sechs sog. Qualitätsbereiche bereits in der Ausschreibung genannt – hier eine verkürzte Wiedergabe (vgl. dazu Fauser, Prenzel & Schratz, 2007, S. 9–27, sowie 2008, S. 26f.):

- **Leistung:** Schule muss Lernleistungen der Schülerinnen und Schüler anregen, unterstützen und angemessene Rückmeldungen geben. Gute Schulen sorgen dafür, das Leistungsvermögen von Kindern und Jugendlichen zu stärken. Wie wird das an der einzelnen Schule „geleistet"?
- **Vielfalt:** Je nach lokaler und regionaler Gegebenheit und institutioneller Situation muss Schule mit einer Fülle von Unterschieden umgehen. Umgang mit Vielfalt heißt dann auch: nach geeigneten Möglichkeiten der inneren und äußeren Differenzierung suchen und eine „pädagogische Philosophie" des Umgangs entwickeln.
- **Unterricht:** Eine gute Schule lebt von der dauerhaften Bereitschaft zur Revision ihrer (Unterrichts-)Konzepte. Unterricht wird nicht als „monodirektionale Belehrung" verstanden, sondern zu einem Begriff erweitert, der die gesamte didaktisch-methodische Choreografie umfasst und dabei auf jene Arrangements setzt, die umfassendes Lernen ermöglichen.
- **Verantwortung:** Wer Verantwortung zeigt, übernimmt verbindlich Aufgaben aufgrund vorheriger gemeinsamer Verständigung. Verantwortung resultiert aus eigener Entscheidung und Einsicht und funktioniert nur als Kultur der Gegenseitigkeit:

Wertschätzung und Respekt sind unverzichtbare Bedingungen im Schulleben überhaupt.
- **Schulleben:** Schule gilt als eine Zwischenwelt zwischen der Familie auf der einen und der Gesellschaft auf der anderen Seite. Als eine solche Zwischenwelt soll Schule zur Übernahme und zur Erneuerung der Kultur beitragen. Schulleben umfasst ein breites Spektrum von Aktivitäten für die Kinder und Jugendlichen, für deren Eltern und mit Kooperationspartnern und in aller Öffentlichkeit.
- **Schulentwicklung:** Schulen sind auch „Ausdruck" und „Faktor" gesellschaftlicher Entwicklung. Sie sollen dazu befähigen, zur Verbesserung der Lebensverhältnisse beizutragen. Gute Schulen sind demnach Unternehmen ohne Erwerbscharakter, handeln flexibel und in eigener Zuständigkeit.

Alle sechs Qualitätsbereiche lassen sich auf den Schulsport projizieren bzw. der Schulsport ist implizit von ihnen betroffen: Leistung, Vielfalt, Unterricht, Verantwortung, Schulleben und Schulentwicklung sind allesamt Kategorien, in denen der Schulsport insgesamt sein unverzichtbares und unvergleichliches Profil zeigen und mit geeigneten Beiträgen schärfen kann. An dieser Stelle kann dazu festgehalten werden, dass in etwa der Hälfte der 18 für den DSP 2006 nominierten Schulen tatsächlich textliche Spuren zum Schulsport in den Bewerbungen vorhanden sind ... und in einem Fall sogar das sportbetonte Profil der Schule explizit positiv herausgestellt wird (vgl. Fauser, Prenzel & Schatz, 2007, S. 70 bzw. 71).
Ein weiterer Zugang zu den speziellen Leistungen im Schulsport ist über die sog. „Steckbriefe" möglich, mit denen die Bewerberschulen im Dokumentationsband vorgestellt werden. Dies sind nach Kategorien geordnete und immer nur schlagwortartig verfasste Basisinformationen aufgrund der ca. zehnseitigen Bewerbungsunterlagen. Wer diese Texte nach Passagen zum Schulsport bzw. Sportunterricht durchsucht, muss jedoch immer in Erinnerung behalten, dass hier nicht ausdrücklich die Beschreibung eines Schulsportprofils gefordert war. Genauso ist zu beachten, dass in den Steckbriefen nicht zwangsläufig alle Informationen zum Schulsport aus der Bewerbung eingepflegt worden sein müssen. Als ein rein quantitatives Ergebnis lässt sich festhalten, dass in ca. 21% der Steckbriefe der Schulsport mit seinen je speziellen Angeboten vorkommt – sei es mit Verweis auf Sportunterricht bzw. mit den Formen des außerunterrichtlichen Schulsports etc.

4 Der Deutsche Schulsportpreis (DESPOP)

Der Deutsche Schulsportpreis (DESPOP) wird seit 2004 durch den damaligen DSB bzw. den heutigen DOSB und dort federführend bei der dsj vergeben. Das Preisvolumen ist mit 10.000 € jährlich dotiert. Im Vergleich zum DSP hat es in der Ausschreibung immer mal wieder thematische Akzentuierungen gegeben – wie beispielsweise in diesem Jahr, wo speziell Beiträge zur Integration im und durch Schulsport erwünscht waren, oder im letzen Jahr, wo sich nur Berufsschulen mit ihren besonderen Leistungen im Schulsport bewerben konnten.

Versucht man jetzt eine Art Zwischenbilanz für den DESPOP zu ziehen, dann sieht allein die Bewerbungsresonanz derzeit so aus: Im ersten Jahr haben sich 118 Schulen beteiligt, im Jahr danach waren es nur noch 33. Dieser Rückgang ist durchaus vergleichbar mit dem beim DSP. Es folgte ein leichter Anstieg auf 44. Im Schuljahr 2006/2007, in dem der Wettbewerb nur den Berufsschulen vorbehalten war, gingen 28 Bewerbungen ein. Die gleiche Zahl verzeichnet auch der aktuelle Wettbewerb.

Ordnet man die Siegerschulen länderspezifisch, ergibt sich derzeit folgendes Bild: Die 18 bisher mit Preisen ausgezeichneten Schulen kommen aus diesen Bundesländern: Nordrhein-Westfalen (7), Hamburg (4), Schleswig-Holstein, Hessen (je 2), Berlin, Niedersachsen und Brandenburg mit je einer prämiierten Schule). Dabei sind alle „gängigen" Schulformen und -typen vertreten. Was die inhaltliche Würdigung der Siegerschulen angeht, sei auf die Porträts in der Broschüre von Kuhlmann und Schmidt (2007) verwiesen, in der ebenfalls ein kursorsicher Überblick über weitere thematische Akzente der Bewerbungen gegeben wird.

5 Fazit und Ausblick

Wenn es die beiden Schulpreise nicht gäbe ... müssten sie erfunden werden. Dieser Satz taugt allenfalls als Allerweltsfazit. Solange es weiterhin jedes Jahr (neue) Bewerbungen von ambitionierten Schulen gibt, steht eine Sättigung nicht zu befürchten. Nimmt man die Grundgesamtheit der Schulen in Deutschland als Maßstab, dann haben beide Preise – vermutlich der DESPOP noch in weit höherem Maße – ihr Potenzial längst nicht ausgeschöpft. Trotzdem deuten die Bewerberzahlen eher in Richtung Stagnation, über deren Gründe hier nur spekuliert werden kann.

Der DESPOP steigt und fällt grundsätzlich mit der Bereitschaft engagierter Sportlehrkräfte, die in Verbindung mit der Schulleitung bzw. zusammen mit Schülerinnen und Schülern bereit sind, die Mühen für die Erstellung aussagekräftiger Bewerbungsunterlagen auf sich zu nehmen. Ihre Motivation speist sich nicht zuletzt mit der Hoffnung auf die Preisverleihung. Der Preis stellt so gesehen ein (willkommenes) externes Belohnungssystem dar. Offensichtlich ist dieser Preis jedoch nicht der einzige - mehr noch: Es zeichnet sich längst eine neue Auszeichnungswelle im Sport und für den Schulsport ab, die an die Schulen heranschwappt und das Schulleben zu überschwemmen droht, wenn man sich nur immerzu darauf einlässt. Inwiefern all diese Wettbewerbe tatsächlich eine Form von Qualitätsentwicklung apostrophieren oder diese am Ende gar behindern, diese Frage sei wenigstens gestellt, beantwortet werden kann sie im Grunde nur von den Betroffenen selbst.

Literatur

Deutscher Sportbund (DSB) (Hrsg.) (2006). *DSB-SPRINT-Studie. Eine Untersuchung zur Situation des Schulsports in Deutschland.* Aachen: Meyer & Meyer.

Fauser, P., Prenzel, M. & Schratz, M. (Hrsg.) (2007). *Was für Schulen! Gute Schule in Deutschland. Der Deutsche Schulpreis 2006.* Seelze-Velber: Kallmeyer.
Fauser, P., Prenzel, M. & Schratz, M. (Hrsg.) (2008). *Was für Schulen! Profile, Konzepte und Dynamik guter Schulen in Deutschland. Der Deutsche Schulpreis 2006.* Seelze-Velber: Kallmeyer.
Gogoll, A. & Menze-Sonneck, A. (Hrsg.) (2005). *Qualität im Schulsport.* Jahrestagung der dvs-Sektion Sportpädagogik vom 10.-12. Juni 2004 im Landesinstitut für Schule in Soest. (Schriften der Deutschen Vereinigung für Sportwissenschaft, 148). Hamburg: Czwalina.
Kuhlmann, D. (2008). Deutscher Schulpreis – Deutscher Schulsportpreis. Eine Annäherung. *sportunterricht, 57,* 39-46.
Kuhlmann, D. & Schmidt, W. (2007). *Deutscher Schulsportpreis des DOSB und der dsj.* Frankfurt am Main: DOSB/dsj.

AK Informelles Lernen im Sport –
ein Modell für den Schulsport

NILS NEUBER

Informelles Lernen – ein sportpädagogisches Thema?

Bewegung, Spiel und Sport gelten gemeinhin als pädagogisch viel versprechendes Feld. So konstatiert der zwölfte Kinder- und Jugendbericht der Bundesregierung:

> „Dem Sport wird insgesamt eine maßgebliche Bildungswirksamkeit zugesprochen, die zunächst die unmittelbar körperbezogenen Kompetenzen (Körpererfahrung, -ästhetik, -ausdruck), aber auch nicht unmittelbar sportbezogene Kompetenzen im sozialen, politischen und kognitiven Bereich einschließt (Teamfähigkeit, Selbstvertrauen, Selbstorganisation, Verantwortungsfähigkeit)" (BfMFSFJ, 2005, S. 376).

Das *pädagogische Potenzial* des Sports ist allerdings bislang empirisch weitgehend ungeprüft. Insofern sind auch die zugrunde liegenden Wirkmechanismen kaum bekannt. Nach einer kurzen Übersicht zu bisherigen sportpädagogischen Begründungen greift der Beitrag die allgemeine Bildungsdebatte auf, in der *informelle Lernprozesse* eine zentrale Bedeutung haben. Diese Überlegungen werden im Folgenden auf den Sport bezogen. Dabei zeigt sich, dass hierin sportpädagogisch bisher kaum beachtete Möglichkeiten liegen.

1 Sportpädagogische Bildungsdebatte

Die pädagogische Bedeutung des Sports ist in sportpädagogischen Kreisen weitgehend unbestritten. Im Sinne einer Erziehung *zum* Sport und *durch* Sport werden innersportliche und außersportliche Begründungen als zentrale Argumentationsmuster herangezogen, deren pädagogischer Impetus nach wie vor ungebrochen scheint (vgl. Scherler, 1997). Auch bildungstheoretische Begründungen orientieren sich im Kern an diesen beiden Argumentationslinien, wenn sie den Sport als objektive und das Individuum als subjektive Voraussetzung sportpädagogischen Handelns begreifen und daraus die Strukturierung des Denkens, Fühlens und Handelns als *Erziehung* sowie die individuelle Lebensgestaltung als *Bildung* ableiten (Beckers, 2002). In beiden Fällen wird das sportpädagogische Handeln als intentionaler Prozess verstanden, in dessen Verlauf ein ‚Erzieher' systematisch und reflektiert im Sinne von ‚Unterricht' auf das Verhalten eines ‚Zöglings' einwirkt. Interessanterweise wird die schulpädagogische Argumentation eines intentionalen Erziehungsprozesses auch in außerschulischen Feldern des Sports aufgegriffen. So konzipieren Baur und Braun (2000) das ‚Pädagogische einer Jugendarbeit im Sport' als Erziehung zum und durch Sport, die lediglich durch eine allgemeine, außersportliche

Jugendarbeit ergänzt wird. Auch die viel beachtete Untersuchung von Brettschneider und Kleine (2002) zum Jugendsport im Verein geht ganz selbstverständlich von einer Erziehung zum und durch Sport aus. Dabei gibt es durchaus andere Begründungsansätze. Schmidt-Millard (1991, S. 147) kommt in seiner pädagogischen Analyse zu dem Schluss, dass von Erziehung im Sportverein „zunächst nur im funktionalen Sinne die Rede sein [kann], d.h. die leitenden Wertvorstellungen dieses Ausschnitts der Lebenswelt werden aufgegriffen oder modifiziert und wirken so indirekt beim Aufbau des Selbst- und Weltverständnisses mit". Das bedeute keineswegs, dass der Verein pädagogisch unbedeutend sei, denn der dadurch entstehende Freiraum „bietet Gelegenheit für die Eröffnung eigener Handlungsentwürfe in einem sozialen Umfeld und ist so auch ein Spiel-Raum für Selbstentwürfe. Hierin liegt seine eigentliche Bildungsbedeutung" (Schmidt-Millard, 1991, S. 147). Diese Schlussfolgerung ist indes in der sportpädagogischen Forschung bislang praktisch nicht aufgegriffen worden. Pädagogisches Handeln wird nahezu durchgängig als intentionaler Erziehungs- bzw. Bildungsprozess verstanden. Dass das keineswegs selbstverständlich ist, zeigt die allgemeine Bildungsdebatte.

2 Informelles Lernen in der allgemeinen Bildungsdebatte

Bildung wird darin zunächst als formalisierter Prozess verstanden, der an speziell dafür eingerichteten Institutionen nach vorgegebenen Regeln und vorgefertigten Plänen arrangiert und curricular gestaltet stattfindet (BMfFSFJ, 2005, S. 127). Die Verknüpfung von Lernen und Schule liegt auf der Hand. Allerdings werden darüber hinaus weitere, ebenso bedeutsame Lernorte und -gelegenheiten gesehen (vgl. Harring, Rohlfs & Palentien, 2007). So formulieren beispielsweise die Leipziger Thesen des Bundesjugendkuratoriums: „Bildung ist der umfassende Prozess der Entwicklung und Entfaltung derjenigen Fähigkeiten, die Menschen in die Lage versetzen, zu lernen, Leistungspotenziale zu entwickeln, zu handeln, Probleme zu lösen und Beziehungen zu gestalten. Junge Menschen in diesem Sinne zu bilden, ist nicht allein Aufgabe der Schule. [...] Angebote und Dienste der Kinder- und Jugendhilfe bieten einen *spezifischen* Erfahrungs-, Erlebnis- und Erkenntnisraum und dienen der allgemeinen Förderung junger Menschen" (Bundesjugendkuratorium, 2002; Hervorhebung N.N.).
Unterschiedliche Orte stehen nach dieser Diktion für unterschiedliche Modalitäten des Lernens (vgl. Tab. 1). In der nationalen und internationalen Diskussion scheint sich dabei „die Differenzierung in formales, non-formales und informelles Lernen durchzusetzen" (Rauschenbach, Düx & Sass, 2006, S. 7). *Formales Lernen* findet vor allem in schulischen Kontexten statt und wird definiert als „Lernen, das üblicherweise in einer Bildungs- oder Ausbildungseinrichtung stattfindet, (in Bezug auf Lernziele, Lernzeit oder Lernförderung) strukturiert ist und zur Zertifizierung führt. Formales Lernen ist aus der Sicht des Lernenden zielgerichtet" (Overwien, 2006, S. 46). *Non-formales Lernen* findet üblicherweise nicht in einer Bildungseinrichtung statt und führt auch nicht zu einer Zertifizierung, wie z.B. dem Abitur. Gleichwohl ist

es in Bezug auf Lernziele, Lerndauer und Lernmittel weitgehend systematisch organisiert (Overwien, 2006, S. 46). Auch dieser Lernprozess erscheint den Lernenden als ein zielgerichteter. Gegenüber dem formalen Lernen basiert das nonformale Lernen jedoch explizit auf der Freiwilligkeit der Lernenden.

Tab. 1. *Modalitäten des Lernens (modifiziert nach Pauli, 2005).*

Formales Lernen	Non-formales Lernen	Informelles Lernen
Zielgerichtet, strukturiert, verpflichtend	weitgehend zielgerichtet, organisiert, freiwillig	ungeplant, unorganisiert, freiwillig
Erziehung und Unterricht	Kurse, Übungsstunden, offene Angebote	innere oder äußere Impulse
Kindergarten, Schule, Hochschule	Jugendzentrum, Sportverein, Volkshochschule	Familie, Peergroup, Medien
Zertifikate	Zumeist keine Zertifikate	Keine Zertifikate

Ein qualitativ wie quantitativ bedeutsamer Anteil der Bildung vollzieht sich schließlich auf der Ebene des *informellen Lernens*. Laut Faure-Kommission der UNESCO umfasst informelles Lernen ca. 70% aller menschlichen Lernprozesse (Overwien, 2006, S. 37). Als informelles Lernen „gelten alle (bewussten und unbewussten) Formen des praktizierten Lernens außerhalb formalisierter Bildungsinstitutionen und Lernveranstaltungen" (BMBF, 2004, S. 29). Informelles Lernen ist also ein Lernen in der Lebenspraxis. Allerdings sind die Verläufe des informellen Lernens schwer greifbar, da sie selten geplant, vielmehr „vielfältig und bunt, häufig aber auch unstrukturiert, unsystematisch, zufällig und unübersichtlich" ablaufen (Düx, 2006, S. 237) und sich damit von formalen und non-formalen Lernprozessen deutlich unterscheiden. Gleichwohl wird dem informellen Lernen ein hohes Potenzial zugeschrieben, eben jene Kompetenzen zu vermitteln, die Heranwachsende benötigen, um sich in modernen Gesellschaften zurechtzufinden und eine eigene Identität aufzubauen.

Der Forschungsstand zum informellen Lernen ist durchaus vielschichtig. Am umfassendsten sind die Befunde zu informellen Lernprozessen in der beruflichen Bildung, die insbesondere die Aneignung von Wissen und die Weitergabe von Erfahrungen thematisieren (Overwien, 2006, S. 47-57). Auch in internationaler Perspektive liegen differenzierte Studien vor (Dohmen, 2001). Eine Untersuchung des Deutschen Jugendinstituts zum außerschulischen Lernen von 10- bis 14-Jährigen kommt zu dem Ergebnis, dass informelle Lernprozesse in der Freizeit vor allem interessengeleitet ablaufen; das Hauptinteresse der Heranwachsenden liege in sportlich-spielerischen Aktivitäten (Lipski, 2000). In Bezug auf das freiwillige Engagement von Jugendlichen werden vor allem personale und soziale Kompetenzen herausgestellt, die überwiegend durch praktisches Tun und durch Lernen am Modell erworben werden. Teilhabe, Sinnstiftung und biografische Orientierung gelten dabei als wesentliche Voraussetzungen für informelles Lernen (Düx, 2006). Die Befunde der qualitativen Studie werden durch eine umfangreiche repräsentative Befragung bestätigt (Düx, Prein, Sass & Tully, 2008).

3 Informelles Lernen im Sport

Die allgemeine Bildungsdiskussion um die Möglichkeiten und Grenzen informeller Lernprozesse ist in der Sportpädagogik bislang kaum beachtet worden. Zwar gibt es mittlerweile zahlreiche Untersuchungen zum informellen *Sportengagement* (z.b. Telschow, 2000; Balz & Kuhlmann, 2004; Burrmann, 2005). Diese Studien beziehen sich jedoch kaum informelle *Lern*prozesse; außerdem fokussieren sie fast ausschließlich das selbstorganisierte Sporttreiben außerhalb von Schule und Verein. Ausnahmen betreffen zum einen Untersuchungen zum informellen *Bewegungslernen*. So konstatiert Lange (2004, S. 198) in Bezug auf jugendliche Skateboarder: Sie folgen „ihren eigenen Bewegungsmotiven und entdecken im Rollen, Springen und Grinden immer wieder einschlägige Bewegungsqualitäten. Das heißt keineswegs, dass dadurch nicht, weniger oder langsamer, sondern nur dass auf *andere* Weise gelernt wird" (Hervorhebung i.O.). Auch Friedrich (2004) stellt in Bezug auf die Lernkonzepte von Skateboardern eine besondere Lernkultur fest, die u.a. durch Selbstständigkeit, Selbstorganisation und Selbststeuerung gekennzeichnet sei. Inwiefern diese Form des Lernens über das Bewegungslernen hinaus Auswirkungen hat, z. B. auf die Entwicklung der Selbstkompetenz von Heranwachsenden, wird allerdings nicht thematisiert.

Zum anderen liegen Studien zum informellen Kompetenzerwerb im freiwilligen Engagement vor. Hansen (2008) untersucht in einer qualitativen Studie Facetten des formellen und informellen Lernens in Vereinen, das er noch einmal in (bewusstes) *Selbstgesteuertes Lernen* und (unbewusstes) *Inzidentelles Lernen* untergliedert. Erwachsene Vereinsmitarbeiter lernen danach vor allem inzidentell „durch konkrete Erfahrungen, durch den Austausch mit anderen Menschen bzw. durch das Ausprobieren der eigenen Fähigkeiten" (Hansen, 2008, S. 19). Bewusste und zielgerichtete Lernaktivitäten scheinen dagegen weniger bedeutsam zu sein. Zu ähnlichen Ergebnissen kommt eine Untersuchung zum Kompetenzerwerb von Jugendlichen im sportbezogenen Ehrenamt. Absolventinnen und Absolventen der Gruppenhelfer-III-Ausbildung der Sportjugend NRW haben sich danach „durch ihr bürgerschaftliches Engagement vor allem in personenbezogenen und sozialen Kompetenzen weiterentwickelt" (Braun, Hansen & Kukuk, 2008, S. 32). Allerdings können hier auch zielgerichtete, bewusste Lernaktivitäten festgestellt werden.

Eine eigene Untersuchung zum informellen Lernen von Jugendlichen im Sportverein bestätigt diese Befunde in großen Teilen (Breuer & Neuber, 2008). Heranwachsende berichten darin in qualitativen Interviews, dass sie durch ihr vereinssportliches Engagement sowohl personenbezogene als auch sachbezogene Kompetenzen erwerben. Die Ergebnisse der ersten Teilstudie verweisen insbesondere auf personenbezogen-soziale Kompetenzen, die in sportlichen Handlungssituationen angesprochen werden (vgl. Breuer & Golenia, i. d. B.). Der Sportverein erweist sich damit als ein sozialer Raum, in dem neben non-formalen Erziehungsprozessen, etwa in Trainingssituationen, auch und in erheblichem Maße informelles Lernen stattfindet. Es stellt sich die Frage, inwiefern ähnliche Beobachtungen auch in anderen sportbezogenen Settings gemacht werden können. So ist beispielsweise die Ganztagsschule ein Lernort, an dem explizit verschiedene Bildungsmodalitäten aufeinander treffen (Neuber, 2008). Erste empirische Befunde sprechen dafür, dass auch hier informelles Lernen stattfindet (Derecik, i. d. B.). Schließlich sollte auch der selbstorganisierte Sport auf seine Bildungsbedeutsamkeit hin untersucht werden (Bindel, i. d. B.).

4 Informelles Lernen in der sportpädagogischen Bildungsdebatte

Dem Sport wird allgemein ein hohes Bildungspotenzial zugeschrieben. Sportpädagogische Begründungen beziehen sich allerdings weitgehend auf formale Argumentationsmuster intentionaler *Erziehungs- und Bildungsprozesse*. Allgemeine Bildungsdiskurse unterscheiden dagegen seit geraumer Zeit formale, non-formale und informelle Lernmodalitäten. Diese theoretische Differenzierung wird durch zahlreiche empirische Untersuchungen bestätigt. Auch erste sportwissenschaftliche Studien zeigen, dass insbesondere dem informellen Lernen eine nicht unerhebliche Bedeutung in sportbezogenen Kontexten zukommt. Traditionelle *Wirkungsannahmen* einer Erziehung zum und durch Sport sollten daher zumindest in Bezug auf außerschulische Settings hinterfragt werden. Womöglich ist der intentionale Erziehungseinfluss von Trainerinnen und Trainern im *Vereinssport* weniger bedeutsam als die informellen Lerngelegenheiten, die der soziale Raum ‚Verein' den Heranwachsenden bietet. Auch erste Befunde zum *Selbstorganisierten Sport* deuten darauf hin, dass das Lernen maßgeblich von den Rahmenbedingungen beeinflusst wird. Schließlich sind auch im *Schulsport* informelle Lernmodalitäten anzunehmen, die in ihrer unerwünschten Ausprägung im Sinne des ‚heimlichen Lehrplans' bereits mehrfach thematisiert wurden. Positive ‚Nebenwirkungen' sind indes ebenfalls denkbar, nicht zuletzt im Rahmen des außerunterrichtlichen Schulsports, der sich durch ein vergleichsweise hohes Maß an Freiwilligkeit und Partizipation auszeichnet. Als besonders interessantes Forschungsfeld dürfte sich hier die *Ganztagsschule* erweisen, in der formales, non-formales und informelles Lernen aufeinander treffen. Bewegungs-, Spiel- und Sportangeboten im Ganztag könnte eine zentrale Vermittlungsfunktion in ‚kommunalen Bildungslandschaften' zukommen, sofern sich die sportpädagogische Bildungsdebatte für neue Formen der Bildung öffnet.

Literatur

Balz, E. & Kuhlmann, D. (Hrsg.). (2004). *Sportengagements von Kindern und Jugendlichen – Grundlagen und Möglichkeiten informellen Sporttreibens*. Aachen: Meyer & Meyer.
Baur, J. & Braun, S. (2000). Über das Pädagogische einer Jugendarbeit im Sport. *Deutsche Jugend, 48* (9), 378-386.
Beckers, E. (2002). Sportpädagogik und Erziehungswissenschaft. In H. Haag & A. Hummel (Hrsg.), *Handbuch Sportpädagogik* (S. 25-33). Schorndorf: Hofmann.
Braun, S., Hansen, S. & Kukuk, M. (2008). *Kompetenzerwerb zum und durch Bürgerengagement von Jugendlichen im Sport – Wissenschaftliche Evaluation der Gruppenhelferinnen- und Gruppenhelfer III-Ausbildung* (Forschungsbericht). Paderborn: Universität Paderborn.
Brettschneider, D. & Kleine, T. (Hrsg.). (2002). *Jugendarbeit im Sportverein: Anspruch und Wirklichkeit*. Schorndorf: Hofmann.

Breuer, M. & Neuber, N. (2008). Lernen im Hier und Jetzt – Informelle Bildung im Sportverein. In S. Nagel, T. Schlesinger, Y. Weigelt-Schlesinger & R. Roschmann (Hrsg.), *Sozialisation und Sport im Lebensverlauf* (Deutsche Vereinigung für Sportwissenschaft, 180, S. 87-89). Hamburg: Czwalina.

Bundesjugendkuratorium (Hrsg.). (2002). *Bildung ist mehr als Schule – Leipziger Thesen zur aktuellen bildungspolitischen Debatte.* Zugriff am 18. September 2002 unter http://www.bmfsfj.de/dokumente/Artikel/ix_88329.htm

Bundesministerium für Bildung und Forschung (BMBF) (Hrsg.). (2004). *Konzeptionelle Grundlagen für einen Nationalen Bildungsbericht – Non-formale und informelle Bildung im Kindes- und Jugendalter.* Berlin: BMBF.

Bundesministerium für Familie, Senioren, Frauen und Jugend (BMFSFJ). (Hrsg.). (2005). *Zwölfter Kinder- und Jugendbericht.* Berlin: BMFSFJ.

Burrmann, U. (Hrsg.). (2005). *Sport im Kontext von Freizeitengagements Jugendlicher – Aus dem Brandenburgischen Längsschnitt 1998-2002.* Köln: Sport und Buch Strauß.

Dohmen, G. (2001). *Das informelle Lernen – Die internationale Erschließung einer bisher vernachlässigten Grundform menschlichen Lernens für das lebenslange Lernen aller.* Bonn: BMBF.

Düx, W. (2006). „Aber so richtig für das Leben lernt man eher bei der freiwilligen Arbeit". Zum Kompetenzgewinn Jugendlicher im freiwilligen Engagement. In T. Rauschenbach et al. (Hrsg.), *Informelles Lernen im Jugendalter – Vernachlässigte Dimensionen der Bildungsdebatte* (S. 205-240). Weinheim, München: Juventa.

Düx, W., Prein, G., Sass, E. & Tully, C.J. (2008). *Kompetenzerwerb im freiwilligen Engagement – Eine empirische Studie zum informellen Lernen im Jugendalter.* Wiesbaden: Verlag für Sozialwissenschaften.

Friedrich, G. (2004). Formen informellen Lernens am Beispiel der Lernkonzepte von Skateboardern. *Spektrum Freizeit, 26* (2), 87-97.

Hansen, S. (2008). Wie lernt man im Sportverein? – Ergebnisse einer empirischen Studie zu Lernprozessen in Vereinen. *Sport & Gesellschaft* (i. Dr.).

Haring, M., Rohlfs, C. & Patentien, C. (Hrsg.). (2007). *Perspektiven der Bildung – Kinder und Jugendliche in formellen, nicht-formellen und informellen Bildungsprozessen.* Wiesbaden: Verlag für Sozialwissenschaften.

Lange, H. (2004). Die Half-Pipe in die Schule holen? – Zur Vorbildfunktion innovativer Bewegungsszenen für die Inszenierung problemorientierten Lehrens und Lernens. In P. Elflein, I. Hunger & R. Zimmer (Hrsg.), *Innovativer Sportunterricht – Theorie und Praxis* (S. 193-204). Baltmannsweiler: Schneider.

Lipski, J. (2000). *Lernen außerhalb der Schule – Modell für eine künftige Lernkultur* (Manuskript). München: DJI.

Neuber, N. (2008). Ganztagsschule – Bewegungs-, Spiel- und Sportangebote in Kooperation von schulischen und außerschulischen Partnern. In H. Lange & S. Sinning (Hrsg.), *Handbuch Sportdidaktik* (S. 260-275). Balingen: Spitta.

Overwien, B. (2006). Informelles Lernen – Zum Stand der internationalen Diskussion. In T. Rauschenbach et al. (Hrsg.), *Informelles Lernen im Jugendalter – Vernachlässigte Dimensionen der Bildungsdebatte* (S. 35-62). Weinheim, München: Juventa.

Pauli, B. (2005). Kooperation Schule und Jugendarbeit – Neue Bildungsvielfalt durch ganztägige Bildungs- und Betreuungsangebote. *Die Ganztagsschule* (Heft 2/3). Zugriff am 14. November 2005 unter http://www.ganztagsschulverband.de/Download/Kooperation.pdf

Rauschenbach, T., Düx, W. & Sass, E. (Hrsg.). (2006). *Informelles Lernen im Jugendalter – Vernachlässigte Dimensionen der Bildungsdebatte.* Weinheim, München: Juventa.

Scherler, K. (1997). Die Instrumentalisierungsdebatte in der Sportpädagogik. *sportpädagogik, 21* (2), 5-11.

Schmidt-Millard, T. (1991). Der Sportverein – Versuch einer pädagogischen Ortsbestimmung. *Brennpunkte der Sportwissenschaft, 5* (2), 134-151.

Telschow, S. (2000). *Informelle Sportengagements Jugendlicher.* Köln: Sport und Buch Strauß.

TIM BINDEL

Wissenserwerb beim informellen Teamsport

Spezifisches Wissen über das Sportengagement gehört neben Identitätsarbeit und autointegrativem Handeln zu den Kernressourcen des Zugangs zu informellen Teamsportgruppen. Wissenserwerb ist daher eine zentrale Aufgabe von Jugendlichen, die dauerhaft in informellen Kontexten Teamsport betreiben möchten. Der Begriff des Wissenserwerbs wird hier dem des Lernens vorgezogen, um die Zielorientierung zu fokussieren: das Mitmachen. Der Vortrag zeigt anhand einer ethnographischen Studie (Bindel, 2008a) wozu Wissen genau benötigt wird, welches Wissen gemeint ist und wie man es erwirbt.

Wozu wird Wissen benötigt?

Die Variabilität des informellen Sports erzeugt eine bunte Vielfalt sportiver Formen. Innerhalb einer Sportart variiert die Praxis enorm. Einfaches Mitspielen ohne Wissen über die individuelle Gestalt des Sports führt zu Störungen. Das sei an einem Beispiel verdeutlicht:

Im Park spielen 13 Jungen Fußball. Alle kennen sich, ein paar nur hier vom Kicken, andere sind richtige Freunde. Obwohl man ehrgeizig spielt, steht der Spaß im Vordergrund. Fehler werden kaum kommentiert. Wer nicht mehr kann, dem verzeiht man, dass er mal vorne rumsteht. Das Niveau ist mittelmäßig. Einige sind wirklich gut, andere kriegen nicht so viel auf die Reihe. Egal, alle spielen miteinander. Es wird viel gelacht. Hinter einem der Rucksacktore erscheint ein Fremder. Er ist etwa 18, so wie die anderen und trägt das Fußballtrikot einer Bundesligamannschaft. Nach einiger Zeit spricht er einen der Kicker an und fragt, ob er mitspielen kann. Es wird kurz diskutiert und durchgezählt. Alles klar, der Fremde kann mitspielen – sieben gegen sieben, das passt. Kaum ist der Neue dabei, beginnt er lauthals taktische Anweisungen zu geben. „Einer muss helfen!" „Nicht vorne stehen bleiben!" „Ihr steht auf einer Linie!" „Nimm einen mit!" Wenn er den Ball fordert und nicht bekommt, fängt er an, die Spieler persönlich anzumeckern. Er selbst ist ein sehr guter Spieler, schießt eine Menge Tore, agiert als Regisseur, doch vor allem die eigene Mannschaft ist genervt. Unmut macht sich breit. Einige übergehen den Neuen absichtlich. Schließlich platzt einem der Kragen: „Jetzt pass mal auf, wir spielen hier nicht in der Bundesliga. Ständig gibst du hier Anweisungen, wir können's halt nicht besser. Warst du überhaupt schon im Tor?" Der Neue ist sichtlich überrascht und geht kleinlaut ins Tor. In den folgenden Wochen hat er sich nicht mehr blicken lassen (aus einer Beobachtung, vgl. Bindel, 2006)

Zunächst erzeugt der Fremde eine Störung des gesamten Systems. Unmut macht sich breit, der lockere Ablauf des Spiels ist beeinträchtigt. Der Fremde wird im weiteren Verlauf systematische ausgegrenzt. Infolgedessen zeigt sich eine andere Art der Störung – die der individuellen Bedürfnisbefriedigung. Beide Arten der Störung (systemisch und individuell) treten im informellen Sport häufig auf. Ethnographische Ergebnisse zeigen, dass fehlendes Wissen Schuld daran ist. Die folgenden Ausführungen verdeutlichen, worauf sich dieses spezifische Wissen bezieht.

Welches Wissen wird benötigt?

Spezifisches Wissen über das informelle Sportengagement einer Gruppe lässt sich aufteilen in *Wissen über die Struktur* der Aktivität und *Wissen über soziale Prozesse und Ordnungen*.
Wissen über die Struktur bedeutet, den Rahmen des Spiels zu verstehen. Erste Voraussetzung dafür ist eine verinnerlichte Spielidee. Die Spielidee informeller Teamsportaktivitäten ist nicht etwa banal als „Spaß" sondern komplexer zu verstehen. Sie besteht aus den von der Gruppe generierten Erlebnismomenten und dem kollektiv festgesetzten Sinnrahmen(vgl. Bindel, 2008b). Einen Ball immer wieder aus der Distanz aufs Tor zu schießen, möglichst spektakuläre Körbe zu werfen oder spannende Abwehr-Angriff-Situationen zu erzeugen, können Erlebnismomente von informellen Sportgruppen sein. Mit Vereinsfußball haben viele informelle Bolzgruppen deshalb wenig zu tun, weil die Erlebnismomente deutlich differieren. Ebenso unterscheiden sich die Sinnrahmen: Wird ein Spiel leistungsorientiert gespielt, so dass Sieg und Niederlage bedeutsam werden, oder steht die freudvolle Kommunikation im Mittelpunkt, so dass Tore vielleicht gar nicht mitgezählt werden. Ein Sinnrahmen kann je nach Gruppe zwischen diesen beiden Polen festgesetzt werden. Kommt wie im o. a. Beispiel ein Fremder hinzu, der von einem anderen Sinnrahmen ausgeht (im Beispiel leistungsorientiert statt kommunikationszentriert), ist kein gemeinsames Spiel möglich. Die Spielidee ist also im informellen Sport von Gruppe zu Gruppe unterschiedlich.
Weiteres Strukturwissen betrifft scheinbar selbstverständliche Rahmenbedingungen wie Spielregeln oder Spielzeiten. Mit Blick auf eine Streetballgruppe, die im Zuge der ethnographischen Studie intensiv begleitet wurde, lassen sich viele strukturelle Bedingungen nennen: Es wird nur gespielt, wenn die Sonne scheint; Es wird im Winner-Stays-Modus gespielt; Um ins Spiel zu kommen benötigt man ein Fünfer-Team und muss sich verbal einfordern; etc. Wer dieses strukturelle Wissen nicht hat, kann sich kaum auf dem Streetballplatz zurecht finden.
Wissen über soziale Prozesse und Ordnungen bezieht sich auf das Sozialsystem, in dem der informelle Teamsport ausgeführt wird. Zentrale Unklarheiten, die vor dem Zugang zu Sportgruppen bestehen können anhand von Fragen beispielhaft demonstriert werden:

- In welcher Beziehung stehen die anderen Aktiven zueinander?
- Welches Verhalten wird abgelehnt?
- Welches Verhalten wird gefordert?
- Wie kommt man in eine zentrale Position?
- Wer gehört zu den Etablierten?

Schließen führen die Unklarheiten, die sowohl die Spielstruktur als auch die Sozialstruktur der Gruppe betreffen, den Jugendlichen in die Situation, Wissen zu erwerben. Wie geschieht das in einem Kontext in dem offizielle Informationsquellen, wie Homepages, Regelwerke, Vereinstatuten und ähnliches fehlen?

Wie wird Wissen erworben?

Die ethnographische Untersuchung zeigt vier Erwerbsmethoden, die Jugendliche nutzen, um sich Wissen anzueigen: *Rückgriff auf Vorwissen, Beobachtung, Learning by Doing* und *Mentoring*.
Der Rückgriff auf Vorwissen geschieht z. B. als ein Zugriff auf vorhandenes Regelwissen. So hat der Jugendliche, der bereits im Verein Basketball spielt einen Vorsprung im Vergleich zum Novizen. Das Reglement muss nur variiert werden. Vorwissen kann aber auch als „soziales Wissen" bestehen. Alle Jugendlichen haben bereits Erfahrungen während ihres Lebens gesammelt, die soziale Ordnungen in Gruppen betreffen. Sei es das freie Spiel der Kinder, das Zusammensein mit Geschwistern oder das Leben in der Clique – die informelle Sportsituation ist nicht die erste informelle Gruppensituation der Neulinge. Es bestehen daher bereits soziale Konzepte und ethische Muster, durch die der einzelne Jugendliche als mehr oder weniger kompetentes Gruppenmitglied auftritt.
Eine dritte Kategorie des Vorwissens betrifft explizites Wissen. Die Sportgruppe ist ihnen vom Hörensagen bekannt. Obwohl dieses Wissen nicht gesichert ist, führt es bei vielen Jugendlichen dazu, der Sportgruppe fernzubleiben, was die Macht des Vorwissens verdeutlicht:

N: *„[...] Und Nike kannten wir nur so vom Hören, dass es halt der berühmteste Platz in Köln ist und da wirklich die große Competition ist und da man wirklich Game haben muss, spielen können muss, um da zu bestehen oder überhaupt einmal ... da auf den Platz zu treten und da haben wir's gar nicht probiert. Wir haben gar nicht mal dran gedacht. Wir wussten, dass wir noch nicht gut genug sind. [...]"*

Eine weitere Methode ist die Beobachtung. Der Neuling wendet sie zumeist als erste Strategie des Wissenserwerbs an. Vor allem dort, wo die Beobachterposition per se eingeplant ist (Skaten, Streetball), nutzen viele Neulinge die Gelegenheit und machen sich mit den Strukturen der Gruppe vertraut. Der Ablauf des Spiels und die Regeln die angewendet werden, lassen sich durch Beobachten teilweise erschließen. Von größerer Bedeutung ist aber die Beobachtung von einzelnen Aktiven und deren Interaktionen untereinander. Sportliches Können der anderen wird im Sinne einer Bewegungsbeobachtung erfasst und mit den eigenen Fertigkeiten verglichen. Auf dieser Basis wird der Erfolg der eigenen Teilnahme prognostiziert. Zudem werden soziale Prozesse observiert. Gerangel auf dem Platz, Streitigkeiten am Spielfeldrand, aber auch Cliquenbildung und Art der Kommunikation werden erfasst. Auch hier wird mit dem Selbstbild verglichen und eine Einpassung prognostiziert. Schließlich lässt sich auch Lernen am Modell unter der Methode der Beobachtung einordnen. Gerade wo Sporttreiben in der Peer-Group stattfindet, werden jugendliche Aktive zu Rollenvorbildern, den man im Spiel oder auch am Spielfeldrand nacheifert.

Kein Neuling verharrt in der Position des Beobachters, wenn er am Spiel beteiligt sein will. Einfach mitzumachen und dann schon zu sehen, wie's funktioniert entspricht der Philosophie des informellen Trendsports. Diese Taktik soll hier als Learning by Doing bezeichnet werden. Haupteffekt dieser Strategie ist das Gewahrwerden von Wissenslücken. In der informellen Gleichaltrigengruppe sind Reaktionen auf das eigene Verhalten „häufig natürlicher und weniger rücksichtsvoll" (Hurrelmann, 2004, S. 128). Auf Regelunkenntnis kann daher unter Umständen ebenso barsch hingewiesen werden wie auf Verstöße gegen bestehende Rollenasymmetrien. Wer ohne Vorkenntnisse und Beobachtungsergebnisse diese Strategie anwendet, springt ins kalte Wasser und stößt auf Widerstände. Wer vorhandenes Vor- oder Beobachtungswissen bereits hat, kann dieses durch Learning by Doing verifizieren. Am folgenden Interviewauszug soll das verdeutlicht werden:

N: *„Es ist so: Erst mal die, die neu dabei sind, sagen in der Regel erst mal kein Foul an."*
T: *„Ja."*
N: *„Weil die echt Angst davor haben."*
T: *„Ja, ja."*
N: *„So, und da ist es echt ein Problem für die Älteren: Warum sagst du nicht Foul an? Und so. Und die so: ‚Ja, es war ...' Und dann dieses Zögern, und dann ist es schon vorbei."*

Das Beobachtungswissen sagt den Neulingen, dass es aufgrund der bestehenden Hierarchie schwierig ist, als Neuling Fouls anzusagen und damit einen Freiwurf einzuklagen. Foulsituationen bergen ein hohes Störpotenzial und gerade als Neuling möchte man damit nichts zu tun haben. In der realen Situation stellt sich aber gerade diese Vermeidungstaktik als nicht praktikabel dar; das Verhalten muss langfristig geändert werden.

Schließlich greifen viele Jugendliche, die neu dabei sind auf eine Wissenserwerbsstrategie zurück, die sich als Mentoring bezeichnen lässt. Inhaltlich geht es beim Mentoring darum, informelle und implizite Regeln zu vermitteln, in bestehende Netzwerke einzuführen, praktische Tipps für das Erreichen von Zielen zu geben und die Mentees an das Netzwerk zu binden. Was für Wirtschaftsunternehmen gilt, passt besonders scharf auch auf informelle Sportgruppen. Hier gibt es im Grunde nur ungeschriebene Gesetze. Wer einen erfahrenen Spieler kennt, und zudem von

diesem unterstützt wird (z. B. durch Einbezug in ein Team oder verstärkte Einbindung in kommunikative Prozesse) der kann deutlich profitieren. Beim Mentoring besteht jedoch die Gefahr der Abhängigkeit.
Insgesamt liegen also vier Erwerbsstrategien vor, die von den informellen Sportlern genutzt werden. Damit befinden sie sich in einem Kontext des informellen Lernens. Über Effekte, die über das Mitmachen hinausgehen könnte man diskutieren. An dieser Stelle soll aber abschließend gezeigt werden, welche Erwerbstaktik den größten Erfolg verspricht. In der ethnographischen Studie wurden dazu Jugendliche besonders in den Fokus genommen, denen ein Zugang gut gelingt.

Welche Strategie verspricht den größten Erfolg?

Es konnte festgestellt werden, dass Jugendliche nur geringe Zugangschancen haben, wenn sie auf die Strategien Mentoring und Learning by Doing verzichten. Bei der ethnographisch begleiteten Streetballgruppe wurde augenscheinlich, dass langfristiges Beobachten alleine nicht reicht. Ohne den Schritt aus der Passivität kann keine aktive Teilnahme erfolgen. Das ist klar. Dieser Schritt scheint aber für viele Jugendliche zu gewagt. So konnte beobachtet werden, wie einige Jugendliche nie den Schritt auf's Spielfeld geschafft haben.
Zweitens ist deutlich geworden, dass der Verzicht auf vorgeschaltete Beobachtungsphasen leicht Störungen erzeugt, was einige Jugendliche abschreckt.
Also kann man sagen: Die Mischung macht's. Wer sich langfristig und zufrieden in informellen Teamsportgruppen bewegt, der versteht es zwischen den Strategien zu wechseln. Er ist aufmerksam, traut sich im richtigen Moment auch mitzuspielen, sucht den Kontakt zu Erfahrenen und – das kommt noch dazu – ist in der Lage seine Wissensbestände jederzeit zu aktualisieren. Der informelle Teamsport erfordert soziale Aufmerksamkeit. Kann es sein, dass er bedeutende Lernprozesse erzeugt?

Literatur

Bindel, T. (2006). Die Kunst des Mitmachens. Der Zugang zu informellen Sportgruppen. *sportpädagogik, 30* (4), 48-51.
Bindel, T. (2008a). *Soziale Regulierung in informellen Sportgruppen*. Hamburg: Czwalina.
Bindel, T. (2008b). „Bei uns geht das so..." – Komplexe Strukturen im informellen Teamsport." In V. Oesterhelt, J. Hofmann, M. Schimanski, M. Scholz & H. Altenberger (Hrsg.), *Sportpädagogik im Spannungsfeld gesellschaftlicher Erwartungen, wissenschaftlicher Ansprüche und empirischer Befunde* (Schriften der Deutschen Vereinigung für Sportwissenschaft, 175, S. 181-186). Hamburg: Czwalina.
Hurrelmann, K. (2004). *Lebensphase Jugend*. Weinheim, München: Juventa.

AHMET DERECIK

Informelle Bewegungsaktivitäten zur Aneignung von Schulhöfen in Ganztagsschulen

1 Einleitung

Bevor auf informelle Bewegungsaktivitäten auf Schulhöfen von Ganztagsschulen eingegangen wird, geht es zunächst darum, informelles Lernen innerhalb von Ganztagsschulen zu verorten, wofür der Begriff Ganztagsbildung näher abgesteckt werden soll. Im Anschluss werden exemplarisch informelle Bewegungsaktivitäten an den Tischtennisplatten vorgestellt, um einen sozialpädagogischen Ausblick auf inhaltliche Sinnzusammenhänge bezüglich der Aneignung von Schulhöfen seitens der Kinder und Jugendlichen liefern zu können. Daraus kann für Ganztagsschulen geschlussfolgert werden, dass Schulhöfe soziale Räume sind, die Möglichkeiten zur Aneignung bieten müssen.

2 Begriffsbestimmung Ganztagsbildung

In Abgrenzung zur Ganztagsschule und Ganztagsbetreuung wird auf der Basis von komplementären Bildungsverständnissen von Schule und Jugendhilfe der Begriff Ganztagsbildung in die Debatte um die Entwicklung von Ganztagsschulen gebracht (vgl. Coelen, 2004). Mit Ganztagsbildung wird ein Vorschlag zur Legitimierung und Gestaltung einer Institutionalisierungsform angeführt, die „durch die komplementären Kernelemente ‚Unterricht' und ‚Kinder- und Jugendarbeit'" Bildung als eine „Einheit aus Ausbildung und Identitätsbildung" versteht (Coelen, 2004, S. 247). Die Diskussion sollte jedoch weniger auf der Basis unterschiedlicher Bildungsbegriffe geführt werden. Stattdessen wird gefordert die Konzentration auf die verschiedenen *Lern*formen zu legen (vgl. Vogel, 2006, S. 14). Hierin liegt aber gleichzeitig ein Dilemma, da die Definitionen von Lernprozessen vorwiegend am Grad der Institutionalisierung ansetzen. Formales Lernen wird mit Schule und Unterricht, nicht-formales Lernen mit Vereinen und Jugendarbeit, Orte des informellen Lernens werden mit Familie und Peergroups gleichgesetzt (vgl. Bundeskuratorium, 2002). Diese Parallelisierung wird von den Institutionen Schule und Kinder- und Jugendhilfe zwar nicht offensiv forciert, aber indem die Institutionen auf ihre wesentliche Lernform reduziert werden, „wird die Parallelisierungsthese suggeriert" (Stolz, 2006, S. 119).
In *„sachlicher Hinsicht unpräzise"* ist die Parallelisierung schon deshalb, weil weite Bereiche der Kinder- und Jugendhilfe ebenfalls formales Lernen praktizieren (Stolz, 2006, S. 119, Hervorhebung im Original). Zum Teil besitzen sie ein mehr oder weniger striktes oder flexibles Curriculum und vergeben auch Zertifikate, z.B. bei Ange-

boten zum Nachholen des Hauptschulabschlusses oder beim Erwerb einer Übungsleiterlizenz. Umgekehrt, gerade in Bezug auf schulbezogene Ganztagsangebote, kann das Freiwilligkeitsprinzip der Kinder- und Jugendhilfe kaum eingehalten werden, da die halbtagsschulspezifischen Strukturen in den Ganztagsangeboten fortgesetzt werden und somit zu einer Formalisierung führen (vgl. Stolz, 2006, S. 119). Stolz (2006, S. 119) hält zudem die Parallelisierung für analytisch falsch, weil informelles Lernen aus der Schule und teilweise der Kinder- und Jugendhilfe ausgeschlossen wird (Stolz 2006, S. 119). Dabei umfassen beide Institutionen immer mehr als ihr explizites pädagogisches Programm. Selbst ein strukturierter und geplanter Unterricht kann aufgrund seines sozialen Kontextes nicht auf formales Lernen beschränkt werden, da z.b. im Unterricht eine Sozialdisziplinierung im Sinne des „heimlichen Lehrplans" stattfindet (Stolz 2006, S. 119). Dadurch dass Stolz (2006, S. 119) diese „Inkongruenzen der Zuordnung" benennt und nicht bagatellisiert, wirkt er der suggerierten Parallelisierungsthese aktiv entgegen. Die Lernformen lassen sich also eher anhand der funktionalen Schwerpunkte der Bildungsinstitutionen verorten. Dementsprechend ist es unangemessen, die Lernformen pauschal mit den Institutionen gleichzusetzen und erst recht informelles Lernen aus der Ganztagsschule auszuschließen.

Diesen Ausführungen entsprechend wird in der International Standard Classification of Education (ISCED) der UNESCO (2006, S. 9) Bildung in der Schule definiert als „the term education is [...] taken to comprise all deliberate and systematic activities designed to meet learning needs." Demgegenüber wird Lernen aus der Perspektive des Individuums definiert als „any improvement in behaviour, information, knowledge, understanding, attitude, values or skills" (UNESCO, 2006, S. 9). Entgegen dem Ganztagsbildungsverständnis von Coelen (2004) kann in schulischen Zusammenhängen von Ganztags*bildung* gesprochen werden, wenn die Ganztagsschule grundsätzlich einen angemessenen Rahmen für verschiedene *Lern*prozesse ihrer Heranwachsenden zur Verfügung stellt.

3   Informelle Bewegungsaktivitäten innerhalb einer Ganztagsbildung

Im Sinne der Definition der UNESCO (2006) könnte informelle Bildung in Ganztagsschulen immer dann vorliegen, wenn informelles Lernen ermöglicht, gefördert, verstärkt oder strukturiert werden soll" (Overwien, 2006, S. 40). Eine Möglichkeit, informelles Lernen in der Schule zu fördern, ist die Gestaltung der Schulhöfe, da sie „im relativ funktionsgebundenen Schulbau der Ort mit den höchsten ‚Freiheitsgraden'" sind (Forster, 1997, S. 186).

Die Gestaltung des Schulhofes sollte im Idealfall den Bedürfnissen der Heranwachsenden nach Bewegung, Kommunikation und ‚Alleinsein', entgegenkommen (Forster, 1997, S. 187). Gerade durch eine längere Verweildauer in der Ganztagsschule und die stärkere Anbindung an die jeweiligen Räumlichkeiten gewinnen die Schulhöfe somit „als Lebens-, Erfahrungs- und Lernraum an Bedeutung" (Dietrich, Hass, Marek, Porschke & Winkler, 2005, S. 11). Dementsprechend betrachten Dietrich et al. (2005, S. 18-19) in Anlehnung an das ökologische Entwicklungskonzept von Bronfenbrenner (1981) die Schulhöfe „als pädagogisch wirkende Umwelt". In diesem Zusammenhang ist das informelle Lernen auf eine lernanregende und lernunterstützende Umwelt angewiesen, d.h. so wie das formale Lernen auf den Lehrer angewiesen ist, ist das informelle Lernen auf den Raum als dritten Pädagogen angewiesen (Dohmen, 2001, S. 18-19). Aus diesem Grund sollten die Schulhöfe im Sinne einer „raumbezogenen Pädagogik" in die Schulentwicklung miteinbezogen werden (Coelen, 2004, S. 253).

Nicht außer Acht gelassen werden darf allerdings, dass Schulhöfe unterschiedlichsten und teilweise auch widersprüchlichen Wünschen gerecht werden müssen. Generell bietet sich an, den Schulhof in unterschiedliche ‚Nutzungsbereiche' zu gliedern. Dies sind Orte, an denen informelle Bewegungsaktivitäten stattfinden, z.B. „an den Tischtennisplatten, um die Baumgruppe, hinter den Büschen, auf der Wiese" (Dietrich et al., 2005, S. 55).

4 Informelle Bewegungsaktivitäten von Kindern, Kids und Jugendlichen an den Tischtennisplatten

Ohne näher auf das Gesamtdesign des Forschungsprojekts der „Studie zur Entwicklung von Bewegung, Spiel und Sport in Ganztagsschulen" (vgl. Derecik 2008) und auf die spezielle Auswertung der informellen Bewegungsaktivitäten auf Schulhöfen von Ganztagsschulen anhand des Vierstufenmodells der empirisch begründeten Typenbildung nach Kluge und Kelle (1999) eingehen zu können[1], sind in Anlehnung an Dietrich et al. (2005) verschiedene Nutzungsbereiche auf Schulhöfen ermittelt worden. Im Folgenden wird exemplarisch der Nutzungsbereich der Tischtennisplatten vorgestellt.

Tab. 1. *Kreuztabelle informelle Bewegungsaktivitäten an den Tischtennisplatten.*

Bewegungsaktivitäten Tischtennisplatten	Alter und Geschlecht					
	Kinder		Kids		Jugendliche	
	m	w	m	w	m	w
Rundlauf mit Tischtennisschläger					1	
Rundlauf mit Händen und verschiedenen Bällen			2			
Sitzen					3	

In dieser Kreuztabelle (vgl. Tab. 1) sind die informellen Bewegungsaktivitäten mit dem Alter und dem Geschlecht kombiniert worden. Mit Kindern sind Grundschüler gemeint,

---

1 Die Auswertung der informellen Bewegungsaktivitäten in Pausenräumen von Ganztagsschulen ist in der gesamten Studie als ein Teilprojekt zu verorten.

Kids stellen die Schüler der Klassen fünf, sechs und sieben dar und Jugendliche sind die Schüler der Klassen acht bis zehn. Diese Unterteilungen sind in Anlehnung an eine „Sozialpädagogik der Lebensalter" nach Böhnisch (2008) als arbeitstechnische Definitionen zu verstehen. Die mit Zahlen belegten Felder stellen dabei real vorhandene Kombinationen der informellen Bewegungsaktivitäten der Kinder, Kids und Jugendlichen dar. Die Ziffer 1 beschreibt Kids und Jugendliche, die Rundlauf mit Tischtennisschlägern und Tischtennisball spielen. Zwei steht für Kids und Kinder, die Rundlauf mit Händen und verschiedenen Bällen spielen. Jugendliche, die auf den Tischtennisplatten sitzen, sind unter drei zusammengefasst. Die Zahlen stellen also keine Quantifizierungen dar, sondern sind lediglich Bezeichnungen für vorhandene Kombinationen. In diesem Fall weisen diese Hauptaktivitäten an den Tischtennisplatten keine geschlechtstypische Differenzierung auf.

Durch eine tabellarische Darstellung des Kategorienbaums der Tischtennisplatten, mittels einer Kreuztabelle, werden die Strukturen des zuvor erarbeiteten Kodebaums für jeden Nutzungsbereich wesentlich deutlicher sichtbar gemacht. Dadurch wird auch die spätere Analyse nach inhaltlichen Sinnzusammenhängen klarer, weil sich auf die wesentlichen informellen Bewegungsaktivitäten konzentriert werden kann.

5 Inhaltliche Sinnzusammenhänge aus der Perspektive der Aneignung von Räumen

Aus der Kreuztabelle Tischtennisplatten werden im Folgenden auf der Basis der informellen Bewegungsaktivitäten Prozesse der Aneignung als erste inhaltliche Sinnzusammenhänge geschlussfolgert. Der Begriff der Aneignung wird auf die kulturhistorische Schule der sowjetischen Psychologie (vgl. Leontjew, 1973) zurückgeführt und wurde von Deinet (1992) für die Sozialpädagogik fruchtbar gemacht. Aneignung meint allgemein das Verändern, Umfunktionieren und Umwandeln der Umwelt. Anhand der Kombinationen 1 und 2 aus der Kreuztabelle lässt sich eine bewegungsorientierte Aneignung von Kindern gegenüber einer sportiven Aneignung der Tischtennisplatten vermuten. Die Kombination 3 weist auf eine territoriale Aneignung der Tischtennisplatten durch Jugendliche hin.

5.1 Bewegungsorientierte vs. sportive Aneignung der Tischtennisplatten

Anhand der skizzierten informellen Bewegungsaktivitäten an den Tischtennisplatten wird deutlich, dass Kinder sich die Tischtennisplatten bewegungsorientiert aneignen. Eine Interpretation auf inhaltliche Sinnzusammenhänge bezüglich des Verhaltens der Kinder liefert eine Schulleiterin: *„Kinder ... gehen ihrem Grundbedürfnis nach, also die bewegen sich von ganz alleine, die brauchen keinen Anreiz, die ... brauchen eigentlich nur die Möglichkeit dazu. ... weil die auch in aller Regel eher bewegungsorientiert sind und nicht unbedingt sportiv"* (Projektgruppe StuBSS, 2007, QT 4, Absatz 303). Die Jugendlichen sind dagegen sportiv orientiert und wollen mit dem „richtigen" Spielmaterial nach den bekannten Regeln spielen. Die Kids befinden sich, wie in der tabellarischen Darstellung gut zu sehen ist, genau zwischen dem Verhalten von

Kindern und Jugendlichen. Sie bilden mit ihren informellen Bewegungsaktivitäten eine Schnittmenge zwischen der bewegungsorientierten und der sportiven Aneignung der Tischtennisplatten (vgl. Tab. 1).

5.2 Territoriale Aneignung der Tischtennisplatten durch Jugendliche

An Tischtennisplatten ist auch eine territoriale Aneignung durch Jugendliche zu verzeichnen. Auf Nachfrage, ob ihr Jahrgang die Tischtennisplatten nutzt, erzählt eine Schülerin der fünften Klasse: *„Das geht nicht, weil da immer die [Jugendlichen] drauf sitzen ... die saßen da schon die ganze Zeit ... und da denken die jetzt, es wäre ihr Stammplatz"* (Projektgruppe StuBSS, 2007, QT 18, Absatz 85). Dass die Tischtennisplatten als Stammplätze genutzt werden, wird von Jugendlichen bestätigt. Womöglich drücken Jugendliche hiermit aus, dass sie keine eigenständigen Räume bekommen oder vielleicht auch Grenzen verletzen wollen.

6 Schulhöfe in Ganztagsschulen als Orte des informellen Lernens und der Raumaneignung

Anhand des Nutzungsbereiches der Tischtennisplatten dürfte deutlich geworden sein, wie unterschiedlich der ein und selbe Raum von den verschiedenen Altersstufen informell genutzt und angeeignet wird. Mit einem aneignungsorientierten Blick auf die Schulhöfe kann die Ganztagsschule, neben ihrer generellen Funktion der Wissensvermittlung, als ein Sozialraum gesehen werden, d.h. als ein Ort „des informellen Lernens und der Raumaneignung" (Deinet, 2008, S. 728). Gerade Ganztagsschulen gehören für Kinder und Jugendliche zu den wichtigsten Sozialräumen und die Schulhöfe bestimmen ganz entscheidend die Möglichkeiten des informellen Lernens mit, weshalb Überlegungen zur Gestaltung der Schulhöfe als Aneignungsräume gestellt werden müssen (vgl. ebd.). Im Sinne der Definition der UNESCO (2006) zur Bildung in Schulen und der Definition Overwiens (2004) zur informellen Bildung könnte dann einer raumbezogenen Schulentwicklung Folge geleistet werden, wenn die Schulhöfe einen angemessenen Rahmen für informelles Lernen ermöglichen. Im Idealfall geschieht die Gestaltung der Schulhöfe in der Zusammenarbeit der Schule mit der Jugendhilfe, wobei die Perspektive der Schüler die Konstitution der Räume bestimmen dürfen sollte.

Aufgrund der bisherigen Daten ist anzunehmen, dass Kinder „bewegungsorientierte Räume", aber auch „Rückzugsnischen" brauchen, in denen sie ihre gesellschaftliche Rolle im Spiel aneignen können. Jugendliche wollen dagegen „Aktivitätsinseln", in denen sie sich innerhalb der Peers ungestört in Szene setzen können, und vor allem wollen sie „Kommunikationsnischen", um sich auszutauschen. Der sozialkommunikative Aspekt scheint in dieser Phase eine wichtige Rolle zu spielen. Die Kids sind „Nicht-Mehr-Kinder" aber auch „Noch-Nicht-Jugendliche" (Böhnisch, 2008, S. 132), weswegen sie informelle Lerngelegenheiten brauchen in denen sie ungestraft jugendliches Verhalten einüben, aber auch Kind sein dürfen.

Literatur

Böhnisch, L. (2008). *Sozialpädagogik der Lebensalter. Eine Einführung.* Weinheim, München: Juventa.
Bronfenbrenner, U. (1981). *Die Ökologie der menschlichen Entwicklung.* Stuttgart: Klett-Cotta.
Bundesjugendkuratorium (Hrsg.). (2002). *Bildung ist mehr als Schule – Leipziger Thesen zur aktuellen bildungspolitischen Debatte.* Zugriff am 18. September 2002 unter http://www.bmfsfj.de/dokumente/Artikel/ix_88329.htm
Coelen, T. (2004). „Ganztagsbildung" – Integration von Ausbildung und Identitätsbildung durch die Kooperation von Schulen und Jugendeinrichtungen. In H.-U. Otto & T. Coelen (Hrsg.), *Grundbegriffe der Ganztagsbildung. Beiträge zu einem neuen Bildungsverständnis in der Wissensgesellschaft* (S. 228-248). Wiesbaden: VS.
Deinet, U. (1992). *Das Konzept „Aneignung" im Jugendhaus.* Opladen: Leske + Budrich.
Deinet, U. (2008). Sozialraumorientierung und Raumaneignung. In T. Coelen & H.-U. Otto (Hrsg.), *Grundbegriffe Ganztagsbildung. Das Handbuch.* Wiesbaden: VS.
Derecik, A. (2008). Forschungsmethodologische Ansätze zur Erstellung von Schulportraits. In V. Oesterhelt, J. Hofmann, M. Schimanski, M. Scholz & H. Altenberger (Hrsg.), *Sportpädagogik im Spannungsfeld gesellschaftlicher Erwartungen, wissenschaftlicher Ansprüche und empirischer Befunde* (Schriften der Deutschen Vereinigung für Sportwissenschaft, 175, S. 134-137). Hamburg: Czwalina.
Dietrich, K., Hass, R., Marek, R., & Porschke, C. (2005). *Schulhofgestaltung an Ganztagsschulen. Ein Leitfaden.* Schwalbach: Wochenschau.
Dohmen, G. (2001). *Das informelle Lernen – Die internationale Erschließung einer bisher vernachlässigten Grundform menschlichen Lernens für das lebenslange Lernen aller.* Bonn: BMBF.
Forster, J. (1997). Kind und Schulraum – Ansprüche und Wirkungen. In C. Becker, J. Bilstein, J. & E. Liebau (Hrsg.), *Räume bilden. Studien zur pädagogischer Topologie und Topographie* (S. 175-194). Seelze-Veber: Kallmeyer.
Kelle U. & Kluge S. (1999). *Vom Einzelfall zum Typus. Fallvergleich und Fallkontrastierung in der qualitativen Sozialforschung.* Opladen: Leske + Budrich.
Leontjew, A.N. (1973). *Probleme der Entwicklung des Psychischen.* Berlin: Volk und Wissen.
Overwien, B. (2004). Internationale Sichtweisen auf „informelles Lernen" am Übergang zum 21. Jahrhundert. In H.-U. Otto & T. Coelen (Hrsg.), *Grundbegriffe der Ganztagsbildung. Beiträge zu einem neuen Bildungsverständnis in der Wissensgesellschaft* (S. 14-20). Wiesbaden: VS.
Projektgruppe StuBSS (2007). *Quellentexte und Schulportraits.* Zugriff am 6. Mai 2007 unter http://online-media.uni-marburg.de/ganztagsschule/quellentexte.html
Stolz, H.-J. (2006). Dezentrierte Ganztagsbildung. Diskurskritische Anmerkungen zu einer aktuellen Debatte. In H.-U. Otto & J. Oelkers (Hrsg.), *Zeitgemäße Bildung. Herausforderung für Erziehungswissenschaft und Bildungspolitik* (S. 114-130). München: Reinhardt.
UNESCO (2006). *ISCED 1997. International Standard Classification of Education.* Zugriff am 11. Oktober 2007 unter www.uis.unesco.org/TEMPLATE/pdf/isced/ISCED_A.pdf
Vogel, P. (2006). Bildungstheoretische Optionen zum Problem der Ganztagsbildung. In H.-U. Otto & J. Oelkers (Hrsg.), *Zeitgemäße Bildung. Herausforderung für Erziehungswissenschaft und Bildungspolitik* (S. 14-20). München: Reinhardt.

MEIKE BREUER & MARION GOLENIA

Informelles Lernen im Sportverein

Informelles Lernen

Laut Faure-Kommission der UNESCO umfasst informelles Lernen ca. 70% aller menschlichen Lernprozesse (Overwien, 2006, S. 37). Daher ist es erstaunlich, dass die Forschungslage zum informellen Lernen, als einem gewichtiger Parameter für Bildungsprozesse alles andere als ausreichend zu bezeichnen ist. Zumeist werden die positiven Wirkungen des Lernens und deren Einfluss auf den Selbst-Bildungsprozess angenommen aber nicht nachgewiesen. Vor allem der „Forschungsstand für die organisierten Freizeitangebote der Vereine und Verbände oder auch der offenen Jugendarbeit [muss] als weitaus defizitärer [als in anderen Bereichen] charakterisiert werden. Was bislang fehlt sind sowohl quantitative als auch qualitative Studien, die sich der Frage nach dem außerunterrichtlichen Kompetenzerwerb systematisch und in erster Linie aus dem Blickwinkel der Kinder und Jugendlichen selbst nähern" (Grunert, 2006, S. 30). Was für die Forschungslage zum informellen Lernen allgemein gilt, gilt für die sportbezogene Forschung im Besonderen. Systematische Untersuchungen stehen hier bislang noch aus.

Bildung wird traditionell als formalisierter Prozess gedacht, der an eigens dafür eingerichteten Institutionen nach vorgegebenen Regeln und vorgefertigten Plänen arrangiert und curricular gestaltet stattfindet (vgl. BMfFSFJ, 2005, S. 127). Lernen wird also zunächst mit Schule verbunden. Dass es darüber hinaus zahlreiche weitere Lern- und Bildungsgelegenheiten gibt, wird erst auf den zweiten Blick festgestellt. In der Forschung rücken allerdings seit einigen Jahren auch die Bildungsprozesse in den Fokus der Aufmerksamkeit, die nicht in der Schule stattfinden. Die Aufgabe der Bildung soll eben nicht allein der Schule überlassen werden und so formulieren die Leipziger Thesen zur bildungspolitischen Debatte in ihren Thesen:

> „Bildung ist der umfassende Prozess der Entwicklung und Entfaltung derjenigen Fähigkeiten, die Menschen in die Lage versetzen, zu lernen, Leistungspotenziale zu entwickeln, zu handeln, Probleme zu lösen und Beziehungen zu gestalten. Junge Menschen in diesem Sinne zu bilden, ist nicht allein Aufgabe der Schule. [...] Angebote und Dienste der Kinder- und Jugendhilfe bieten einen spezifischen Erfahrungs-, Erlebnis- und Erkenntnisraum und dienen der allgemeinen Förderung junger Menschen. Mit je eigenen Zielsetzungen und vielfältigen Inhalten, Methoden und Arbeitsweisen wird in der Kinder- und Jugendhilfe ein breites Bildungsangebot eröffnet, das in enger Wechselwirkung zu Familie, Schule und beruflicher Bildung steht. [...] Vor allem in der Differenz zu der Formalisierung schulischer Angebote liegt das spezifische Profil und die Chance der Kinder- und Jugendhilfe, junge Menschen zu erreichen und anzuregen" (Leipziger Thesen, 2002).

Generell wird Lernen als ein „aktiver Aneignungs- und Veränderungsprozess des Individuums" (Düx u. a., 2005, S. 395) gesehen. Dieser Prozess ist subjektiv und individuell. Voraussetzung ist eine aktive Auseinandersetzung des Individuums mit

seiner Umwelt. Da stets nur ein Ausschnitt von Wirklichkeit wahrgenommen werden kann, ist Lernen zudem selektiv. Das Ergebnis des Lernens ist somit von persönlichen Erfahrungen geprägt. In der internationalen Diskussion „scheint sich die Differenzierung in formales, nonformales und informelles Lernen durchzusetzen" (Rauschenbach u. a., 2006, S. 7), um unterschiedliche Ausprägungen des Lernens zu unterscheiden und voneinander abzugrenzen.
Informelles Lernen geschieht quasi nebenher[1]. In der wissenschaftlichen Diskussion in den USA wird informelles Lernen als Lernen verstanden, das auf unmittelbaren „Umwelterfahrungen und nicht auf einer pädagogisch arrangierten und didaktisch präparierten Wissensvermittlung beruht" (Dohmen, 2001, S. 28). Nach Rauchenbach „gelten alle (bewussten und unbewussten) Formen des praktizierten Lernens außerhalb formalisierter Bildungsinstitutionen und Lehrveranstaltungen" (Rauschenbach, 2004, S. 29) als informelles Lernen. Insofern ist ein wichtiges Kennzeichen von informellem Lernen, dass es im Wesentlichen auf eigenen Erfahrungen und deren Verarbeitung in „Nicht-Lern-Organisationen" beruht (vgl. Dohmen, 2001, S. 18). Informelles Lernen ist Lernen in der Lebenspraxis. Daher sind die Verläufe des informellen Lernens nicht direkt greifbar. Sie sind selten geplant und laufen „vielfältig und bunt, häufig aber auch unstrukturiert, unsystematisch, zufällig und unübersichtlich" ab (Düx, 2006, S. 237). „Trotzdem ist es ein von allen Menschen immer wieder in ihrem Lebensvollzug mehr oder weniger erfolgreich praktiziertes Ad-hoc-Lernen, das ihnen hilft, zu leben und sogar im einzelnen besser zu leben" (Dohmen, 2001, S. 9). Der Bezug zur aktuellen Situation ist demnach Voraussetzung für informelle Lernprozesse. Im Gegensatz zum formalen Lernen ist nicht das Lernen selbst der Zweck, sondern die Lösung einer Aufgabe, einer Anforderung, die eine aktuelle Situation stellt oder eines Problems mit Hilfe des Lernens. Es geht also darum, mit Hilfe des Lernens einen anderen Zweck zu realisieren. Da in diesem auf momentane Handlungen bezogenen Lernprozess auch eine Gefahr von Irrtum und Fehlern steckt, kommt es durch informelles Lernen auch zu Neu- bzw. Umorientierungen im Handeln.
Dem informellen Lernen wird deshalb ein hohes Potenzial zugeschrieben, eben jene Kompetenzen auszubilden, die Jugendlichen benötigen, um sich in der modernen Gesellschaft zurechtzufinden und eine eigene Identität aufzubauen. Unter Kompetenzen versteht man „die bei Individuen verfügbaren oder von ihnen erlernbaren kognitiven Fähigkeiten und Fertigkeiten, bestimmte Probleme zu lösen, sowie die damit verbundenen motivationalen, volitionalen und sozialen Bereitschaften und Fähigkeiten, die Problemlösungen in variablen Situationen erfolgreich und verantwortungsvoll nutzen zu können" (BMBF, 2003, S. 59). Die Jugendlichen erwerben demnach Fähigkeiten und Fertigkeiten, um den sich ihnen stellenden Anforderungen gerecht zu werden und ihnen helfen, einen gelungenen Entwicklungsprozess zu durchlaufen. Aktuelle Studien verweisen auf die hohe Bedeutsamkeit informellen Lernens

---

1 Dazu auch Small. (in Dohmen, 2001, S. 26): „Informal learning is a non-taught lifelong process outside the established formal system, that allows individuals to aquire values, skills and knowledge from daily experience."

für den Kompetenzerwerb jenseits institutionell strukturierter Erziehungsprozesse (Düx, 2006; Neuber, 2004). Allerdings existieren in diesem Feld nur wenige Studien, die explizit einen Sportbezug in Verbindung mit informellen Lernprozessen berücksichtigen. Zu nennen wäre hier die Studie von Braun, Hansen und Kukuk (2008), die den Kompetenzerwerb von Jugendlichen im sportbezogenem Ehrenamt untersucht.

Das Projekt „Kinder- und Jugendarbeit im Sportverein" setzt hier an und verfolgt drei Fragestellungen:

1. Inwiefern finden im Sportverein Bildungsprozesse im Sinne des informellen Lernens statt?
2. Unter welchen Bedingungen wird eine gelingende Kinder- und Jugendarbeit realisiert?
3. Welche konkreten Handlungsempfehlungen inhaltlich-methodischer und struktureller Art können aus der Analyse abgeleitet werden?

Dargestellt werden im Folgenden ausschließlich Ergebnisse zur ersten Fragestellung.

Methodik

Zur Beantwortung der Forschungsfragen wird mit 12 Vereinen (Sportvereine, DLRG, DJK) aus NRW kooperiert, die räumlich über das Bundesland verteilt sind. Unter den Projektvereinen befinden sich sowohl Klein-, Mittel- und Großvereine in eher ländlichen als auch städtischen Umfeldern. Die vertretenen Sportarten sind: Badminton, Basketball, Billard, Fußball, Handball, Reiten, (Rettungs-) Schwimmen, Tanzen, Tennis, Tischtennis, Turnen, Volleyball.

Für die Beantwortung der ersten Forschungsfrage wird ein zweischrittiges Vorgehen gewählt. In der ersten Phase werden 12 Gruppendiskussionen (je 4-8 Personen) mit jugendlichen Vereinsmitgliedern im Alter von 14 bis 18 Jahren geführt. Ziel ist die Erfassung von Kompetenzen, die Jugendliche aus ihrer Sicht im Sportverein (informell) erwerben und wie dies geschieht (Subjektperspektive). Darauf aufbauend finden 24 vertiefende Einzelinterviews mit den Jugendlichen statt. Diese Phase dient der intensiveren Erforschung von Lernsituationen und ist zum gegenwärtigen Zeitpunkt noch nicht abgeschlossen (Stand 10/2008).

Die Gruppendiskussionen sind auf Video aufgezeichnet und vollständig transkribiert worden. Die Auswertung erfolgt mittels Qualitativer Inhaltsanalyse (vgl. Mayring, 2001). Hierbei wird verschränkt induktiv-deduktiv gearbeitet.

Ergebnisse

Als Ergebnis des ersten Analyseschritts ergibt sich eine Kompetenztabelle. Diese ist angelehnt an die Tabelle von Düx (2006), jedoch für diese Untersuchung modifiziert.

Die Jugendlichen nennen ein breites Spektrum an Kompetenzen, die sie im Sportverein erwerben können. Die am häufigsten genannten Kompetenzen sind: Teamfähigkeit, Umgang mit Mitmenschen, Verantwortung, Vertrauen, Disziplin, Soziale Verbindungen – neue Freunde, Respekt vor anderen, Rücksicht nehmen.
Im Bereich der Personenbezogenen Kompetenzen ergibt sich ein deutliches Übergewicht der sozialen Kompetenzen, so dass diese auf der Grundlage der Unterteilung von Kanning (2003) in die drei Zweige behavioraler Bereich, motivational-emotionaler Bereich und perzeptiv-kognitiver Bereich untergliedert werden. In diesen Bereichen nennen die Jugendlichen Kompetenzen wie Durchsetzungsvermögen, Kooperation, Teamfähigkeit, Vertrauen, Fair Play, Umgang mit Mitmenschen, Einordnung in Hierarchien etc. Hierzu sagt Frederick (16, DLRG): *„Als letztes Einordnung in Hierarchie, man sagt ja, Jugendliche suchen so ihren Platz in der Gesellschaft, das kann man auf den Sportverein rüberziehen, wenn man weiß, Kathi ist der Chef, wie muss ich mich ihr gegenüber verhalten, unterordnen, überordnen, beiordnen..."* Auch Steffi (17, Volleyball) erkennt dies als eine Kompetenz an, die man im Verein lernt: *„Man muss sich ja in den Verein eingliedern und ist im Prinzip darauf angewiesen, sich an diese Regeln zu halten."* Dennis (18, Tennis) meint dazu: *„Ja, wenn man eine Mannschaftssportart oder so macht, dann lernt man ja auch ganz anders sich zu integrieren, denk ich, als welche, die dazu überhaupt keinen Bezug haben."* Darüber hinaus lernen die Jugendlichen auf der personalen Ebene Kompetenzen wie z.B. Selbstbewusstsein, Selbstständigkeit, Ehrgeiz und Konzentration. Ebenso auf der Ebene des Personenbezugs sind die kognitiven Kompetenzen einzuordnen. Hier können die Jugendlichen Kompetenzen wie z.B. logisches Denken, Bewegungswissen und Beobachtungskompetenz erwerben.
Den zweiten übergeordneten Bereich bilden die Sachbezogenen Kompetenzen. In diesem können vor allem im sportlichen Bereich Kompetenzen wie Bewegungen lernen, körperliche Entwicklung, Taktik etc. Kompetenzen entwickelt werden. *„Man lernt ja auch den eigentlichen Sport"* (Sabrina, 15, Handball).
Am Beispiel der perzeptiv-kognitiven Kompetenz Verantwortung können fünf verschiedene Situationen, die den Erwerb begünstigen analysiert werden. Diese sind: Mannschaftskapitän, Jugendtrainer, Aufgaben im Spiel, Orientierung an Vorbildern, Übernahme einer Vorbildfunktion.
Zu der Situation als Mannschaftskapitän sagt Imad (16, Fußball): *„Wenn man jetzt zum Beispiel Mannschaftskapitän ist, dann hat man ja eine ziemlich große Verantwortung, weil man auch Streit schlichten muss und Vorbild sein muss zum Beispiel."* Die Situation als Jugendtrainer beschreibt Laura (15, Schwimmen) so: *„Ja also ich darf die jetzt halt nicht, dass die dann aus dem Becken kommen und sofort zusammenbrechen. Also ich soll schon ein bisschen drauf achten, dass wenn die jetzt wirklich an ihre Grenzen gegangen sind, dass ich die dann vielleicht auch mal ein bisschen Pause machen lasse und nicht, dass die dann sofort zusammenklappen."* Marc (18, Handball) äußert, dass er im Spiel lernt, Verantwortung zu übernehmen. *„Ja und vom Spielfluss her oder vom Spiel her, zum Beispiel im Angriff, wenn man jetzt aufs Tor wirft und den Ball nimmt, hochgeht und wirft, dann übernimmt*

man die Verantwortung für den Ball und dann muss man probieren, den Ball rein zu hauen und wenn man daneben wirft, muss man dann halt auch die Verantwortung übernehmen, dafür dass man geworfen hat und dann eben probieren, den Fehler nachher wieder gut zu machen. Das ist auch so Verantwortung." Die Möglichkeit von Vorbildern zu lernen thematisiert Jessica (15, Handball): „Vorbild ist ja jetzt die deutsche Nationalmannschaft, wie die das gemacht haben." Das Lernen durch die Übernehme einer Vorbildfunktion ist speziell von den Jugendlichen der DLRG genannt worden, wie folgende Aussagen zeigen. „Ja, wenn man mit 'nem DLRG-T-Shirt rumläuft, dass man sich dann auch dementsprechend verhält und keinen Unsinn macht" (Sarah, 16). „Ja, dass man zum Beispiel nicht andere ins Wasser schubst oder eh wenn man dann mit nem T-Shirt rumläuft und da eh so, sollte man auch für andere reinspringen" (Axel, 15). „Das ist ja auch nicht nur die Verantwortung im Wasser, sondern auch außerhalb des Wassers. Zum Beispiel, dass man jetzt als Trainer selbst nicht rum rennt, so wie die Kinder das halt auch nicht machen sollen" (Frederick, 16).

Hier werden allerdings die vertiefenden Einzelinterviews noch genaueren Aufschluss darüber geben, wie gelernt werden kann.

Tab. 1. *Ergebnisse zu den aus Sicht der Jugendlichen im Sportverein erworbenen Kompetenzen.*

	Personenbezogene Kompetenzen				Sachbezogene Kompetenzen		
Personale Kompetenzen	Soziale Kompetenzen			Kognitive Kompetenzen	Organisatorische Kompetenz	Technische Kompetenz	Sportliche Kompetenz
	Behavioraler Bereich	Motivational-emotionaler Bereich	Perzeptiv-kognitiver Bereich				
Selbstbewusstsein	Disziplin	Fair Play	Zuverlässigkeit	Beobachtungskompetenz	Durchführungskompetenz einer Trainingseinheit		Bewegungen lernen
Selbstbeherrschung	Durchhaltevermögen	Offenheit	Akzeptanz Anderer	Bewegungswissen	Organisationskompetenz		
Selbstständigkeit	Durchsetzungsvermögen	Regeln einhalten	Einander helfen	Erste Hilfe			Neues kennen lernen
Selbstvertrauen	Kommunikationsfähigkeit		Einordnung in Hierarchien	Logisches Denken			Reaktionsfähigkeit
Selbstwertgefühl	Kompromissbereitschaft		Empathie	Weiterbildung			Sportart lernen
Ehrgeiz	Kooperation		Respekt vor Anderen				Sportlich entwickeln
Siegeswille	Miteinander spielen		Rücksicht nehmen				Taktik
Kampfgeist	Probleme lösen / Streit schlichten		Umgang mit Anderen				
Eigene Fähigkeiten einsetzen	Teamfähigkeit		Unterstützung für Andere				
Konzentration	Vertrauen		Verantwortung				

Generell ist zu sagen, dass der Sportverein sich als ein Ort des informellen Lernens gezeigt hat und hier auch bedeutsame (Lern-)Erfahrungen gesammelt werden können. Zudem hat sich herausgestellt, dass vor allem personenbezogenen Kompetenzen, und hier vor allem soziale Kompetenzen, von den jugendlichen Interviewpartnern am häufigsten genannt werden und somit eine hohe Bedeutung für die Jugendlichen haben. Das Potenzial diese Kompetenzen im Sportverein erwerben zu können, scheint vorhanden und für Jugendliche gut zu nutzen. Hierbei ist natürlich zu beachten, dass es sich um Selbstauskünfte der Jugendlichen handelt. Die Jugendlichen sind nur im Stande Dinge zu verbalisieren, die sie sich bewusst machen. Die Erwerbssituationen, die genannt wurden, sind überwiegend sportnah, genannt werden häufig Situationen im Training und im Wettkampf, aber auch hier sollen die vertiefenden Interviews noch einen genaueren Einblick geben.

Literatur

Braun, S., Hansen, S. & Kukuk, M. (2008). *Kompetenzerwerb zum und durch Bürgerengagement von Jugendlichen im Sport – Wissenschaftliche Evaluation der Gruppenhelferinnen- und Gruppenhelfer III-Ausbildung* (Forschungsbericht). Paderborn: Universität Paderborn.
Breuer, M. & Neuber, N. (2008). Lernen im Hier und Jetzt – Informelle Bildung im Sportverein. In S. Nagel, T. Schlesinger, Y. Weigelt-Schlesinger & R. Roschmann (Hrsg.), *Sozialisation und Sport im Lebensverlauf* (Deutsche Vereinigung für Sportwissenschaft, 180, S. 87-89). Hamburg: Czwalina.
Bundesministerium für Bildung und Forschung (BMBF) (Hrsg.). (2004). *Konzeptionelle Grundlagen für einen Nationalen Bildungsbericht – Non-formale und informelle Bildung im Kindes- und Jugendalter*. Berlin: BMBF.
Bundesministerium für Familie, Senioren, Frauen und Jugend (BMFSFJ). (Hrsg.) (2005). *Zwölfter Kinder- und Jugendbericht*. Berlin: BMFSFJ.
Dohmen, G. (2001). *Das informelle Lernen – Die internationale Erschließung einer bisher vernachlässigten Grundform menschlichen Lernens für das lebenslange Lernen aller*. Bonn: BMBF.
Düx, W. (2006). „Aber so richtig für das Leben lernt man eher bei der freiwilligen Arbeit". Zum Kompetenzgewinn Jugendlicher im freiwilligen Engagement. In T. Rauschenbach, W. Düx & E. Sass (Hrsg.), *Informelles Lernen im Jugendalter – Vernachlässigte Dimensionen der Bildungsdebatte* (S. 205-240). Weinheim, München: Juventa.
Grunert, C. (2006). Bildung und Lernen – ein Thema der Kindheits- und Jugendforschung. In T. Rauschenbach, W. Düx & E. Sass (Hrsg.), *Informelles Lernen im Jugendalter – Vernachlässigte Dimensionen der Bildungsdebatte* (S. 15-34). Weinheim, München: Juventa.
Kanning, U. (2003). *Diagnostik sozialer Kompetenzen*. Göttingen: Hogrefe.
Leipziger Thesen zur aktuellen Bildungsdebatte (2002). Zugriff am 10. Oktober 2008 unter http://www.bmfsfj.de/bmfsfj/generator/RedaktionBMFSFJ/Abteilung5/Anlagen__binaer/PRM-22373-Leipziger-Thesen-zur-aktuellen,property=blob,bereich=bmfsfj,sprache=de,rwb=true.doc
Mayring, P. (2001). *Einführung in die qualitative Sozialforschung*. Weinheim: Beltz.
Overwien, B. (2006). Informelles Lernen – Zum Stand der internationalen Diskussion. In T. Rauschenbach, W. Düx & E. Sass (Hrsg.), *Informelles Lernen im Jugendalter – Vernachlässigte Dimensionen der Bildungsdebatte* (S. 35-62). Weinheim, München: Juventa.
Rauschenbach, T., Düx, W. & Sass, E. (Hrsg.). (2006). *Informelles Lernen im Jugendalter – Vernachlässigte Dimensionen der Bildungsdebatte*. Weinheim, München: Juventa.

AK Standards und Lehrpläne

HEINZ ASCHEBROCK & GÜNTER STIBBE

Standardorientierte Lehrpläne –
Beispiele, Probleme, Perspektiven

Das schlechte Abschneiden von Schülerinnen und Schülern bei den internationalen Leistungsvergleichsstudien hat dazu geführt, die seit Jahrzehnten stagnierende Bildungsdiskussion in Deutschland nachhaltig zu entfachen. Von den zahlreichen Maßnahmen, die von der Kultusministerkonferenz und den für die Schule zuständigen Länderministerium in einem kaum für möglich gehaltenen Tempo durchgeführt wurden, haben vor allem die Bemühungen um die Etablierung einheitlicher Bildungsstandards besondere Aufmerksamkeit erfahren. Wenngleich das Fach Sport in den internationalen Schulleistungstests keine Rolle spielt, hat doch die dadurch ausgelöste bildungspolitische Diskussion Konsequenzen für den Schulsport. So werden seit etwa 2003 Standards als Bestandteile einer neuen Lehrplangeneration für den Sportunterricht formuliert. Noch bevor überhaupt eine fachdidaktische Diskussion über Chancen und Probleme einheitlicher Standards in Gang gekommen ist, wurden in verschiedenen Sportcurricula bereits verbindliche Anforderungen, mitunter sogar unterschiedliche Anforderungsniveaus und Möglichkeiten ihrer Evaluation festgelegt. Daher ist es eine wichtige Aufgabe der Sportdidaktik, durch pädagogisch begründete Vorschläge zu versuchen, Einfluss auf „Fehlentwicklungen" zu nehmen und konstruktive Empfehlungen zum Umgang mit Standards im Unterrichts- und Schulalltag zu geben.
Vor diesem Hintergrund erfolgen die Ausführungen in drei Argumentationsschritten: In einem ersten Schritt gilt es, aktuelle Beispiele zur Entwicklung standardorientierter Lehrpläne aufzuzeigen (1). In einem zweiten Zugang geht es um allgemeine Probleme von standardorientierten Lehrplänen (2). Danach sollen zumindest einige Perspektiven für die zukünftige Entwicklung angedeutet werden (3).

1 Standardorientierte Kerncurricula – Ausgewählte Beispiele

Spätestens seit 2003 werden Lehrpläne überwiegend nur noch als „Kernlehrpläne" entwickelt, die sich auf die Erarbeitung von Standards, kompetenzorientierten Leistungsanforderungen, Anregungen und Aufgabenbeispielen zur Überprüfung und Lernkontrolle konzentrieren. Kernlehrpläne für das Fach Sport enthalten „Standards", die angeben, über welche fachspezifischen Kompetenzen Schülerinnen und Schüler bis zu einem bestimmten Zeitpunkt ihrer Schulkarriere verfügen sollen. Dabei fällt auf, dass mit Ausnahme von Baden-Württemberg der Begriff „Bildungs-

standards" vermieden wird. So ist z. B. von „Standards", „Anforderungsniveaus", „Endniveaus", „Anforderungsprofilen" und „Kompetenzerwartungen" die Rede. Derartige Standards werden vorwiegend als verbindliche „Regelanforderungen" ausgewiesen; lediglich in Baden-Württemberg werden in den sog. „Niveaukonkretisierungen" auch für den Sportunterricht Anforderungen auf verschiedenen Leistungsebenen festgelegt.
Überblickt man die in neueren Lehrplänen beschriebenen Standards näher, so sind gegenwärtig zwei Arten von Kerncurricula zu unterscheiden (vgl. zur folgenden Diskussion Aschebrock & Stibbe, 2008, S. 7-11):

1. *Lehrpläne mit bewegungsfeldbezogenen Standards:* In diesen Lehrplänen werden verbindliche Qualifikationserwartungen für Schülerinnen und Schüler in den jeweiligen „Bewegungsfeldern" und „Inhaltsbereichen" des Faches ausgewiesen (vgl. z. B. MKJS BW, 2004a/b; MBJSB Brandenburg u. a., 2004). Die Standards enthalten sportbezogene Fertigkeiten, Fähigkeiten und Kenntnisse (nunmehr als „Kompetenzen" bezeichnet), die Kinder und Jugendliche meist am Ende einer Doppeljahrgangsstufe in den verschiedenen Bewegungsfeldern und Sportbereichen erworben haben sollen.
2. *Lehrpläne als Kombination aus bewegungsfeldbezogenen und allgemeinübergreifenden Standards:* Neben den dargestellten bewegungsfeldbezogenen Kompetenzen werden in diesem Lehrplantyp zusätzlich noch allgemeinübergreifende Standards beschrieben (vgl. z. B. SBJS Berlin, 2006; Niedersächsisches KM, 2007). Solche allgemein-übergreifenden Standards zielen besonders auf Kompetenzen, die Kinder und Jugendliche befähigen, mit der Vielfalt, Unterschiedlichkeit und Veränderbarkeit von Bewegungs- und Sportaktivitäten selbstbestimmt umzugehen und das Bewegungshandeln eigenverantwortlich zu gestalten. Abgesehen vom niedersächsischen Kerncurriculum für die Sekundarstufe I (2007) werden solche allgemein-übergreifenden Kompetenzerwartungen als abschlussbezogene Standards am Ende der Grundschule (vgl. KM SA, 2007), der Sekundarstufe I (vgl. SBJS Berlin, 2006) oder der gymnasialen Oberstufe (vgl. SBJS Berlin u. a., 2006) unabhängig von den verbindlichen Anforderungen in den jeweiligen „Bewegungsfeldern" bzw. „Inhaltsbereichen" dargestellt.

2 Probleme der standardorientierten Lehrplanentwicklung

Die bisherigen Bemühungen um die Entwicklung „standardorientierter Lehrpläne" im Fach Sport lassen jedoch noch einiges zu wünschen übrig. Im Wesentlichen können hier vier Problembereiche ausgemacht werden (vgl. dazu Aschebrock & Stibbe, 2008, S. 7-11):

1. Das Legitimationsproblem
Die Formulierung von Standards wirft Fragen der Legitimation auf. Es ist z. B. wenig einsichtig, warum Schülerinnen und Schüler der 8. Jahrgangsstufe in den baden-

württembergischen Bildungsstandards für die Realschule unter gesundheitlichen Gesichtspunkten unbedingt 15 Minuten laufen können müssen (vgl. MKJS BW, 2004a, S. 141), während es für gleichaltrige Gymnasiasten offenbar reicht, nicht näher definierte „längere Läufe [zu] absolvieren" (MKJS BW, 2004b, S. 304). Hinzu kommt, dass Jugendliche in Hamburg am Ende der 8. Jahrgangsstufe mindestens 20 (vgl. BBS Hamburg, 2003a/b, S. 18), in Niedersachsen mindestens 30 Minuten ausdauernd laufen sollen (vgl. Niedersächsisches KM, 2007, S. 25). Allgemein gefragt: Wer setzt welche Standards für wen und woher kommen die Normen? Die Tatsache, dass Standards gesellschaftliche Übereinkünfte darstellen, die in einem demokratischen Entwicklungsprozess festgelegt werden, entbindet nicht von der Begründungs- und Revisionspflicht.

2. Das Reduktionsproblem
In der fachdidaktischen Diskussion wurde schon früh auf die Problematik hingewiesen, dass Bildungsstandards kaum valide Kriterien und Indikatoren für den Bildungserfolg liefern. Die Erinnerung an das Scheitern curriculumtheoretischer Konzepte der 1970er Jahre sollte die Skepsis nähren, Kompetenzen und Qualifikationen Heranwachsender zur Bewältigung künftiger Lebenssituationen voraussagen, daraus einschlägige Inhalte ableiten und den Lernerfolg operationalisieren zu können. So liegt eine Gefahr darin, sich bei der Formulierung von Standards vom Bildungsbegriff klassischer Provenienz zu verabschieden und Sportabzeichenprüfungen, Fitnessstandards und motorische Fertigkeitstests als Kriterien für das Bildungsniveau heranzuziehen. Dass diese Gefahr durchaus berechtigt ist, zeigen die oben dargestellten bewegungsfeldbezogenen Standards, die „einen Bezug zum Bildungsauftrag des Faches" nicht oder kaum erkennen lassen (Kurz, 2007, S. 9).

3. Das Differenzierungsproblem
Bei der Beschreibung von Standards ist ein Differenzierungsproblem erkennbar, wenn es darum geht, Kompetenzen und Leistungsanforderungen für verschiedene Jahrgangsstufen festzulegen. So unterscheiden sich z. B. die Standards im Lehrplan Sport für die Grundschule in Berlin, Brandenburg und Mecklenburg-Vorpommern in den Bereichen „Laufen, Springen, Werfen – Leichtathletik", „Bewegen an Geräten – Turnen" und „Bewegen im Wasser – Schwimmen" am Ende der Klasse 4 nicht von denen der Jahrgangsstufe 6. Ein kontinuierlicher Lernzuwachs ist nicht ersichtlich (vgl. MBJSB Brandenburg u. a., 2004, S. 20-22).

4. Das Konstruktionsproblem
Neuere Lehrpläne arbeiten mit recht diffusen Kompetenzbegriffen. Dabei darf jedoch nicht übersehen werden, dass sich Lehrplankonstrukteure im Fach Sport bislang nicht auf ein fachspezifisches Kompetenzmodell stützen konnten. Vorliegende Versuche sind entweder äußerst problematisch oder erst in einem abstrakten Entwurfsstadium. Die Entwicklung eines überzeugenden fachspezifischen Kompetenzmodells wird viel Zeit beanspruchen, mehr Zeit als derzeit für die Erarbeitung von standardorientierten Lehrplänen zur Verfügung steht.

Als Fazit bleibt festzuhalten: Zwar hat inzwischen auch unser Fach „Bildungsstandards", doch zur Qualitätssteigerung des Sportunterrichts werden diese Standards kaum beitragen. Die neuen „standardorientierten Lehrpläne" sind das, was sie immer waren: „typische Instrumente einer input-Steuerung, die auf der Hoffnung beruhen, dass Lehrer sie lesen und umsetzen" (Kurz, 2007). Der einzige Unterschied zu herkömmlichen Lehrplänen besteht darin, dass sie nunmehr als „Ergebnispläne" erscheinen (vgl. ebd.).

3 Perspektiven

Glaubt man den so hektisch wie noch nie agierenden Kultusministerien, so sind die festzulegenden (Bildungs-)Standards unabdingbare Voraussetzung für vergleichende nationale und internationale Leistungsmessungen. Deren Ergebnisse sind jedoch kein Selbstzweck, sondern sollen – so ebenfalls der Wunsch der Kultusbehörden – der Qualitätsverbesserung insbesondere des Unterrichts und damit auch der Schule dienen (vgl. z. B. für NRW: MSJK, 2005). Dieser Wunsch bleibt jedoch häufig ein folgenloser; denn der Übergang vom Daten-Feedback zur Schulentwicklung jeder einzelnen Schule bleibt das Nadelöhr, in dem viele theoretisch gut begründete Veränderungswünsche an die konkrete Unterrichtspraxis nach wie vor häufig verloren gehen und damit nicht umgesetzt werden (Tillmann, 2007).

Vor diesem Hintergrund wird in Nordrhein-Westfalen versucht, eine standardorientierte Unterrichtsentwicklung zum Zweck der schulinternen sportfachlichen Qualitätsentwicklung und Evaluation voranzutreiben (LfS/QA, 2006). Dabei wird deutlich vorsichtiger von *Qualitätsstandards* und nicht von Bildungsstandards gesprochen und es wird versucht, einen Prozess anzustoßen, der die Qualitätsentwicklung des Unterrichts für die Lehrkräfte in drei Schritten greifbarer, handhabbarer und nachvollziehbarer macht. In einem ersten Schritt werden auf der Grundlage der Vorgaben in den „Rahmenvorgaben für den Schulsport" in NRW (MSWF NRW, 2001) zu jeder Pädagogischen Perspektive vier bis sechs *Qualitätskriterien* formuliert. Die Qualitätskriterien sind als Fragen an den Unterricht ausgedrückt, die grundsätzlich durch eine Unterrichtsbeobachtung beantwortet werden können. Auf einer zweiten Stufe werden diese Qualitätskriterien für Schulstufen als *Qualitätsstandards* konkretisiert. Dabei werden die Kriterien als Ausgangspunkte genommen.

Die Qualitätsstandards definieren im Sinn von *Regelstandards* ein Niveau, das unter durchschnittlichen Bedingungen von der Mehrheit der Lerngruppe erreicht werden muss. In einem dritten, nochmals konkreteren Schritt werden den Standards *Aufgabenbeispiele* zugeordnet. Die Aufgabenbeispiele sind sprachlich als Aufforderungen gefasst und beziehen sich exemplarisch jeweils auf einen ausgewählten Inhaltsbereich. Auf dieser Stufe werden die Formulierungen insofern operational, als sich daran erkennen lässt, wie die Schülerinnen und Schüler die genannten Aufgaben lösen, und damit inwieweit sie die Standards erreichen. Bei dieser Einschätzung sollen den Aufgabenbeispielen beigefügten *Indikatoren* eine Hilfe sein.

Um das hier beschriebene Vorgehen zu konkretisieren, wird am Beispiel der – was die Überprüfbarkeit von Kompetenzentwicklungen angeht – eher sperrigen Perspektive „Etwas wagen und verantworten" dieses schrittweise „Kleinarbeiten" einer Qualitätsentwicklung bis auf die Ebene der Unterrichtsgestaltung noch einmal verdeutlicht (vgl. Tab. 1).

Tab. 1. *Qualitätsentwicklung des Unterrichts durch eine kompetenzorientierte Unterrichtsplanung (LfS/QA, 2006, S. 12f.).*

Pädagogische Perspektive: Etwas wagen und verantworten

Qualitätskriterien (für alle Schulformen und Schulstufen):

Bietet der Sportunterricht den Schülerinnen und Schülern ...
1. Gelegenheiten, die Schwierigkeiten und Gefahrenmomente von Bewegungsaufgaben im Verhältnis zu ihren eigenen Fähigkeiten realistisch einzuschätzen?
2. Situationen, in denen sie ihre Grenzen erfahren und Neues wagen?
3. ein soziales Klima, das ermutigt, sich und anderen ggf. Angst einzugestehen, und Hilfen, angemessen mit Angst umzugehen?
4. Anleitung, Risiken zu erkennen, zu reflektieren und einzuschätzen sowie in gefährlichen Situationen verantwortungsvoll zu handeln?
5. Chancen, gegenseitiges Vertrauen in gemeinsamen Wagnis-Situationen nicht nur zwischen Lehrkräften und Lernenden, sondern auch innerhalb der Lerngruppen zu entwickeln (z.B. zu kooperieren, zu helfen, zu sichern)?

Qualitätsstandards (Regelstandards für die Sekundarstufe I):
Die Schülerinnen und Schüler ...
- stellen sich herausfordernden Bewegungsaufgaben und setzen sich mit ihnen auseinander. Dabei schätzen sie die Schwierigkeiten von Bewegungsaufgaben und die eigene Fähigkeit, sie zu bewältigen, realistisch ein, entwickeln sie weiter und verantworten die Folgen ihres Handelns für sich und andere.
- erkennen Risiken und Gefahrenmomente bei Bewegungsaufgaben und verfügen über elementare Fähigkeiten, Kenntnisse und Fertigkeiten für das Helfen und Sichern und können diese in Wagnis – Situationen adäquat, verlässlich und verantwortungsbewusst anwenden.
- wirken daran mit, dass in Situationen des Wagens ein vertrauensvolles Klima besteht, das ermutigt, Angst ggf. einzugestehen und gemeinsam zu überwinden.

Aufgabenbeispiel: Erarbeitet in Gruppen nach Anleitung mehrere der auf Arbeitsblättern vorgegebenen akrobatischen Figuren. Welche Risiken gibt es, welche Sicherheitsvorkehrungen müsst ihr treffen, welche Hilfestellung muss gegeben werden?

Indikatoren:
Die Schülerinnen und Schüler ...
- zeigen, dass sie die Basistechniken für den Bau von akrobatischen Figuren beherrschen.
- verfügen über Kenntnisse des richtigen Hebens und Haltens sowie der Gelenkbelastungen.
- kennen den Bewegungsablauf einer Figur und die damit verbundenen potenziellen Gefahrenmomente.
- sichern den Sturzbereich mit Turnmatten richtig ab.
- stellen die Hilfe-/bzw. Sicherheitsstellung richtig auf.
- wissen um die Bedeutung des richtigen Helfens für die Übenden und deren Lernprozess.

Literatur

Aschebrock, H. & Stibbe, G. (2008). Standards, Kerncurricula und schuleigene Lehrpläne. Steuerungsinstrumente für die Schulsportentwicklung. *sportpädagogik, 32* (3), 4-13.
BBS Hamburg [Behörde für Bildung und Sport Hamburg] (Hrsg.) (2003a). *Rahmenplan Sport. Bildungsplan Hauptschule und Realschule Sekundarstufe I.* Hamburg.
BBS Hamburg [Behörde für Bildung und Sport Hamburg] (Hrsg.) (2003b). *Rahmenplan Sport. Bildungsplan Neunstufiges Gymnasium Sekundarstufe I.* Hamburg.
KM SA [Kultusministerium Sachsen-Anhalt] (Hrsg.) (2007). *Fachlehrplan Grundschule Sport.* Zugriff am 20. Februar 2008 unter www.rahmenrichtlinien.bildung-lsa.de/pdf/lpgssport.pdf
Kurz, D. (2007). *Output-Standards für den Schulsport – Funktionen, Gefahren, Chancen.* Vortrag bei der Jahrestagung der Kommission „Sportpädagogik" der DGfE, Berlin 22.-24. November 2007. Unveröff. Vortragsmanuskript.
LfS/QA [Landesinstitut für Schule/Qualitätsagentur] (2006). *Vorschläge zur Entwicklung von Qualitätsstandards für den Sportunterricht in Nordrhein-Westfalen.* Qualitätsoffensive im Schulsport – Werkstattberichte, Heft 3. Soest: Landesinstitut für Schule/Qualitätsagentur.
MBJSB Brandenburg u. a. [Ministerium für Bildung, Jugend und Sport des Landes Brandenburg u. a.] (Hrsg.) (2004). *Rahmenlehrplan Grundschule Sport.* Berlin: Wissenschaft und Technik.
MKJS BW [Ministerium für Kultus, Jugend und Sport Baden-Württemberg] (Hrsg.) (2004a). *Bildungsplan für die Realschule.* 21. Januar 2004 (Lehrplanheft 3/2004). Villingen-Schwenningen: Neckar.
MKJS BW [Ministerium für Kultus und Sport Baden-Württemberg] (Hrsg.) (2004b). *Bildungsplan für das Gymnasium der Normalform.* 21. Januar 2004 (Lehrplanheft 4/2004). Villingen-Schwenningen: Neckar.
MSJK [Ministerium für Schule, Jugend und Kinder des Landes NRW] (Hrsg.) (2005). *Standards setzen, Ergebnisse überprüfen, Qualität sichern. Informationen zur Qualitätsentwicklung im allgemein bildenden Schulwesen in NRW.* Düsseldorf: MSJK NRW.
MSWF NRW [Ministerium für Schule, Wissenschaft und Forschung des Landes Nordrhein-Westfalen] (Hrsg.) (2001). *Richtlinien und Lehrpläne für die Hauptschule in Nordrhein-Westfalen. Sport.* Frechen: Ritterbach.
Niedersächsisches KM [Niedersächsisches Kultusministerium] (Hrsg.) (2006). *Kerncurriculum für die Grundschule, Schuljahrgänge 1-4, Sport.* Hannover: Unidruck.
Niedersächsisches KM [Niedersächsisches Kultusministerium] (Hrsg.) (2007). *Kerncurriculum für die Schulformen des Sekundarbereichs I, Schuljahrgänge 5-10, Sport.* Hannover: Unidruck.
SBJS Berlin [Senatsverwaltung für Bildung, Jugend und Sport Berlin] (Hrsg.) (2006). *Rahmenlehrplan für die Sekundarstufe I, Jahrgangsstufe 7-10. Sport.* Berlin: Oktoberdruck.
SBJS Berlin u. a. [Senatsverwaltung für Bildung, Jugend und Sport Berlin u. a.] (Hrsg.) (2006). *Rahmenlehrplan für die gymnasiale Oberstufe. Sport.* Berlin: Oktoberdruck.
Tillmann, K.-J. (2007). Qualitätssicherung durch Leistungsvergleiche und Bildungsstandards? Oder: Kritische Anmerkungen zum bildungspolitischen Zeitgeist. In N. Fessler & G. Stibbe (Hrsg.), *Standardisierung, Profilierung, Professionalisierung – Herausforderungen für den Schulsport* (S. 21-40). Baltmannsweiler: Schneider.

CHRISTOPHER HEIM & ULRICH FRICK

Fußballvermittlung im Geiste der neuen Lehrpläne für das Fach Sport

Tendenzen der Lehrplanentwicklung

Bei der in den letzten Jahren stattgefundenen Überarbeitung der Lehr- und Rahmenpläne für das Fach Sport zeigt sich in allen Bundesländern ein Trend weg von den auf dem Prinzip der Handlungsfähigkeit im Sport ausgerichteten Fachcurricula hin zu der Position eines erziehenden Sportunterrichts, der in der Formulierung eines *Doppelauftrags* mündet: Qualifizierung für den außerschulischen Sport (Erziehung *zum* Sport) und Entwicklungsförderung und Vermittlung sozialer Werte durch den Sportunterricht (Erziehung *durch* bzw. *im* Sport) (vgl. Krick & Prohl, 2005; Prohl & Krick, 2006).

Mit dieser Entwicklung geht eine Neuordnung der im Sportunterricht zu behandelnden Inhalte einher: die früher dominierende Ausrichtung an normierten Sportarten wird durch eine Einteilung in *Bewegungsfelder* ersetzt, die sich an grundlegenden Gemeinsamkeiten hinsichtlich der Handlungsideen (z. B. Spielen, Kämpfen), der Bewegungsräume (z. B. im Wasser), der Interaktionsformen, Bewegungsabläufe und Bewegungsanforderungen sowie der spezifischen Körper- oder Bewegungserlebnisse orientiert (vgl. beispielhaft Hessisches Kultusministerium, 2005, S. 10). Die zunehmende pädagogische Profilierung des Sportunterrichts manifestiert sich zudem in Form von in den Lehrplänen enthaltenen *Pädagogischen Perspektiven*, die helfen sollen, die pädagogischen Potenziale des Sportunterrichts zu strukturieren und beide Seiten des Doppelauftrags aufzuschlüsseln.

Konsequenzen für die Sportspiele

Die Veränderung der Unterrichtsinhalte und ihrer Gewichtung geht vor allem zu lasten der Sportspiele: wurden in den alten Lehrplänen die zur Verfügung stehenden Sportstunden im Wesentlichen den acht Grundsportarten Leichtathletik, Schwimmen, Turnen, Tanzen, Fußball, Handball, Basketball und Volleyball zugeordnet, sind sie nun gleichgewichtig auf (je nach Bundesland zwischen sechs und neun) Bewegungsfelder zu verteilen. Im Unterschied zu den Einzelsportarten, die größtenteils eins zu eins in Bewegungsfelder überführt wurden (Leichtathletik in „Laufen, Springen, Werfen", Schwimmen in „Bewegen im Wasser", Turnen in „Bewegen an und mit Geräten" und Tanzen in „Bewegungen gymnastisch, tänzerisch und rhythmisch gestalten"), sind die vier Mannschaftssportarten gemeinsam mit anderen Spielsportarten wie z. B. Tischtennis oder Rugby in nur einem Bewegungsfeld *„Spielen"* mit entsprechend verminderter Stundenzahl zusammen gefasst. So ist der Stundenanteil der großen Sportspiele in der Mittelstufe in Hessen von 32,3% im alten Lehrplan (186 von 576 vorgesehen Sportstunden bei verpflichtender Behandlung aller vier Sportspiele) auf nur noch 14,8% im neuen Lehrplan (83 von 560 Stunden) gesunken. Auch sind die Sportspiele in so gut wie allen Lehrplänen nicht mehr als *jeweils* verpflichtende Bestandteile des Sportunterrichts aufgeführt; vielmehr sind – je nach Bundesland – innerhalb des Bewegungsfeldes „Spielen" entweder nur zwei der vier Spiele oder Volleyball (als „Mehrkontaktrückschlagspiel") plus zwei weitere „Zielschussspiele" (hierunter fallen Basketball, Handball, Fußball, Hockey sowie die Endzonenspiele Frisbee, Rugby und Flag-Football) zu behandeln – die Auswahl bleibt dabei der Lehrkraft überlassen. Dies hat zur Folge, dass die überwiegende Mehrheit der Schülerinnen und Schüler in Deutschland im Laufe ihrer Schullaufbahn nicht mehr mit allen vier großen Sportspielen in Berührung kommen (vgl. die exemplarische Darstellung am Beispiel der Gymnasiallehrpläne in Tab. 1).

Tab. 1. *Übersicht über die in der Sekundarstufe I des Gymnasiums verpflichtend zu behandelnden Sportspiele im Bewegungsfeld „Spielen" (nach Heim, Frick & Kliehm, 2006, S. 69).*

Bundesland	Jahrgangsstufe 5/6	Jahrgangsstufe 7/8	Jahrgangsstufe 9/10
Baden Württemb.	mind. zwei Sportspiele	keine Angaben	keine Angaben
Bayern	Schwerpunkt Kleine Spiele	Grundtechniken in „zwei Sportspielen"	keine Angaben
Berlin	keine Angaben (Lehrplan Primarstufe)	Basketball, Fußball, Handball, Volleyball müssen behandelt werden (ohne Stundenangaben)	
Brandenburg	keine Angaben (Lehrplan Primarstufe)	jeweils 2 Mannschaftsspiele und 1 Rückschlagspiel	
Bremen	keine Vorgaben bezüglich der Auswahl an Spielen		
Hamburg	keine Vorgaben bezüglich der Auswahl an Spielen		
Hessen	Schwerpunkt Kleine Spiele, Grundlagen im 1. Zielschussspiel (12 Stunden)	Vertiefung 1. Zielschussspiele sowie Grundlagen und Vertiefung 2. Zielschussspiel (insgesamt 50 Stunden); Volleyball (21 Stunden) sowie ein Einkontaktrückschlagspiel (12 Stunden) verpflichtend.	
Meckl.-Vorp.	Aus den Sportspielen Basketball, Handball, Fußball und Volleyball werden zwei ausgewählt.		
Niedersachsen	Lehrplan wird derzeit überarbeitet		
NRW	Schwerpunkt Kleine Spiele	Schüler sollen Kompetenzen in zwei Mannschaftsspielen und einem Partnerspiel erlangen.	
Rheinland-Pfalz	Bis zum Ende der Klasse 8 sollen Grundlagen in drei der vier großen Sportspiele erlernt sein.		In Klasse 9 Vertiefung einer der drei vorhergehenden Sportarten, in Klasse 10 Durchführung des vierten Sportspiels.
Saarland	Klasse 5: Spielen mit Bällen Klasse 6: Spielen mit der Hand	Klasse 7: Spielen mit dem Fuß Klasse 8: Volleyball	Vertiefung zweier großer Sportspiele
Sachsen	Bis Klasse 7 Grundlagen in zwei Sportspielen, davon mind. ein Mannschaftsspiel.	Bis zur Klasse 10 ist die Ausbildung in drei Mannschaftsspielen zu sichern.	
Sachsen-Anhalt	keine Vorgaben bezüglich der Auswahl an Spielen		
Schleswig-Holst.	keine Vorgaben bezüglich der Auswahl an Spielen		
Thüringen	Ein Sportspiel nach Wahl pro Klassenstufe (jeweils mind. 10 Stunden). Bis zum Ende der Klassenstufe 10 müssen mind. zwei Sportspiele behandelt worden sein.		

Die dargestellte Entwicklung macht eine grundlegende Neuausrichtung der Sportspiele in der Schule erforderlich. Es gilt, im Hinblick auf die Umsetzung des erzieherischen Doppelauftrags des Sportunterrichts neben dem unzweifelhaften Beitrag der Sportspiele zur Bewegungserziehung auch ihre Bildungspotenziale für die Hinführung zu unserer Sportkultur sowie die persönliche Entwicklungsförderung herauszustellen und – im Sinne einer didaktischen Umsetzung – Konsequenzen für ihre

Vermittlung im Unterricht zu ziehen. Dies soll hier exemplarisch am Beispiel des Sportspiels Fußball konkretisiert werden.

3 Konkretisierung am Beispiel des Sportspiels Fußball

3.1 Bildungspotenziale des Fußballspiels

3.1.1 Bildungspotenziale des Fußballspiels im Sinne der Erziehung zum Sport

Zur Heranführung an die Sportkultur im Sinne einer Erziehung zum lebenslangen Sporttreiben eignet sich das Fußballspiel aus mehreren Gründen bestens. Fußball hat aufgrund seiner allgegenwärtigen Medienpräsenz einen enorm hohen Bezug zur Lebenswelt der Schülerinnen und Schüler. Dementsprechend ist ihr Interesse am Fußballspiel stark ausgebildet (vgl. u. a. Gerlach, Kussin, Brandl-Bredenbeck & Brettschneider, 2006, S. 123f.). Zudem kann die Aufforderung zum außerunterrichtlichen Sporttreiben in kaum einem anderen Sport vergleichbar einfach umgesetzt werden: auf der formellen Ebene bietet der Fußballsport in der Bundesrepublik eine unvergleichbar hohe Vereinsdichte mit Angeboten für alle Altersklassen von Kindern und Jugendlichen. Zum Sporttreiben auf der informellen Ebene – beispielsweise in Pausen oder in der Freizeit – ist das Fußballspiel aufgrund seiner minimalen materiellen Anforderungen geradezu ideal geeignet: benötigt werden lediglich ein Ball, eine freie Fläche und Markierungen für das (die) Tor(e).
Auch zur Bewegungsbildung kann das Fußballspiel in vielfacher Weise beitragen. Bereits in seiner ursprünglichen Form – dem Treten gegen einen Ball – übt es auf Kinder einen hohen antriebsteuernden Reiz aus. Dieser Reiz findet seine Entsprechung in der einfachen Spielidee und dem vergleichsweise schlichten Regelwerk, so dass auch Anfänger am Fußballspiel unmittelbar partizipieren und das Spielerlebnis genießen können. Gleichwohl stellt Fußball mit zunehmendem Spielvermögen steigende Anforderungen an die Spieler, sowohl in konditioneller als auch koordinativer Hinsicht: Fußballspielern werden durch Sprints, Schüsse, Dribblings, Sprüngen zum Kopfball und körperbetonten Zweikämpfen vielfältige Leistungen abverlangt, die zu einer „außergewöhnlichen Dynamik des Fußballspiels" führen und das Spiel mitreißend und interessant gestalten (vgl. Gissel & Keller, 1998, S. 6). Zudem stellen bereits die grundlegenden Techniken des Fußballspiels, beispielsweise das Führen des Balles mit dem Fuß (die Integration des Balltransports in die Laufbewegung) oder das zielgenaue Abspielen mit einem Körperteil, das nicht per se für feinmotorische Bewegungen ausgelegt ist, hohe sportmotorische Anforderungen an die Spieler.
Auch an die räumliche Orientierungs- und Wahrnehmungsfähigkeit stellt das Fußballspielen hohe Anforderungen und trägt somit grundlegend zu der Entwicklung sinnvollen taktischen Handelns bei (Positionierung zu Mit- und Gegenspielern, zum Ball oder zu den Toren). Darüber hinaus wird die Reaktions- und Anpassungsfähigkeit durch die sich ständig ändernden Spielsituationen permanent gefordert und geschult. Auch die Gleichgewichtsfähigkeit wird beansprucht, wenn es z. B. darauf

ankommt, „sich trotz Bedrängung durch einen Gegenspieler nicht aus der Bahn werfen zu lassen" oder sich in Zweikämpfen zu behaupten, ohne den Bewegungsfluss zu verlieren (vgl. und Zitat Asmus, Hönl & Piekarski, 1994, S. 18-21).

3.1.2 Bildungspotenziale des Fußballspiels im Sinne der Erziehung durch Sport

Die Grundidee aller Zielschussspiele – zwei Mannschaften versuchen unter Einhaltung des Regelwerks Tore zu erzielen und Tore zu verhindern – eignet sich im Sinne einer Erziehung durch Sport in idealer Weise, Kindern und Jugendlichen die Möglichkeiten und die Bedeutung gelungener Zusammenarbeit zu verdeutlichen: treffen zwei von ihren spieltechnischen Möglichkeiten in etwa gleich stark besetzte Mannschaften aufeinander, wird in der Regel diejenige gewinnen, die innerhalb ihrer Mannschaft besser unter Einbeziehung jedes einzelnen miteinander kooperiert und sich gegenseitig unterstützt. Mehr noch: im Gegensatz zu den Einzelsportarten ist es bei Mannschaftsspielen sogar möglich, durch gute Zusammenarbeit innerhalb einer Mannschaft einen eventuellen technischen Nachteil auszugleichen und auch gegen einen vermeintlich stärkeren Gegner zu gewinnen.

Die Realität der Mannschaftsspiele in der Schule ist allerdings oftmals weit von diesem Idealbild entfernt: das Spiel wird von wenigen „guten" Spielern dominiert, die das Spielgeschehen (und damit auch das Spielgerät, den Ball) an sich reißen. Schwächere – und dies sind in den Ballspielen aufgrund mangelnder Vorerfahrungen oftmals die Mädchen – werden selbst dann nicht angespielt, wenn sie „frei" oder sogar „besser" stehen, so dass diese im gemeinsamen Spiel nur sporadische und meist zufällige Ballkontakte haben. Aus dieser Situation heraus ergeben sich – da bei den „schwächeren" Spielern schnell das Gefühl aufkommt, umsonst auf dem Spielfeld zu stehen – oftmals Konfliktsituationen, die es ermöglichen, im Sinne einer Sozialerziehung neben dem motorischen Handeln auch verstärkt kommunikative Handlungsprozesse zur Realisierung eines gemeinsamen Spiels im Unterricht zu thematisieren (Regeleinhaltung, faire Teambildung, Beteiligung aller Spieler, verantwortungsvolles Handeln, Umgang mit Sieg und Niederlage, Konfliktbewältigung etc.).

Beim Fußballspiel treten die beschriebenen Konflikte tendenziell schneller, deutlicher und auch stärker hervor als bei anderen Spielsportarten: zum einen führt die in der medialen Vermittlung der Sportart häufig vorhandene Betonung einer reinen Erfolgsorientierung nicht selten dazu, dass Fußballspiele in der Schule verbissener und mit höherem Einsatz geführt werden als andere Sportspiele und somit generell ein erhöhtes Konfliktpotenzial aufweisen. Auch meinen vor allem die Jungen, sich in keiner Sportart so sehr profilieren zu müssen wie beim Fußballspiel. Gleichzeitig bietet der Fußball – insbesondere wenn wie in der Schule häufig in der Halle gespielt wird – gute Möglichkeiten, die Schülerinnen und Schüler von der Notwendigkeit eines Zusammenspiels zu überzeugen: auf dem engen Raum einer Turnhalle ist es auch für den besten Spieler nur schwer möglich, sich alleine gegen eine vielbeinige Abwehr durchzusetzen und den Ball kontrolliert ins gegnerische Tor zu befördern, so dass die Notwendigkeit, auch die anderen Spielerinnen und Spieler der Mannschaft in die Angriffsbemühungen einzubeziehen, deutlich zu Tage tritt.

3.2 Didaktisch-methodische Umsetzung

Aus den dargestellten Überlegungen ergibt sich, dass das Fußballspiel im Rahmen einer Unterrichtsreihe mit seiner zentralen Spielidee „Tore erzielen und Tore verhindern" bereits zu Beginn im Mittelpunkt stehen muss. Grundsätzlich gilt: es sollte so früh und so viel wie möglich Fußball gespielt werden. Dabei kann die Verantwortung für das Gelingen des Spiels von Anfang an in die Hände der Schülerinnen und Schüler gelegt werden. Zwar sollte die Lehrkraft dafür sorgen – unter Umständen unter Vereinfachung des Spiels[1] – dass auch Spielunerfahrene von Beginn an mitspielen können, an der sozialen Interaktion innerhalb und zwischen den Mannschaften sollte sie sich hingegen so wenig wie möglich – und auch dann nur moderierend – einmischen. So könnte – in der praktischen Umsetzung – eine Unterrichtseinheit zum Thema Fußball mit einem klasseninternen Turnier *beginnen,* in dessen Anschluss Gelungenes und weniger Gelungenes thematisiert und gemeinsam mit den Schülerinnen und Schülern Kriterien für ein spannendes und reizvolles Spiel (z. B. „alle spielen mit" ↔ „alle dürfen mitspielen" im Sinne von „jeder gibt sein Bestes" und „jeder bekommt den Ball") und den Umgang innerhalb und zwischen Mannschaften (z. B. „wir helfen uns gegenseitig", „wir spielen nicht unfair") erarbeitet werden, die im Laufe der Unterrichtseinheit bei gegebenem Anlass immer wieder aufgegriffen werden können.

Auch die Festlegung der Übungsinhalte im motorischen (sportartspezifischen) Bereich sollte in Absprache mit den Schülerinnen und Schülern getroffen werden: ähnlich der eben beschriebenen Vorgehensweise zur Festlegung der sozialen Lernziele lassen sich auch hier Problembereiche sammeln (als Fragestellung bietet sich hier beispielsweise an „Was müssen wir verbessern, damit unser Spiel besser gelingt?"), die im Laufe der Einheit in kurzen Übungsphasen behandelt werden können. Diese Vorgehensweise bringt den Vorteil mit sich, dass die Schülerinnen und Schüler die Schwierigkeiten, die beispielsweise durch unzureichende Fertigkeiten im Umgang mit dem Ball entstehen, im Spiel am eigenen Leib erfahren haben (und sich durch die Thematisierung auch geistig damit beschäftigt haben) und somit nicht mehr von der Notwendigkeit des Übens überzeugt werden müssen. Durch geschickte Wahl der Organisationsform (Stationenlernen, Einsatz des Coaching-Systems) lassen sich dann auch beim Üben motorischer Fertigkeiten soziale Lernprozesse initiieren.

Fazit

Noch sind die Auswirkungen, die die neue Lehrplangeneration auf den Schulsport und darüber hinaus auf den Sport allgemein in Deutschland haben werden, nicht

---

[1] Hier bieten sich insbesondere die Reduzierung der Mannschaftsgrößen an, wodurch die Anzahl der Ballkontakte für jedes Kind erhöht, die Anzahl der Mit- und Gegenspieler überschaubar gemacht und das Spielgeschehen weniger komplex gestaltet wird. Auch der Einsatz eines sprungreduzierten (Futsal-) Balls, der die Ballkontrolle erleichtert (Heim, Frick & Prohl, 2007) und es insbesondere Anfängern ermöglicht, ihre Aufmerksamkeit mehr der Spielwahrnehmung zuzuwenden (vgl. hierzu auch Schmidt, 2005, S. 24), ist zu empfehlen.

ausreichend zu überschauen. Klar ist allerdings, dass die veränderten Anforderungen des Sportunterrichts ein Umdenken bezüglich der Vermittlungsmethoden mit sich bringen. Dies könnte eine Chance für die Fachverbände sein, sich durch die Bereitstellung von Lehrmaterialien, die im Sinne der hier vorgestellten Überlegungen die Anforderungen der neuen Lehrpläne aufgreifen und schülerorientiert umsetzen, attraktiv zu positionieren. Dabei dürfen solche Materialen nicht allein auf die Vermittlung motorischer bzw. kognitiver Lernziele zentriert sein, sondern müssen darüber hinaus auch die simultane Vermittlung sozialer Lernziele einbeziehen. Kurz: sie müssen zeigen, wie Sportspielvermittlung angelegt und gestaltet werden kann, um neben der Vermittlung von sportartspezifischen Fertigkeiten auch andere pädagogische Sinnperspektiven anzusteuern. Ziel sollte sein, den Lehrerinnen und Lehrern Materialien zur Verfügung zu stellen, die sie dazu animieren, den in vielen Lehrplänen vorgesehenen und teilweise mit einer großzügigen Stundenanzahl versehenen so genannten *freien Bereich* (vgl. oben) mit Inhalten aus den großen Sportspielen zu füllen. Auf diese Weise könnte gewährleistet bleiben, dass die Sportspiele, die die Lebenswelt und die Interessen der Schülerinnen und Schüler außerhalb der Schule in besonderer Weise bestimmen, auch weiterhin einen angemessenen Platz im Sportunterricht finden.

Literatur

Asmus, S., Hönl, M. & Piekarski, V. (1994). *Fußballtraining für Kinder und Jugendliche*. Niedernhausen: Falken.
Gerlach, E., Kussin, U., Brandl-Bredenbeck, H.P. & Brettschneider, W. (2006). Der Sportunterricht aus Schülerperspektive. In Deutscher Sportbund (Hrsg.), *DSB-Sprint-Studie. Eine Untersuchung zur Situation des Schulsports in Deutschland* (S. 115-152). Aachen: Meyer & Meyer.
Gissel, N. & Keller, H. (1998). Fußball in der Schule unterrichten. *Sportpraxis, 39* (3), 6-8.
Heim, C., Frick, U. & Kliehm, K. (2006). Sportspiele in der Schule – Tendenzen der Lehrplanentwicklung unter besonderer Berücksichtigung der Mannschaftssportarten und des Sportspiels Fußball. In M. Raab et al. (Hrsg.), *Zukunft der Sportspiele: fördern, fordern, forschen* (S. 65-72). Flensburg: Flensburg University Press.
Heim, C., Frick, U. & Prohl, R. (2007). Futsal in der Schule – eine Chance für den Fußball? In Deutscher Fußball Bund (Hrsg.), *Fußball ist Zukunft*. Frankfurt am Main: DFB.
Hessisches Kultusministerium (2005). Lehrplan *Sport. Gymnasialer Bildungsgang (Jahrgangsstufen 5G bis 12G)*. Wiesbaden: HKM.
Krick, F. & Prohl, R. (2005). Tendenzen der Lehrplanentwicklung. Empirische Befunde einer Lehrplananalyse. *sportunterricht, 54,* 231-235.
Prohl, R. & Krick, F. (2006). Lehrplan und Lehrplanentwicklung – programmatische Grundlagen des Schulsports. In Deutscher Sportbund (Hrsg.), *DSB-Sprint-Studie. Eine Untersuchung zur Situation des Schulsports in Deutschland* (S. 19-52). Aachen: Meyer & Meyer.
Schmidt, W. (2005). *Fußball – spielen, erleben, verstehen*. Schorndorf: Hofmann.

AK Schulen in Bewegung am Beispiel des Projekts „Tägliche Sportstunde an Grundschulen in NRW"

JÖRG THIELE

Das Pilotprojekt „Tägliche Sportstunde an Grundschulen in NRW" – Hintergründe und Projektablauf

1 Einleitung

Die Forderung nach mehr Zeit für Bewegung, Spiel und Sport in schulischen Kontexten ist nicht neu, genau so wenig wie die konkretere Forderung nach einer „täglichen Sportstunde". Insofern greift das in diesem Arbeitskreis vorgestellte Pilotprojekt eine latent vorhandene Idee auf. Es erweitert sie aber auch insofern, als die Ausdehnung von Bewegungszeiten systematisch an den Gedanken der Schulsportentwicklung gekoppelt wird. Das Projekt erhält dadurch eine komplexere Struktur, die durch die Auswahl der nachfolgenden Beiträge zumindest prinzipiell auch abgebildet werden soll. Nach einer kurzen Schilderung von Hintergründen des Projekts und dem daraus resultierenden Projektdesign, sollen erste vorläufige Ergebnisse der empirischen Untersuchungen in ihren verschiedenen Facetten vorgestellt werden. Im einzelnen werden dabei ausgewählte Tendenzen auf der Ebene der motorischen, genauer: der koordinativen, Entwicklung (Gerd Thienes) und der Entwicklung des Selbstkonzepts (Miriam Seyda) der am Projekt beteiligten Schülerinnen und Schüler vorgestellt, bevor abschließend die Perspektive mit Blick auf Tendenzen der innerschulischen Entwicklungen ausgeweitet wird (Esther Serwe). Da sich das über vier Jahre angelegte Projekt im letzten Jahr seiner Durchführung befindet, können noch keine abschließenden und auch keine vollständigen Ergebnisse vorgestellt werden. Unvollständig bleiben aufgrund der begrenzten Zeit auch die thematischen Schwerpunktsetzungen. Ziel der nachfolgenden Beiträge ist demnach nicht die umfassende Abbildung des Gesamthorizonts des Projekts, sondern das exemplarische Aufspannen sehr unterschiedlicher Perspektiven zur Veranschaulichung der leitenden Projektidee.

2 Hintergründe

Das Pilotprojekt „Tägliche Sportstunde an Grundschulen in NRW" entstand auf Initiative des Ministeriums für Schule und Weiterbildung NRW und dem unterstützenden Engagement verschiedener Trägerorganisationen (Landessportbund NRW, Landesverband der Betriebskrankenkassen NRW, Unfallkassen NRW). Dass es zu einem bestimmten Zeitpunkt vor dem Hintergrund bestimmter gesellschaftlicher

Rahmenbedingungen aus der Taufe gehoben wurde, ist dabei sicher kein Zufall. Neben der sehr öffentlichkeitswirksamen Diskussion um die Veränderung der kindlichen Lebens- und Bewegungswelten, die bezogen auf das Feld von Bewegung, Spiel und Sport mit den Stichworten eines bedrohlich anwachsenden Bewegungsmangels bzw. der Bewegungsverarmung umrissen werden kann (vgl. z. B. Bös, 2003; Kretschmer, 2004) sind dabei auch die seit einigen Jahren intensiv geführten Debatten um die Richtungsbestimmung und Entwicklung der Organisation Schule – und in Folge des Schulsports – in Anschlag zu bringen (vgl. z. B. Serwe, 2008). Beide Stränge sind bei differenzierterer Betrachtung relativ komplex und entziehen sich einer schematischen Darstellung.

Für das Projekt sind beide Stränge aber von konstitutiver Bedeutung, da sich aus ihnen die Schärfung des Projektprofils ableiten lässt. Akzeptiert man die Annahme, dass sich in den letzten Jahren eine Verschlechterung des Bewegungsstatus von Kindern und Jugendlichen konstatieren lässt, dann stellt sich die Frage nach einer Veränderung dieser Situation. Betrachtet man dazu die prinzipiellen Bereiche möglicher Interventionen, dann bieten sich Alltagskontexte, der organisierte Sport (im Kern als Vereinssport) und der Schulsport als mögliche Zugriffsfelder an. Die intentional geleitete und systematische Veränderung von Alltagskontexten ist dabei kaum realistisch, der Vereinssport erreicht bereits eine große Zahl von Kindern und Jugendlichen, was weitere Zuwächse schwierig machen dürfte, so dass nur der Schulsport als Kandidat einer primären Intervention sinnvoll erscheint, zumal nur er auch wirklich alle Kinder und Jugendlichen über den Sportunterricht erreichen kann. Eine Erweiterung des verbindlichen Angebots an Bewegung, Spiel und Sport innerhalb der Schule, z. B. als tägliche Sportstunde, bildet also eine prinzipielle Antwortmöglichkeit auf die genannten Herausforderungen.

Eine Veränderung der Schule in Richtung einer täglichen Sportstunde oder einer systematisch integrierten täglichen Bewegungszeit in den schulischen Unterricht betrifft in ihren möglichen Auswirkungen zum einen natürlich die Ebene der betroffenen Schüler und Schülerinnen. Aus wissenschaftlicher Sicht sind hier potenzielle Veränderungen auf der motorischen Ebene natürlich auch von Interesse, angesichts des möglichen Umfangs und der Intensität der Bewegungssteigerungen dürften sie aber allein nicht zu einer Kompensation der Rückgänge von Bewegungschancen vor allem in den Alltagskontexten ausreichen. Interessant ist darüber hinaus aber auch die Frage, ob neben der motorischen Dimension Veränderungen von Einstellungen, Haltungen o. ä. konstatierbar sind, z. B. über die Erfassung des Selbstkonzepts der Schülerinnen und Schüler oder der Rekonstruktion ihrer Einschätzungen zur Bedeutung von Bewegung, Spiel und Sport.

Neben der Betrachtung der individuellen Entwicklungsverläufe im Kontext einer täglichen Sportstunde, ist aber zudem davon auszugehen, dass sich Veränderungen auch auf der organisatorischen und strukturellen Ebene der einzelnen Schule ergeben. Die Implementation einer täglichen Sportstunde oder täglichen systematischen Bewegungszeit ist nur dann realistisch, wenn sich die gesamte Schule und das heißt insbesondere auch das gesamte Kollegium mit einer solchen strukturellen Umorganisation identifizieren. Das Projekt versucht auch diese Entwicklungsdimension systematisch einzubeziehen und kann damit auch als prototypische Evaluation einer strukturellen Schulsportentwicklung verstanden werden. Die systematische Erfassung der beiden relevanten Analyseebenen führen zu einem relativ hohen Grad an Komplexität sowohl der Datenerhebung wie auch der Datenauswertung. Sie kann im Rahmen des vorliegenden Beitrags nicht angemessen abgebildet werden. Um aber das Grundanliegen zumindest exemplarisch zu verdeutlichen, sollen in den folgenden Beiträgen bewusst beide Ebenen der Betrachtung zumindest ansatzweise einbezogen werden. Zuvor sollen aber noch einige Basisinformationen zum Projektdesign und zum Projektablauf gegeben werden.

3 Projektdesign und -ablauf[1]

Das Projekt „Tägliche Sportstunde an Grundschulen in NRW" ist als längsschnittliche Untersuchung angelegt. Im Rahmen eines landesweiten Bewerbungsverfahrens wurden dazu 25 Grundschulen in NRW ausgewählt, die auf der Basis verschiedener Indikatoren (z. B. Größe, Lage, Sozialstruktur) einen möglichst repräsentativen Querschnitt der Grundschullandschaft in NRW abbilden sollten. Beginnend mit dem Schuljahr 2004/2005 konnten diese Schulen ihre selbst entwickelten Konzeptionen einer täglichen Sportstunde umsetzen. Die gültigen Rahmenstundentafeln für die Grundschule durften dazu nicht verändert werden, so dass die zusätzlichen Sportstunden bzw. systematischen Bewegungszeiten[2] nicht durch eine Erhöhung der wöchentlichen Gesamtstundenzahl erwirtschaftet werden durfte. In konsequenter Verfolgung des Gedankens der Einzelschulentwicklung konnten die Schulen darüber hinaus die Konzeptionen an die Rahmenbedingungen vor Ort (z. B. personale Ressourcen, räumlichen Voraussetzungen, materiale Ressourcen) individuell anpassen. Der Nachteil einer geringeren Standardisierung und damit auch Vergleichbarkeit wurde dabei bewusst in Kauf genommen, um die Entwicklungspotenziale der Einzelschulen möglichst optimal auszunutzen.

Die 25 ausgewählten Schulen wurden in 8 Projektschulen[3] und 17 Partnerschulen unterteilt, da eine intensive Fremdevaluation aller 25 Schulen die vorhandenen Projektressourcen deutlich gesprengt hätte. So nahmen die 8 Projektschulen an einer intensiveren Evaluation durch die Projektgruppe teil, während die 17 Partnerschulen Teile der Evaluation (z. B. motorische Tests) selbstständig durchführen mussten.

---

1 Für eine differenziertere Darstellung des Projektdesigns vergleiche Kamper und Seyda (2008).
2 „Systematische Bewegungszeiten" meinen fest und verbindlich im Stundenplan verankerte Bewegungszeiten, die aber nicht in der Sporthalle stattfinden (müssen). Angesichts der gängigen Ressourcenlage von Grundschulen war von Projektbeginn klar, dass der Leitgedanke einer klassischen täglichen Sportstunde nicht für alle Schulen realisierbar war. Die „systematische Bewegungszeit" sollte sicherstellen, dass die Durchführung dieser Zeiten nicht in das Belieben der Lehrkräfte gestellt war, sondern eine verbindliche Verankerung im Stundenplan der Schule hatte.
3 Vervollständigt wird das Schulset noch durch zwei Begleitschulen, die nicht an der Maßnahme beteiligt waren, sondern „normale" Grundschulen repräsentieren. Beide Schulen wurden so ausgewählt, dass sie strukturell möglichst gut zu zwei Projektschulen passen, um so zumindest „ähnliche" Schulen auch miteinander vergleichen zu können. Über die Begrenztheit solcher Vergleiche angesichts der Komplexität der lebensweltlichen Realität sollte man sich in Feldstudien immer bewusst sein!

Aufgrund des geschilderten komplexen Projektansatzes wurden im Rahmen des Längsschnitts sehr unterschiedliche Instrumentarien eingesetzt, die an dieser Stelle nur kurz erwähnt werden sollen[4]. Zur Erfassung der Entwicklungen auf der Ebene der Schüler und Schülerinnen kam es zu verschiedenen Zeitpunkten zum Einsatz eines motorischen Tests und verschiedener Varianten eines Schülerfragebogens zur Erfassung des Selbstkonzepts. Darüber hinaus wurden mit einer begrenzten Anzahl von Schülerinnen und Schülern auch qualitative Interviews zur Erfassung ihrer subjektiven Sichtweisen auf Bewegung, Spiel und Sport durchgeführt[5]. Zur Rekonstruktion der Dimension der einzelschulischen Entwicklung wurden zu Beginn und zu Ende des Projekts Interviews mit der Schulleitung und verschiedenen beteiligten Lehrerinnen und Lehrern geführt. Zudem wurden an alle Lehrerinnen und Lehrer ebenfalls zu Beginn und zu Ende des Projekts ausführliche Fragebögen verteilt, die sich auf unterschiedliche Dimensionen der Schulentwicklung und Einschätzungen zum Projekt beziehen. Außerdem waren die Schulen gehalten jährlich die Entwicklung ihrer Konzeptionen der täglichen Sportstunde zu dokumentieren, so dass auch hier entsprechende Dokumente für alle beteiligten Schulen vorliegen.

Das Projekt startete (mit geringen zeitlichen Verzögerungen an einzelnen Schulen) zu Schuljahresbeginn 2004/2005 und ist auf die Dauer eines Grundschulzyklus angelegt. Vorgabe war, dass zum Projektende (Sommer 2008) alle Klassen der beteiligten Schulen in die tägliche Sportstunde integriert sein sollten. Der Weg dorthin war den Schulen ebenfalls freigestellt.

Die Abbildung 1 gibt einen Überblick über die Konstruktion des Längsschnitts (IV = Interview (Schulleitung, Lehrerinnen, Schülerinnen), LFB = Lehrerfragebogen, MT = Motorischer Test, SFB = Schülerfragebogen).

Um einerseits die Belastungen für die Schulen in vertretbaren Grenzen zu halten[6] und andererseits auch die Projektressourcen nicht zu überspannen, wurden drei, für die Lehrerbefragungen zwei Erhebungszeiträume festgelegt. Bezüglich der Schülerdaten (motorische Tests, Schülerfragebogen) konnte zudem im Projektzeitraum eine zweite Kohorte in zwei Erhebungszeiträumen erfasst werden.

---

4 Die einzelnen Instrumente werden in den folgenden Beiträgen so weit nötig genauer beschrieben.
5 Die Interviews mit den Schülerinnen und Schülern wurden dankenswerter Weise von Frau Prof. Dr. Ina Hunger (Universität Göttingen) übernommen, die auf diesem spezifischen Gebiet der Gesprächsführung mit jüngeren Kindern über die entsprechende Erfahrung verfügt. Einen ersten Einblick in die Auswertung dieser Daten findet sich in Hunger (2008).
6 Dabei ist zu bedenken, dass das vorgestellte Projekt in einen Zeitraum fiel, in dem auf nordrhein-westfälische Grundschulen eine erhebliche Anzahl von z. T. tiefgreifenden Veränderungen zugekommen sind (z. B. flächendeckende Einführung des Ganztags, jahrgangsübergreifende Eingangsstufen, landesweite Vergleichsarbeiten, Englisch als Fremdsprache). Vor diesem Hintergrund hätten zusätzliche Anforderungen an die Schulen in Form von weiteren Datenerhebungen vermutlich eher kontraproduktiv gewirkt.

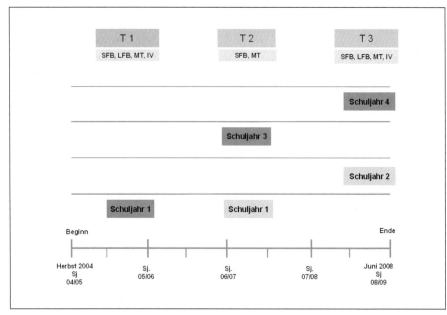

Abb. 1. Längsschnittliches Design mit Erhebungszeiträumen.

Literatur

Bös, K. (2003). Motorische Leistungsfähigkeit von Kindern und Jugendlichen. In *W. Schmidt, I. Hartmann-Tews & W.-D. Brettschneider (Hrsg.), Erster Deutscher Kinder- und Jugendsportbericht* (S. 85-107). Schorndorf: Hofmann.
Hunger, I. (2008). Die Schülerperspektive im Kontext der „Täglichen Sportstunde" – Theoretisch-methodische Rahmung und erste Ergebnisse. In *Dortmunder Zentrum für Schulsportforschung (Hrsg.), Schulsportforschung. Grundlagen – Perspektiven – Anregungen* (S. 217-230). Aachen: Meyer & Meyer.
Kamper, S. & Seyda, M. (2008). Schulsportforschung exemplarisch. Das Pilotprojekt „Tägliche Sportstunde an Grundschulen in NRW". In *Dortmunder Zentrum für Schulsportforschung (Hrsg.), Schulsportforschung. Grundlagen – Perspektiven – Anregungen* (S. 171-184). Aachen: Meyer & Meyer.
Kretschmer, J. (2004). Zum Einfluss der veränderten Kindheit auf die motorische Leistungsfähigkeit. *Sportwissenschaft, 34*, 414-437.
Serwe, E. (2008). Schulentwicklung und Schulsportentwicklung. Verbindungen zwischen schul- und sportpädagogischen Perspektiven. In *Dortmunder Zentrum für Schulsportforschung (Hrsg.), Schulsportforschung. Grundlagen – Perspektiven – Anregungen* (S. 110-135). Aachen: Meyer & Meyer.

GERD THIENES

Entwicklung koordinativer Fähigkeiten von Grundschulkindern im Projekt „Tägliche Sportstunde"

Die Erwartung, durch die Implementierung täglicher systematischer angeleiteter Bewegungszeit an Grundschulen die motorischen Voraussetzungen der Schulkinder zu fördern, ist sicherlich – neben anderen – von zentraler Bedeutung (Seyda et al., 2008). Die Vielschichtigkeit der Perspektiven auf die „Tägliche Sportstunde" – hinsichtlich der einbezogenen Akteure (Schüler, Lehrer, Eltern), der Dimensionen ihres Handelns (z. B. psycho-soziale Dimension oder Motorik) und der institutionellen Handlungsbedingungen (z. B. für Schulentwicklung) – machen in den jeweiligen Ausschnitten eine begründete Auswahl analysierter Merkmale notwendig. Eine Reihe von Erkenntnissen und Befunden zur körperlichen und motorischen Entwicklung von Grundschulkindern lassen eine Fokussierung auf den koordinativen Merkmalsbereich innerhalb der Motorik gut begründen (dazu Seyda & Thienes, 2008, S. 186ff.). Ohne vorliegende Studien zur Entwicklung der Koordination im frühen Schulkindalter an dieser Stelle erneut darzulegen, ergeben sich aus ihnen Hypothesen zur Entwicklung der motorischen Koordination der Kinder im Pilotprojekt „Tägliche Sportstunde an Grundschulen in NRW". Grundsätzlich ist eine Zunahme koordinativer Fähigkeiten im Verlauf des Grundschulalters zu erwarten. Hierbei wäre in der vorgenommenen Differenzierung nach der Koordination bei Zeitdruck- und Präzisionsaufgaben eine stärkere Zunahme zeitbezogener Koordinationsaspekte theoriekonform (Roth & Winter, 1994). Überdies sollten keine geschlechtsspezifischen Entwicklungstendenzen der Koordination im betrachteten Altersabschnitt zu beobachten sein. Das Hauptaugenmerk gilt dem Einfluss täglich angeleiteter Bewegungszeit auf die Entwicklung koordinativer Fähigkeiten. In beiden Dimensionen (schnelle und präzise motorische Steuerung) sollten Mädchen wie Jungen mit täglichem Bewegungsangebot in der Schule ein höheres Koordinationsniveau erzielen als diejenigen Kinder, deren schulisches Sportangebot auf den im Lehrplan vorgesehenen Sportunterricht begrenzt ist. Eine Förderung allgemeiner Bewegungskoordination wird in der Bewegungswissenschaft auch und teilweise gerade in Folge vielseitiger und abwechslungsreicher Bewegungsaufgaben und -möglichkeiten erwartet (etwa Hirtz & Hummel, 2003). Inwieweit ein (quantitatives) „Mehr an Bewegungszeit" bereits zu den erhofften Wirkungen führt oder nur bzw. gerade die spezifische Kombination von „quantitativem" Umfang und inhaltlich-methodischer Systematik diese leistet, ist noch offen. Bei zu Beginn der Grundschulzeit noch nicht hervortretenden Koordinationsdifferenzen sollte sich ein Vorteil der Kinder, die am Angebot einer „Täglichen Sportstunde" teilhaben, mit zunehmender Dauer der Maßnahme deutlicher abzeichnen. Vor einer Darstellung der Ergebnisse, werden zunächst das methodische Vorgehen und die einbezogene Schülerpopulation beschrieben.

Methodik und Datenbasis

In acht Projekt- (mit täglicher Sportstunde) und zwei Begleitschulen (ohne tägliche Sportstunde) haben 330 Kinder über einen gesamten Grundschulzyklus an drei Erhebungszeitpunkten teilgenommen. Die 257 Projekt- und 73 Begleitkinder verteilen sich nahezu gleich auf Mädchen (51,5%) und Jungen (48,5%). Zu den drei Testzeiträumen für die motorische Koordination in der Mitte des ersten, zu Beginn des dritten und Mitte des vierten Schuljahres waren die Kinder durchschnittlich 6,6, 8,3 und 9,6 Jahre alt, ohne nennenswerte Differenzen zwischen Projekt- und Begleitschulen. Die Tabelle 1 gibt die Kennwerte getrennt für beide Gruppen wieder.

Tab. 1. *Anthropometrische Daten der Projekt- und Begleitkinder: Mittelwert (SA).*

Erhebungszeitpunkt	Merkmal	Projektkinder (n = 257)	Begleitkinder (n = 73)
1. Schuljahr	Alter (Jahre)	6,6 (0,56)	6,6 (0,60)
	Körperhöhe (Meter)	1,27 (0,07)	1,27 (0,06)
	Körpergewicht (kg)	25,6 (5,19)	26,9 (5,60)
3. Schuljahr	Alter (Jahre)	8,3 (0,50)	8,3 (0,51)
	Körperhöhe (Meter)	1,36 (0,06)	1,36 (0,06)
	Körpergewicht (kg)	31,0 (6,35)	30,9 (7,10)
4. Schuljahr	Alter (Jahre)	9,6 (0,77)	9,6 (0,60)
	Körperhöhe (Meter)	1,44 (0,06)	1,44 (0,06)
	Körpergewicht (kg)	35,8 (7,82)	36,3 (9,04)

Zur Prüfung der motorischen Koordination wurde ein Testverfahren entwickelt und standardisiert, das auf der dimensionalen Unterscheidung einer Steuerung motorischer Aktionen unter Zeitdruck sowie der präzisen motorischen Steuerung aufbaut (Roth, 1982). Nach umfangreichen Testanalysen wurden der 20-Meter Sprint als eine Aufgabe zur Koordination unter Zeitdruck und die Testaufgabe „Ball-Beine-Wand" aus den sechs Aufgaben des *Dortmunder Koordinationstests für Grundschulkinder* (Thienes & Starischka, 2005) für die folgenden Analysen eliminiert. Die Koordination unter Zeitdruck wird auf der Basis zweier Aufgaben bewertet, die in möglichst kurzer Zeit bewältigt werden sollen. Beim „Ringführen" ist mit Hilfe eines Gymnastikstabes ein Kunststoffring im Slalom durch einen Parcours zu führen, der mit Markierungsstangen abgesteckt ist. Das „einbeinige Hüpfen" erfordert ein fortgesetztes Springen auf einem Bein bis zu einem Mal und Wechseln von Richtung und Sprungbein zur zweiten Streckenhälfte. Bei beiden Aufgaben ist die benötigte Zeit das Testkriterium. Durch einbeiniges „Springen in den Stand" in ein Zielfeld und dem Versuch, dass Gleichgewicht einbeinig zu erlangen und zu halten sowie dem fortgesetzten „rhythmischen Hüpfen", bei dem ein vorgegebener Wechsel von ein- und beidbeinigem Hüpfen aufrecht erhalten werden soll, wird die präzise motorische Koordination abgebildet. In Abhängigkeit von der Ausführung werden für jede Aufgabe zwischen 0 und 5 Punkten vergeben und anschließend addiert.

Nach Prüfung der Anwendungsvoraussetzungen wurden Gruppenunterschiede mittels dreifaktorieller Varianz- und Kovarianzanalysen mit der abhängigen Variable „Koordinationsleistung" und den unabhängigen Variablen Schultyp (Projekt- vs. Begleitschulen), Erhebungszeitpunkt (dreifach gestuft) und Geschlecht auf Signifikanz (5%-Niveau) geprüft. Ungleiche Stichprobengrößen sind bei der Quadratsummenberechnung durch Korrektur nach Yates berücksichtigt.

Ergebnisse

Im Mittel können alle Kinder, aus Projekt- und Begleitschulen, Mädchen wie Jungen, ihre Koordinationsleistungen bei Präzisionsanforderungen über die drei Messzeiträume steigern. Sowohl im Schulvergleich (F = 24,74; p < .001), als auch im Geschlechtervergleich (F = 24,76; p < .001), sind die Zunahmen überzufällig, während die Interaktionen des Messzeitpunktes mit dem Schultyp und dem Geschlecht das Signifikanzniveau nicht erreichen. Demnach unterscheiden sich die Entwicklungsverläufe zur präzisen motorischen Steuerung weder zwischen Kindern der Projekt- und Begleitschulen, noch zwischen Mädchen und Jungen. Im Einzelvergleich liegen die Grafen (vgl. Abb. 1) der Begleitkinder geringfügig jedoch signifikant über dem Niveau der Projektkinder (Erhebungszeiträume t1: T= -1,991, p < .05; t2: T= -3,247, p < .01; t3: T= -2,834, p < .01) und Mädchen zeigen durchgängig etwas bessere Präzisionsleistungen als Jungen (t1: T= 2,743, p < .001; t2: T= 4,803, p < .001; t3: T= 5,258, p < .001).

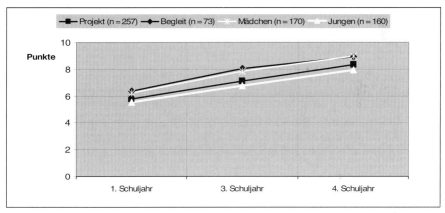

Abb. 2. Koordination bei Präzisionsanforderungen.

Auch die rasche motorische Koordination nimmt im Untersuchungszeitraum bei den Kindern der Projekt- und Begleitschulen zu. Sowohl die Summe der Zeiten beider Aufgaben (F = 608,03, p < .001), als auch die Werte für die einzelnen Items verändern sich hoch signifikant (F = 378,39, p < .001; F = 324,41, p < .001). Der Interaktionseffekt von Messzeitpunkt und Schultyp für die Zeitdruckdimension (F = 1,195, n.s.)

ebenso wie für das „Ringführen" ist insignifikant (F = 2,66, n.s.). Dies besagt, dass sich die altersbezogene Zunahme der Projektkinder nicht überzufällig von derjenigen der Kinder aus den Begleitschulen unterscheidet (auch Tab. 2). Der signifikante Interaktionseffekt von Messzeitpunkt und Schultyp für die Testaufgabe „einbeiniges Hüpfen" (F = 4,16, p < .05) ist auf die besseren Leistungen der Kinder aus den Begleitschulen zum ersten Erhebungszeitpunkt (Klasse 1: 12,2 gegenüber 13,1 Sekunden) zurückzuführen (Einzelvergleich: T = 2,63, p < .001). Inhaltlich besagt dieser Wert, dass die Projektschüler/innen ihren anfänglichen Rückstand auf die Begleitschüler/innen ausgleichen können. In dieser Aufgabe sind die Leistungen der Mädchen zu t1 und t2 besser als die der Jungen. Die Jungen zeigen dann zu t3 eine etwas höhere Koordinationsleistung unter Zeitdruck. Diese Unterschiede sind zu keinem Zeitpunkt signifikant. Im Unterschied dazu, liegen die Leistungen der Jungen im Ringführen zu allen drei Zeitpunkten signifikant über denen der Mädchen, ohne Unterschiede im Entwicklungsverlauf (Stärke des Anstieges).

Tab. 2. *Koordination unter Zeitdruck bei Projekt- und Begleitschülern: MW (SA).*

Schultyp	Erhebungszeitpunkt	Testaufgabe „Ringführen" (Sek.)	Testaufgabe „Hüpfen" (Sek.)
Projektschulen (n = 257)	1. Schuljahr	12,5 (1,80)	13,1 (3,33)
	3. Schuljahr	10,5 (1,35)	10,6 (1,95)
	4. Schuljahr	9,6 (0,94)	9,3 (1,55)
Begleitschulen (n = 73)	1. Schuljahr	12,8 (2,09)	12,2 (2,50)
	3. Schuljahr	10,6 (1,26)	10,4 (1,75)
	4. Schuljahr	9,4 (0,90)	9,0 (1,26)

Diskussion und Ausblick

Entgegen den Erwartungen liegen die Zunahmen im Niveau der motorischen Koordination bei Grundschulkindern mit täglicher Sportstunde am Ende des Grundschulzyklus nicht nachweisbar über den Entwicklungsfortschritten von Kindern ohne ein vergleichbares Schulsportangebot. Von der Vielzahl möglicher Begründungszusammenhänge seien einige hier angesprochen. Möglicherweise zeigt sich der Beitrag des schulischen Sports zur motorischen Entwicklung der Kinder vor allem oder gerade in Kombination mit und in Ergänzung zu weiteren Bewegungs-, Spiel- und Sportangeboten, die Kinder wahrnehmen. Der Anteil an Kindern, die angeben in einem Sportverein aktiv zu sein, ist denn auch mit 57% gegenüber 40% in der ersten und 80% gegenüber 70% in der dritten Klasse in den Begleitschulen jeweils höher als in den Projektschulen. Insbesondere der Anteil der Kinder, die zu mindestens zwei Zeitpunkten der Projektlaufzeit in einem Verein aktiv sind, ist mit 54% gegenüber 38% in den Begleitschulen signifikant größer.
Ebenso legen die Befunde den Schluss nahe, dass auch (oder gerade?) im motorischen Bereich eine Förderung von Entwicklungsprozessen nicht zuvorderst von der Quantität als vielmehr vom inhaltlichen Aufbau, einem Mindestmaß an angeleiteter

und begleiteter Bewegungszeit sowie einer gewissen Kontinuität und längerfristigen methodischen Ausrichtung abhängig ist. Demnach ist nicht die tägliche Angebotsform, sondern die daran zu knüpfende zielgerichtete Auswahl und Inszenierung der motorischen Anforderungen und Aufgaben von zentraler Bedeutung für die motorische Entwicklung der Kinder. Die angesprochenen Fragen verweisen auf die Notwendigkeit, die Angebotsstruktur im Rahmen der „Täglichen Sportstunde" im Detail zu betrachten und damit neben der Analyse von Gruppenunterschieden eine nähere Beschreibung auf Einzelschulebene vorzunehmen (Fischer & Kamper, 2006).

Bei partiellen Unterschieden im Koordinationsniveau zwischen Mädchen und Jungen bestätigen sich Befunde, wonach die Entwicklungsverläufe der Bewegungskoordination im Grundschulalter nicht grundsätzlich geschlechtsspezifisch differieren (Roth & Winter, 2002). Eine weitere Perspektive bietet die Analyse von Entwicklungsverläufen der motorischen Koordination auf verschiedenen Niveaustufen. Während keine geschlechtsspezifischen Entwicklungen der Koordination vorliegen, zeigen erste Berechnungen Unterschiede in Abhängigkeit vom Ausgangsniveau koordinativer Leistungsvoraussetzungen. Dieser Niveaueffekt äußert sich in der Weise, dass bei einer Einteilung der Kinder in drei Leistungsgruppen auf der Grundlage ihrer Testleistungen zum ersten Erhebungszeitraum (Klasse 1), zwar weiterhin Verbesserungen aller Teilgruppen zu belegen sind, diese auf den unteren Leistungsniveaustufen jedoch deutlich stärker ausfallen (signifikante Interaktionseffekte von Messzeitpunkt und Niveaustufen). Niveauabhängig unterschiedliche Entwicklungsverläufe der Bewegungskoordination treten dabei sowohl in der Präzisions- als auch in der Zeitdruckdimension hervor. Eine beschleunigte Entwicklung der Motorikleistungen von anfänglich weniger guten Kindern, die als Effekt einer pädagogischen Förderung durchaus erwünscht sein kann, zeigt sich im vorliegenden Kollektiv jedoch unabhängig von der Zugehörigkeit der Kinder zu Projekt- oder Begleitschulen. Eine schwindende Heterogenität der Motorikleistungen im Verlauf der Grundschulzeit ist mithin nicht notwendig an die Durchführung der „Täglichen Sportstunde" geknüpft.

Nicht auszuschließen sind hierbei allerdings methodische Gründe für diesen Effekt. Sowohl die bereits nahe am Maximum von 10 Punkten liegenden Präzisionsleistungen der Teilgruppen mit überdurchschnittlicher Koordination zu Beginn des Untersuchungszeitraums als auch die begrenzten Möglichkeiten weiterer Steigerungen der Bewegungszeit auf hohem Niveau sind dann in die Interpretation einzubeziehen. Für eine partielle Abhängigkeit der entwicklungsbezogenen Kennlinien vom durchgeführten Testverfahren könnten auch die Befunde von Willimczik (1979) sprechen. Über einen Grundschulzyklus wurden mit dem Körperkoordinationstest (nach Schilling und Kiphard) sogar tendenzielle Zunahmen anfänglicher Leistungsunterschiede in der Bewegungskoordination beobachtet.

Das Ausbleiben sehr breit streuender (alle Handlungs- und Merkmalsaspekte erfassende) und generalisierbarer (alle schulischen Bedingungen betreffende) Wirkungen einer Implementierung regelmäßiger systematischer Bewegungszeiten an Grundschulen – etwa wie im vorliegenden Projekt in Form der „Täglichen Sportstunde" –

lenkt den Blick zukünftiger Analysen stärker auf die Rahmenbedingungen im untersuchten Setting. Die Beurteilung der „Wirksamkeit" einer Maßnahme (hier täglicher angeleiteter Bewegungszeit) muss mit der Frage nach „Wirkfaktoren", welche die angezielten Veränderungen modulieren, verknüpft werden. Auf der „quantitativen Seite" lässt sich als Beispiel das außer- und innerschulische Bewegungs-, Spiel- und Sportangebot nennen. Bei einem breit angelegten Angebot außerunterrichtlicher Sportmöglichkeiten (AGs, schulsportliches Wettkampfwesen, Projekte etc.) und einem weit gefächerten sportlichen Vereinsangebot im Umfeld, sind weitergehende Impulse durch eine „Tägliche Sportstunde" absehbar geringer als ohne solche „konkurrierenden" Bewegungsanlässe. Schwieriger empirisch zugänglich, jedoch von möglicherweise entscheidender Bedeutung, ist die „qualitative Ausgestaltung" solcher Maßnahmen. Wenn man in Rechnung stellt, dass identische inhaltlich-methodische Zugänge unter wechselnden Realisierungsbedingungen höchst unterschiedliche Effekte hervorbringen (können), ist die Aufgabe einer wissenschaftlichen Begleitung durch die Sportwissenschaften in ihrer Komplexität kaum zu überschätzen. Eine genaue Kennzeichnung schulischer Handlungskontexte und Rekonstruktion inhaltlich-methodischer Varianten bei der Ausgestaltung täglicher Bewegungszeiten in der Schule markieren mögliche Schritte. Die Überzeugung, mit der „Täglichen Sportstunde" das Schulleben an Grundschulen erheblich zu bereichern, auch ohne die Effekte über alle teilnehmenden Schulen (aktuell) quantifizieren zu können, bestärkt im Fortschreiten auf dem eingeschlagenen Weg.

Literatur

Fischer, B. & Kamper, S. (2006). „Tägliche Sportstunde an Grundschulen" – Ein erster Forschungsbericht. *sportunterricht, 55* (7), 200-204.
Hirtz, P. & Hummel, A. (2003). Motorisches Lernen im Sportunterricht. In H. Mechling & J. Munzert (Hrsg.), *Handbuch Bewegungswissenschaft – Bewegungslehre* (S. 429-441). Schorndorf: Hofmann.
Roth, K. (1982). *Strukturanalyse koordinativer Fähigkeiten.* Bad Homburg: Limpert.
Roth, K. & Winter, R. (1994). Entwicklung koordinativer Fähigkeiten. In J. Baur, K. Bös & R. Singer (Hrsg.), *Motorische Entwicklung – Ein Handbuch* (S. 191-216). Schorndorf: Hofmann.
Roth, K. & Winter, R. (2002). Entwicklung koordinativer Fähigkeiten. In G. Ludwig & B. Ludwig (Hrsg.), *Koordinative Fähigkeiten – koordinative Kompetenz* (S. 97-103). Kassel: Universitäts-Bibliothek.
Seyda, M. & Thienes, G. (2008). Zur Wechselbeziehung der Entwicklung von Motorik und Selbstkonzept bei Grundschulkindern im Kontext der „Täglichen Sportstunde". In Dortmunder Zentrum für Schulsportforschung (Hrsg.), *Schulsportforschung: Grundlagen, Perspektiven und Anregungen* (S. 185-216). Aachen: Meyer & Meyer.
Seyda, M., Kamper, S., Serwe, E. & Thienes, G. (2008). Pilotprojekt „Tägliche Sportstunde an Grundschulen in NRW". In V. Oesterhelt, J. Hofmann, M. Schimanski, M. Scholz & H. Altenberger (Hrsg.), *Sportpädagogik im Spannungsfeld gesellschaftlicher Erwartungen, wissenschaftlicher Ansprüche und empirischer Befunde* (Schriften der Deutschen Vereinigung für Sportwissenschaft, 175, S. 187-201). Hamburg: Czwalina.
Thienes, G. & Starischka, S. (2005). *Dortmunder Koordinationstest für Grundschulkinder. Testmanual.* Unveröff. Manuskript, Universität Dortmund, Institut für Sport und Sportwissenschaft.
Willimczik, K. (1979). Die Entwicklung der Körperkoordination im Grundschulalter. *Motorik, 2* (1), 1-14.

MIRIAM SEYDA

Entwicklung der psycho-sozialen Dimension von Grundschulkindern im Projekt „Tägliche Sportstunde"

Das Pilotprojekt „Tägliche Sportstunde an Grundschulen in NRW" verfolgt, neben anderen Forschungszielen, auch eine verstärkt ganzheitliche Betrachtung möglicher „Effekte" einer Ausweitung von Schulsport auf die beteiligten Grundschulkinder. So wird zusätzlich zur Untersuchung der koordinativen Fähigkeiten auch die psycho-soziale Dimension fokussiert. Hierunter fassen wir drei Konstrukte, die – so legen es theoretische Annahmen und in Teilen auch empirische Befunde nahe – in einem bedeutsamen Zusammenhang mit Bewegung, Spiel und Sport stehen können: das Selbstkonzept (in Anlehnung an Shavelson, Hubner & Stanton, 1976), das Wohlbefinden (in Anlehnung an Hascher, 2004) und die Wahrnehmung der Lernumwelt (in Anlehnung an Grewe, 2003).
Während das Selbstkonzept als Gesamtheit relativ stabiler, subjektiver Sichtweisen über sich selbst verstanden werden kann (Filipp, 1980, S. 107), bildet sich das Wohlbefinden aus positiven sowie negativen Kognitionen und Emotionen eines Individuums (Hascher, 2004, S. 150). Die Wahrnehmung der Lernumwelt bezieht sich, in Abgrenzung zu eher individuell subjektiven Einschätzungen, auf eine kollektiv geteilte Einschätzung des Interaktionsgefüges innerhalb einer Klasse – zwischen den Schülern untereinander, aber auch zwischen Schüler und Lehrer (Grewe, 2003, S. 16). Die drei Konstrukte stehen dabei auch untereinander in Beziehung, sodass hier insgesamt von einem Wirkungsgefüge ausgegangen werden kann. Die grundlegende Frage, die sich hinsichtlich dieser Bereiche stellt, lautet: Wirkt sich eine Ausweitung von Schulsport, wie sie im Rahmen der „Täglichen Sportstunde" realisiert wird, auf die untersuchten Bereiche der psycho-sozialen Dimension aus? Lassen sich also Unterschiede zwischen den Kindern feststellen, die über einen gesamten Grundschulzyklus hinweg eine „Tägliche Sportstunde" erteilt bekommen haben, und denjenigen, die in ihrer Grundschulkarriere regulär drei Wochenstunden Sportunterricht hatten? Im Folgenden soll dieser Frage exemplarisch am Beispiel des Selbstkonzepts nachgegangen werden.

Theoretischer Hintergrund

Innerhalb des Projekts nehmen wir eine eher kognitionspsychologische Perspektive ein, die das Selbstkonzept als eine Art „kognitive Repräsentation" (Pior, 1998, S. 15) betrachtet. Shavelson et al. (1976) gehen in ihrem Modell zur Struktur des Selbstkonzepts davon aus, dass sich diese „Repräsentationen" oder subjektiven Sichtweisen der eigenen Person in unterschiedliche Erfahrungskontexte zusammenfassen lassen. Das generelle Selbstkonzept ist übergeordnet angesiedelt und umfasst allgemeine

Beschreibungen, aber auch Bewertungen des Selbst. Darunter differenzieren sich vier weitere Bereiche aus (Shavelson et al., 1976): Erstens das akademische Selbstkonzept, in dem Erfahrungen der eigenen Leistungsfähigkeit im Bereich der Schule zusammengefasst sind. Zweitens das emotionale Selbstkonzept, das bestimmte Gefühle beinhaltet. Drittens das soziale Selbstkonzept, welches aus Erfahrungen im Bereich des sozialen Miteinanders (in Bezug auf Freunde/Eltern) resultiert. Und viertens das physische Selbstkonzept, in dem Einschätzungen zu eigenen körperlichen Fähigkeiten und zur eigenen körperlichen Attraktivität abstrahiert werden. Die vier Facetten werden im Laufe des Lebens durch zunehmende Erfahrung weiter ausdifferenziert. Nach Byrne (1996) kann aber angenommen werden, dass Grundschulkinder sowohl ihr generelles Selbstkonzept als auch die vier genannten Facetten ausgeprägt haben und diese Bereiche auch reliabel einschätzen können.

Zu Beginn der Grundschulzeit haben Kinder ein äußerst hoch ausgeprägtes Selbstkonzept. Der Grund dafür liegt nach Ahnert und Schneider (2006) in kognitiven Defiziten. Weinert und Helmke (1997) gehen davon aus, dass die Einschätzungen der eigenen Fähig- und Fertigkeiten in den allermeisten Fällen noch unabhängig vom tatsächlichen Leistungsstand sind (siehe auch Helmke, 1998). Sie konnten einen Abwärtstrend der eigenen Einschätzung mit zunehmender Schulerfahrung feststellen, den sie u. a. auch auf die Notengebung zurückführen, die den Kindern eine wichtige Rückmeldung über ihren tatsächlichen Könnensstand liefert. Eine weitere Informationsquelle für die subjektive Einschätzung der eigenen Fähigkeiten im Grundschulalter ist nach Damon und Hart (1982; 1988) der soziale Vergleich mit anderen Kindern.

Das Bewegung im weitesten Sinne ebenso eine wichtige Bedeutung für die Entwicklung des Selbstkonzepts im Kindesalter haben kann, wird meist auch mit Rückgriff auf Piagets Entwicklungstheorie (Piaget & Inhelder, 1972) – und hier besonders innerhalb der sensomotorischen Phase – erklärt. Aus Untersuchungen von Klein- und Vorschulkindern von Zimmer (1996) scheint ableitbar, dass sich über die Erfahrung mit dem Körper gerade in bewegungsbezogenen Kontexten zuerst das Körperkonzept respektive physische Selbstkonzept entwickelt, über welches dann andere Teilbereiche ausdifferenziert werden. Darüber hinaus könnten Bewegungssituationen in besonderem Maße als eine weitere, wichtige Informationsquelle für die Einschätzung eigener Fähigkeiten verstanden werden: Sowohl das Lösen oder Nichtlösen einer konkreten Bewegungsaufgabe als auch der selbsterfahrbare, direkte Vergleich mit anderen in der sport(unterrichts)lichen Situation können Informationen zum eigenen Könnensstand bereithalten. Das kann bedeuten, dass Bewegung, Spiel und Sport in der Schule Anforderungssituationen schaffen, deren Bewältigung bzw. Nicht- Bewältigung sich auf die verschiedenen Teilbereiche des Selbstkonzepts auswirken. Der empirische Forschungsstand zu Bewegung, Spiel und Sport in der Schule als möglicher Entwicklungsfaktor des Selbstkonzepts ist jedoch zumindest für das Grundschulalter als defizitär zu bezeichnen, da sich bisher keine Längsschnittuntersuchung explizit mit dem Schulsport beschäftigt hat.

Den Ergebnissen von Brettschneider und Gerlach (2004) zufolge, welche die Selbstkonzeptentwicklung im späten Grundschulalter in Abhängigkeit des sportlichen Talents[1] (Kontext Vereinssport) untersuchten, haben Kinder höchster Begabung auch die höchsten Einschätzungen im Selbstkonzept (akademisch, sozial, sportlich/physisch). Weitet man den Blick und betrachtet Untersuchungen, die sich im Jugendalter grundsätzlich mit der Frage des Zusammenhangs sportlicher Betätigung und Selbstkonzeptentwicklung beschäftigt haben, so zeigt sich, dass insbesondere Einschätzungen des generellen, sozialen und physischen Selbstkonzepts durch Sport (im Kontext Verein bzw. Leistungssport) beeinflussbar scheinen (Burrmann, 2004; Heim, 2002). In Anlehnung an diese Erkenntnisse fokussieren wir im Rahmen unserer Untersuchung insbesondere die Entwicklung des generellen, sozialen und physischen Selbstkonzepts in Zusammenhang mit der „Täglichen Sportstunde".

Methodik und Datenbasis

In die Analyse gehen insgesamt 301 Kinder der acht Projektschulen (mit täglicher Sportstunde) und zwei Begleitschulen (ohne tägliche Sportstunde) ein, die über einen gesamten Grundschulzyklus hinweg zu drei Erhebungszeitpunkten hinsichtlich ihres generellen, sozialen und physischen Selbstkonzepts untersucht wurden. Von den 230 Projekt- und 71 Begleitschulkindern sind 55,5% Mädchen und 44,5% Jungen. Zu den drei Erhebungszeitpunkten in der Mitte des ersten, zu Beginn des dritten und Mitte des vierten Schuljahres waren die Kinder durchschnittlich 6,6, 8,3 und 9,6 Jahre alt.

Die Einschätzungen der Kinder zu den drei Selbstkonzeptbereichen wurden mit Hilfe eines Fragebogens erfasst (vgl. hierzu Seyda, Kamper, Serwe & Thienes, 2008; Kamper & Seyda, 2008). Die Skalenwerte werden je Facette gemittelt und gehen als abhängige Variable in die Analyse ein. Ein Wert von 1 steht für eine geringe, ein Wert von 4 für eine hohe Ausprägung. Die Reliabilitäten der drei Skalen sind mit Werten zwischen .65 und .78 (Cronbachs alpha) als zufrieden stellend einzuschätzen.

Nach Prüfung der Anwendungsvoraussetzungen wurden Gruppenunterschiede mittels dreifaktorieller Varianzanalyse mit den unabhängigen Variablen Schultyp (Projekt- vs Begleitschulen), Erhebungszeitpunkt (dreifach gestuft) und Geschlecht auf Signifikanz geprüft.

Ergebnisse

In der folgenden Tabelle (Tab. 1) sind die Mittelwerte und Standardabweichungen der Selbsteinschätzung des generellen, sozialen und physischen Selbstkonzepts der Projekt- und Begleitschulkinder aufgeführt.

---

[1] Brettschneider und Gerlach (2004) operationalisieren das sportliche Talent über die Teilnahme bzw. Nicht-Teilnahme an außerunterrichtlichen Sportvereinsangeboten unterschiedlicher Niveaustufen.

Tab. 1. *Einschätzung des Selbstkonzepts von Projekt- und Begleitschülern: MW (SA).*

Schultyp	Erhebungs-zeitpunkt	Generelles Selbstkonzept	Soziales Selbstkonzept	Physisches Selbstkonzept
Projektschulen (n = 230)	1. Schuljahr	3,7 (0,4)	3,2 (0,5)	3,3 (0,5)
	3. Schuljahr	3,5 (0,5)	3,1 (0,6)	3,3 (0,5)
	4. Schuljahr	3,4 (0,6)	3,1 (0,5)	3,2 (0,6)
Begleitschulen (n = 71)	1. Schuljahr	3,7 (0,3)	3,3 (0,4)	3,2 (0,5)
	3. Schuljahr	3,6 (0,5)	3,1 (0,5)	3,4 (0,5)
	4. Schuljahr	3,3 (0,7)	3,1 (0,5)	3,2 (0,5)

Auffällig ist, dass die Einschätzungen in den drei Bereichen über die gesamte Grundschulzeit hinweg über dem Skalenmittel von 2,5 liegen und somit durchgehend hohe Ausprägungen des Selbstkonzepts kennzeichnen. Darüber hinaus zeigt sich ein deutlicher Abfall der Einschätzungen des generellen Selbstkonzepts vom 1. zum 4. Schuljahr sowohl innerhalb der Gruppe der Projektschulkinder als auch bei den Begleitschulkindern. Die Einschätzungen des sozialen und physischen Selbstkonzepts bleiben in beiden Gruppen relativ stabil.

Die statistischen Analysen bestätigen dieses Bild. Die Einschätzungen des generellen Selbstkonzepts zeigen einen signifikanten Abwärtstrend (F = 4,9, df = 1; p < .05, eta^2 = .03), wobei zwischen den Kindern der Projekt- und Begleitschulen kein Unterschied besteht. Ebenso lässt sich kein Unterschied zwischen Mädchen und Jungen feststellen. Allerdings wird eine Interaktion zwischen Zeit x Geschlecht x Schultyp signifikant (F = 3,4, df = 2, p < .05, eta^2 = .01). Die Betrachtung der geschlechtsspezifischen Verläufe (siehe Abb. 1) lässt erkennen, dass die Mädchen der Projektschulen (P-Mädchen) einen weniger starken Abwärtstrend in der Einschätzung ihres generellen Selbstkonzepts aufweisen als die Mädchen der Begleitschulen (F = 4,9, df = 1, p < .05, eta^2 = .03).

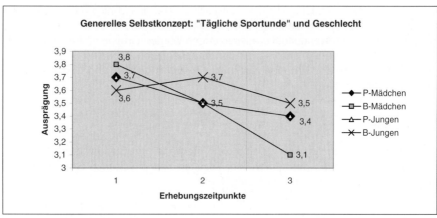

Abb. 3. Einschätzungen des generellen Selbstkonzepts über die Zeit (aufgeschlüsselt nach Projektteilnahme und Geschlecht).

Weitere statistische Analysen ergeben sowohl für das soziale als auch für das physische Selbstkonzept weder einen Unterschied zwischen Kindern mit und ohne „Täglicher Sportstunde" noch eine überzufällige Veränderung der Einschätzungen über die Zeit. Die Einschätzungen der Kinder bleiben also relativ stabil von Beginn bis Ende der Grundschulzeit. Geschlechtsspezifische Betrachtungen ergeben nur für den Bereich des physischen Selbstkonzepts einen signifikanten Unterschied: Alle Mädchen schätzen hiernach ihre körperlichen Fähigkeiten grundsätzlich niedriger ein als Jungen (F = 29,2, df = 1, p < .000, eta^2 = .09) und dies zu allen Untersuchungszeitpunkten und unabhängig davon, ob sie an der „Täglichen Sportstunde" teilnehmen oder nicht.

Diskussion und Ausblick

Wie sind die Ergebnisse hinsichtlich der Entwicklung des Selbstkonzepts im Rahmen des Projekts „Tägliche Sportstunde" einzuschätzen? Es kann auf Basis dieser Analysen festgehalten werden, dass sich keine *Breitbandwirkung* der „Täglichen Sportstunde" auf die untersuchten Bereiche des Selbstkonzepts feststellen lässt: Bei Kindern mit und Kindern ohne „Täglicher Sportstunde" zeigt sich nach bisherigem Stand der Auswertung keine grundsätzlich unterschiedliche Entwicklung der betrachteten Selbstkonzeptfacetten. Einzige Ausnahme bilden die Einschätzungen des generellen Selbstkonzepts: Hier zeigen die Ergebnisse, dass besonders Mädchen von der Maßnahme einer „Täglichen Sportstunde" profitieren können: Die Einschätzungen von Mädchen mit „Täglicher Sportstunde" sinken weniger stark ab als von denjenigen ohne „Tägliche Sportstunde". Weitere geschlechtsspezifische Analysen lassen erkennen, dass insbesondere die Entwicklung des physischen Selbstkonzepts abhängig vom Geschlecht ist und sich Mädchen grundsätzlich niedriger in ihren körperlichen Fähigkeiten einschätzen als Jungen. Allerdings dürfen die ermittelten Befunde nicht überinterpretiert werden, kennzeichnen die Effektstärken doch überwiegend kleine Effekte (vgl. Cohen, 1988). Lediglich der geschlechtsspezifische Unterschied der Einschätzung des physischen Selbstkonzepts lässt auf einen Effekt mittlerer Stärke schließen.

Für eine eindeutige Klärung dieser Verläufe ist es nach derzeitigem Stand der Auswertung noch zu früh. Bisher kann festgehalten werden, dass sich ein Abwärtstrend des generellen Selbstkonzepts durchaus auch in anderen Untersuchungen zeigt (Weinert & Helmke, 1997; Helmke, 1998). Der Entwicklungsverlauf des sozialen und physischen Selbstkonzepts nimmt in unserer Studie allerdings eine andere Form an als in anderen Untersuchungen: Zeigte sich im späten Grundschulalter auch in diesen Bereichen insgesamt ein Abwärtstrend (Brettschneider & Gerlach, 2004), so stellen wir relativ stabile Einschätzungen dieser Selbstkonzeptbereiche fest.

Für weitere Analyseschritte im Bereich der Entwicklung der psycho-sozialen Dimension ist die Betrachtung weiterer, möglicher Einflussgrößen unerlässlich, um ein genaueres Bild zu erhalten: Es sind zum einen auch Einflüsse durch die Vereinszugehörigkeit und die Einführung des Ganztages in der Analyse zu berücksichtigen. Zum anderen sollte sich vor allem auch das „Wie" einer „Täglichen Sportstunde", also die inhaltliche Ausgestaltung an den einzelnen Schulen, in einer empirischen Analyse abbilden. Nur so kann detailliert ergründet werden, was förderliche oder auch hemmende Bedingungen für eine Entwicklung der psycho-sozialen Dimension im Kontext der „Täglichen Sportstunde" sind.

Literatur

Ahnert, J. & Schneider, W. (2006). Selbstkonzept und motorische Leistungen im Grundschulalter – ein dynamisches Wechselspiel? In I. Hosenfeld & F.W. Schrader (Hrsg.), *Schulische Leistung: Grundlagen, Bedingungen, Perspektiven* (S. 145-168). Münster: Waxmann.
Brettschneider, W.-D. & Gerlach, E. (2004).*Sportliches Engagement und Entwicklung im Kindesalter. Eine Evaluation zum Paderborner Talentmodell.* Aachen: Meyer & Meyer.
Burrmann, U. (2004). Effekte des Sporttreibens auf die Entwicklung des Selbstkonzeptes Jugendlicher. *Zeitschrift für Sportpsychologie, 2*, 71-81.
Byrne, B.M. (1996). *Measuring Self-Concept Across the Life Span.* Washington DC: American Psychological Association.
Cohen, J. (1988). *Statistical Power Analysis for the Behavioral Sciences* (2. Aufl.). Hillsdale: Erlbaum.
Damon, W. & Hart, D. (1982). The Development of Self-Understanding from Infancy through Adolescence. *Child Development, 53* (4), 841-864.
Damon, W. & Hart, D. (1988). *Self-understanding in childhood and adolescence.* Cambridge: Cambridge University Press.
Filipp, S.-H. (1980). Entwicklung von Selbstkonzepten. *Zeitschrift für Entwicklungspsychologie und Pädagogische Psychologie, 12*, 105-125.
Grewe, N. (2003). *Aktive Gestaltung des Klassenklimas.* Münster: Lit.
Hascher, T. (2004). *Wohlbefinden in der Schule.* Münster: Waxmann.
Heim, R. (2002). *Jugendliche Sozialisation und Selbstkonzeptentwicklung im Hochleistungssport: Eine empirische Studie aus pädagogischer Perspektive.* Aachen: Meyer & Meyer.
Helmke, A. (1998). Vom Optimisten zum Realisten? Zur Entwicklung des Fähigkeitsselbstkonzepts vom Kindergarten bis zur 6. Klasse. In F.E. Weinert (Hrsg.), *Entwicklung im Kindesalter* (S. 115-132). Weinheim: Beltz.
Kamper, S. & Seyda, M. (2008). Schulsportforschung exemplarisch – Das Pilotprojekt „Tägliche Sportstunde an Grundschulen in NRW". In Dortmunder Zentrum für Schulsportforschung (Hrsg.), *Schulsportforschung. Grundlagen, Perspektiven und Anregungen* (S.171-184). Aachen: Meyer & Meyer.
Piaget, J. & Inhelder, B. (1972). *Die Psychologie des Kindes.* Olten: Walter.
Pior, R. (1998). *Selbstkonzepte von Vorschulkindern: Empirische Untersuchungen zum Selbstkonzept sozialer Integration.* Münster: Waxmann.
Seyda, M., Kamper, S., Serwe E. & Thienes, G. (2008). Pilotprojekt „Tägliche Sportstunde an Grundschulen in NRW". In V. Oesterhelt, J. Hofmann, M. Schimanski, M. Scholz & H. Altenberger (Hrsg.), *Sportpädagogik im Spannungsfeld gesellschaftlicher Erwartungen, wissenschaftlicher Ansprüche und empirischer Befunde* (Schriften der Deutschen Vereinigung für Sportwissenschaft, 175, S. 187-202). Hamburg: Czwalina.
Shavelson, R., Hubner, J. & Stanton, G.C. (1976). Self-Concept: Validation of Construct Interpretations. *Review of Educational Research, 46* (3), 407-441.
Weinert, F. & Helmke, A. (Hrsg.). (1997). *Entwicklung im Grundschulalter.* Göttingen: Beltz.
Zimmer, R. (1996): *Motorik und Persönlichkeitsentwicklung bei Kindern* (2. Aufl.). Schorndorf: Hofmann.

ESTHER SERWE

Schulsportentwicklung zwischen Fach- und Schulperspektive

Mit der Einführung einer „Täglichen Sportstunde" werden zweifelsohne viele besondere und neue Aspekte ins Spiel schulischer *Entwicklung* gebracht, wie beispielsweise eine finanzielle Unterstützung, eine systematische wissenschaftliche Evaluation und die Fokussierung auf einen spezifischen Aufgabenbereich. Gleichwohl ist festzustellen, dass sich am Beispiel des Forschungsprojekts vielmehr auch sehr grundsätzliche und vermutlich tradierte Aspekte dieses Spiels offenbaren. Sie spiegeln sich in der Art und Weise der praktischen Realisierung einer „Täglichen Sportstunde" wider; sind vielleicht sogar konstitutiv für fachliche Entwicklungsprozesse. Ein wesentlicher Punkt, um den sich *Schulsportentwicklung* dabei dreht, ist das grundsätzliche Verhältnis zwischen einer fachbezogenen und einer schulischen Perspektive innerhalb des Entwicklungsspiels. Geprägt wird dieses Verhältnis durch eine Typik oder Kultur von *Schule*, die es vermag, Schulfächer systematisch in Unterrichtseinheiten zu isolieren und durch eine Typik oder Kultur von *Schulsport*, die es vermag, mehr zu sein, als fachlicher Unterricht. Aufgrund der strukturellen und kulturellen Besonderheiten des Fachs Sport, sehr weit in die ‚Organisation' Schule eindringen zu können, liegen die Dinge für Schulsportentwicklung wohl auch grundsätzlich etwas anders. Anders als vergleichsweise in den Kernfächern, die unter Fachentwicklung ein reines Bemühen um *Unterrichts*entwicklung verstehen; ein für den Schulsport wohl wesentlicher, nicht aber sein einziger Entwicklungsbereich. Für das Fach Sport existiert im System Schule eine weitaus umfassendere ‚Gemengelage', eine Art „Milieu", das spezifische Voraussetzungen, Prozesse und Reichweiten von Schulsportentwicklung bestimmt.
Wie sich das Verhältnis von Schul- und Schulsportentwicklung letztlich gestaltet, ist nur im Zusammenhang mit der je eigenen *Schul- und Fachkultur*, die sich in verschiedenen Schulpraxen herauskristallisieren, zu verstehen. Im Kontext der „Täglichen Sportstunde" ist z. B. die Frage von Interesse, ob und wie sich Fachkulturen in Schulentwicklungsprozessen als „restriktive oder förderliche Faktoren" präsentieren (Hericks & Körber, 2007, S. 36f.), sprich welche Potenziale dem Schulsport inhärent sind, z. B. organisationale, personelle und pädagogisch-didaktische Veränderungen zu begünstigen. Obwohl in der schulpädagogischen Literatur durchaus betont wird, dass Schulen rein faktisch „Innovationen über Fächer transportieren" (Haenisch, 1995, S. 190), so wird der Blick dennoch kaum weiter dafür geschärft, wie sich *spezifische* Fächer oder Fachkulturen zur Schulentwicklung verhalten, sich konstituieren und verändern. Dabei leisten Fachkulturen als „disziplinäre kollektive Praxen" (Hericks, 2007, S. 8f.) in der schulischen Organisation ihren besonderen Beitrag zu einer inneren Strukturierung des Kollegiums und zu einer ‚Schulentwicklung von unten'. Sie bilden in diesem Sinne einen Orientierungsrahmen, vielleicht

eine Art Insel für schulinterne Überlegungen, Kommunikationsformen und Planungen. Welche *Entwicklungsfelder* überhaupt thematisiert werden, welche Wege zur Bearbeitung realisierbar erscheinen und wie konsequent dies vor Ort verfolgt werden kann, sind grundsätzliche Fragen, deren Antwortsuche sich – auch innerhalb des Projekts „Tägliche Sportstunde" – zwischen einer Schul- und einer Fachperspektive bewegt und auf Einzelschulebene letztlich auszuhandeln ist.

Entwicklungsprozesse gestalten – theoretische Hintergründe und empirische Erkenntnistendenzen[1]

In der internationalen Schulentwicklungsforschung wird die „Schulkultur" als Ausgangbasis, als Möglichkeitsraum und Ergebnis von Schulentwicklungsprozessen verstanden (Creemers & Reezigt, 2005, S. 363; Holtappels, 1995, S. 9). Weil die Kultur sozusagen das ‚Herz einer Schule' bildet, durch das auch Fachkulturen und Prozesse der Schulsportentwicklung ihre Ausprägung erfahren, erscheint dieser Untersuchungsfokus und Verstehenszugang für die Interviewauswertungen des Projekts „Tägliche Sportstunde" besonders interessant.

Schulkulturen werden laut Helsper (2008, S. 67) durch das internationalisierte Handeln der schulischen Akteure generiert, reproduziert und transformiert, wobei mehr oder weniger deutliche Sinnstrukturmomente und imaginäre pädagogische Sinnentwürfe entstehen. In ihnen zeigt sich, welche Akteursgruppen sich mit ihren je spezifischen (professionellen) Habitus und inhärenten Sinnstrukturen „im institutionellen Kampf um Anerkennung" durchzusetzen vermögen. Dies ist nicht nur für die allgemeine Schulentwicklung relevant, sondern auch für die Reflexion möglicher und unmöglicher Wege der Schulsportentwicklung interessant. So kommt es in den schulischen Aushandlungs- und Anerkennungsarenen zu Auseinandersetzungen und Kompromissbildungen über verschiedene Entwicklungsoptionen, die letztlich zur Herausbildung schulspezifischer Profile und Dominanzmuster führen; auch hinsichtlich fachlicher Entwicklungsschwerpunkte (ebd., S. 73). Eine derart konstituierte kulturelle Ordnung von Schule erzeugt in der Konsequenz einen milieuspezifischen Raum von favorisierten, legitimierten, tolerablen und marginalisierten Praktiken und Haltungen. Erklärbar wird hiermit auch, warum bestimmte ‚Themen' und Innovationen in verschiedenen Schulen anschlussfähig werden, randständig bleiben oder Zurückweisung erfahren. „Die Kultur wirkt wie ein Sieb" (Esslinger-Hinz, 2008, S. 277), indem sie schlicht ausselektiert, was sich in die kulturellen Annahmen nicht

---

1 Die empirische Basis bilden hierbei leitfadengestützte Interviews mit der jeweiligen Schulleitung, Projektkoordination und Klassenlehrkraft einer Schule, die zu Beginn, ca. ein Dreivierteljahr nach Projektstart, durchgeführt wurden. Da sich die zweite und letzte Interviewphase gegen Ende des Projekts zum aktuellen Zeitpunkt in ihrer Realisierung befindet, können an dieser Stelle weder eine umfassende Prozessperspektive angelegt noch abschließende Einschätzungen vorgenommen werden. Vielmehr geht es hier um erste Auswertungsansätze und vorsichtig formulierte Tendenzen. Im Rahmen dieses Beitrags können zudem nur einige wenige Interviewsequenzen Platz finden, die hier als *exemplarische* Belegstellen unter vielen weiteren ausgewählt wurden und in dieser Art auch im Kontext der theoretischen Rahmenüberlegungen zu interpretieren sind.

einpassen lässt. Auch im Rahmen des Pilotprojekts zeigt sich, dass die grundsätzlich sehr „sportaffinen" Schulen mit der „Täglichen Sportstunde" einen Anschluss an ihre bestehende Schul- und Schulsportkultur gefunden haben und diese Passungsnotwendigkeit auch betonen.

> „Also, es ist ja nicht so, als dass es absolutes Neuland ist, uns mit dem Thema Sport zu beschäftigen. Zum anderen ist es aber auch so, dass natürlich so ein Projekt auch, denke ich mir, einen besonderen Charakter hat. Also so, das ist ja schon ein ganz guter Transporter, um das wirklich in, so für jeden Kollegen noch einmal transparent und klar zu machen. Und mit welchem Stellenwert." (JS_04)

> „Es ist nicht irgendwas wahnsinnig Neues, was so drauf gepfropft wurde, sondern es hat sich eingefügt in unser Bewegungskonzept, nahtlos." (BT_01)

Betont wird hier nicht nur ein Bekanntheitsgrad der Grundidee einer täglichen Bewegungszeit, sondern die „Tägliche Sportstunde" dient vielmehr auch der Selbstvergewisserung und Bestätigung bisheriger Praxis; es ist eine ‚Fortsetzungsgeschichte'. Die Akzeptanz und Aufnahme des Projektgedankens scheint gerade dort gegeben, wo er nicht als allzu ‚fremd' wahrgenommen wird, sich nahtlos, vielleicht auch konfliktlos in etablierte, bewährte Strukturen und Kulturen der Schule einfügen lässt. Auf diese Weise kann auch eine überbordende Unsicherheit reduziert werden, bisher legitime Orientierungspunkte, Praktiken und Routinen durch ein neues Projekt vollständig in Frage stellen zu müssen. Innovationen müssen als einsichtig und sinnvoll für die jeweilige Situation und das Profil einer Schule empfunden werden. Die weitgehend tradierten Normen und Werte stellen eine Art kulturellen ‚Werkzeugkasten" für das strategische Handeln von Individuen und Organisationen dar, weshalb die Argumente plausibel sind, sie stützen allerdings auch eine „play-safe-Mentalität". Für das Spiel schulischer und schulsportlicher Entwicklungen bedarf es somit eher eines *bestimmten Grades*[2] an Passung oder Anschlussfähigkeit zur bestehenden Praxis. ‚Entwicklung' meint auch nicht einzig ‚Neues' im Sinne von Noch-nie-Dagewesenem zu entwerfen oder zu adoptieren, sondern vielmehr auch unter Berücksichtigung der Geschichtlichkeit des Systems vorhandene Sicht- und Handlungsweisen zu prüfen und zu modifizieren. Wenn man mit einer Intervention – wie der Täglichen Sportstunde – die Entwicklung einer Organisation unterstützen will, so bedarf dies vermutlich einer bewussten *„Balance von Systembestätigung und Systemirritation"* (Altrichter & Salzgeber, 1996, S. 141), einer Dialektik von Bewahren *und* Verändern.

Während hier bislang vordringlich *Voraussetzungen* für Schulsportentwicklung angesprochen wurden, ist die Frage nach den *Prozessen* eine weitgehend ungeklärte. Zum einen liegen die empirischen Längsschnittdaten aus dem Projekt noch nicht vor und zum anderen finden sich kaum theoretische Überlegungen zur konkreten

---

2 Der bestimmte Grad ist deshalb zu betonen, da ein zu geringer Grad von Passung, sprich zu große Umwälzungsvorhaben, offensichtlich schulische Entwicklungsprozesse zu hemmen scheinen, ein zu hoher Grad allerdings eine ähnliche Wirkung hat, indem die Neuerungsaspekte schlicht ‚absorbiert' werden, wie beispielsweise die folgende Interviewsequenz zumindest nahe legt: „(…) das passt gut in unser Konzept, das machen wir sowieso schon. Machen wir das noch ein bisschen (…) bauen wir ein kleines Konzept ein (…) haben wir den Rest dazu gebastelt".

Fachentwicklung im Rahmen schulischer Veränderungen. Da die Literatur zur Schulentwicklung keine große Affinität zur Fachperspektive aufweist, verbleiben ihre Ausführungen zumeist auf einer eher ‚inhaltslosen' Betrachtungsebene, die sich dem Schritt zwischen Generalisierung und Differenzierung nicht annimmt. Dabei ist eine Schule als soziale Organisation kein festes monolithisches Gebilde, keine Maschine, in der das Funktionieren und Ineinandergreifen verschiedener *Teile* durchgängig determiniert und unproblematisch wäre, sondern sie wird durch die Handlungen verschiedener Akteure interaktiv konstituiert und zum Leben gebracht (Altrichter & Salzgeber, 1996, S. 130ff.). Erst eine Verkettung permanenter Bewegungen und Abstimmungsprozesse in der ‚politischen Arena' Einzelschule formt subtile Spielstrukturen und -weisen zu einem Netz, das auch für Fachkulturen und Prozesse der Schulsportentwicklung von entscheidender Bedeutung ist. Die mikropolitische Klärung unterschiedlicher (fachlicher) Interessenorientierungen und Interaktionszusammenhänge im Rahmen innerschulischer Entwicklungsbemühungen thematisiert somit das bereits angesprochene Verhältnis zwischen Schul- und Fachperspektive. Am Beispiel der Projektumsetzung zeigen sich differente ‚Verhältnisbestimmungen':

„(…) also wir sind ein Haufen von Individualisten und man kriegt es nie so alles unter einen Hut"
„Die sind der Meinung, ich bin kein Sportlehrer, das ist Sache des Sportlehrers." (BT_01)
„Ja, weil es dann einfach für einige, die gar nicht mit Sport zu tun haben zu weit weg ist. Glaube ich. Und auch zu sehr den gewohnten Ablauf irgendwie verändert. Da sind glaube ich zu viele (…) und manchmal an so einer Grenze ist, da will man dann auch manchmal gar nichts mit zu tun haben." (JT_02)
„(…) wir haben das jetzt noch mal konkretisiert durch gemeinsame Rituale und Basiswerte so ganz knapp. Aber da war ganz schnell Konsens. Und das zeigt, dass die Kollegen auch da an einem Strang ziehen und das prägt das." (MIS_07)

Inwieweit fachliche Entwicklungsbemühungen eine breitere Einbettung in der schulischen Kulturentwicklung finden oder eher kleine ‚Inseln' einer fachmotivierten Gesinnungsgemeinschaft bilden, hängt vermutlich nicht zuletzt von *mikropolitischen Aushandlungsprozessen und Entwicklungsstrategien* für den Schulsport ab, die es auf Basis der Interviews noch differenzierter zu analysieren gilt. Welchen Status, welche Reichweite die „Tägliche Sportstunde" oder auch das Fach Sport in einer Schule gewinnt, wird vermutlich auch dadurch geprägt, welches Verständnis, sprich welche *Bedeutung und Funktion Bewegung, Spiel und Sport* im Rahmen der Schulkultur zugesprochen werden. Je nach Argumentationsformen für das Fach Sport – seien sie kompensatorischer, pädagogischer oder schulreformerischer Art – findet Schulsportentwicklung vermutlich anderen ‚Anklang' und Akzeptanz im Kollegium und bei der Schulleitung, die letztlich als ‚Träger' und ‚Support' von bestimmten Innovationsthemen und -formen fungieren.
Aus den vorliegenden Daten zeigt sich bis dato, dass die mit Beginn des Projekts initiierten Bemühungen um Schul- und Schulsportentwicklung (noch) keinem *kontinuierlichen und systematischen Gestaltungsprozess* entsprechen, wie er z. B. im Rahmen der Organisationsentwicklung idealtypisch beschrieben wird.

„Also, es war jetzt irgendwo nicht so ein großes Thema hier, was jetzt da ist und immer wieder entwickelt und behandelt wird." (JT_02)
„Es ist nicht organisatorisch noch nicht gefestigt genug und noch nicht strukturiert genug." (JT_01)
„Wir sprechen das manchmal ab und oft auch nicht, weil die Zeit einfach nicht reicht (...) manchmal zwischen Tür und Angel, also in Pausengesprächen." (BT_07)
„Macht das, füllt das mit Inhalt und macht das so wie ihr denkt." (BT_02)
„ (...) nur dieses systematische Evaluieren und so ein bisschen die Schule missionieren, das sehe ich nicht, wer soll das bringen?" (JT_06)

Was hier offensichtlich wird sind vermutlich aber keine schulsportspezifischen Entwicklungsprobleme, sondern vielmehr generelle ‚Reibungspunkte' im praktischen Spiel schulischer Entwicklung, das wohl eher natürlicherweise deutlich abweicht von dem im Lehrbuch vermittelten Gestaltungsprozess. Man gewinnt zumindest den Eindruck, als seien in den untersuchten Grundschulen kaum Kompetenzen für eine *systematische* Entwicklungsarbeit vorhanden, die sich z. B. durch organisierten Austausch, erweiterte Kooperationsstrukturen und geplante Entwicklungsschritte auszeichnet. Da jede Fachentwicklung – hier Schulsportentwicklung – immer auch Schulentwicklung ist, spiegeln sich somit im Rahmen der Projektumsetzung nicht nur fachkulturelle, sondern auch schulkulturelle Spezifika wider, die es vor allem auf der Ebene einzelner Fälle oder Schultypen noch genauer zu betrachten und in ihren Zusammenhängen zu verstehen gilt.

Ausblick

Da sich die letzte Interviewphase zum aktuellen Zeitpunkt erst in ihrer Realisierung befindet, konnte hier keine längsschnittliche Betrachtung des Projektverlaufs vorgestellt werden. Voraussichtlich durchlaufen die Schulen in vier Jahren „Täglicher Sportstunde" verschiedene Entwicklungsphasen, zu denen auch eine Art Findungsprozess zum Projektstart gehört, der nicht nur Zeit bedarf, sondern auch einen relativierenden Blick auf die bisherigen Ergebnisse anrät. Wie Rolff und Schley (1997, S. 10) anmerken, sind Prozesse schulischer Entwicklung grundsätzlich „offen und voller Überraschungen, sie verlaufen nicht linear, sondern zirkulär und widersprüchlich", was nicht zuletzt durch die Eigenschaften komplexer Systeme zu begründen ist. Es wird demnach ein besonderes Augenmerk darauf zu richten sein, wie verschiedene Schulen in ihrer inneren Eigenlogik mit Entwicklungsprozessen umgehen, die sich vordinglich auf eine fachorientierte Gesinnungsgemeinschaft stützen, sich gleichwohl aber im schulkulturellen Kontext vollziehen. Einzelne Schulen können im Grunde in ihrer Gesamtheit und inneren Differenziertheit als eine Art „Entwicklungsmilieu" für den Schulsport oder die jeweilige Fachkultur verstanden werden und bedürfen somit auch einer differenzierten Betrachtung auf Einzelfallebene. Möglicherweise lassen sich Merkmale finden, die in verschiedenen Kombinationen zu je spezifischen und typologisch unterscheidbaren Faktorenbündeln führen. Ebenso ist denkbar, dass schulsportliche Innovationsprozesse je nach Schultyp unterschiedliche Entwicklungsverläufe, -muster oder -dynamiken aufweisen. Um

Schulsportentwicklung in ihren Möglichkeiten und Grenzen verstehbar zu machen, wäre es ein weiteres Ziel, sehr grundsätzliche Merkmale oder Immanenzen heraus zu arbeiten, die Hinweise darauf geben könnten, welche Spezifik und Rolle dem Fach Sport, seiner Struktur- und Kulturentwicklung im System (Grund-)Schule überhaupt zukommt. Auf diesem Wege erschiene es sinnvoll, eine Art Orientierungsrahmen zu erarbeiten, der dann mögliche Ansätze, Strategien oder auch Szenarien von Schulsportentwicklung aufzuzeigen vermag. Dienlich könnte dies vor allem dafür sein, gezielte Beratungen, Fortbildungen oder andere praktische Unterstützungsleistungen für die fachliche Qualitätsentwicklung anzubahnen. Dies sind jedoch zunächst eher perspektivische Überlegungsansätze, die vor allem einer breiteren empirischen Basis bedürfen, zu der auch die schriftlichen Umsetzungskonzepte und Dokumente der verschiedenen Schulen gehören. Inwieweit sich allgemeine Vorstellungen der Schul- und Organisationsentwicklung im Rahmen des Projekts „Tägliche Sportstunde" bestätigen oder revidieren lassen und wie sich fachliche Entwicklungsprozesse in diesem Zusammenhang verhalten oder zu beschreiben sind, das sind grundlegende Fragen, die nun in den weiteren Untersuchungsschritten anzugehen sind.

Literatur

Altrichter, H. & Salzgeber, S. (1996). Zur Mikropolitik schulischer Innovation. Wie Schulen durch das Handeln verschiedener Akteure mit unterschiedlichen Interessen Struktur gewinnen und sich entwickeln. In H. Altrichter & P. Posch (Hrsg.), *Mikropolitik der Schulentwicklung. Förderliche und hemmende Bedingungen für Innovationen in der Schule* (S. 96-169). Innsbruck, Wien: Studien.
Creemers, B.P.M. & Reezigt, G.J. (2005). Linking School Effectiveness and School Improvement: The background and outline of the project. *School Effectiveness and School Improvement, 16,* (4), 359-371.
Esslinger-Hinz, I. (2008). Schulkultur: Die Schule zwischen Reform und Tradition. In I. Esslinger-Hinz & H.-J. Fischer (Hrsg.), *Spannungsfelder der Erziehung und Bildung. Ein Studienbuch zu grundlegenden Themenfeldern der Pädagogik* (S. 265-282). Baltmannsweiler: Schneider.
Haenisch, H. (1995). Curriculare Innovationen in der Schule – Bedingungen für eine erfolgreiche Umsetzung. In H.G. Holtappels (Hrsg.), *Entwicklung von Schulkultur. Ansätze und Wege schulischer Erneuerung* (S. 187-199). Neuwied; Kriftel; Berlin: Luchterhand.
Helsper, W. (2008). Schulkulturen – die Schule als symbolische Sinnordnung. *Zeitschrift für Pädagogik, 54* (1), 62-80.
Hericks, U. (2007). Fachunterricht und Schulentwicklung – Inhaltliche und methodologische Perspektiven rekonstruktiver Professionalisierungsforschung. Vortrag für die Fakultät für Empirische Humanwissenschaften der Universität des Saarlandes, Saarbrücken, 27. November 2007. Zugriff am 8. April 2008 unter: http://www10.ph-heidelberg.de/org/allgemein/fileadmin/ user_upload/wp/hericks/Vortrag_Saarbruecken_27.11.07_Homepage.pdf
Hericks. U. & Körber, A. (2007). Methodologische Perspektiven quantitativer und rekonstruktiver Fachkulturforschung in der Schule. In J. Lüders (Hrsg.), *Fachkulturforschung in der Schule* (S. 31-48). Opladen & Farmington Hills: Barbara Budrich.
Holtappels, H.G. (1995). Schulkultur und Innovation – Ansätze, Trends und Perspektien der Schulentwicklung. In H.G. Holtappels (Hrsg.), *Entwicklung von Schulkultur. Ansätze und Wege schulischer Erneuerung* (S. 6-36). Neuwied; Kriftel; Berlin: Luchterhand.
Rolff, H.-G. & Schley, W. (1997). Am Anfang muß man bereits auf's Ganze gehen. Zur Gestaltung der Anfangssituation in Schulentwicklungsprozessen. *Journal für schulentwicklung, 1,* 12-21.

AK   Schlaglichter der Schulsportentwicklung

ECKART BALZ

Schlaglichter der Schulsportentwicklung

Schulsportentwicklung ist ein weites Feld, auf dem ganz unterschiedliche Aspekte des Sportunterrichts, des außerunterrichtlichen Schulsports und des übrigen Schullebens – in ihrer bisherigen Genese, ihrem aktuellen Wandel und künftigen Potenzial – betrachtet werden können. Mit unserer diachronen Sichtweise auf Schulsportentwicklung sollen bestimmte Aspekte fokussiert und in ihrem Entwicklungsverlauf schlaglichtartig beleuchtet werden.
In diesem Arbeitskreis geht es darum, die Sportunterrichtsentwicklung aus dem Schlaglicht einer Qualitätssicherung zu betrachten, bei den Schülerinnen und Schülern zwei Extremgruppen unter die Lupe zu nehmen und im Rahmen bewegungsfreudiger Schulentwicklung eine Verankerung in der Lehrerbildung auszuloten. Die drei Beiträge verbindet, dass grundlegende Fragen der Schul(sport)qualität, der Schülerperspektive sowie der bewegten Schulgestaltung entwicklungs- und zeitgemäß bearbeitet werden.

GÜNTER STIBBE

Schuleigene Lehrplanarbeit als Instrument der Unterrichtsentwicklung

Schuleigene Lehrpläne verfügen über eine längere Tradition. Erinnert sei z. B. an die Richtlinien für das Schulturnen in Preußen zur Zeit der Weimarer Republik (1926/1929). Die in den Lehrplänen aufgeführten Übungen sind als Empfehlungen gedacht und sollen lediglich Orientierungshilfen geben. Aus diesem Grund wird vorgegeben, dass jede Schule einen „Arbeits- und Übungsplan" zu erstellen hat, in dem möglichst jeder Klasse ein „Kernstoff" zugeordnet wird. Dieser Arbeitsplan soll es ermöglichen, die Stoffauswahl auf Besonderheiten der Region, der Schule und der Klasse abzustimmen (vgl. Stibbe & Aschebrock, 2007, S. 60). Auch etwa 50 Jahre später wird der Fachkonferenz Sport in den 1980er Richtlinien und Lehrplänen für den Schulsport in Nordrhein-Westfalen die Aufgabe zugewiesen, einen „schuleigenen Organisationsplan" zu erstellen, um die „Kontinuität des Unterrichts an der einzelnen Schule" zu gewährleisten (KM NRW, 1980, S. 51). Ähnlich wie beim historischen Vorläufer aus der Zeit der Weimarer Republik handelt es sich aber auch hier lediglich um eine schulinterne Organisationsplanung.
Mit der Lehrplangeneration für das Fach Sport am Ausgang des 20. Jahrhunderts erfolgt eine deutliche Ausweitung des Aufgabenverständnisses des schulinternen Lehrplans, das über die bisher rein organisatorisch-formale Stoff- und Inhaltszuordnung hinausgeht. Jüngere Schulsportlehrpläne verstehen sich nur noch als Rahmencurricula, die durch eine Reduzierung von Festlegungen und Verbindlichkeiten Freiräume für die einzelne Schule bieten. Der einzelschulischen Lehrplanarbeit bleibt es überlassen, wie die Freiräume genutzt werden. In diesem Zusammenhang kommt der Fachkonferenz Sport eine hohe Bedeutung für die systematische Lehrplan- und Unterrichtsentwicklung zu.
Vor diesem Hintergrund erfolgt die Argumentation in drei Schritten: Zunächst gilt es, sich mit der Rolle schulinterner Lehrpläne im Kontext der aktuellen bildungspolitischen Diskussion zu beschäftigen (1). Danach geht es um die Bedeutung schuleigener Lehrplanarbeit im Fach Sport, indem auf ausgewählte Erkenntnisse zur Arbeit an und zum Umgang mit schuleigenen Lehrplänen eingegangen wird (2). Zuletzt wird der Zusammenhang zwischen schulinterner Lehrplanarbeit und Unterrichtsentwicklung thematisiert (3).

1   Standards, Kerncurricula und schuleigene Lehrpläne

Staatliche Lehrpläne haben sich bis heute in Deutschland als schulaufsichtliche Steuerungsinstrumente von Unterricht behauptet. Die Ergebnisse internationaler Leistungsvergleichsstudien lassen allerdings Zweifel an ihrer Wirksamkeit aufkommen.

Dies jedenfalls zeigen die Bemühungen um die Entwicklung einheitlicher nationaler Bildungsstandards, die sich mittlerweile nicht nur auf die sogenannten „Kernfächer" beziehen. Dabei geht es insgesamt aber weniger um eine grundsätzliche Ablösung von Lehrplänen als vielmehr um einen weit reichenden Funktionswandel in Richtung auf die Erstellung von Kerncurricula und schuleigenen Lehrplänen (vgl. Aschebrock & Stibbe, 2008, S. 4).

Dieser Funktionswandel ist etwa seit Beginn der 1990er Jahre als Folge eines tief greifenden bildungspolitischen Paradigmenwechsels erkennbar. In diesem Zusammenhang werden den Schulen größere Gestaltungsspielräume hinsichtlich pädagogischer Schwerpunktsetzungen, der Unterrichtsorganisation, der Personalentwicklung und der Finanzbewirtschaftung gewährt. Damit ist es möglich, ein individuelles Schulprofil unter Berücksichtigung der jeweiligen regionalen und lokalen Gegebenheiten auszubilden. Im Rahmen dieser Bestrebungen um die Stärkung der Schulautonomie soll das Schulcurriculum neben dem Schulprogramm zur Qualitätssteigerung beitragen. Mit der Verlagerung der Entscheidungen auf die Ebene der Einzelschule und dem damit einhergehenden Verzicht auf detaillierte Regelungen in Form von Stoffkatalogen und inhaltlichen Verbindlichkeiten werden staatliche Curricula zumindest teilweise von traditionellen Kontrollfunktionen entbunden. Die eigentlichen Entscheidungen über Ziele, Inhalte, Lernprogression und -organisation werden dann in der schulinternen Lehrplanarbeit gefällt, in der der zentral vorgegebene „Rahmen" an die spezifischen Bedingungen der Einzelschule angepasst wird (vgl. Aschebrock & Stibbe, 2004, S. 95).

Inzwischen ist in Anbetracht der schlechten Leistungen deutscher Schülerinnen und Schüler in internationalen Vergleichsstudien eine gegenläufige Entwicklung auszumachen, die die Verbesserung der Qualität von Bildung und Schule vom Lernergebnis her zu denken und zu steuern versucht. Sichtbarster Ausdruck dieser Entwicklung sind die derzeitigen schulpolitischen Diskussionen um Bildungsstandards, Kerncurricula, Lernstandserhebungen und zentrale Abschlussprüfungen. Diese grundlegenden bildungspolitischen Veränderungen haben auch Implikationen für die staatliche Lehrplanentwicklung. So werden seit etwa 2003 Lehrpläne überwiegend nur noch als „Kernlehrpläne" konzipiert, die sich auf die Erstellung von Standards, kompetenzorientierten Leistungsanforderungen, Anregungen und Aufgabenbeispielen zur Lernkontrolle konzentrieren.

In diesem Kontext kann es kaum überraschen, dass auch die Lehrplanentwicklung im Fach Sport in den Sog dieser Diskussion geraten ist, wie die Formulierung von Bildungsstandards und Quaifikationserwartungen in neueren Sportlehrplänen zeigt. Die jüngsten Beispiele für Kernlehrpläne Sport, die wohl auch erstmals in der Fachgeschichte explizit als „Kerncurricula" bezeichnet werden, stammen aus Niedersachsen (vgl. Niedersächsisches Kultusministerium, 2006; 2007). Der in den Kerncurricula vorgegebene Orientierungsrahmen soll in der schuleigenen Lehrplanarbeit im Blick auf die spezifischen Bedingungen der Einzelschule konkretisiert werden. Die schuleigene Lehrplanarbeit dient dabei als Instrument der Qualitätsentwicklung und -sicherung. In diesem Sinne heißt es: „Der schuleigene Arbeitsplan ist regelmäßig zu überprüfen und weiterzuentwickeln, auch vor dem Hintergrund interner und externer

Evaluation. Die Fachkonferenz trägt somit zur Qualitätsentwicklung des Fachs und zur Qualitätssicherung bei" (Niedersächsisches Kultusministerium, 2006, S. 21). Das schulinterne Curriculum, das evaluiert und stetig fortgeschrieben werden soll, avanciert damit zur wesentlichen Vermittlungsinstanz zwischen übergreifenden Vorgaben und der persönlichen Unterrichtsvorbereitung.

2 Schuleigene Lehrpläne in der Diskussion

Ein wesentliches Problem der Lehrplanarbeit besteht darin, dass Lehrplantexte nicht geradlinig zur schulpraktischen Umsetzung führen: Staatliche Lehrpläne können den Unterricht nämlich nur mittelbar und begrenzt steuern, weil ihre Auslegung und Realisierung im Rahmen der pädagogischen Verantwortung für die Unterrichtsgestaltung bei den einzelnen Lehrkräften liegt. Lehrplandokumente werden in einem „komplexen Rezeptions- und Aneignungsprozess [von Lehrkräften] aufgenommen, verarbeitet, verworfen, uminterpretiert, vielleicht bis zur Unkenntlichkeit modifiziert und verfälscht" (Bräutigam, 1986, S. 102).
Obgleich Lehrplanvorgaben von Sportlehrkräften in der Mehrzahl vorliegender empirischer Untersuchungen durchaus akzeptiert und für notwendig erachtet werden, scheinen sie jedoch für die Unterrichtsplanung – besonders im Vergleich zu leitmediengestützten Fächern – nur selten herangezogen zu werden. Zahlreiche Studien können belegen, dass sie sich für die konkrete Unterrichtspraxis als wenig wirksam erweisen (vgl. zusammenfassend Stibbe, 2007).
Aus diesem Grund ist für Künzli eine erfolgreiche Lehrplanarbeit, die „unterrichtspraktisch wirksam werden [will], darauf angewiesen, dass die den Unterricht planenden und gestaltenden Lehrerinnen und Lehrer je für sich oder auch im Team an der Schule die Arbeit der Lehrplanung noch einmal machen, den Lehrplan rekonstruieren" (1998, S. 8). Dies kann dadurch erfolgen, dass die Fachkonferenzen Sport in den Schulen für die Lehrplanreform gewonnen und gemeinsame Absprachen im Zusammenhang mit der Erstellung von Schulcurricula getroffen werden. Dieser Vorschlag scheint Rückhalt bei Sportlehrkräften zu finden: Immerhin halten 39,7% der befragten niedersächsischen Sportlehrkräfte an Gymnasien eine „kontinuierliche Berichterstattung der Fachkonferenz über den Fortschritt der Umsetzung" der Richtlinien für „unbedingt notwendig", 44,9% fordern sie als „teilweise notwendig" ein (Atzert, 2004, S. 177). Dieses Ergebnis ist insofern bedeutsam, als nach Ergebnissen von Vollstädt u. a. gemeinsame curriculare Vereinbarungen auf der Schulebene „eine hohe Akzeptanz" finden und damit eher „als Grundlage der individuellen Unterrichtsplanung dienen" können (1999, S. 221). Als Ursache dafür verweisen sie auf das sogenannte „curriculum script" von Lehrkräften, das die Zusammenstellung eines subjektiven didaktischen Handlungsplans bezeichnet, mit dem der Unterricht von Lehrkräften zweckmäßig geplant wird. Die Bedeutung schulinterner Lehrpläne besteht nun darin, dass hier sowohl die offiziellen Lehrplananforderungen an die Gegebenheiten der Einzelschule als auch an die „curriculum scripts" der Fachlehrkräfte angepasst werden (vgl. Vollstädt u. a., 1999, S. 150-151).

Eine kooperative Abstimmung auf Schulebene ist allerdings nur möglich, wenn sich „arbeitsfähige Fachkonferenzen" an den Schulen etablieren, die „über die zumeist nur organisatorischen Regelungen hinaus eine gemeinsame inhaltliche Aussprache über Ziele und Inhalte der Richtlinien" treffen und „einen Erfahrungsaustausch über den alltäglichen Sportunterricht" vorsehen (Hübner, 1991, S. 752). Betrachtet man hierzu neuere Untersuchungsergebnisse, scheint jedoch eine gewisse Skepsis an den Umsetzungschancen angebracht.

Hinsichtlich der Erstellung schulinterner Lehrpläne für das Fach Sport in der gymnasialen Oberstufe in Niedersachsen gelangt Atzert zur kritischen Einschätzung, dass sich viele Fachkonferenzen kaum oder wenig intensiv mit der Lehrplanrealisierung beschäftigt haben. Dabei haben „viele Fachkollegien ihre schulinternen Pläne auf ein Minimum an Angaben reduziert", die die Reformintentionen des Lehrplans nicht mehr erkennen lassen (2004, S. 114). Ähnlich ernüchternd kommt jüngst Schulz nach Auswertung von 22 schulinternen Lehrplänen im Fach Sport zum Schluss: „Allein der Umfang von häufig nur 1 bis 2 Seiten lässt in der Regel lediglich spärliche Festlegungen zu, die den Unterricht in einer gesamten Schulstufe schwerlich nachdrücklich beeinflussen werden" (2007, S. 13).

Von besonderem Interesse ist in diesem Kontext die Untersuchung von Regner (2005). In einer qualitativen Studie hat er den Prozess und die Bedingungen der Entwicklung schuleigener Lehrpläne durch die Fachkonferenz Sport an drei Schulen in Nordrhein-Westfalen thematisiert. Dabei kommt er zu folgendem Ergebnis (vgl. Regner, 2005, S. 131-163): Auch wenn sich die Gegebenheiten an den untersuchten Schulen deutlich voneinander unterscheiden, kann doch allgemein davon ausgegangen werden, dass die Arbeit in den Fachkonferenzen nicht von einem einheitlichen pädagogischen Grundverständnis geprägt ist. Vielmehr lässt sich die kollegiale Kooperation als „spontan" und „sporadisch" kennzeichnen, wobei die individuelle Berufssozialisation und das Engagement der einzelnen Lehrkraft entscheidenden Einfluss auf die Erstellung des schuleigenen Lehrplans haben. Die hohe Akzeptanz, die schuleigene Lehrpläne bei den befragten Sportlehrkräften finden, kann nicht darüber hinwegtäuschen, dass die auf Schulebene entwickelten Pläne deutlich von den Anforderungen des amtlichen Lehrplans abweichen.

Die Ergebnisse legen aber auch nahe, dass die Kooperationskultur der Lehrkräfte durch die Erarbeitung des schulinternen Lehrplans positiv verändert werden kann. Je intensiver die Mitglieder der Fachkonferenz die Ziele des schuleigenen Lehrplans diskutieren, desto stärker ist der Gewinn für die Unterrichtspraxis der Lehrkräfte (vgl. Regner, 2005, S. 161). Allerdings erfordert eine intensive Beschäftigung mit dem schuleigenen Lehrplan erhebliches Engagement der Beteiligten (ebd.).

3 Schulinterne Lehrplanarbeit und Unterrichtsentwicklung

Zusammenfassend bleibt festzuhalten: In der schulpädagogischen und fachdidaktischen Diskussion liegen bislang nur wenige Untersuchungen zur Arbeit an und zum Umgang mit schuleigenen Lehrplänen vor. Konsens besteht darin, dass sich der schuleigene Lehrplan als ein wesentliches Instrument der Unterrichtsentwicklung und Lehrplanimplementation erweisen kann (vgl. u. a. Klieme & Priebe, 2007; Priebe & Schratz, 2007). Voraussetzung dafür ist allerdings eine Fachkonferenz, die sich zu einer „professionellen Lerngemeinschaft" (Bonsen, 2007) entwickelt. Bei der schulinternen Lehrplanentwicklung in einer „professionellen Lerngemeinschaft" geht es vor allem um den pädagogischen Diskurs und die kooperative Entwicklung fachlicher Perspektiven innerhalb der jeweiligen Fachkonferenz: „Die Fachkonferenzleitungen können bei dieser Aufgabenstellung der Fachteams nicht länger nur locker koordinieren (…), sondern werden Leitungs- und Entwicklungsaufgaben professionell wahrnehmen müssen sowohl bei der übergreifenden Curriculumentwicklung der Schule und deren Integration im Schulprogramm" (Priebe & Schratz, 2007, S. 7). Als Gelingensbedingungen lassen sich hier festhalten (vgl. Bastian, 2008, S. 10-11; Stibbe, 2006, S. 34-44): Es werden

- klare kollegiale Ziele und Vereinbarungen getroffen,
- wirksame Maßnahmen zur Umsetzung des schulinternen Lehrplans beschlossen,
- Möglichkeiten der Evaluation festgeschrieben,
- Kompetenzen und Ressourcen berücksichtigt.

Damit werden bei der schulinternen Lehrplanentwicklung Aspekte berührt, die für den Prozess einer systematischen Unterrichtsentwicklung unabdingbar sind. Horster und Rolff (2006) unterscheiden dabei fünf Basisprozesse der Unterrichtsentwicklung, die dazu beitragen können, „die relativ globalen Vorgaben von Lehrplan, Richtlinien und Rahmenkonzepten zu konkretisieren" (S. 70):

1. Datensammlung und Erhebung der „mentalen Modelle" des Fachkollegiums,
2. ein gemeinsames Unterrichtsverständnis entwickeln und Ziele vereinbaren,
3. das Inhalts- und Methodenrepertoire im Blick auf das gemeinsame Unterrichtsverständnis erweitern,
4. in kollegialer Abstimmung Unterrichtsvorhaben planen und realisieren,
5. die Unterrichtsergebnisse überprüfen (vgl. Horster & Rolff, 2006, S. 70-71).

Wie eine erfolgreiche Lehrplanarbeit im Fach Sport aussehen kann, die solche Anforderungen berücksichtigt, zeigt der Erfahrungsbericht von Schmerbitz und Seidensticker (2007).

Literatur

Aschebrock, H. & Stibbe, G. (2004). Tendenzen der Lehrplanforschung und Lehrplanentwicklung. In E. Balz (Hrsg.), *Schulsport verstehen und gestalten. Beiträge zur fachdidaktischen Standortbestimmung* (S. 89-102). Aachen: Meyer & Meyer.

Aschebrock, H. & Stibbe, G. (2008). Standards, Kerncurricula und schuleigene Lehrpläne. Steuerungsinstrumente für die Schulsportentwicklung. *sportpädagogik, 32* (3), 4-13.

Atzert, J. (2004*). Die Niedersächsischen Rahmenrichtlinien Sport für die gymnasiale Oberstufe des Gymnasiums. Evaluierung eines Lehrplankonzeptes.* Göttingen: Cuvillier.

Bastian, J. (2008). Schulinterne Curriculumarbeit. Hilfe für die Unterrichtsentwicklung? *Pädagogik, 60* (4), 6-11.
Bonsen, M. (2007). Das Kollegium als Professionelle Lerngemeinschaft. Schuleigene Curricula brauchen die Koordinierung der Lehrkräfte und Fachkonferenzen. *Lernende Schule, 10* (37/38), 16-18.
Bräutigam, M. (1986). *Unterrichtsplanung und Lehrplanrezeption von Sportlehrern.* Ahrensburg: Czwalina.
Horster, L. & Rolff, H.-G. (2006). *Unterrichtsentwicklung. Grundlagen einer reflektorischen Praxis* (2., überarbeitete Aufl.). Weinheim, Basel: Beltz.
Hübner, H. (1991). Fünf Jahre „Richtlinien Sport" – skeptische Bilanz und Perspektiven zur Umsetzung. In H. Aschebrock & H. Hübner (Hrsg.), *Die nordrhein-westfälischen „Richtlinien Sport" auf dem Prüfstand. Teil I und II.* Münster: Lit.
Klieme, E. & Priebe, B. (2007). Auf dem Weg zu schuleigenen Curricula. *Lernende Schule, 10* (37-38), 9-13.
KM NRW [Kultusminister des Landes Nordrhein-Westfalen] (Hrsg.) (1980). *Richtlinien und Lehrpläne für den Sport in den Schulen im Lande Nordrhein-Westfalen. Band I.* Köln: Greven.
Künzli, R. (1998). Lehrplanforschung als Wirksamkeitsforschung. In R. Künzli & S. Hopmann (Hrsg.), *Lehrpläne: Wie sie entwickelt werden und was von ihnen erwartet wird* (S. 7-14). Chur, Zürich: Rüegger.
Priebe, B. & Schratz, M. (2007). Schuleigene Curricula. Kollegiale Unterrichtsentwicklung als Schulentwicklung. *Lernende Schule, 10* (37/38), 4-8.
Regner, J. (2005). *Schuleigene Lehrpläne im Sport. Grundlagen – Erfahrungen – Perspektiven.* Berlin: Pro Business.
Schmerbitz, H. & Seidensticker, W. (2007). Schuleigene Lehrplanarbeit im Fach Sport – ein Erfahrungsbericht. *sportunterricht, 56* (4), 110-115.
Schulz, N. (2007). Sportkunde in schulinternen Lehrplänen der Sekundarstufe I. *Bewegungserziehung*, (5), 12-13.
Stibbe, G. (2006). *Schuleigene Lehrpläne im Fach Sport – Grundlagen, Probleme, Perspektiven. Gutachten im Auftrag des Landesinstituts für Schule/Qualitätsagentur NRW.* Karlsruhe: Pädagogische Hochschule Karlsruhe. Zugriff unter www.schulsport-nrw.de/info/news07/pdf/Expertise2006.pdf
Stibbe, G. (2007). Vom Umgang mit Lehrplänen. *sportunterricht, 56* (4), 100-104.
Stibbe, G. & Aschebrock, H. (2007). *Lehrpläne Sport. Grundzüge der sportdidaktischen Lehrplanforschung.* Baltmannsweiler: Schneider.
Vollstädt, W. u. a. (1999). *Lehrpläne im Schulalltag. Eine empirische Studie zur Akzeptanz und Wirkung von Lehrplänen in der Sekundarstufe I.* Opladen: Leske + Budrich.

TIM BINDEL & OLIVER WULF

Sportabstinente und Multiplayer – Ergebnisse einer Reanalyse

Das Interesse, welches die Sportwissenschaften, vor allem die sozialwissenschaftlichen Teildisziplinen, dem Jugendsport entgegenbringen ist groß. Die Rolle, die der Sport im Entwicklungsverlauf von Jugendlichen spielt wird dabei längst nicht mehr so einfach bestimmt wie noch vor 20 Jahren, als Zinnecker (1989) von einer „Alltagsnorm" sprach und Köppe und Warsitz im gleichen Jahr die Sportabstinenz bei Jugendlichen als publikationswürdige Besonderheit verstanden und kurative Ansätze durchschimmerten. Individualisierung und kulturelle Diversifizierung erzwingen neutrale Ansichten auf den Zusammenhang zwischen Jugend und Sport. Sportabstinenz ist längst keine Besonderheit – Sportlehrern wird das täglich bewusst. Auf der anderen Seite haben die Pädagogen es mit Sportbegeisterten zu tun, mit Experten auf bestimmten sportiven Gebieten und genauen Vorstellung von dem, was für sie Sport bedeutet. In einer ethnographischen Studie (Bindel, 2008) konnte gezeigt werden, wie Heranwachsende Sport zu einem individuellen Lebensstandard machen, der für Außenstehende nicht ohne weiteres verstehbar ist. Auch mit solchen sportkulturellen Mitgestaltern haben es Sportlehrer zu tun. Wer nun auf die goldene Mitte zielt, kann sich um die Extremstellen nicht kümmern. Über Sportabstinente und sportive Multiplayer wissen die Sportwissenschaften allerdings zurzeit wenig zu berichten. Diesem Zustand soll mit einem auf sechs Jahre angelegten Projekt begegnet werden. Einem teilethnographischen Zugang zur Thematik ist eine Reanalyse großer Surveys vorgeschaltet (hier exemplarisch SPRINT und FoKoS[1]), die zunächst Klarheit darüber bringen soll, ob die Annahme, es bestünde eine Schere im sportlichen Engagement von Jugendlichen (Neuber, 2007, S. 150) sich auch quantitativ bestätigen lässt. Der Tagungsbeitrag fasst kurz die zentralen Ergebnisse dieser Reanalyse zusammen, welche zugleich die Genese einer praktikablen Definition des sportiven Multiplayers darstellt.

Auf der Suche nach passenden Kriterien

Am Anfang einer quantitativen Auswertung steht die Frage nach der Eingrenzung der Gruppen. Was bedeutet Sportabstinenz und was ist ein Multiplayer? Mit Blick auf die zur Verfügung stehenden Daten (SPRINT, FoKoS) kann man die folgenden

---

1 Zur Reanalyse wurde uns der Datensatz der SPRINT-Studie dankenswerter Weise zur Verfügung gestellt. Bei der FoKoS-Studie handelt es sich um einen Querschnittsdatensatz aus verschiedenen Einzelbefragungen zum Sportverhalten der Bevölkerung. Diese Befragungen wurden durch die „Forschungsstelle Kommunale Sportentwicklungsplanung" (FoKoS), die an der Bergischen Universität Wuppertal beheimatet ist, im Auftrag diverser Kommunen durchgeführt, um den lokalen Wandel des Sports quantifizieren zu können. Im Rahmen der Reanalyse wurde aus diesem Datensatz die relevante Untersuchungsgruppe der 12- bis 17-jährigen herausgefiltert.

Parameter zur Definition heranziehen: *Zeitlicher Aufwand für Bewegung/Sport* und *Sportliches Engagement in verschiedenen Settings.* Über den subjektiven Stellenwert von Sport in der Freizeit von Jugendlichen gibt es leider keine Daten. Ein erster Ansatz für die Bestimmung der beiden Gruppen ist das zeitliche Engagement. Unstreitbar ist, dass Sportabstinenz bedeutet, null Stunden damit zu verbringen. Streitbar bleibt allerdings der Begriff Sport. So lässt sich nicht ausschließen, dass einige Jugendliche trotz gleichen Engagements unterschiedlich ankreuzen. Hübner und Wulf (2007) konnten z.B. feststellen, dass in aktuellen Sportverhaltensstudien oftmals ein sehr unterschiedlicher Sportbegriff abgefragt wird. Je nachdem, ob der Sportbegriff enger oder weiter gefasst wird, differieren auch die Angaben zu Art und Umfang der (sportlichen) Aktivität erheblich. Weitaus schwieriger ist die Frage zu beantworten, wie viel Zeit jemand für Sport investieren muss, um als Multiplayer bezeichnet zu werden und damit einen besonders extremen Bezug zum Sport zu haben scheint. Die Abbildungen 1 und 2 veranschaulichen den zeitlichen Aufwand für Sport, den Jugendliche beiderlei Geschlechts anhand der SPRINT- und FoKoS-Studie eingehen, graphisch (Stunden/Woche). Zunächst fallen die unterschiedlichen Mittelwerte (SPRINT: 7,2 Stunden / FoKoS: 5,1 Stunden) beider Studien ins Auge. Ein Erklärungsansatz findet sich in den unterschiedlichen methodischen Forschungsansätzen, die den zu Reanalyse benutzten Studien zugrunde liegt. Neben den Unterschieden beim grundsätzlichen Forschungsansatz (SPRINT = Schulsportuntersuchung / FoKoS = allgemeine Bevölkerungsbefragung zum Sporttreiben) und in der technischen Durchführung der Studien (SPRINT = Befragung im Klassenverband / FokoS = postalischer Versand der Fragebögen), stechen vor allem die unterschiedlichen Frageformulierungen hervor, anhand derer die Umfänge des Sporttreibens abgefragt werden. Während die befragten Schüler in der SPRINT-Studie für jeden Wochentag differenziert angeben sollten, wie viele Stunden Sport sie im Rahmen des Vereins- bzw. des Freizeitsports betreiben, wird in den FoKoS-Studien der Umfang des Sporttreibens anhand der Frageformulierungen „Wie oft im Monat" und „Wie viele Minuten pro Einheit" ermittelt (zur Fragebogenkonzeption vgl. Kirschbaum, 2003). Wird der Bezugsrahmen für die Angabe der Umfänge nicht auf die Woche, sondern auf den Monat gesetzt, dann erhöht sich Anteil der Befragten, die nur unregelmäßig aktiv sind deutlich.

Trotz der skizzierten Unterschiede fällt der gemeinsame Verlauf der Kurven ins Auge. Der zeitliche Aufwand für Sport ist nicht normalverteilt (schwarze Linie). Das deutliche Übergewicht unterdurchschnittlich Sporttreibender ist ebenso auffällig wie der hohe Anteil derer, die angeben, gar keinen Sport zu treiben (SPRINT: 12% / FoKoS: 10,9). Damit liegt ein erster Richtwert für die Gruppengröße sportabstinenter Jugendlicher vor. Die Normkurve wird in beiden Grafiken ein zweites Mal überschritten – im Bereich ab 20 Stunden pro Woche. Doch es gibt keine mathematisch plausible Grenze zwischen „normalem" und „extremem" Sportengagement. Denkt man an die Situation, in einer qualitativen Studie nach Einzelfällen zu suchen, so birgt die Frage nach dem zeitlichen Aufwand ohnehin zu viele Unklarheiten (s. o.). Einfacher zu beantworten ist die Frage danach, in welchen oder in wie vielen Kontexten Sport ausgeübt wird. Die Praktikabilität dieses Ansatzes wurde geprüft.

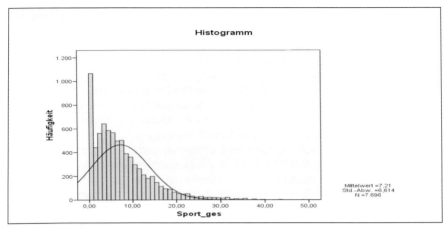

Abb. 1. Verteilung nach aufgewendeter Zeit, SPRINT, Alter 12-17.

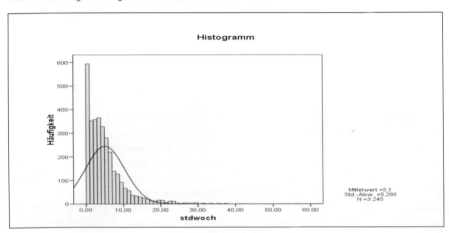

Abb. 2. Verteilung nach aufgewendeter Zeit, FoKoS, Alter 12-17.

Die Daten der SPRINT-Studie beinhalten sportliches Engagement innner- und außerhalb des Vereins (außer Schulsport) sowie in einer Schulsport-AG. Die FoKoS-Daten sind hier umfangreicher. Zahlenmäßig spielen aber auch hier nur Verein und „informeller Sport" eine Rolle. Wir haben für die Reanalyse der FoKoS-Daten alle Aktivitäten, die in der Freizeit außerhalb des Vereins stattfinden unter den Begriff „Freizeit" gefasst. Da die SPRINT-Daten zur Mitgliedschaft in einer Schulsport-AG leider nicht vollständig sind (zu hoher Wert ohne Angabe), haben wir uns auch hier auf zwei Rubriken konzentriert: Verein und Freizeit (außerhalb des Vereins). Ob jemand unanhängig von der aufgewendeten Zeit in einem dieser beiden Settings oder in beiden Sport treibt kann nun leicht erfasst werden. Abbildung 3 zeigt exemplarisch anhand der SPRINT-Daten wie eine solche Verteilung aussieht.

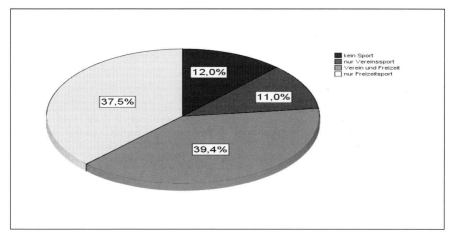

Abb. 3. Verteilung nach Anzahl verschiedener Settings, SPRINT.

12% der befragten Jugendlichen treiben demnach außerhalb des Sportunterrichts keinen Sport und sind so als sportabstinent zu bezeichnen. Reine Spezialisten, die im Verein ihren Sport, wohl zumeist wettkampfmäßig, ausüben sind gegenüber den anderen sportiven Gruppen deutlich in der Unterzahl. Es ist der großen Bedeutung des informellen Sports geschuldet, dass die Gruppe der Jugendlichen, die in beiden Settings Sport treiben mit 39,4% überraschend hoch ist. Bevor man diese große Gruppe nun als sportive Multiplayer bezeichnen möchte, muss man sich die Frage stellen, ob die reine Präsenz in mehreren sportiven Kontexten eine hinreichende Bedingung ist. Müsste man nicht trotz der oben skizzierten Schwierigkeiten auch die Bewegungszeit berücksichtigen? Die Reanalyse zeigt, dass man sich mit Variablen nicht mehr befassen muss, denn es herrscht eine deutliche Korrelation zwischen Anzahl der Settings und aufgewendeter Zeit (SPRINT: C=.736). Laut SPRINT (Reanalyse) verbringen Jugendliche die sowohl im Verein als auch außerhalb des Vereins Sport treiben im Mittel 6,48 Stunden pro Woche mit Sport (D=2,66). Vereinsspezialisten liegen mit 2,44 Stunden sogar unter dem Gesamtdurchschnitt. Die FoKoS-Daten liegen insgesamt höher, zeigen aber dieselbe Tendenz. Nun lässt sich der Einwand vorbringen, dass die Bewegungszeit in einem Vereinstraining höher sein kann, als die beim informellen Sport. Man denke nur an Aktivitäten auf dem Streetballplatz, die durch lange „bewegungslose" Zeiten gekennzeichnet sind. Wir wenden ein, dass es aus sozialwissenschaftlicher Perspektive nicht zwangsläufig um die physische Bewegung gehen muss, die mentale Zuordnung zum sportiven Kontext scheint uns mit Blick auf die Problemstellung bedeutungsvoller.

Ein Vier-Gruppen-Modell des Sportverhaltens

Man kommt schließlich zum Ergebnis: Nur wer in mehreren Settings Sport treibt, der verbringt viel Zeit damit. Die Annahme die Vereinsmitgliedschaft allein lasse auf ein überdurchschnittliches Sportengagement schließen ist heute überkommen. Sportive Multiplayer, Jugendliche mit besonders ausgeprägtem Sportbezug (sowohl zeitlich als auch die Anzahl der Settings betreffend) lassen sich in der Gruppe derer finden, die in Fragebögen angeben sowohl im Verein als auch außerhalb Sport zu treiben. Für weitere Eingrenzungen sind u. E. qualitative Ansätze innerhalb dieser Gruppe fruchtbar. Auf quantitativer Basis soll zunächst von Multiplayern gesprochen werden, wenn in mehreren Settings außerhalb der Schule ein Bezug zum Sport besteht. Betrachtet man Geschlecht und Alterskohorten (hier nicht abgebildet), so ist auffällig, dass bei beiden Geschlechtern die Gruppe derer, die nur Freizeitsport treiben anwächst, was durch Vereinsaustritte erklärbar ist. Vor allem bei den weiblichen Jugendlichen wird der besondere Stellenwert des informellen Freizeitsports gut sichtbar. Nur noch jede sechste Jugendliche treibt ausschließlich im Verein Sport. Bei den vier Jahre jüngeren Jugendlichen liegt dieser Wert deutlich über 20% und damit noch über dem für Multiplayer.

Eine Einteilung der Jugendlichen in diese vier Gruppen ist zugegebener Maßen eine starke Vereinfachung. An dieser Stelle sei darauf hingewiesen, dass eine Einteilung in zwei Gruppen, nämlich männlich und weiblich, eine noch stärkere Reduktion der Wirklichkeit ist. Dennoch lässt sich auf dieser Basis über Koedukation fruchtbar diskutieren. Also sei an dieser Stelle der Gefahr der wissenschaftlichen Hemdsärmeligkeit mit dem Vorschlag begegnet, die Ergebnisse der Reanalyse lediglich als Auftakt für eine qualitative Vertiefung zu sehen. Was ein Multiplayer ist, was für ihn Sport bedeutet, wie sich ein Unterricht für ihn darstellen sollte, lässt sich nicht anhand von Zahlen, und seien es noch so viele, klären. Erlaubt sei nun eine wissenschaftlich fragwürdige Deduktion: Wie könnte eine fiktive Schulklasse, sortiert nach den vier Gruppen (Sportabstinente, nur Verein, nur Freizeit, Verein und Freizeit) aussehen? Dazu wurde das SPRINT-Datenmaterial heruntergebrochen. Tabelle 1 zeigt wie eine 7. Klasse der Hauptschule (15 Schülerinnen und 15 Schüler) aussehen könnte.

Tab. 1. *Die fiktive Schulklasse (N=430).*

Gruppierung	weiblich	männlich
„kein Sport"	20% → 3	13,3% → 2
„nur Verein"	12,2% → 2	9,3% → 1
„nur Freizeit"	45,9% → 7	31,6% → 5
„Verein und Freizeit"	22% → 3	45,8% → 7

Die Reanalyse konnte bestätigen, dass Lehrerinnen und Lehrer es mit Kindern und Jugendlichen zu tun haben, für die Sport ganz unterschiedliche Bedeutungen hat. In der fiktiven Klasse befinden sich alleine 10 Schülerinnen und Schüler, die neben der Schule auch in Verein und Freizeit Sport treiben. Welche Definitionen von

Sport, welche Werte und Ausübungspräferenzen hier vorliegen bleibt qualitativ zu erforschen. Die fünf Sportabstinenten müssen im gleichen Unterricht bedient werden, ebenso die drei Vereinsspezialisten. Die Sportdidaktik hat sich mit der Frage danach, wie all diese Gruppen gemeinsam zu unterrichten sind bislang nur auf der Basis der Leistungsdifferenzierung befasst. Mit Blick auf die hohe Bedeutung des Freizeitsports ist dieser Ansatz antiquiert. Über Differenzierung muss mit Blick auf die Charakteristika des informellen Sports (Balz, 2004; Bindel, 2008) erneut nachgedacht werden.

Möglichkeiten und Grenzen des Modells

Auf der Suche nach einer geeigneten Eingrenzung der Gruppen Sportabstinente und Multiplayer sind wir auf ein sehr einfaches Modell gestoßen. Es hat deutliche Grenzen und ist für große Paukenschläge in der sportwissenschaftlichen Landschaft nicht geeignet. Als Ansatz für qualitative Forschung ist es aber praktikabel: Mit nur zwei Fragen lassen sich die Weichen für eine Suche nach Einzelfällen stellen: 1. Treibst du Sport in einem Verein? 2. Treibst du auch außerhalb des Vereins in deiner Freizeit Sport? So lassen sich potenzielle Extremfälle finden von denen wir mehr erfahren über die Schere des Sportengagements. Im zeitlich engen Schulalltag kann ein Forscher also mit einem Minimalfragebogen den ersten Haken setzen. Auch Lehrer könnten diese einfachen Fragen anwenden, um sich ein grobes Bild der neuen Klasse zu machen. Auch hier gilt: Tiefer geht es nur qualitativ, durch Gespräche und sensible Beobachtungen.

Auf der Basis der skizzierten Ergebnisse wird in den nächsten Jahren eine qualitative Forschung eingesetzt. Definitionen, Begrifflichkeiten und Hypothesen werden in einem mehrjährigen Prozess gebildet. Die skizzierte Reanalyse soll aber jetzt schon zu Diskussionen über eine heterogene Klientel anregen. Zentraler Hinweis dafür: Die Dichotomie Vereinsmitglied – nicht Vereinsmitglied entspricht nicht dem Sport des 21. Jahrhunderts, zumindest nicht dem, der in pädagogischen Kontexten eine Rolle spielt.

Literatur

Balz, E. (2004). Zum informellen Sportengagement von Kindern und Jugendlichen: Einführung in die Thematik. In E. Balz & D. Kuhlmann (Hrsg.), *Sportengagements von Kindern und Jugendlichen. Grundlagen und Möglichkeiten informellen Sporttreibens* (S. 7-16). Aachen: Meyer & Meyer.
Bindel, T. (2008). *Soziale Regulierung in informellen Sportgruppen.* Hamburg: Czwalina
Hübner, H. & Wulf, O. (2007, September). *Das kommunale Sportverhalten messen – welcher Sportwissenschaftler kann das schon?* Vortrag auf dem 18. Sportwissenschaftlichen Hochschultag der dvs in Hamburg, 26.-28. September 2008.
Kirschbaum, B. (2003). *Sporttreiben und Sportverhalten in der Kommune – Möglichkeiten der empirischen Erfassung des lokalen Sportverhaltens als Basis kommunaler Sportstättenentwicklungsplanung.* Münster: Lit.
Köppe, G. & Warsitz, K. (1989). *Sportabstinenz bei Jugendlichen. Deutungsmuster, Interpretationen, Schlussfolgerungen.* Köln: Sport und Buch Strauß.

Neuber, N. (2007). *Entwicklungsförderung im Jugendalter. Theoretische Grundlagen und empirische Befunde aus sportpädagogischer Perspektive*. Schorndorf: Hofmann.

Zinnecker, J. (1989). Die Versportung jugendlicher Körper. In W.-D. Brettschneider, J. Baur & M. Bräutigam (Hrsg.), *Sport im Alltag von Jugendlichen. Sportwissenschaftliche und sozialwissenschaftliche Beiträge* (S. 133-159). Schorndorf: Hofmann.

JUDITH FROHN, CLAUDIA HENRICHWARK & LUTZ KOTTMANN

Bewegung und Lernen in der Lehrerbildung – ein Projekt

Das Thema Bewegte Schule findet sich seit nunmehr fast 30 Jahren immer wieder in der Fachdiskussion und wird von Politik und Gesellschaft gefordert, allerdings ohne entsprechend bis in die Praxis verfolgt zu werden. Seit den Ansätzen zu mehr Bewegung in der Schule von Urs Illi Anfang der 1980er Jahre (vgl. Illi, 1993) bis heute wird das Thema immer wieder aufgenommen, doch durchschlagende Erfolge blieben bisher aus. Allenfalls im Primarbereich hat die Idee der Bewegten Schule einen gewissen Stellenwert bei Lehrkräften und Eltern – ohne jedoch immer angemessen in die Praxis umgesetzt zu werden. Andererseits zeigen viele Initiativen, wie beispielsweise die Auszeichnung der Bewegungsfreudigen Schule in NRW, dass das Thema nach wie vor aktuell ist und sich die Idee der Bewegungsfreudigen Schule ausbreitet und ausdifferenziert.

Bewegung ist notwendig – in allen Schulformen

Im Primarbereich findet man zurzeit die intensivsten Bemühungen um mehr Bewegung in der Schule. Dies ist evident: kurze Konzentrationsphasen und ein großes Bewegungsbedürfnis der Kinder und damit einhergehend die Notwendigkeit zu anschaulichem, handlungsorientiertem Lernen machen Bewegungspausen und bewegtes Lernen zwingend erforderlich.
Allerdings wissen wir aus der Lernpsychologie, dass handlungsorientiertes Lernen, Lernen mit allen Sinnen auch in den Sekundarstufe I und II effektiver ist als rein kognitives Aufnehmen abstrakter Informationen. Ebenso wirkt sich die Rhythmisierung des Schulalltags positiv auf Lernmotivation und Lernerfolg von Schülerinnen und Schülern aller Altersstufen aus. Insofern hat die Idee der bewegungsfreudigen Schule in den weiterführenden Schulen ihre Berechtigung, wenn auch mit anderer Zielsetzung.
Viele Jahre lang legitimierte man die Notwendigkeit von Bewegung vor allem aus anthropologischer, pädagogischer oder entwicklungspsychologischer Perspektive. Der Mensch ist auf Bewegung angelegt, erfährt und begreift seine Welt durch und über Bewegung und ist in seiner Entwicklung auf Bewegung angewiesen. Dies war im Allgemeinen einleuchtend, aber für die wenigsten Menschen mit dem Zwang zum Umdenken verbunden. Erst die Erkenntnisse aus der Neurobiologie und der Hirnforschung, die zeigen, dass Bewegung kognitive Prozesse begünstigt, scheinen nachhaltigere Wirkung zu haben, da sie unmittelbar auf die Aufgabe von Schule zu beziehen sind, nämlich die Lernleistungen zu optimieren. So konnte z. B. in Studien von Gaser (2004) oder von Hollmann, Strüder und Tagarakis (2005) nachgewiesen werden, dass sich körperliche Aktivität positiv auf kognitive Gehirnfunktionen und

die Synapsen- und Neuritenbildung auswirkt. Provokant titelte jüngst der Spiegel: „Faul macht dumm" (Spiegel, 17/2008, S. 146)[1].

Die Ergebnisse vielfältiger empirischer Studien zum Zusammenhang von Bewegung und kognitiven Leistungen machen deutlich, dass Bewegung nicht nur die Pausen bereichern kann, sondern auch für das schulische Lernen unerlässlich ist.

Hindernisse auf dem Weg vom Konzept in die Praxis

Argumente für mehr Bewegung in der Schule gibt es also – vielfältig und überzeugend. Viele Lehrkräfte aus unterschiedlichen Schulformen zeigen auch durchaus Einsicht in diese Zusammenhänge, und dennoch fehlt häufig die praktische Konsequenz aus dieser Einsicht. Zwischen theoretischer Erkenntnis und praktischem Handeln besteht eine große Kluft. Dies hat vielerlei Gründe; vier solcher Gründe, bei Lehrerfortbildungsmaßnahmen immer wieder vorgetragen werden, sind:

- Lehrkräfte fühlen sich nicht kompetent für den Bereich Bewegung und schieben die Verantwortung für einen bewegten Schulalltag auf die Fachkolleginnen und -kollegen vom Sport ab;
- Lehrkräfte berufen sich auf ihren Fachauftrag und haben für „Spielereien" keine Zeit; Bewegung lenke ab und gehöre in die Pausen;
- Lehrkräfte scheuen sich unter dem Druck von Lernstandserhebungen und Leistungsvergleichen, Zeit für Bewegungs- und Entspannungspausen zu „opfern";
- Lehrkräfte haben Probleme, in dem 45-Minuten-Zeitraster die richtige Situation für Bewegungs- oder Entspannungspausen zu finden.

An dieser Erkenntnis setzt unser Projekt an.

Das Projekt „Bewegung als integraler Bestandteil der Lehrerausbildung"[2]

Ziel des an der Bergischen Universität Wuppertal angesiedelten Projekts ist die Etablierung von Bewegung als integralem Bestandteil von Leben und Lernen in der Schule. Dazu müssen möglichst viele zukünftige Lehrkräfte für die Thematik sensibilisiert werden und entsprechende Kompetenzen für eine bewegungsfreudige Schul- und Unterrichtsentwicklung erworben haben. Da bei Sportstudierenden davon ausgegangen werden kann, dass sie dem Thema Bewegung gegenüber aufgeschlossen sind, über entsprechende Kompetenzen verfügen und das Konzept der Bewegten Schule zumindest in Ansätzen kennen, konzentrieren sich die Maßnahmen auf Nicht-Sportstudierende. Im Mittelpunkt der Projektarbeit stehen daher

---

1   Darin wird nachgewiesen, dass ein Mangel an Bewegung zu Parkinson, Alzheimer oder Depressionen führen könne. Sport dagegen sei die beste Medizin, um Hirnleiden zu behandeln. Bereits 2004 wies der Spiegel auf die Notwendigkeit von Bewegung zur Erkenntnisgewinnung hin: „Sport (ist), allen Grüblern, Denkern und Ausreden zum Trotz, nicht nur ein Zeitvertreib für Doofe, sondern ein Weg der Erkenntnis. Alle kognitive Leistung beginnt mit Bewegung" (Spiegel, 40/2004, S. 181).
2   Das Projekt wird gefördert vom GUVV Westfalen-Lippe und der Bertelsmann-Stiftung.

zum einen die Konzipierung von Lehrangeboten für Studierende ohne das Unterrichtsfach Sport und zum anderen die Entwicklung von Materialien zur Aus- und Weiterbildung.
Das Lehrangebot soll zukünftig aus zwei unterschiedlich akzentuierten Seminaren bestehen,[3] von denen das eine stärker den Aspekt der Programmatik Bewegter Schulen und Schulentwicklung thematisiert, während das andere den Schwerpunkt auf Lernen und Unterricht legt. Hinzu kommt die Bearbeitung der Thematik im Rahmen studentischer Forschungsprojekte im Master of Education (z.B. MA-Thesis).
Damit Studierende diese Lehrveranstaltungen besuchen, müssen sie in die erziehungswissenschaftlichen Anteile des Lehramts- bzw. BA-/MA-Studiums integriert werden und es müssen dort anrechenbare Leistungspunkte erworben werden können. An der Bergischen Universität Wuppertal besteht die Möglichkeit, die erstgenannte Veranstaltung im Modul „Bildungsforschung und Schulentwicklung", die zweitgenannte im Modul „Unterricht und Unterrichtsforschung" zu platzieren. Dies impliziert eine Kooperation zwischen Sport- und Erziehungswissenschaft, wobei sich insbesondere die Frage nach der Verrechnung von Lehrkapazitäten stellt.
Im Projekt werden außerdem Materialien zur Lehre an Universitäten im erziehungswissenschaftlichen Studium sowie Selbstlernmaterialien für Lehrkräfte entwickelt. Insgesamt wird eine Etablierung über Wuppertal hinaus angestrebt.

Erste Ergebnisse und Perspektiven

Schon seit dem Wintersemester 2006/2007 haben Lehramtsstudierende aller Schulformen an der Bergischen Universität Wuppertal, die nicht das Fach Sport studieren, die Möglichkeit, ein Seminar „Grundlagen bewegter Schulentwicklung" in Kooperation von Sportwissenschaft und Erziehungswissenschaften zu besuchen. Die Inhalte des Seminars bestehen aus den Bausteinen

- Veränderte Lebens- und Bewegungswelt von Kindern und Jugendlichen,
- Bedeutung von Bewegung für Entwicklung, Leben und Lernen,
- Bausteine einer Bewegungsfreudigen Schule – Schulprogrammarbeit,
- Bewegte außerunterrichtliche Angebote,
- Wahrnehmungsförderung.

Diese werden theoretisch erarbeitet, an empirischen Befunden erörtert und durch praktische Übungen ergänzt. Darüber hinaus erarbeiten die Studierenden in Kleingruppen zwei Präsentationen, in denen sie zum einen die Ergebnisse ihrer Untersuchungen zu Bewegungsgelegenheiten in der Schule vorstellen und zum anderen außerunterrichtliche Bewegungsangebote im Rahmen von ein- und mehrtägigen

---

3 Zum Zeitpunkt des Vortrags wurden noch die drei Bausteine „Grundlagen bewegter Schulentwicklung", „Vertiefung: Bewegung und Lernen" sowie „Schulpraktische Erprobung und Evaluation" anvisiert. Aufgrund der notwendigen Einbindung in die erziehungswissenschaftliche Modulstrukturen des Masters of Education mussten hier Modifizierungen vorgenommen werden.

Ausflügen oder Klassen-/Schulfesten konzipieren und präsentieren. Ergänzend besuchen die Studierenden die „Bewegungswerkstatt Wuppertal", in der praxisnah eine Vorstellung von Bewegter Schule entwickelt wird.
Das Grundlagenseminar wird von den Studierenden sehr gut evaluiert und an Kommilitoninnen und Kommilitonen ausdrücklich empfohlen. Besonders geschätzt werden die folgenden Aspekte, die nach Aussagen der Teilnehmerinnen und Teilnehmer zur Verbesserung der Lehrkompetenz beitragen:

- Bedeutung von Bewegung für Leben und Lernen,
- Einsatz von Bewegungs- und Entspannungspausen,
- Anregung der Integration von Bewegung im Unterricht,
- Alternativen zur „normalen" Unterrichtsgestaltung,
- Erweiterung des Repertoires „Bewegungsspiele".

Die Themenbereiche „Bedeutung von Bewegung (Lernen & Entwicklung)", „Bedeutung und Vielfalt von Bewegung", „Bewegungsspiele und praktische Beispiele", „Entspannungs- und Bewegungspausen", „Argumente für die Bewegte Schule" und "Bewegtes Sitzen" hatten die größte Bedeutung für die Lehramtsstudierenden. Ihre Wünsche im Hinblick auf vertiefende Seminare mit Elementen wie „Organisation/Umsetzung von Bewegung in Schule und Unterricht", „Kinesiologie", „Psychomotorik" sowie „motorische Entwicklung" werden in der Weiterentwicklung des Seminarangebots berücksichtigt. In einem ersten Schritt wird das Grundlagenseminar in zwei Seminare mit den unterschiedlichen Schwerpunkten „Unterricht" und „Schulentwicklung" geteilt und neu konzipiert.
Darüber hinaus ist ein Kooperationsvertrag zwischen den beiden Fächern "Sportwissenschaft" und "Erziehungswissenschaft" geschlossen worden, der das Seminarangebot dauerhaft als integralen Bestandteil des erziehungswissenschaftlichen Studiums sichern soll.

Literatur

Illi, U. (1993). Sitzen als Belastung...wir sitzen zuviel. Projekt: Bewegte Schule. *Haltung und Bewegung, 13* (2), 11-18.
Hollmann, W., Strüder, H. & Tagarakis, V.M. (2005). Gehirn und körperliche Aktivität. *Sportwissenschaft, 35* (1), 3-14.
Gaser, C. (2004). Neuroplasticity: changes in grey matter by training. *Nature, 427* (6972), 311-312.

AK   Neue Lehr-Lernkulturen im Sportunterricht

ANDRÉ GOGOLL, ANDREA MENZE-SONNECK & ANNE RISCHKE

Neue Lehr-Lernkulturen im Sportunterricht

In kaum einem anderen Schulfach haben sich wohl im Hinblick auf das Lehren und Lernen derart unterschiedliche Gewohnheiten, Sitten und Vorstellungen – kurz: Lehr-Lernkulturen – herausgebildet, wie im Fach Sport. Ziel des Arbeitskreises ist es, die ersten Konturen einer *neuen* Kultur des Lehrens und Lernens im Sportunterricht nachzuzeichnen. Sie entwickelt sich unserer Meinung nach dann, wenn auch das Fach Sport den Aufbau und die Förderung von komplexen Kompetenzen von Schülerinnen und Schülern in den Mittelpunkt des Unterrichtsgeschehens stellt. Wir wollen zeigen, welche anderen Gewohnheiten, Sitten und Vorstellungen sich für das Lehren und Lernen in einem solchermaßen kompetenzfördernden Sportunterricht herausbilden. André Gogoll arbeitet heraus, welche Aufgaben die sportdidaktische Diskussion zu bewältigen hat, wenn sie sich an der Ausbildung dieser neuen Lehr-Lernkultur beteiligen möchte. Anne Rischke beschäftigt sich mit der problemorientierten Organisation von Lehr- und Lernprozessen im Sportunterricht. Andrea Menze-Sonneck stellt schließlich eine didaktisch-methodische Systematisierung für die Textaneignung im Sportunterricht vor.

ANDRÉ GOGOLL

Neue Lehr-Lernkulturen im Sportunterricht.
Ein sportdidaktisch-theoretischer Rahmen

Seit einigen Jahren orientieren zwei, eng miteinander verbundene Diskurse die Reformbemühungen des deutschen Schulwesens. Da ist zum einen die seit PISA 2000 auch für das deutsche Bildungssystem angestoßene Diskussion um „Neue Steuerung" – also ein bildungspolitisch geführter Diskurs um die Frage, wie man in Zeiten knapper Kassen ein teures, jedoch zunehmend als uneffektiv wahrgenommenes Bildungssystem bei weitgehend bestehenden Strukturen reformieren könne (vgl. Bellmann, 2006). Und da ist zum andern der daran anschließende Diskurs um die Etablierung einer „neuen Lehr- und Lernkultur" in der empirischen Bildungsforschung (vgl. Kollar & Fischer, 2008).
Ziel meines Beitrags ist es, zu zeigen, wie sich die sportdidaktische Diskussion in beide Diskurse einordnet und wie sie davon ausgehend weiterentwickelt werden könnte. Dazu werde ich zunächst die beiden Diskurse um Neue Steuerung und Neue Lehr-Lernkultur aus der Perspektive der Bildungspolitik und Bildungsforschung nachzeichnen. Daran anschließend werde ich zwei Bereiche skizzieren, an denen die sportdidaktische Diskussion an diese Diskurse mehr oder minder gelungen anschließt. Dabei geht es erstens um die Formulierung von Bildungsstandards und zweitens um den spezifischen Beitrag, den das Fach Sport zum Kompetenzerwerb beisteuern kann.

1 Diskurse in Bildungspolitik und Bildungsforschung

(1) Der Begriff „Neue Steuerung" stammt ursprünglich aus einer Diskussion um die politische Steuerung des öffentlichen Sektors und steht dort für eine fundamentale Neuausrichtung der Steuerungsphilosophie („New Public Management"). Der Paradigmenwechsel bestand dabei darin, staatliche Institutionen nicht länger zentral und über einen Input, sondern stattdessen über ihren Output und über einen verstärkten Wettbewerb dezentralisierter autonomer Einheiten zu steuern. Für den Bildungsbereich vollzog sich diese Umstellung relativ bald im Anschluss an die Veröffentlichung der PISA 2000 Ergebnisse und als Folge der politisch brisanten Diskussion um den Zustand und die Zukunftsfähigkeit von Schule in Deutschland.
Output und Wettbewerb sind also die beiden Instrumente, mit denen die Bildungspolitik das Bildungswesen und damit die Leistungs- und Zukunftsfähigkeit der heranwachsenden Generation von nun an steuern will. Outputsteuerung basiert im Bildungsbereich auf zwei Kernelementen: Zum einen auf der Orientierung an einen erwartbaren Leistungsertrag, der in Form von Bildungsstandards formuliert und festgelegt werden soll. Zum anderen auf der Durchführung von Evaluierungen, mit

deren Hilfe Informationen über die erreichten Leistungserträge als „feedback" in die Prozesse der Leistungserstellung zurückfließen sollten. Im Vordergrund der aktuellen Reformbemühungen steht zunächst der Auftrag, Bildungsstandards zu formulieren. Jedes Schulfach soll in Form von Kompetenzanforderungen festlegen, welche Lernergebnisse es von den Schülerinnen und Schülern verbindlich erwartet: *Was sollen Schülerinnen und Schüler als Ergebnis des Unterrichts in verschiedenen Fächern oder zu verschiedenen Abschnitten ihrer Schullaufbahn leisten können? Welche Kompetenzen haben die Schülerinnen und Schüler dazu zu erwerben? Mit Hilfe welcher Aufgaben lässt sich das Erreichen dieser Kompetenzen valide erfassen?*
(2) Mit der Umstellung auf Outputsteuerung sind jedoch nicht nur die Lernergebnisse der Schülerinnen und Schülern ins Zentrum der wissenschaftlichen Aufmerksamkeit gerückt. Auch die dem Output vorgelagerten Prozesse des Kompetenzerwerbs – sprich: die Prozesse der Leistungserstellung – bestimmen eine wissenschaftliche Diskussion, die auf eine Verbesserung von Bildungsqualität abzielt und damit nicht allein die Umstellung auf Outputsteuerung, sondern eine evidenzbasierte Optimierung pädagogischer Prozesse verbindet (vgl. Edelstein & de Haan, 2006). Dabei geht es letztlich um zwei Fragen: *Welche Lernprozesse korrespondieren mit dem Kompetenzerwerb in komplexen Domänen? Wie kann der Erwerb komplexer Kompetenzen im Unterricht gefördert werden?* Insbesondere die Diskussion um eine Verbesserung der Bildungsqualität von Schule und Unterricht wird dabei von der Grundidee geleitet, schulisches Lernen kompetenzfördernd und verstärkt als verständnisvolles Lernen zu organisieren. Schule soll zum Erwerb eines gut verstandenen und zum settingübergreifenden Transfer geeigneten „intelligentem Wissen" führen. Unterricht soll kognitiv aktivierend gestaltet werden und Schülerinnen und Schülern Gelegenheiten zum verständnisvollen Lernen schaffen – so lautet der allgemeine Auftrag an die Fächer zur Entwicklung einer „neuen Lehr-Lernkultur".
Fasst man diese beiden Diskurse zusammen, dann sind die Aufgaben für das Fach Sport klar umrissen: Wenn es dem Fach Sport daran gelegen ist, an den in Gang gesetzten Reformprozess anzuschließen, dann muss es zum einen gelingen, Bildungsstandards zu formulieren. Zum anderen muss das Fach überzeugend nachweisen, wie es auf seine spezifische Weise zum Kompetenzerwerb beitragen kann.

2 Bildungsstandards im Sport

Seit einiger Zeit nun schon hat die Debatte um Bildungsstandards auch das Schulfach Sport erfasst (z. B. Aschebrock & Stibbe, 2008). Im Unterschied zu den anderen Schulfächern verläuft die Diskussion hier jedoch weitaus uneinheitlicher und kontroverser. Dahinter steht vermutlich zweierlei:
Erstens ist offenkundig, dass die Diskussion um Bildungsstandards für das Fach Sport vor dem Hintergrund verschiedener, teilweise unvereinbarer fachdidaktischer Positionen geführt wird: Bildungsstandards greifen aber gerade die allgemeinen Bildungsziele eines Faches auf und konkretisieren diese in Form von Kompetenzanforderungen. Sich über Bildungsstandards zu einigen setzt demnach einen

grundlegenden fachdidaktischen Konsens über den zentralen Bildungsauftrag, den das jeweilige Fach zu erfüllen hat, voraus. Die sportdidaktische Diskussion in Deutschland zeichnet sich dagegen gerade durch eine Vielfalt an unterschiedlichen Vorstellungen über die allgemeinen Bildungsziele des Faches Sport in der Schule aus. Schon angesichts dieser Heterogenität an Zielvorstellungen aber erscheint es illusorisch, bundesweit einheitliche Bildungsstandards für den Schulsport formulieren zu können.

Der zweite Grund für die geringe Übereinkunft in der sportdidaktischen Diskussion dürfte in der uneinheitlichen Verwendung des Kompetenzbegriffs liegen: In der Linie der Debatte um Bildungsstandards, wie sie etwa von der sogenannten „Klieme-Expertise" (Klieme et al., 2003, S. 72-74) vorgetragen wurde, gelten Kompetenzen als ein *funktionales Konstrukt*. Kompetenzen existieren nicht „an sich", sondern lassen sich nur im Hinblick auf spezifische Problemkonstellationen formulieren. Sie konkretisieren, was man alles können und wissen muss, um ein bestimmtes Problem lösen zu können. Im Widerspruch zu diesem funktionalen Verständnis stehen Begriffsbestimmungen, die zwischen einer Sach-, Methoden-, Sozial- und Selbstkompetenz differenzieren und darunter verschiedene Aspekte einer umfassenden Handlungskompetenz verstehen. Das Problem an diesem Verständnis ist, dass es nahe legt, Kompetenzen „an sich", also unabhängig von spezifischen Problemen zu bestimmen. Ohne den funktionalen Bezug auf konkrete Problemkonstellationen stehen Kompetenzen jedoch lediglich synonym für relativ allgemeine Fähigkeiten und Fertigkeiten oder für problem- und gegenstandsunabhängige Schlüsselqualifikationen.

Genau an einem solchen Verständnis orientieren sich aber die Lehrplanentwicklungen einiger Bundesländer (u. a. Brandenburg, Bremen und Mecklenburg-Vorpommern). Dieser Vorstellung folgen auch die wenigen ausgearbeiteten Kompetenzmodelle für das Fach Sport (z. B. Zeuner & Hummel, 2006). Die Formulierung von Bildungsstandards im Fach Sport läuft damit jedoch Gefahr, gerade solche verallgemeinerten und kontextfreien Fähigkeitsdimensionen zum Maßstab für die Formulierung von Bildungsstandards zu machen, deren pädagogischer Nutzen inzwischen als äußerst dürftig bewertet wird. Wenig hilfreich ist aber andererseits auch, wenn, wie in Nordrhein-Westfalen bislang geschehen, Bildungsstandards bzw. dort „Qualitätsstandards" gänzlich ohne Bezugnahme auf ein Kompetenzmodell und ohne Explikation eines zu Grunde liegenden Kompetenzverständnisses formuliert werden.

Insgesamt – so ist zu konstatieren – scheint die sportdidaktische Diskussion um Bildungsstandards bislang nur wenig Anschluss an den Mainstream der Debatte in Bildungspolitik und Bildungsforschung gefunden zu haben.

3 Kompetenzerwerb im Sportunterricht

Wie sieht es aber nun mit der zweiten Aufgabe aus? Wenn es nicht gelingt, Bildungsstandards im Sinne der Programmatik um „Neue Steuerung im Bildungswesen" zu formulieren – lässt sich wenigstens konkretisieren, welchen spezifischen Beitrag das Fach Sport zum Kompetenzerwerb und damit zum verständnisvollen Lernen leisten kann?

Kompetenzen lassen sich nur in Bezugnahme auf Handlungsanforderungen formulieren: Was müssen Schülerinnen und Schüler alles wissen und können, um ein konkretes Problem oder eine bestimmte Aufgabe lösen zu können? Eine der Kerneinsichten der jüngeren Lernpsychologie lautet dabei, dass nicht ein bestimmtes Wissen oder ein bestimmtes Können allein zur Bewältigung von komplexen Aufgaben ausreicht. Es ist vielmehr das Zusammenwirken von Wissen und Können, das erst eine wirklich kompetente Problemlösung möglich macht: Ein bloßes Wissen, ohne gelernt zu haben, was man damit anfangen kann, bleibt in der Regel „träges Wissen". Umgekehrt bleibt ein bloßes Können, ohne ein dazugehöriges Wissen, ein rein handwerkliches Können, eine automatisierte Technik, mit nur wenig Handlungspotenzial. Es kann zwar durch Übung immer weiter verbessert werden. Das Können allein befähigt aber nicht zur selbstständigen Bewältigung komplexer Aufgaben. Eine wirklich kompetente Ausführung einer Handlung beinhaltet nämlich auch, dass man weiß was man tut und warum man es so und nicht anders macht. Im Kompetenzbegriff wird der Verknüpfung von Wissen und Können nun auf eine spezifischere Weise Rechnung getragen: Kompetenzen basieren zunächst auf einem „intelligenten Wissen", das schon von seiner kognitiven Struktur her flexibel nutzbar ist. Und, Kompetenzen entwickeln sich weiter und werden komplexer, indem dieses Wissen in unterschiedlichen Situationen angewendet und praktisch genutzt wird. So entwickelt sich ein Ensemble an Wissen und Können, von dem aus Schülerinnen und Schüler in der Lage sind, komplexe Anforderungssituationen erfolgreich zu bewältigen (vgl. Lersch, 2007).

Was heißt es aber denn nun im Kontext von Sportunterricht, wenn Schülerinnen und Schüler „Kompetenzen" erwerben sollen? Und was steht dann hinter dem Anspruch, den Sportunterricht „kompetenzfördernd" auszurichten und zu gestalten? Die folgenden Punkte sollen weiterführende Antworten auf diese Frage vorschlagen: *Der Erwerb und Aufbau von Kompetenzen im Sportunterricht...*

... nimmt seinen Ausgang im Können

Unser Fach unterscheidet sich sehr grundlegend von allen anderen Schulfächern wohl darin, dass der Erwerb und Aufbau von Kompetenzen im Sport in der Regel vom „Können" der Schülerinnen und Schüler ausgehen kann und nicht von deren „Wissen". Das Fach Sport macht ja gerade eine „kulturelle Praxis" zum Gegenstand des Unterrichts und schafft damit Lerngelegenheiten, die in erster Linie am handelnden Vollzug dieser kulturellen Praxis ansetzen können. Damit enthält der Sportunterricht gewissermaßen „frei Haus" diejenigen Anforderungssituationen, an denen sich ein kompetentes Können herausbilden und beweisen kann. Gegenüber anderen Fächern hat dies den Vorteil, dass im Fach Sport eigentlich kein träges Wissen entstehen kann, welches dann mühselig in mehr oder minder gekünstelten Anwendungssituationen flexibel gemacht werden müsste. Diese Besonderheit birgt jedoch andererseits die Gefahr in sich, in der kulturellen Bewegungs-, Spiel- und

Sportpraxis und dem darauf bezogenen Können nicht nur den Ausgangspunkt, sondern auch das alleinige Ziel und Anliegen des Sportunterrichts zu sehen.

... vollzieht sich als „Verwissentlichung des Könnens"
Die Lerngelegenheiten, die die sportliche Praxis bereitstellt, sind nie rein motorischer sondern vielmehr schon mit Beginn der Grundschule immer auch kognitiv-intellektueller Natur. Mit zunehmendem Alter der Schülerinnen und Schüler nimmt die Komplexität der kognitiv aktiven Auseinandersetzung mit der sportlichen Praxis weiter zu. Das Können der Schülerinnen und Schüler wird damit zunehmend kognitiv verankert; es wird Verwissentlicht – wenn man so will – und auf eine zunehmend komplexere Wissensbasis gestellt. Die verschiedenen fachdidaktischen Modelle und die dazugehörigen Lehr- und Lernkulturen im Sportunterricht unterscheiden sich m. E. genau darin, worin sie den Ausgangspunkt dieser Verwissentlichung sehen (entweder im Vollzug der Bewegung oder in deren Reflexion) und welche Reichweite die dabei entstehende Wissensbasis haben soll (ob sie relativ eng an die Praxis gebunden ist oder über diese hinausweisend). Damit verbindet sich letztlich auch die Frage, worin denn die relevanten Probleme gesehen werden, für die es sich lohnt im Sportunterricht Kompetenzen entwickeln zu lassen.

... wird am besten in einem problemorientierten Sportunterricht gefördert
Kompetenzen – so das funktionale Verständnis – ermöglichen eine erfolgreiche Bewältigung ganz bestimmter Anforderungssituationen. Kompetenzen sind jedoch nicht nur die Voraussetzung zum Bewältigen und Lösen von Aufgaben und Problemen. Sie gehen auch aus ihnen hervor. Der Aufbau von Kompetenzen – so die zentrale Annahme – findet daher ideale Voraussetzungen in einem Sportunterricht, der „im Geiste des Problemlösens" organisiert ist.

4 Fazit

Aus den Diskursen um „Neue Steuerung" und „Neue Lehr-Lernkultur" resultieren für das Fach Sport mindestens zwei Aufgaben: Zum einen die Aufgabe, Bildungsstandards zu formulieren, zum anderen die Aufgabe, den spezifischen Beitrag des Faches zum Kompetenzerwerb nachzuweisen. Bei der ersten Aufgabe stößt das Fach auf besondere Schwierigkeiten, die die Formulierung bundesweit einheitlicher Bildungsstandards unwahrscheinlich machen. Bei der zweiten Aufgabe stehen wir noch am Anfang. Die Potenziale, die unser Fach auch im Hinblick auf den Erwerb von komplexen Kompetenzen erbringen kann, haben wir wohl noch nicht einmal ansatzweise dokumentiert, geschweige denn sind wir in der Lage, sie bereits im Unterricht umsetzen zu können. Vielleicht ist aber deutlich geworden, dass wir mit unserem Fach auch in dieser Hinsicht besondere Möglichkeiten haben, um die uns andere Fächer beneiden würden, von dessen Existenz und Wert diese, aber insbesondere wir selber noch nicht besonders viel wissen.

Literatur

Aschebrock, H. & Stibbe, G. (2008). Standards, Kerncurricula und schuleigene Lehrpläne. Steuerungsinstrumente für die Schulsportentwicklung. *sportpädagogik, 32* (3), 4-13.
Bellmann, J. (2006). Bildungsforschung und Bildungspolitik im Zeitalter „Neuer Steuerung". *Zeitschrift für Pädagogik, 52* (4), 487-504.
Edelstein, W. & de Haan, G. (2006). Lernkonzepte für eine zukunftsfähige Schule. In Grüne Akademie in der Heinrich-Böll-Stiftung (Hrsg.), *Die Verfasstheit der Wissensgesellschaft* (S. 238-249). Münster.
Klieme, E., Avenarius, H., Blum, W., Döbrich, P., Gruber, H., Prenzel, M., Reiss, K., Riquarts, K., Rost, J., Tenorth, H.-E. & Vollmer, H. J. (2003). *Expertise zur Entwicklung nationaler Bildungsstandards*. Berlin: BMBF.
Kollar, I. & Fischer, F (2008). Was ist eigentlich aus der neuen Lernkultur geworden? Ein Blick auf Instruktionsansätze mit Potenzial zur Veränderung kulturell geteilter Lehr- und Lernscripts. *Zeitschrift für Pädagogik, 54* (1), 49-62.
Lersch, R. (2007). Kompetenzfördernd unterrichten. 22 Schritte von der Theorie zur Praxis. *Pädagogik, 59* (12), 36-43.
Zeuner, A. & Hummel, A. (2006). Ein Kompetenzmodell für das Fach Sport als Grundlage für die Bestimmung von Qualitätskriterien für Unterrichtsergebnisse. *sportunterricht, 55* (2), 40-44.

ANNE RISCHKE

Neue Lehr-Lernkultur im Sportunterricht: Problemorientierter Sportunterricht als Kontext verstehenden Lernens

Im Zuge der Diskussion um eine neue Lehr-Lernkultur hat der Begriff der „Problemorientierung" Konjunktur. In ihm verbinden sich altbekannte reformpädagogische Vorstellungen in der Tradition offenen Unterrichts mit aktuellen Empfehlungen zur Gestaltung von Lernumgebungen auf der Basis pädagogisch-psychologischer Lehr-Lernforschung. Jenseits einer output-orientierten Debatte in Folge der großen Schulleistungsstudien lassen sich mit ihm zudem die unterrichtsbezogenen Voraussetzungen für den Erwerb erwarteter Kompetenzen beschreiben. Auch in der Sportpädagogik wird das didaktische Prinzip der Problemorientierung thematisiert.[1] Diese Diskussion wurde bisher allerdings vorwiegend in Anschluss an reformpädagogische Motive und kaum mit Bezug zu der aktuellen Diskussion um eine neue Lehr-Lernkultur geführt. Der folgende Beitrag wird eben diese sportdidaktischen Anschlussmöglichkeiten an die fächerübergreifende Diskussion thematisieren.

Das Lernen an Problemen als reformpädagogisches Motiv im Kontext pädagogisch-psychologischer Lehr-Lernforschung

Ausgangspunkt der Reaktualisierung reformpädagogischer Motive im Rahmen pädagogisch-psychologischer Lehr-Lernforschung war die Diskussion um das defizitäre Abschneiden deutscher Schülerinnen und Schüler in den großen Schulleistungsstudien. Vor allem die an deutschen Schulen vorherrschende Lehr-Lernkultur, verkörpert durch das immer noch dominante Muster des lehrerzentrierten, darbietenden Unterrichts[2], wurde als Ursache vermutet (vgl. Bellmann & Waldow, 2007). Vor dem Hintergrund eines konstruktivistischen Lernverständnisses vernachlässige dieser Unterricht die konstruktive Eigentätigkeit der Lernenden und produziere bei ihnen auf diese Weise „träges Wissen"[3] statt ihnen „verstehendes Lernen"[4] zu ermöglichen. Infolge dessen erhielt die Diskussion um eine *Erneuerung* der Lehr-Lernkultur Auftrieb. Dieser Kritik an der methodischen Gestaltung von Unterricht entspricht eine Umakzentuierung des Bildungsbegriffs von „statischen Vorratsmodellen" (Weinert & Schrader, zit. nach Reusser, 2001, S. 107) hin zu einem „dynamischen Modell der kontinuierlichen Ergänzung und Erneuerung von Bildung". Neben

---

1 vgl. z.B. Laging (2006) oder Brodtmann & Landau (bereits 1982).
2 v. a. an Gymnasien haben sich laut Prenzel variable Methoden der Unterrichtsgestaltung kaum durchgesetzt (vgl. Die ZEIT vom 1. Mai 2008, http://www.zeit.de/2008/19/B-Gymnasium-Interview?page=all).
3 vgl. zum Phänomen des „trägen Wissens": Renkl (2006).
4 vgl. zur besonderen Charakteristik von Lernprozessen, die sich durch das Attribut „verstehend" auszeichnen lassen: Reusser & Reusser-Weyeneth (1994).

der Annahme, dass Bildung als lebenslanger Prozess zu verstehen ist, wird die Befähigung des Individuums herausgestellt, diesen Prozess aktiv zu beeinflussen.[5] Sowohl reformpädagogisch inspirierte Lernformen in der Tradition offenen Unterrichts, als auch die auf dem konstruktivistischen Lernbegriff der pädagogischen Psychologie basierenden Annahmen zur Gestaltung von problemorientierten Lernumgebungen[6], entsprechen dieser Akzentuierung formaler Bildungsziele.

Diese Nähe bzw. Überlappung reformpädagogischer Modelle zur neueren Lehr-Lernforschung ist vor allem deshalb von Interesse, da letztere das wissenschaftliche Paradigma der großen Schulleistungsstudien ist, deren Ergebnisse und Protagonisten die aktuelle schulbezogene Bildungspolitik maßgeblich bestimmen (vgl. Terhart, 2002, S. 79). Laut Bellmann und Waldow (2007) verschafft diese „merkwürdige Ehe zwischen technokratischer Bildungsreform und emphatischer Reformpädagogik" beiden „Partnern" deutliche Vorteile: reformpädagogisch motivierte Forderungen erfahren eine „harte", quasi naturwissenschaftliche Grundlegung und überwinden ihr ideologisches Image. Ihnen wird zudem bescheinigt, den im Rahmen der Diskussion um die „neue Steuerung" erwünschten „Output" auf Seiten der Schülerinnen und Schüler befördern zu können. Auf diese Weise werden sie nicht nur pädagogisch, sondern auch ökonomisch begründbar und erhalten somit eine hohe politische Durchschlagskraft (vgl. ebd., S. 488). Reformabsichten im Sinne der „neuen Steuerung", die als volkswirtschaftliche Begründungsmuster kritisiert werden, können durch diese Allianz ihre Anschlussfähigkeit im pädagogischen Feld steigern und erhalten somit ebenfalls einen Zuwachs an Legitimität in der öffentlichen Wahrnehmung (vgl. ebd.).

Am Begriff der „Problemorientierung" kann jedoch auch gezeigt werden, dass diese gemeinsamen Motive nicht über eine unterschiedliche Funktionalität hinter diesen Begründungsmustern hinwegtäuschen sollten: typischer Kontext für das Lernen an Problemen ist aus reformpädagogischer Perspektive das Projekt, das als „kindorientiertes Unterrichtsideal" verstanden werden kann (vgl. z.B. Hänsel, 1999). Dabei steht sowohl die Emanzipation des Individuums im Vordergrund, als auch das gesellschaftspolitische Ziel, über Erziehung einen Beitrag zur Demokratisierung der Gesellschaft zu leisten. Aus der Perspektive der pädagogisch-psychologischen Forschung wird das Lernen an Problemen hingegen vor allem mit dem Erwerb eines flexiblen, transferierbaren Wissens in Verbindung gebracht.[7] Im Rahmen der Diskussion um die „neue Steuerung" kann Problemorientierung demnach als Argument für die Verbesserung des unterrichtsbezogenen „Outputs" genutzt werden.

---

5   vgl. dazu den literacy-Begriff im Kontext von PISA, der zum zusätzlichen „Erfolgskriterium" von Bildung deren Funktionalität für die Bewältigung lebensnaher Anforderung macht (vgl. Helmke, 2003, S. 27).
6   Der Begriff der „Lernumgebung" impliziert aus der Perspektive der konstruktivistisch angeregten pädagogisch-psychologischen Lehr-Lernforschung die Vorstellung, dass Lernen nicht im Sinne einer direkten Instruktion „hergestellt" werden kann. Die konstruktive Eigenaktivität der Lernenden kann durch günstige Bedingungen lediglich angeregt werden (vgl. dazu z.B. Mandl & Reinmann, 2006).
7   vgl. noch mal zur Abgrenzung: Renkl (2006).

Problemorientierung als didaktisch-methodisches Prinzip im Sportunterricht

Wie einleitend erwähnt, wurde das Prinzip der Problemorientierung in der sportpädagogischen Diskussion überwiegend in der Tradition offenen Sportunterrichts thematisiert. Die reformpädagogischen Wurzeln dieser didaktischen Überlegungen zeigen sich schon bei Karl Gaulhofer, dem Begründer des „natürlichen Turnens". Dieser forderte, dass die „Lehrweise der Leibesübungen" von der „Wirklichkeit" auszugehen habe und das Lernen von „Vollbewegungen" auf das „Abschauen und Mittun" der Lernenden setzen solle. Weiterhin bestehe die „Kunst des Unterrichtens" darin, „die Schüler planmäßig zur Entdeckung der Lösung" zu führen (1941, S. 342ff.). Mit anderen Worten: authentische und komplexe Bewegungsprobleme sollen den Lerngegenstand bilden, mit dem sich die Lernenden in angeleiteter Selbstständigkeit auseinandersetzen. Bezogen auf das Lernen von Bewegungen hat der problemorientierte Zugang demnach eine lange Tradition.

Bisher wurde jedoch kaum thematisiert, inwiefern ein problemorientierter Sportunterricht auch als Kontext gestaltet werden kann, indem *verstehendes Lernen* bezogen auf die Bewegungs-, Spiel- und Sportkultur stattfindet. Für die Sportpädagogik scheint diese Thematisierung zunächst deshalb erschwert, da der kognitive Lernbegriff der pädagogischen Psychologie für das Bewegungsfach Sport nicht ohne weiteres anschlussfähig ist. In Folge dessen bleibt die von Terhart (vgl. 2002, S. 84) geforderte fachspezifische Konkretisierung allgemeindidaktischer Reflexionen bisher weitgehend aus, wodurch der Anschluss an die Diskussion um eine neue Lehr-Lernkultur und deren aktuell „durchschlagenden" Argumente erschwert ist.[8] Bezogen auf das Prinzip der Problemorientierung erscheint diese fachspezifische Konkretisierung allgemeindidaktischer Reflexionen allerdings besonders lohnend, da der Sportunterricht wichtige aus lernpsychologischer Sicht beschreibbare Kriterien[9] für die Gestaltung einer „problemorientierten Lernumgebung" in besonderem Maße erfüllen kann:

- Auf Ebene der Lehrstoff- und Aufgabenkultur ist das zentrale Merkmal problemorientierter Lernumgebungen, dass komplexe und authentische Probleme und nicht vorstrukturierte Anwendungsaufgaben den Ausgang von Lernprozessen bilden. Im Sport- und Bewegungsunterricht müssen solche Lernanlässe nicht wie in anderen Fächern per Medium in den Unterricht gebracht werden[10], sondern können dessen integraler Bestandteil sein. Die Probleme können im Unterricht handelnd und reflektierend erfahren, bearbeitet und gelöst werden[11].

---

8   Es gibt Ausnahmen wie das Erprobungsvorhaben „Sport als viertes Fach der Abiturprüfung" (vgl. http://www.uni-bielefeld.de/sport/arbeitsbereiche/ab_iv/forschung); im Rahmen dieses Projekts zum „verständnisvollen Lernen" im Oberstufensport: Gogoll (2008).
9   vgl. zusammenfassend: Reusser (2005), Mandl & Reinmann (2006), Gräsel (2006).
10 z. B. in Form von Filmen oder Texten.
11 Somit erhalten die Schülerinnen und Schüler die Möglichkeit im Unterricht den vollständigen Problemlöseprozess, wie John Dewey ihn als „geistiger Vater" problemorientierten Unterrichts 1911 in „How we think" beschrieben hat, zu durchlaufen.

- Der Authentizität der Problemstellungen wird eine motivierende Funktion zugesprochen. Problemstellungen der Bewegungs-, Spiel- und Sportkultur spielen in der Lebenswelt vieler Schülerinnen und Schüler eine große Rolle, wodurch die Wahrscheinlichkeit steigt, dass deren Berücksichtigung im Unterricht von den Lernenden als bedeutungsvoll empfunden und eine intrinsisch motivierte Auseinandersetzung mit ihnen angeregt wird.
- Dem Erwerb formaler Kompetenzen entspricht auf der Ebene der Lern- und Interaktionskultur in problemorientierten Lernumgebungen die Akzentuierung selbstständiger und kooperativer Lernformen. Bewegungsprobleme und angelagerte Probleme, die sich auf den sozialen Kontext der Bewegungs-, Spiel- und Sportkultur beziehen, erfordern eine handlungsorientierte Auseinandersetzung. Daher eignen sie sich in besonderem Maße dazu, von den Lernenden selbstständig und kooperativ bearbeitet zu werden.

Ob dieses aus lerntheoretischer Perspektive skizzierte Potenzial, problemorientierten Sportunterricht auch als Kontext verstehenden Lernens zu gestalten, genutzt und nach theoretischen Anschlüssen gesucht wird, hängt aus einer theoretischen Perspektive entscheidend mit fachdidaktischen Positionen zu den Bildungszielen des Sportunterrichts zusammen.

So betonen Vertreter des „Sportkonzepts"[12] ein materiales Bildungsverständnis, welches sich in der Vermittlung vor allem an der Sachstruktur normierter Sportarten und einem möglichst effizienten Erwerb motorischer Fähigkeiten und Fertigkeiten orientiert. Problemorientierung als Förderung verstehenden Lernens entspricht demnach im engeren Sinne nicht den Bildungszielen dieser Position.

Vertreter der Position „Bewegungsbildung" betonen ein formal akzentuiertes Bildungsverständnis. Problemorientierung als didaktisch-methodisches Prinzip entspricht demnach den Bildungszielen dieser Position[13]. Allerdings machen sich Bildungsziele dieser Position eher am anthropologischen Phänomen der Bewegung und weniger an den kulturellen Objektivierungen der Bewegungs-, Spiel- und Sportkultur fest. Demnach könnte ein problemorientierter Unterricht vom Bildungsverständnis her zur Erweiterung und Differenzierung der individuellen Bewegungserfahrungen beitragen. Indem vor allem Bewegungsprobleme als relevante Lernprobleme angesehen werden, ginge es jedoch kaum um ein verstehendes Lernen innerhalb der Bewegungs-, Spiel- und Sportkultur.

Meines Erachtens (bzw. vor dem Hintergrund einer fachdidaktischen Position deren zentraler Begriff „Mehrperspektivität" ist) kann jedoch in Frage gestellt werden, dass sich das Lernen an Problemen im Sportunterricht in der Form „motorischer Umweltbewältigung" (Brodtmann & Landau, 1982, S. 22) erschöpfen sollte:

---

12 Diese vereinfachte Unterscheidung fachdidaktischer Positionen entspricht etwa der Abgrenzung sportdidaktischer Strömungen von Prohl (2006).
13 Dies wird allein schon daran deutlich, dass sich bisher vor allem Vertreter der Position „Bewegungsbildung" bzw. der „kritisch-emanzipatorischen Strömung" der Sportdidaktik (vgl. Prohl, 2006, S. 111ff.) zu problemorientiertem Unterricht geäußert haben.

- Mögliche Lernprobleme des Sportunterrichts sind häufig nicht nur individuelle Bewegungsanlässe, sondern auch soziale Situationen (z.B. ein gemeinsames Spiel). Probleme, die in einem sozialen Kontext bearbeitet werden sollen, lassen sich nicht ausschließlich in Form „motorischer Umweltbewältigung" lösen. Um solche Lernprobleme erfolgreich zu bearbeiten, muss neben einem „praktischen Verstehen im Sinne der handlungsmäßigen Könnerschaft" z.b. auch ein *empathisches* Verstehen angeregt werden (vgl. Reusser & Reusser-Weyeneth, 1994).[14]
- Mögliche Lernprobleme aus dem Kontext der Bewegungs-, Spiel- und Sportkultur sind immer auch normativ aufgeladen (z.b. die Bewertung einer Gestaltung oder implizite Körperideale der Sportkultur). Damit Schülerinnen und Schüler solche Lernprobleme lösen können, ohne dass der Lernprozess einer unreflektierten Übernahme kultureller Praktiken gleichkommt, muss das praktische Verstehen u. a. von einem *kritischen* Verstehen begleitet werden.

Akzeptiert man aus fachdidaktischer Perspektive, dass Problemstellungen die nicht (ausschließlich) in Form „motorischer Umweltbewältigung" zu lösen sind, unabdingbare Ausgangspunkte des Lernens im Sportunterricht sind, wird folgendes deutlich: das Lernen an Problemen muss auch im Bewegungsfach Sport zwischen „Handeln und Reflexion" stattfinden (vgl. Brodtmann, 1984, S. 16).

Vor allem die in jüngerer Zeit formulierten fachdidaktischen Überlegungen, die das Vermittlungsprinzip der Mehrperspektivität im Rahmen eines erziehenden Sportunterrichts hervorheben, betonen die Notwendigkeit der Reflexion des praktischen Handelns und *verstehenden Lernens* im Sportunterricht (vgl. Neumann, 2004). Sollen die Schülerinnen und Schüler auch zu einem selbstbestimmten und kritischen Umgang mit den Phänomenen der Bewegungs-, Spiel- und Sportkultur befähigt werden, ist verstehendes Lernen im Sportunterricht, das aus dem praktischen Erleben und Können in Unterricht und Lebenswelt erwächst bzw. sich auf dieses bezieht, eine unverzichtbare Bedingung.

Gelingt es, diese theoretischen Annahmen zum problemorientierten Lernen im Sportunterricht schulform- und schulstufenspezifisch zu konkretisieren und empirischer Unterrichtsforschung zugänglich zu machen, könnte zweierlei gewonnen werden: Erstens könnte das aktuelle Legitimationspotenzial der pädagogisch-psychologischen Lehr-/Lernforschung zum didaktisch-methodischen Prinzip „Problemorientierung" für den Sportunterricht nutzbar gemacht und ein fachspezifischer Anschluss an die Diskussion gefunden werden. Zweitens könnte auf diese Weise ein Beitrag zur Entwicklung einer „expliziten Methodik" mehrperspektivischen Sportunterrichts (vgl. Balz, 2004, S. 87) geleistet werden.

---

14 Reusser und Reusser-Weyeneth (1994) unterschieden verschiedene „Phänotypen des Verstehens", die auch für das Lernen im Sportunterricht relevant sein können: so z.b. das Kausalverstehen, das kritische Verstehen, das empathische Verstehen, das Funktionsverstehen und das ästhetische Verstehen.

Literatur

Balz, E. (2004). Methodische Prinzipien mehrperspektivischen Sportunterrichts. In P. Neumann & E. Balz (Hrsg.), *Mehrperspektivischer Sportunterricht. Orientierungen und Beispiele* (S. 86-103). Schorndorf: Hofmann.
Bellmann, J. & Waldow, F. (2007). Die merkwürdige Ehe zwischen technokratischer Bildungsreform und empathischer Reformpädagogik. *Bildung und Erziehung, 60* (4), 481-503.
Brodtmann, D. (1984). Problemorientierter Sportunterricht – Eine Einführung. In D. Brodtmann (Hrsg.), *Unterrichtsmodelle zum problemorientierten Sportunterricht* (S. 11-16). Reinbek: Rowohlt.
Brodtmann, D. & Landau, G. (1982). An Problemen lernen. *sportpädagogik, 6* (3), 16-22.
Gaulhofer, K. (1966). Über die Lehrweise der Leibesübungen. In H. Groll (Hrsg.), *Karl Gaulhofer – System des Schulturnens*. Wien: Österreichischer Bundesverlag.
Gräsel, C. (2006). Gestaltung problemorientierter Lernumgebungen. In K.-H. Arnold (Hrsg.). *Handbuch Unterricht* (S. 335-339). Bad Heilbrunn: Klinkhardt.
Gogoll, A. (2008). *Wissenserwerb im Sportunterricht. Zwischen didaktischem Anspruch, theoretischer Begründung und empirischer Realisierungsmöglichkeit*. Habilitationsschrift, Universität Bielefeld.
Helmke, A. (2003). *Unterrichtsqualität erfassen, bewerten, verbessern* (3. Aufl.). Seelze: Kallmeyer.
Laging, R. (2006). *Methodisches Handeln im Sportunterricht. Grundzüge einer bewegungspädagogischen Unterrichtslehre*. Seelze: Kallmeyer.
Mandl, H. & Reinmann, G. (2006). Unterricht und Lernumgebungen gestalten. In A. Krapp & B. Weidenmann (Hrsg.), *Pädagogische Psychologie. Ein Lehrbuch*. (5. Aufl.) (S. 613-658). Weinheim, Basel: Beltz.
Neumann, P. (2004). *Erziehender Sportunterricht – Grundlagen und Perspektiven*. Baltmannsweiler: Schneider.
Prohl, R. (2006). *Grundriss der Sportpädagogik* (2., stark überarb. Aufl.). Wiebelsheim: Limpert.
Renkl, A. (2006). Träges Wissen. In D.H. Rost (Hrsg.), *Handwörterbuch pädagogische Psychologie* (S. 778-782). Weinheim: Beltz.
Reusser, K. (2005). Problemorientiertes Lernen – Tiefenstruktur, Gestaltungsformen, Wirkung. *Beiträge zur Lehrerbildung, 23* (2), 159-182.
Reusser, K. (2001). Unterricht zwischen Wissensvermittlung und Lernen lernen. In C. Finkenbeiner & G. Schnaitmann (Hrsg.), *Lehren und Lernen im Kontext empirischer Forschung und Fachdidaktik* (S. 106-140). Donauwörth: Auer.
Reusser, K. & Reusser-Weyeneth, M. (1994). Verstehen als psychologischer Prozess und als didaktische Aufgabe. In K. Reusser, & M. Reusser-Weyeneth (Hrsg.), *Verstehen. Psychologischer Prozess und didaktische Aufgabe* (S. 9-35). Bern: Huber.
Terhart, E. (2002). Fremde Schwestern. Zum Verhältnis von allgemeiner Didaktik und empirischer Lehr-Lern-Forschung. *Zeitschrift für pädagogische Psychologie, 16* (2), 77-86.

ANDREA MENZE-SONNECK

Methoden zur Förderung der Lesekompetenz im Sportunterricht

Im Mittelpunkt meines Beitrags steht das Lehren und Lernen mit Texten im Sportunterricht. Unter Rückgriff auf fachdidaktische und pädagogisch-psychologische Ansätze der Leseförderung werde ich einen Vorschlag zur didaktisch-methodischen Systematisierung der Textvermittlung im Sportunterricht vorstellen und anhand von konkreten Aufgabenbeispielen verdeutlichen. Ich möchte hiermit aufzeigen, wie durch einen derartigen Einbezug von Texten in den Sportunterricht die Lesekompetenz von Schülerinnen und Schülern gefördert werden kann und somit neue Möglichkeiten für verständnisvolles Lernen geschaffen werden können. Derartige Überlegungen erscheinen mir besonders mit Blick auf die Anforderungen einer wissenschaftspropädeutischen Ausbildung in der gymnasialen Oberstufe relevant, gelten sinngemäß aber auch für die Sekundarstufe I, in der Wissensvermittlung ebenfalls explizit im Lehrplan ausgewiesen ist, für den Bereich der Unterrichtspraxis bisher aber kaum thematisiert wurde.

1   Was bedeutet Lesekompetenz und wo liegen die zentralen Probleme ihrer Förderung?

Lesekompetenz bei PISA ist definiert als „die Fähigkeit, geschriebene Texte zu verstehen, zu nutzen und über sie zu reflektieren, um eigene Ziele zu erreichen [...]" (Baumert, Stanat & Demmrich, 2001, zit. n. Spinner, 2004, S. 135). Als zentrales Problem der Förderung von Lesekompetenz gilt daher, dass Wissen aus Texten auch für spätere Situationen nutzbar sein muss. PISA betont deshalb, dass es beim Lernen mit Texten nicht nur auf das Auswendiglernen und Behalten von Textinhalten ankommt, sondern vor allem auch darauf, Textinhalte zu *verstehen*, d.h. Texte so zu lesen, dass eine situations-adäquate Repräsentation der Sachverhalte, die ein Text beschreibt, durch den Leser vorgenommen wird (ebd.).
Es kann davon ausgegangen werden, dass ein geübter Leser viele Aspekte dieses Lernprozesses durch strategisches Vorgehen bewusst steuern und beeinflussen kann (vgl. Friedrich & Mandl, 2006, S. 1). Unerfahrene Leser hingegen besitzen keine derartigen Strategien, weshalb es ihnen nicht gelingt beim Lesen eines Textes problematische Textstellen als solche zu erkennen, im Leseprozess innezuhalten und das gerade Gelesene in den individuellen Sinnzusammenhang einzuordnen, oder – falls dies nicht gelingt – zusätzliche Informationen einzuholen und aufbauend auf diesen Erkenntnissen dann den Leseprozess noch einmal zu durchlaufen bzw. fortzusetzen. Eine durch den Leser selbst vorgenommene situations-adäquate Repräsentation der Sachverhalte stellt letztendlich aber die Voraussetzung dafür dar,

dass Lesen kein träges Wissen produziert, sondern den Lernenden ausreichende und situations-adäquate Anwendungs- und Transferleistungen erlaubt. Für Lehrkräfte, die Texte im Sportunterricht einsetzen, stellt sich somit die Frage, wie man durch die methodische Aufbereitung des Unterrichtsstoffes – in unserem Fall also des zu lesenden Textes *und* der Bewegung im Sinne einer angemessenen Theorie-Praxis-Verknüpfung – dazu beitragen kann, dass das Verstehen von Texten nicht nur als (passives) Einprägen von Informationen begriffen wird, sondern als (aktiver) Konstruktionsprozess, der eine transferangemessene Verarbeitung des Gelernten ermöglicht. In diesem Zusammenhang, und hierauf soll der vorliegende Beitrag hinweisen, ist auch zu überlegen, wie man systematisch dazu beitragen kann, dass Lernende mit Hilfe bestimmter Stimuli die Aneignung von textbasiertem Wissen reflexiv und selbstreguliert steuern und im Rahmen ihrer sportlichen Praxis nutzen können. Hierdurch dürften wertvolle Voraussetzungen dafür geschaffen werden, dass durch die spezifische Verknüpfung von Wissen und Können, die unser Fach bietet, wertvolle Grundlagen für verständnisvolles Lernen geschaffen werden können.

Als mögliche Antwort hierauf, möchte ich die folgende Systematik zur Förderung von Lesekompetenz im Sportunterricht vorstellen.

2 Wie kann Lesekompetenz im Sportunterricht gefördert werden? Eine didaktisch-methodische Systematisierung

Die Tabelle 1 gibt einen Überblick über eine didaktisch-methodische Systematisierung der Förderung von Lesekompetenz.

Tab. 1. *Didaktisch-methodische Systematisierung zur Förderung von Lesekompetenz (Menze-Sonneck).*

Zugriff der textgenerierenden Verfahren		Zugriff der Lernstrategie	Anforderungs-
Phasen-bezogener Einsatzort	Grad der Offenheit		bereiche
pre while	**Rezeptiver Zugriff** • Rekonstruktion eines Textes aus Teilen • Textentflechtung • in die richtige Reihenfolge bringen	**Elaborationsstrategien** • Generieren bildlicher Vorstellungen	I + II
	Rezeptiv-produktiver Zugriff • Text vervollständigen • Original und Fälschung unterscheiden • Lückentexte	• Wiederholungsstrategien	
post	**Produktiv-kreativer Zugriff** Eigenständiges Verfassen von Texten • durch Formulierung von Stellungnahmen oder Thesen anhand von Leitfragen oder Reizen • durch Beziehung von zentralen Textpassagen auf eigene Erfahrungen	**Wissensnutzungsstrategien**	II + III

Einen wesentlichen Ausgangspunkt für meine Überlegungen zur Textarbeit im Sportunterricht bilden die sogenannten *textgenerierenden Verfahren*. Hierbei handelt es sich um einen Ansatz zur Textvermittlung, der im Fremdsprachenunterricht in Ergänzung zu den traditionellen kognitiv-analytischen Verfahren angewandt wird. Ziel dieses Ansatzes ist es, Textarbeit so zu gestalten, dass sie an die Interessen, Erlebnisse und Gefühle der Lernenden anknüpft. Die Lernenden werden deshalb immer wieder aufgefordert, das Gelesene in das eigene Wissen und Erleben einzuordnen (vgl. Hinz, 1996). Mit Blick auf die Unterrichtsmethodik lässt sich dieser Ansatz zum einen nach dem Grad der Offenheit der Aufgabenstellung und zum anderen nach einer unterrichtsphasenbezogenen Systematisierung der Reflexionsprozesse in Bezug auf den zu lesenden Text systematisieren (vgl. Menze-Sonneck, 2005a, 2005b).

Die textgenerierenden Verfahren können in Beziehung gesetzt werden mit fächerübergreifenden Überlegungen zum Einsatz von *Lernstrategien* im Bereich der pädagogisch-psychologischen Lernforschung. Das heißt also jenen „Verhaltensweisen und Gedanken, die Lernende aktivieren, um ihre Motivation und den Prozess des Wissenserwerbs zu beeinflussen und zu steuern" (Friedrich & Mandl, 2006, S. 1; in Anlehnung an Weinstein & Mayer, 1986).

Wie die letzte Spalte der Tabelle 1 verdeutlicht kann hierdurch das Lesen und Schreiben fachbezogener Texte auf den unterschiedlichen Ebenen des Textverstehens gefördert werden. Entsprechend des Modells des Textlernens von Kintsch und van Dijk (vgl. Schiefele, 1996, S. 104) sind drei Repräsentationsebenen eines Textes zu unterscheiden: die *wörtliche*, die die Textoberfläche abbildet, unter Umständen ohne die Bedeutung der Wörter oder die Aussage der Sätze zu erkennen; die *propositionale*, die die hinter der Textoberfläche liegende Bedeutung eines Textes erfasst; und die *situative*, die die Abbildung der im Text beschriebenen Sachverhalte in einem „Situationsmodell" erfordert und damit erst die Anwendung des Gelernten unabhängig vom Text ermöglicht. In der Systematik sind die verschiedenen Ebenen in Anlehnung an die drei Anforderungsbereiche für die Abiturprüfung im Oberstufenunterricht dargestellt (I= Wissen reproduzieren, II= Wissen anwenden, III= erworbenes Wissen kritisch reflektieren), wobei die Anforderungsbereiche II und III tiefer gehende Formen des Lernens im Sinne der zweiten und dritten Repräsentationsebene erfordern, während der Anforderungsbereich I auf der Ebene der Rekonstruktion der Textoberfläche verbleibt.

3 Unterrichtspraktische Konkretisierung

Die Beispiele, die ich im Folgenden vorstelle, kommen aus der Fachausbildung Turnen der Universität Bielefeld, wo ich sie bereits über mehrere Semester einsetze. Ein Beispiel für ihre Umsetzung im Sportunterricht der gymnasialen Oberstufe findet sich in Menze-Sonneck (2005a).

Mein erstes Unterrichtsbeispiel zeigt eine Verknüpfung des *rezeptiven Zugriffs* mit dem Generieren bildlicher Vorstellungen im Sinne einer *Elaborationsstrategie*. Es

handelt sich hier um ein Arbeitsblatt, das im Anschluss *(post)* an die Einführung des Handstützüberschlags eingesetzt wurde.
Das Arbeitsblatt (Abb. 1) ermöglicht eine vertiefende theoretische Auseinandersetzung mit dem erlernten Übungsteil, da eine phasenbezogene Verknüpfung von Aktion und Funktion vorgenommen werden soll. Methodisch wurde das Arbeitsblatt mit Hilfe des *rezeptiven Zugriffs* aufbereitet, d.h. es geht darum, einen Originaltext zu reproduzieren und die vorliegenden Änderungen an der Struktur des Textes durch sinnentnehmendes Lesen rückgängig zu machen, so dass der Text durch entsprechende Umkonstruktionsprozesse in seine ursprüngliche Form gebracht wird.

Aufgabe:
In der heutigen Stunde haben wir den Handstützüberschlag erarbeitet. Nun ist Ihr Expertenwissen gefragt: Beim Druck dieser Seite sind einige Fehler unterlaufen. Stellen Sie sich den Bewegungsablauf vor, und nehmen Sie die entsprechenden Korrekturen vor.

Idealtypischer Verlauf des Handstützüberschlags			
Einleitende Phase: Anlauf-Hüpfer	**Überleitende Phase:** Einschwingen	**Hauptphase:** Abstemmen/Flug	**Endphase:** Landung
Funktion: Bewegungsenergie für die Flugphase durch das Abstemmen, Flug als Voraussetzung für die Landung auf den Füßen	**Funktion:** „Abbremsen" der Bewegungsenergie	**Funktion:** Schaffen von Bewegungsenergie; Vorspannen	**Funktion:** Überleiten des Hüpfers in die Drehbewegung vw., Schaffen zweckmäßiger Bedingungen für das Abbremsen

Abb. 1. Arbeitsblatt zum Handstützüberschlag (Originaltext aus Bruckmann, Bröcker & Bruckmann, 1992, S. 21).

Die Aufforderung, sich den Bewegungsablauf bildlich vorzustellen soll helfen, neue Informationen – in diesem Fall also die Beschreibung der Funktionen der jeweiligen Bewegungsphase eines Handstützüberschlags – in bestehende Wissensstrukturen zu integrieren, um den späteren Abruf zu erleichtern (Friedrich & Mandl, 2006, S. 6). Es ist anzunehmen, dass die Bewegung auf diese Weise besser verstanden und letztlich ausgeführt werden kann, da die Lernenden dazu aufgefordert werden, die Bewegungselemente mit Hilfe generierter bildlicher Vorstellungen in die richtige Reihenfolge zu bringen. Die Schüler und Schülerinnen werden somit indirekt zur Aktivierung einer *Elaborationsstrategie* aufgefordert. Auf diese Weise werden die neuen (theoretischen) Informationen über die Bewegung in das eigene Wissen und Erleben eingeordnet (vgl. Menze-Sonneck, 2005b).
Hauptziel des *rezeptiv-produktiven Zugriffs* ist die mit Blick auf die Textstruktur gelenkte Re-Produktion des Originaltextes. Anders als beim *rezeptiven Zugriff* sollen aber ausgewählte Inhalte selbständig formuliert bzw. mit entsprechenden Fachtermini belegt werden. In diesem Sinne fordert beispielsweise ein Lückentext dazu auf den exakten Wortlaut einer eingeführten Fertigkeit abzurufen. Mit Hilfe des Lückentextes wiederholen die Schülerinnen und Schüler die Fachtermini und wenden damit eine *Wiederholungsstrategie* an, die ebenfalls zu den *Elaborationsstrategien* zählt. Auf diese Weise können sich wichtige Begriffe in die Gedächtnisstrukturen der Lernenden integrieren, was der Speicherung des exakten Wortlauts dient.

Beim *produktiv-kreativen Zugriff* wird die Textproduktion nur noch durch die Formulierung der Aufgabenstellung gelenkt (s. Abb. 2). Konkrete Vorgaben zu Struktur und Inhalt des zu produzierenden Textes werden in der Regel nicht gegeben. Hauptziel ist die vollkommen eigenständige Formulierung themenbezogener Sachverhalte. Je nach Sprach- und Ausdrucksvermögen können hierbei kreative Anteile, z. B. Aufnahme des situativen Rahmens, in den Produktionsprozess einfließen. Voraussetzung für die eigenständige Textproduktion ist das Verständnis der zugrunde gelegten Fachtexte.

Erstellen Sie ein Arbeitsblatt zum "Glockenschwingen" für den Oberstufenunterricht:
Das Arbeitsblatt soll erklären, warum

a) die Füße beim Auffangen mit größerer „Wucht" ankommen als die Schultern und
b) die Fallbewegung beim Fallen aus dem Handstand nicht so schnell ausfällt wie beim „Glockenschwingen".

Nach erfolgreichem Abschluss des Studiums bewerben Sie sich euch auf eine Stelle als Sportredakteur/in. Erfreulicherweise erhalten Sie eine Einladung zum Vorstellungsgespräch. In Vorbereitung auf das Gespräch sollen Sie eine schriftliche Stellungnahme zu folgender These verfassen:

"Turnen sollte aus dem Schulsport verschwinden, da es unzeitgemäß ist und den Schülerinnen und Schülern keinen Raum für eigene Ideen lässt!"

Abb. 2. Aufgaben zum eigenständigen Verfassen eines Textes als Wissensnutzungstrategie (Menze-Sonneck).

Innerhalb dieses Zugriffs der Textarbeit lassen sich die *Wissensnutzungsstrategien* ansiedeln. *Wissensnutzungsstrategien* sollen dazu beitragen einem typischen Lernproblem – dem Problem des trägen Wissens – entgegenzuwirken (Friedrich & Mandl, 2006, S. 6). Damit dies gelingt, gilt es im Sportunterricht Situationen herzustellen, in denen die Schüler und Schülerinnen, das gelernte Wissen nicht nur abrufen sondern darüber hinaus auch anwenden und transferieren müssen. Sowohl Situationen, in denen mit dem erlernten Wissen Probleme gelöst werden sollen, als auch Situationen, in denen mit dem erlernten Wissen Texte geschrieben werden müssen, aktivieren solche transferangemessenen Verarbeitungsstrategien bei den Schülern und Schülerinnen (vgl. Friedrich & Mandl, 2006, S. 6).

Abschließende Bemerkungen

Der Erklärungswert der vorgestellten Systematik liegt meines Erachtens darin, dass sie – prozessorientiert gedacht – aufzeigt, wie Lernende das Lesen und Schreiben fachbezogener Texte auf unterschiedlichen Ebenen des Textverstehens erlernen können. Produktorientiert gedacht erlernen sie qualitativ hochwertige Transferleistungen zu erbringen, wie beispielsweise das Verfassen von eigenen Texten, in denen sie die im Sportunterricht erlebte Bewegung theoriebezogen reflektieren. Die spezifische Chance des Sportunterrichts zur Förderung von Lesekompetenz liegt dabei darin, dass sich im Sport das Verstehen von Texten auf eine selbst erlebte –

oder noch zu erlebende – Situation bezieht. Schülerinnen und Schüler dürften hierdurch ihr *Können und Wissen* im Bereich der sprach- und bewegungsbezogenen Kompetenz erweitern. Texte im Sportunterricht sollten deshalb zum einen Wissen zur Verbesserung des sportmotorischen Könnens zur Verfügung stellen, zum anderen aber auch zum besseren Verständnis von Spiel, Sport und Bewegung – inklusive deren kritischer Bewertung – beitragen.

Literatur

Baumert, J., Stanat, P. & Demmrich, A. (2001). PISA 2000: Untersuchungsgegenstand, theoretische Grundlagen und Durchführung der Studie. In J. Baumert, E. Klieme, M. Neubrand, M. Prenzel, U. Schiefele, W. Schneider, K.-J. Tillmann, & M. Weiß (Hrsg.), *PISA 2000: Basiskompetenzen von Schülern und Schülerinnen im internationalen Vergleich* (S. 15-68). Opladen: Leske + Budrich.
Friedrich, H.F. & Mandl, H. (2006). Zur Strukturierung des Forschungsfeldes. In H.F. Friedrich & H. Mandl (Hrsg.), *Handbuch Lernstrategien* (S. 1-23). Göttingen, Bern, Wien, Toronto, Seattle, Oxford, Prag: Hogrefe.
Hinz, K. (1996). Schüleraktivierende Methoden im fremdsprachlichen Literaturunterricht. *Praxis, 2*, 139-150.
Menze-Sonneck A. (2005a). Qualitätsverbesserung im Sportunterricht der gymnasialen Oberstufe durch schüleraktivierende Methoden der Textvermittlung. In A. Gogoll & A. Menze-Sonneck (Hrsg.), *Qualität im Schulsport* (Schriften der Deutschen Vereinigung für Sportwissenschaft, 148, S. 99-104). Hamburg: Czwalina.
Menze-Sonneck, A. (2005b). Textgenerierende Verfahren als Beitrag zur Theorie-Praxis-Verknüpfung im Sportstudium. In M. Roscher (Hrsg.), *Können und Wissen. Zum Verhältnis von Theorie und Praxis im Studium des Geräteturnens* (Schriften der Deutschen Vereinigung für Sportwissenschaft, 152, S. 123-130). Hamburg: Czwalina.
Schiefele, U. (1996). *Motivation und Lernen mit Texten*. Göttingen, Bern, Toronto, Seattle: Hogrefe.
Spinner, K.H. (2004). Lesekompetenz in der Schule. Problematik der Begriffe Autorintention und Textaussage. In C. Artelt, U. Schiefele, W. Schneider & P. Stanat (Hrsg.), *Struktur, Entwicklung und Förderung von Lesekompetenz. Vertiefende Analysen im Rahmen von PISA 2000* (S. 135-136). Wiesbaden: VS Verlag für Sozialwissenschaften.
Weinstein, C.E. & Mayer, R.E. (1986). The teaching of learning strategies. In M.C. Wittrock, (Ed.), *Handbook of research on teaching* (3rd ed., S. 315-327). New York: Macmillan.

RÜDIGER BOCKHORST & CHRISTOPHER VON TAUBE

Sportunterricht im Spannungsfeld von individueller Förderung und schulischer Qualitätsentwicklung

In die Diskussion um die Verbesserung der Qualität von Schule in ihrem Bildungs- und Erziehungsauftrag, sind explizit die einzelnen Fächer eingeschlossen. Die gesichteten Veröffentlichungen zur Qualität des Schulsports gehen jedoch vorwiegend auf die Verbesserung einzelner Qualitäten der Fächer selbst ein, ohne einen Bezug zu dem übergeordneten Qualitätsverständnis von Schule herzustellen. Es ist jedoch dringend zu klären, wie sich die Diskussionen um die Verbesserung der Qualität des Schulsports an die grundsätzliche Debatte um Qualität von Schule anknüpfen und wie sich beide Diskussionen stringent miteinander verbinden lassen. Vor allem um die Qualitäten, die in einem wechselseitigen Bezug zueinander stehen, konsequent miteinander zu verbinden.
Die nachfolgenden Ausführungen stellen hierzu einen Versuch dar. Mit der Beschreibung der Zusammenhänge verbindet sich die Aufforderung an die erste und zweite Phase der Lehrerausbildung, entsprechende Beiträge zur konsequenten Kompetenzvermittlung und zur Qualitätsverbesserung beizutragen. Dies beinhaltet die Vermittlung der Kenntnisse und Kompetenzen, die auf Seiten der Sport unterrichtenden Lehrkräfte erforderlich sind, um eine individuelle Förderung von Schülern in ihrem Sportunterricht umzusetzen und einen zentralen Beitrag für die Verbesserung der Qualität der eigenen Schule zu leisten. Nur ein qualitativ abgesicherter Schulsport kann in der Lage sein, den Anspruch an individuelle Förderung einzulösen und einen Beitrag zur Schulqualität zu leisten.
Wird ein Bezug des Faches zum Qualitätsverständnis der Schule und zur Schulentwicklung hergestellt, gelangt man zu den Qualitätstableaus.
Momentan existieren in der Bundesrepublik verschiedene Qualitätstableaus, die in großen Teilen Deckungsgleichheiten aufweisen. Eines der Qualitätstableaus ist das Selbstevaluationsinstrument in Schulen SEIS (siehe unten).
Von dem jeweiligen Qualitätsverständnis (in den Bundesländern) ausgehend ist die Diskussion zu führen, inwiefern z.b. die einzelnen Unterrichtsfächer oder Elemente des Schulprogramms Beiträge für die Entwicklung der Qualität leisten.
Nimmt eine Schule den Schulentwicklungsprozess auf, so müssten demzufolge die einzelnen Fachschaften, bzw. die Sport unterrichtenden Kollegen klären, welche Beiträge des Fachs Sport sie sehen, die auf die Qualitätsentwicklung eingehen und sie unterstützen. Entsprechend ist zu definieren, welchen Beitrag das Fach Sport zur Ausprägung personaler Kompetenz oder im Bereich der Lern- und Methodenkompetenz zur Verbesserung in der Dimension „Ergebnisse" vermittelt. Vergleichbare Fragestellungen wären in den Qualitätsdimensionen „Lernen und Lehren", „Schulkultur", „Führungs- und Schulmanagement" und „Professionalität der Lehrkräfte" sowie der „Ziel- und Strategie der Qualitätsentwicklung" zu stellen.

Selbstevaluation in Schulen: Dimensionen nach SEIS

Ergebnisse	Lernen & Lehren	Schulkultur	Führung und Management	Professionalität der Lehrkräfte	Ziele & Strategien der Qualitätsentwicklung
Personale Kompetenz	Schulinternes Curriculum	Gestaltung der Schule als Lebensraum	Führungs-Verantwortung der Schulleitung	Zielgerichtete Personalentwicklung und Qualifizierung	Schulprogramm
Fachkompetenz	Schulunterstützung und -förderung	Wertschätzung und soziales Klima in der Schule und in den Klassen	Schulleitung und Qualitätsmanagement	Personaleinsatz	Evaluation
Lern- und Methodenkompetenz	Fachliche und didaktische Gestaltung von Lernen im Unterricht	Schülerberatung und -betreuung	Verwaltung und Ressourcenmanagement	Kooperation	Planung, Umsetzung und Dokumentation
Praktische Handlungskompetenz	Selbstbestimmtes und selbstgesteuertes Lernen	Beteiligung von Schülern und Eltern	Unterrichtsorganisation		Eigenverantwortung und Innovation
Schullaufbahn und weiterer Bildungsweg	Gestaltung von Beziehungen, Lernzeit und Lernumgebung	Kooperation mit gesellschaftlichen Partnern	Arbeitsbedingungen		
Zufriedenheit mit der Schule als Ganzem	Leistungsanforderungen und Leistungsbewertung				

Abb. 1. Qualitätsrahmen der guten gesunden Schule, angelehnt an das SEIS-Verfahren (vgl. Stern, Ebel, Vaccaro & Vorandran, 2006).

Der dargestellte Bezug ermöglicht es, die Wirkungen, die von den Fachschaften als Ziele formuliert worden sind, wo denn der Schulsport seinen Beitrag leisten kann, zu evaluieren.

Die Diskussion um Qualität von Schule und in diesem Fall der Qualität des Sportunterrichts, führt daher zwangsläufig in den systemischen Zusammenhang von pädagogischer Schulentwicklung. Unter Schulentwicklung wird nach einem erweiterten Verständnis Personalentwicklung, Ausstattungsentwicklung, Unterrichtsentwicklung und Organisationsentwicklung verstanden (vgl. Rolff, Buhren, Lindau-Bank & Müller, 1998).

Der Prozess der Schulentwicklung hat kein definiertes Ende, sondern ist prinzipiell eine Daueraufgabe. Der systemische Zusammenhang von Schulentwicklung macht deutlich, dass in der Schule nicht an einer Stelle etwas verändert werden kann, ohne dass es Auswirkungen auf andere Bereiche der Schule hat. Mit dem Subsystem „Personale Entwicklung" ist die individuelle Ebene der Organisation gemeint. Die Lehrer sind Subjekte der Einzelschulentwicklung. Wenn die Schule als Organisation lernen soll, dann müssen sich die Lehrer als Lernende nicht nur während des Studiums, verstehen. Dieses beinhaltet vier wesentliche Aspekte (vgl. Rolff, Buhren, Lindau-Bank & Müller, 1998):

- fachlich-didaktisches Handlungsrepertoire,
- Forschung und Selbstbeurteilung,
- Reflexion und Feedback,
- Zusammenarbeit und Arbeitsteilung

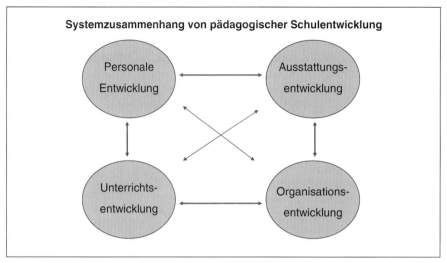

Abb. 2. Systemischer Zusammenhang von pädagogischer Schulentwicklung.

Der Systemzusammenhang von pädagogischer Schulentwicklung bietet wiederum die Basis um in den oben angesprochenen Dialog zur Unterrichtsentwicklung und den dazugehörigen Kriterien einzusteigen.

Unter Unterrichtsentwicklung werden dabei alle systematischen und gemeinsamen Anstrengungen der an Unterricht Beteiligten verstanden, die zur Weiterentwicklung des Lernens und Lehrens und zu schulinternen Bedingungen beitragen. Kriterien der Unterrichtsentwicklung sind:

- Qualifizierung aller Beteiligten durch Fortbildung
- Konsequente Zusammenarbeit im Team bei Schülern und Lehrern
- Kontinuierliches Trainieren und Implementieren von Lernkompetenzen
- Verknüpfung von überfachlicher und fachlicher Lernkultur
- Entwicklung schulinterner Curricula zum Aufbau von Lernkompetenzen
- Regelmäßige Überprüfung der Ziele und Wirkungen der Unterrichtsarbeit
- Unterstützung durch Unterrichtsentwicklungs-Experten und Trainern für Unterrichtsentwicklung (vgl. Bastian, 2007).

Diese Kriterien haben nicht nur für die in Schule arbeitenden Lehrkräfte, bzw. Sportlehrkräfte eine Relevanz. Sie verdeutlichen vielmehr, welche Kompetenzen bereits in der ersten und zweiten Phase der Lehrerausbildung zu vermitteln sind und über welche die in den Beruf einsteigenden Sportlerkräfte bereits verfügen sollten.
Die Kriterien sollen Lehrkräfte in die Lage versetzen, ihren eigenen Unterricht besser zu planen, durchzuführen und zu analysieren.
Die Grundlagen hierfür müssten bereits in der universitären Ausbildung grundlegend vermittelt und in der zweiten Phase vertieft werden. Es ist zu empfehlen, von

vornherein den angehenden Lehrkräften zu verdeutlichen, dass sie für die qualitative Entwicklung ihres Unterrichts verantwortlich sind und sich entsprechende Kompetenzen anzueignen.
In der zweiten Phase der Lehrerausbildung liegt der Schwerpunkt bisher im Bereich der Unterrichtsplanung. Diese wichtige Kompetenzvermittlung kann in Richtung eines Unterrichtsentwicklungsverständnisses ausgerichtet werden, mit dem Ziel der fortdauernden Qualitätssicherung des eigenen Unterrichts.
Für das schulische Handeln und die Verbesserung der Qualität ihres eigenen Unterrichts benötigen die Sportlehrkräfte im Einzelnen:

– inhaltliche Fachkompetenz
– Methodenkompetenz
– Praktische Handlungskompetenz
– Anwendung überfachlicher Kompetenzen
– Teamkultur im Kollegium
– Curricular, bzw. schulinternes Curriculum
– Selbstevaluation von Schule
– Handlungskompetenzen in Schulentwicklung
– Eigenverantwortung und Innovation
– gemeinsames Qualitätsverständnis des Schulsports und ihrer Schule insgesamt.

Unterrichtsentwicklung ist die zentrale Aufgabe, aber ohne die Weiterentwicklung des Personals wird Unterrichtsentwicklung nicht nachhaltig zum „Eigentum" der Schule und aller darin Lehrenden und Lernenden. Die Steigerung der Unterrichtsqualität kann, wie bereits angesprochen, nicht alleine die Aufgabe einer einzelnen Lehrerin oder eines einzelnen Lehrers sein, sondern eine Schule muss sich als ganzes System von Lehrenden und Erziehenden auf den Weg machen (vgl. Höfer & Madelung, 2006).
Unterrichtsentwicklung im Sinne eines gesamtschulischen Entwicklungsprozesses ist durch folgende Merkmale gekennzeichnet (vgl. Höfer & Madelung, 2006):

– Lehrerinnen und Lehrer verstehen sich als Lernende in einer lernenden Organisation
– Angemessene überfachliche und fachliche Teamstrukturen werden aufgebaut, gepflegt und abgesichert
– Eine schulische Steuergruppe koordiniert professionell den gesamtschulischen Entwicklungsprozess
– Die Schulleitung fördert und fordert diesen Entwicklungsprozess
– Die erforderlichen Qualifizierungsmaßnahmen erfolgen auf einer gesamtschulischen Fortbildungsplanung
– Die Maßnahmen werden evaluiert.

Die Forderung an die Inhalte der Lehrerausbildung und was sie in diesem Kontext leisten sollen, können folgendermaßen beschrieben werden:

Erste Phase der Lehrerausbildung

In der ersten Phase der Lehrerausbildung sollte ein gemeinsames Verständnis von Qualität und Unterrichtsentwicklung und von Schulsport und Schule entwickelt werden. Die Eigenrealisation und der Fertigkeitserwerb nimmt im Zuge dieser Ausrichtung einen neuen und anderen Stellenwert ein. Wichtig ist, dass die Eigenrealisation und der Fertigkeitserwerb nur in Verbindung mit der Vermittlung von Methodenkompetenz erfolgt. Bereits in der ersten Phase sollte der enge Bezug zu Unterricht und Unterrichtsplanung sowie Unterrichtsdurchführung hergestellt werden.
Die Planungskompetenzen für Unterricht sind daher entsprechend auszubilden. Darunter sind zu verstehen:

- Die Fähigkeit, die individuellen Vorraussetzungen von Schülern zu erkennen
- Darauf aufbauen Unterricht zu planen, durchzuführen und auszuwerten
- Die Rolle und die Bedeutung der Curricula für die eigene Schule zu definieren
- Ein Fundamentum zu beschreiben, das als verbindliche Zielvorgabe für das Lernen in den unterschiedlichen Schulstufen existiert

Letzter Punkt ist sicherlich eine Aufgabe, die die entsprechenden Ministerien in den Ländern zu leisten haben und in einer Auseinandersetzung mit Vertretern der ersten Phase der Lehrerausbildung entsprechend definieren sollten.

Zweite Phase der Lehrerausbildung

In der zweiten Phase der Lehrerausbildung sind die eben genannten Kompetenzen in der praktischen Umsetzung in der Schule entsprechend anzuwenden und auszuprägen. Darunter fällt:

- Ein gemeinsames Qualitätsverständnis von Schulsport und Schule zu entwickeln. Dies sollte in unmittelbaren Zusammenhang mit den jeweilige Ausbildungsschulen und den Fachseminaren geschehen.
- Dementsprechend sind die Planungskompetenzen für Unterricht bei den Referendarinnen und Referendaren auszubilden. Hierunter sind zu verstehen:
  • Die Fähigkeit, individuelle Vorraussetzungen von Schülern zu ermitteln
  • Auf dieser Basis Unterricht zu planen, durchzuführen und auszuwerten
  • Dies wiederum mit den Kollegen gemeinsam zu tun
  • Schuleigene Lehrpläne zu entwickeln und entsprechend auf die sich verändernden Bedürfnisse anzupassen.

Ein entscheidendes Element wird dabei sein, zu verdeutlichen, dass es sich bei diesen Kompetenzen um personale Kompetenzen handelt. Das heißt, dass das Lernen auf keinen Fall nach dem Referendariat abgeschlossen ist, sondern als Berufsbegleitendes, wenn nicht sogar lebenslanges Lernen verstanden wird.

Gelingt die qualitative Verbesserung des Schulsports durch sytematische Unterrichtentwicklung, so kann ein bedeutender Beitrag zur schulischen Qualitätsentwicklung und der Verbesserung der individuellen Förderung im Rahmen des Sportunterrichts geleistet werden.
Im optimalen Fall fällt der Blick dann nicht auf die Verbesserung einzelner Qualitäten, die durch das Fach selber bestimmt werden, sondern schließt die Schule als Ganzes im Sinne der Qualitätstableaus mit ein.

Literatur

Bastian, J. (2007). *Einführung in die Unterrichtsentwicklung.* Weinheim: Beltz.
Bastian, J. (2007). Unterricht evaluieren und entwickeln. Von der intuitiven zur systematischen Evaluation: Fragen – Befunde – Erfahrungen. *Pädagogik, 59* (2), 6-9.
Höfer, C. & Madelung, P. (2006). *Lehren und Lernen für die Zukunft – Unterrichtsentwicklung in selbstständigen Schulen.* Troisdorf: Bildungsverlag EINS.
Stern, C., Ebel, C., Vaccaro, E. & Vorndran, O. (2006). *Bessere Qualität in allen Schulen, Praxisleitfaden zur Einführung des Selbstevaluationsinstruments SEIS in Schulen.* Gütersloh: Bertelsmann Stiftung.
Rolff, H.-G., Buhren, C.G., Lindau-Bank, D. & Müller, S. (1998). *Manual Schulentwicklung – Handlungskonzept zur pädagogischen Schulentwicklungsberatung.* Weinheim, Basel: Beltz.

INGRID BÄHR

Lehrer- und Schülerhandeln als methodologisches Problem bei der Implementierung von Unterrichtskonzepten

Problemstellung

Als ein zentrales Merkmal aktuell diskutierter Unterrichtsformen werden in der Fachliteratur Situationen beschrieben, in denen die Lernenden selbstbestimmt und selbstverantwortet ihren Lernprozess gestalten. Der Lehrkraft kommt dabei die Rolle zu, die Lernumgebung für dieses selbsttätige Handeln der Schüler/innen bereit zu stellen und den Lernprozess sensibel zu begleiten (zsfd. Helmke, 2003). Führt man nun im (sport-)pädagogischen Kontext Evaluationsstudien zu derartigen Unterrichtsformen im Sinne quasiexperimenteller Feldstudien durch, lassen sich einige Merkmale der Lernumgebung relativ gut parallelisieren und kontrollieren, bspw. das Stellen einer problembasierten Lernaufgabe, die Anwendung bestimmter Organisations- und Sozialformen des Unterrichts, zeitliche und räumliche Strukturen sowie die Ausstattung mit Materialen. Als bedeutend schwieriger erweist es sich jedoch, zu gewährleisten, dass die an einer Studie beteiligten Lehrkräfte auch tatsächlich im Sinne des zu prüfenden didaktisch-methodischen Konzeptes handeln, insbesondere in den selbstbestimmten und selbstverantworteten Arbeitsphasen der Lernenden. (Wie) Ist ein „sensibles Begleiten" der Lernprozesse der Schüler/innen durch die Lehrkraft sicher zu stellen – oder gar zu „parallelisieren"? Intensive Schulungen der Lehrkräfte im Sinne des zu prüfenden methodisch-didaktischen Konzeptes vor Beginn der Studie sowie Supervision und ggf. Nachschulungen der Beteiligten sind Schritte zur Sicherstellung der Durchführung des Konzeptes (vgl. Mittag & Hager, 2000, S. 113ff.). Aber erst durch eine Kontrolle der tatsächlichen Umsetzung eines Konzeptes in der Praxis des Schulalltages wird es möglich, beobachtete Lernprozesse und -effekte auf Seiten der Schüler mit der Implementierung des Konzeptes in Zusammenhang zu bringen.
In dem Beitrag wird eine Kontrolle der Konzeptumsetzung am Beispiel einer Studie zum Kooperativen Lernen im Schulsportunterricht vorgestellt, in Anlehnung an vier Evaluationskriterien, die von Dane und Schneider (1998) benannt wurden:

(1) *adherence* – Einhaltung der Programmvorgaben (Ausführungsintegrität)
(2) *exposure* – Häufigkeit der Implementierung (Programmreichweite)
(3) *program delivery* – Qualität des Weitergabe des Programmes
(4) *participant responsivness* – Sich-Involvieren der Teilnehmer/innen

Die Kriterien erscheinen zur Anwendung in einem pädagogischen Kontext insofern besonders geeignet, als sie nicht einseitig das Handeln der Lehrkraft fokussieren. Dies wäre aus bildungstheoretischer Sicht problematisch, da die *Selbsttätigkeit* des Subjektes als zentraler Mechanismus der Bildung gedeutet wird, im Handeln der

Lehrkraft jedoch nicht abgebildet wird. Die beiden von Dane und Schneider zuletzt genannten Kriterien überschreiten das bloße Handeln der Lehrkraft: Das dritte Kriterium beinhaltet zumindest potenziell über die Berücksichtigung der Lehrkraft-Schüler-Interaktion auch eine Analyse des Schülerhandelns; das vierte Kriterium schließlich trifft explizit das Moment der Selbsttätigkeit der Bildungssubjekte.

Die Ergebnisse dieser Durchführungsevaluation werden im Hinblick auf ihre Bedeutsamkeit für die weitere Analyse der im Rahmen der Studie erhobenen Daten zu Lernprozessen und -effekten diskutiert.

Erfassung der Implementierungsgüte des Konzeptes Kooperatives Lernen im Schulsportunterricht

In der hier vorgestellten Studie wurden neun Klassen der Jahrgangsstufe 5 (N = 238) über eine Dauer von sechs Doppelstunden im Regelsportunterricht zum Lerngegenstand Bodenturnen mit drei unterschiedlichen methodisch-didaktischen Konzepten unterrichtet: Sechs Klassen erhielten Unterricht nach der Methode Kooperativen Lernens (vgl. Bähr, 2005), davon wurden drei Klassen mit dem kooperativen Skript „Gruppenpuzzle" unterrichtet, die drei anderen Klassen mit dem Skript „Gruppenturnier". Drei weitere Klassen erhielten zum selben Lerngegenstand einen traditionell ausgerichteten Sportunterricht, in dem Übungsreihen, eng geführte Stationsarbeit und insgesamt ein eher direktives Vorgehen der Lehrkraft den methodischen Rahmen bildeten („lehrerzentrierter Unterricht"). Die beteiligten Lehrkräfte wurden bezüglich der Anwendung der unterschiedlichen Konzepte und der geplanten Aufbereitung der Unterrichtsinhalte geschult. Sie erhielten detaillierte Vorgaben für jede der sechs Doppelstunden sowie diverses Unterrichtsmaterial (z. B. vorgedruckte Karten mit Arbeitsaufträgen, Abbildungen, Reflexionsbögen).

Als forschungsmethodische Zugangsweise zur Kontrolle der Umsetzung der genannten Konzepte wurde eine Kombination aus Videoanalyse, Lehrtagebuch und Lehrerinterview eingesetzt. Im Folgenden sollen skizzenartig einige ausgewählte Ergebnisse vorgestellt werden (zur Testgüte vgl. ausf. Bähr & Gerecke, 2009).

Ergebnisse zur Einhaltung der Vorgaben und zum Umfang der Anwendung

Zur Kontrolle der Einhaltung der Konzeptvorgaben wurden zunächst Verlaufsskizzen (im Sinne von Transskripten) zur Phasenstruktur des Unterrichts angefertigt, wobei zur Definition relevanter Phasen des Unterrichts auf ein Modell von Dann, Diegritz und Rosenbusch (1999, S. 19) zurückgegriffen wurde. Die Verlaufsskizzen zeigten, dass in allen durchgeführten Stunden die vorgesehenen Arbeitsaufträge (Kooperatives Lernen) bzw. Vorgaben/Aufgaben (lehrerzentrierter Unterricht) den Schülern gestellt wurden, dass es in allen Stunden im Anschluss daran jeweils zu Phasen der Gruppenarbeit bzw. Übungsphasen kam und schließlich auch die geplante Auswertung der jeweiligen Arbeitsergebnisse der Stunde in Form einer Reflexionsphase und/oder Abschlusspräsentation umgesetzt wurde. Bei den kooperativ unterrichteten Klassen kam es dabei zu 1-2 Phasen der selbständigen Gruppenarbeit pro Unterrichtsstunde. Bei den lehrerzentrierten Klassen zeigten sich dagegen 3-4 Übungs- oder Ausführungsphasen pro Unterrichtsstunde, die mit Erläuterungen, Vorgaben oder Aufgabenstellungen seitens der Lehrkraft abwechselten.

Um zu prüfen, ob die Phasen der Gruppenarbeit bzw. Übungsphasen im Klassenverband neben ihrer Häufigkeit pro Unterrichtsstunde auch in jeweils konzepttypischer Dauer gegeben waren, wurde des Weiteren eine Kategorisierung der Aktivitäten der Lehrkraft und der Schüler über die gesamte Unterrichtszeit hinweg in Sequenzen von jeweils zwei Minuten vorgenommen. Die dafür erforderlichen Kategorien (Beispiele im Folgenden kursiv gedruckt) wurden in mehreren Stufen induktiv aus dem Datenmaterial entwickelt. Mit diesem Vorgehen konnte gezeigt werden, dass der Anteil der *Übungszeit* der Schüler an der Gesamtunterrichtszeit bei den Methoden Gruppenpuzzle und Gruppenturnier bei jeweils 49% lag, im lehrerzentrierten Unterricht dagegen nur bei 32%. Bei letztgenannter Methode verbrachten die Schüler dagegen mehr Zeit mit *Zuhören/Zuschauen* oder der *Teilnahme an gelenkten Unterrichtsgesprächen* während die Lehrkräfte entsprechend häufiger bzw. länger andauernde *Erläuterungen/Ansagen* vortrugen, etwas *demonstrierten* (oder demonstrieren ließen) und *Unterrichtsgespräche führten*. Dieses Ergebnis ist im Sinne einer jeweils konzepttypischen Gestaltung der Unterrichtsstunden zu deuten: Beim Kooperativen Lernen soll der Anteil selbstverantworteter Übungszeit der Schüler möglichst hoch liegen, beim lehrerzentrierten Unterricht nehmen durch die Lehrkraft gestaltete darbietende Unterrichtsphasen einen vergleichsweise größeren Anteil ein. Ein Ankerzitat aus den unmittelbar nach der Unterrichtsreihe durchgeführten problemzentrierten Interviews mit den Lehrkräften ergänzt dieses Bild:

> „Mit dem Konzept bin ich super gut klargekommen. Das war überhaupt kein Problem. Es war am Anfang mit den vielen Gruppen in der ersten Stunde natürlich extrem anstrengend. (…) Wobei das war wirklich auch nur die erste Stunde. In der zweiten ging es dann schon ein bisschen besser, vom Organisatorischen eben und auch mit dem Konzept hatte ich dann kein Problem." (GP-3, 43)

Zusammenfassend ist festzuhalten, dass die Lehrkräfte sich an die Unterrichtsplanungen hielten, die jeweils konzeptgetreue Phasenstruktur erkennbar und selbstverantwortete Übungszeit in konzepttypischem Umfang gegeben war.

Ergebnisse zur Qualität der Weitergabe und zum „Sich-Involvieren" der Schüler

Als ein Aspekt im Sinne der Kontrolle der Qualität der Weitergabe der Unterrichtskonzepte lässt sich die Invasivität der Interventionen der Lehrkraft benennen. Konzepttypisch für Kooperatives Lernen wäre, wenn die Lehrkraft nur selten ohne Aufforderung der Schüler in die Gruppenarbeit eingreift (invasives Intervenieren), sondern in der Regel erst auf Nachfrage der Schüler ihr Expertenwissen oder ihre pädagogische Kompetenz zur Verfügung stellt (responsives Intervenieren). Umgekehrtes gilt für einen direktiv angelegten lehrerzentrierten Unterricht. Daten hierzu wurden aus zwei Perspektiven erhoben: Die Innensicht der Lehrkräfte wurde mittels eines Items im Lehrtagebuch nach jeder Unterrichtsstunde erfragt: „Ich intervenierte heute nie/häufig ohne Aufforderung der Schüler/innen" (bipolare Skala mit „nie" = 1 und „häufig" = 4). Als Mittel der sechs Doppelstunden ergab sich für die Gruppenpuzzle-Klassen mit

1,6 Skalenpunkten der niedrigste Wert, die Gruppenturnierklassen lagen mit dem Wert 2,3 etwas darüber, am höchsten lag der Wert bei den lehrerzentriert unterrichteten Klassen (2,7). Zusätzlich wurde aus der Beobachterperspektive im Rahmen der Analyse der Videodaten jede Intervention der Lehrkräfte von geschulten Ratern daraufhin bewertet, ob sie nach der o. g. Definition als „invasiv" oder „responsiv" zu bezeichnen war. Der Prozentsatz invasiver Interventionen an der Gesamtanzahl der Interventionen betrug beim Gruppenpuzzle 32%, beim Gruppenturnier 38% und beim lehrerzentrierten Unterricht 71%.

Die Ergebnisse zeigen, dass sowohl aus der Innensicht der Lehrkräfte als auch aus der Beobachterperspektive ein invasives Intervenieren der Lehrkraft sich im lehrerzentrierten Unterricht häufiger zeigte als beim kooperativen Lernen. Das Handeln der Lehrkräfte (hier beurteilt im Kontext des jeweils vorausgegangenen Handelns der Schüler) ist somit als konzepttypisch zu bezeichnen. Ein Ankerzitat aus den Interviews mit den Lehrkräften der kooperativen Konzepte bestätigt dies:

> „Ja weil ich hab das erstmal sehr ernst genommen... eure Anweisungen, also dass ich möglichst nicht eingreife, und nur, wenn es gefährlich wird, und nur wenn es also gar nicht geht." (GP-2, 23)

Als weiteres Analysekriterium der Qualität der Weitergabe des Konzeptes liefern die Ergebnisse einer umfangreichen Studie zu Lehrvariablen Kooperativen Lernens von Haag, Fürst und Dann (2000). Die Autoren belegen, dass eine geringe Lenkung der Lehrkräfte im Verlauf einer Intervention in die selbständige Arbeit der Kleingruppen mit einer positiven Entwicklung der Lernprozesse und -effekte einhergeht (vgl. dazu auch Gerecke, 2007). Als „geringe Lenkung" lässt sich definieren, dass die Lehrkraft ihre eigenen Ideen und Vorstellungen bezüglich einer Lösung des jeweiligen Lernproblems möglichst zurückhält und stattdessen eher „Hilfe zur Selbsthilfe" im Sinne eines sokratischen Vorgehens leistet (sensu Nelson, 1996). Im Rahmen der Analyse der Videodaten wurde deshalb jede Intervention der Lehrkräfte von geschulten Ratern auf einer bipolaren Skala mit den Polen 1 = „direktiv" und 4 = „sokratisch" bewertet. Dabei zeigt sich zwar eine geringfügig stärkere Tendenz zum sokratischen Vorgehen bei der Lehrkraft-Schüler-Interaktion für die kooperativen Methoden (Gruppenpuzzle im Mittel Wert 1,6; Gruppenturnier Wert 1,9; lehrerzentrierter Unterricht Wert 1,3), jedoch fallen die Werte insgesamt sehr niedrig aus. Die Interaktionen zwischen Lehrkraft und Schüler zeigen selbst im Rahmen der kooperativen Unterrichtskonzepte nur selten bzw. undeutlich ausgeprägt die Merkmale „sokratischen Vorgehens". Eine reziproke Interaktion zwischen Lehrkraft und Schülern im Rahmen der Kleingruppenarbeit – wie sie beim Kooperativen Lernen vorgesehen ist – kommt also nicht bzw. kaum in Gang. Die Umsetzung des Konzeptes kann damit für die kooperativ unterrichteten Klassen nur als bedingt konzepttypisch bewertet werden – das deutlich direktive Vorgehen der Lehrkräfte im lehrerzentrierten Unterricht fällt dagegen konzepttypisch aus.

Als letzter exemplarischer Analyseaspekt soll schließlich ein Ergebnis vorgestellt werden, das dem Kriterium des Sich-Involvierens der Schüler zuzuordnen ist: So stellt sich bei der Implementierung Kooperativen Lernens die Frage, ob die von der Lehrkraft angebotenen Übungsphasen von den Schülern auch tatsächlich im Sinne eines Bewegungslernens genutzt werden. Ein relativ übersichtliches Kriterium dafür bietet zunächst die Tatsache, ob und wenn ja wie häufig die Schüler in der Übungsphase auch tatsächlich die vorgegebenen Elemente Handstand und Sprungrolle geübt haben. Idealtypisch zu erwarten wäre hier für alle drei genannten Konzepte, dass es in ausreichender und zwischen den Konzepten in etwa vergleichbarer Häufigkeit zum Vollzug der Elemente oder zumindest zum Versuch des Vollzuges oder dem Ausführen einer Vorübung kommen sollte. Was jedoch bedeutet „ausreichend"? Da im lehrerzentrierten Unterricht davon ausgegangen werden kann, dass Bewegungsvollzüge durch die Schüler auch tatsächlich in etwa in dem Umfang vollzogen werden, den die Lehrkraft als sinnvoll geplant hat, kann man diese Häufigkeit gleichsam als „Ausgangswert" im Sinne eines traditionellen Unterrichts deuten. Das Üben in kooperativ arbeitenden Kleingruppen sollte nun möglichst nicht hinter diese „Vorgabe" zurückfallen, es sollte im Gegenteil sogar aufgrund des geringeren Anteils an Unterrichtszeit, die von der Lehrkraft qua Erläuterungen, Anweisungen usw. eingenommen wird, eher häufigeres Üben ermöglichen. Ein Auszählen der Bewegungsvollzüge der Schüler (inkl. der Versuche oder Vorübungen dazu) anhand des Videomaterials zeigte, dass jedes Kind pro Unterrichtsstunde in den Gruppenpuzzle-Klassen im Schnitt 35 mal übte, beim Gruppenturnier 25 mal und beim lehrerzentrierten Unterricht ebenfalls 25 mal. Bei der Bewertung dieser Zahlen ist zu bedenken, dass bei der Methode Gruppenpuzzle das Schülerhandeln relativ klar vorstrukturiert ist: Die jeweiligen Gruppenexperten fungieren als Lehrer für den Rest der Gruppe, wobei nach und nach jedes Kind die Expertenrolle für einen spezifischen Aspekt des Übens einnimmt. Dieses Setting führt offensichtlich zu einem regen Übungsbetrieb innerhalb der Kleingruppen. Im deutlich weniger stark vorstrukturierten Setting des Gruppenturniers kommt es offensichtlich zu geringerer motorischer Tätigkeit, jedoch würden erst genauere Analysen des Schülerhandelns Einblick darin geben können, was denn anstelle häufigen Übens in diesen Gruppen passiert (bspw. Erklärungen, fachliche Diskussionen, …).

Diese Zahlen lassen bereits vielfältige Interpretationen bezüglich der Lernprozesse der Schüler zu, die an dieser Stelle jedoch noch nicht zu thematisieren sind, da sie bereits Teil einer Prozessanalyse wären (zur Überschneidung von Durchführungs- und Prozessevaluation vgl. Mittag & Hager, 2000, S. 117). Festgehalten werden kann dagegen, dass die Nutzung der angebotenen Übungszeit durch die Schüler im Sinne motorischen Übens zum einen stattgefunden hat und zum anderen die Häufigkeit der Nutzung sich auch in einem konzepttypischen Sinne erklären lässt.

Zusammenfassung der Ergebnisse und Fazit

Insgesamt zeigt sich, dass alle Kontrollparameter, die auf der Ebene der Sichtstruktur des Unterrichts eingeordnet werden können, für eine gelungene Implementierung der in der Studie geprüften Konzepte sprechen: Die Lehrkräfte waren in der Lage, die Unterrichtsorganisation und die Invasivität ihrer Interventionen konzeptgetreu zu gestalten; die Schüler waren in der Lage, sich auf das (in den kooperativen Gruppen selbständige) Üben in den dafür vorgesehenen Phasen einzulassen.

Unsicherheiten in der Interaktion von Lehrkräften und Schülern zeigten sich dagegen deutlich, wenn die Analyse versucht, die Tiefenstruktur des Unterrichts zu erfassen. Das „Herzstück" Kooperativen Lernens, die sensible und konstruktive Begleitung der Schüler während der Phase selbständiger Kleingruppenarbeit durch die Lehrkräfte, scheint letztere mehr oder minder systematisch zu überfordern: Sie agierten hier nur selten im konzepttypischen „sokratischen" Sinne, sondern fielen in ein eher direktives Lehrverhalten zurück. Hier zeigt sich ein Optimierungsbedarf bei der Implementierung des Konzeptes. Auf der Basis der dargestellten Ergebnisse muss davon ausgegangen werden, dass die Potenziale Kooperativen Lernens im Rahmen der Studie nicht vollständig umgesetzt werden konnten.

Inhaltlich verweist dieses Ergebnis auf bedeutsame hochschuldidaktische Konsequenzen: Die beteiligten Lehrkräfte beherrschten zwar die „ruhenden", strukturierten Phasen des Unterrichts, standen jedoch den „fließenden" Phasen selbständiger Gruppenarbeit ungenügend vorbereitet gegenüber. In dieser Symptomatik spiegelt sich vermutlich eine systematische Schwäche der derzeitigen fachdidaktischen Ausbildung im Rahmen der Lehreraus- und Fortbildung.

Literatur

Bähr, I. (2005). Kooperatives Lernen im Sportunterricht. *sportpädagogik, 29* (6), 4-9.
Bähr, I. & Gerecke, P. (2009). *Methodenbericht zum Projekt „Kooperatives Lernen im Sportunterricht – Vergleich der Methoden Gruppenpuzzle und Gruppenturnier mit lehrerzentriertem Unterricht"*. Unveröff. Manuskript, Abteilung Sportpädagogik des Instituts für Sportwissenschaften der Johann Wolfgang Goethe-Universität Frankfurt am Main.
Dane, A.V. & Schneider, B.H. (1998). Program integrity in primary and early secondary prevention: Are implementation effects out of control? *Clinical Psychology Review, 18,* 23-45.
Dann, H.D., Diegritz, T. & Rosenbusch, H.S. (1999). *Gruppenunterricht im Schulalltag – Realität und Chancen.* Erlangen: Universitätsbibliothek Erlangen-Nürnberg.
Gerecke, P. (2007). Lehrerverhalten und Lernleistung der Schüler/innen beim Kooperativen Lernen im Sportunterricht – eine explorative Studie. In V. Scheid (Hrsg.), *Sport und Bewegung vermitteln* (Schriften der Deutschen Vereinigung für Sportwissenschaft, 165, S. 79–81). Hamburg: Czwalina.
Haag, L., Fürst, C. & Dann, H.D. (2000). Lehrvariablen erfolgreichen Gruppenunterrichts. *Psychologie in Erziehung und Unterricht, 47* (4), 266-279.
Helmke, A. (2003). *Unterrichtsqualität – erfassen, bewerten, verbessern.* Seelze: Kallmeyer.
Mittag, W. & Hager, W. (2000). Ein Rahmenkonzept zur Evaluation psychologischer Interventionsmaßnahmen. In W. Hager, J.L. Patry & H. Brezing (Hrsg.), *Evaluation psychologischer Interventionsmaßnahmen: Standards und Kriterien: ein Handbuch* (S. 102-128). Bern u.a.: Huber.
Nelson, L. (1996). *Die sokratische Methode* (2. Aufl.). Kassel: Weber, Zucht.

ANDREAS BUND

Probleme der Implementierung selbstgesteuerter Lehr-/Lernformen in den Sportunterricht aus Lehrer- und Schülersicht

1 Einleitung

Es ist auf den ersten Blick überraschend, dass tatsächlich nur sehr wenig empirisch fundiertes Wissen darüber vorhanden ist, welche Vermittlungs- oder Unterrichtsmethoden Sportlehrer und Sportlehrerinnen wie häufig und nach welchen Kriterien auswählen, in der Praxis verwenden und vor allem auch, welche Effekte sie bezüglich der verschiedenen Lernziele haben. So werden z. B. in der DSB-Sprint-Studie (Deutscher Sportbund, 2006) Inhalte, Ziele, Rahmenbedingungen u. v. m. des Sportunterrichts untersucht, über die Vermittlungsmethoden erfährt man jedoch nichts. Nur punktuell finden sich Studien, in denen Vermittlungskonzepte bezüglich ihrer Effekte evaluiert werden (z. B. König, 2003). Ein Äquivalent zur anglo-amerikanischen „instructional theory" – die weit mehr ist als eine Instruktionswirkungsforschung – fehlt in der deutschen Sportpädagogik. So konstatiert Prohl (2004, S. 121) zu Recht eine „erziehungswissenschaftliche Lücke", die darin besteht, dass wir „zu wenig darüber [wissen], wie ein erzieherischer Sportunterricht ... erfolgreich zu gestalten ist." Und er führt weiter aus: „Forschungsanstrengungen zum Vermittlungsproblem sind dringend von Nöten, denn ohne konkrete Hinweise zu Möglichkeiten der Unterrichtsgestaltung ist zu befürchten, dass der auf der Lehrplanebene erhobene, bildungstheoretische Anspruch eines erzieherisch wirkenden Sportunterrichts praktisch in einem „Vermittlungsloch" versinken wird" (Prohl, 2004, S. 121/122).
Bereits Ende der siebziger und im Übergang zu den achtziger Jahren wurden für den Schulsport neue Unterrichtskonzepte entwickelt, die die Beteiligung der Schüler am Unterrichtsgeschehen im Sinne einer Selbst- oder zumindest Mitbestimmung als ein Kernelement pädagogischen Handelns betrachteten. Zu nennen sind in diesem Zusammenhang u. a. die Arbeiten zum „Offenen Sportunterricht" (Frankfurter Arbeitsgruppe, 1982), der Ansatz des „Genetischen Lehrens und Lernens" (Wagenschein, 1968), der Brodtmann und Landau (1982) und später von Loibl (2001) auf den Sportunterricht übertragen wurde, und schließlich auch die Unterrichts- und Vermittlungskonzepte, die im Rahmen der anthropologisch orientierten Sport- und Bewegungspädagogik entstanden sind (z. B. Trebels, 1992; Laging, 2000). Aber auch bezüglich dieser Unterrichtsformen ist wenig darüber bekannt unter welchen Bedingungen und mit welchen Problemen sie von Sportlehrkräften ein- bzw. umgesetzt werden. Damit ist die Problemstellung der folgenden Klein-N-Interviewstudie im Wesentlichen umrissen. Im Mittelpunkt sollten die von den Sportlehrern und Sportlehrerinnen berichteten alltäglichen Probleme der Implementierung bzw. Anwendung solcher Unterrichtsformen stehen, die ein selbstgesteuertes Lernen der Schüler erfordern.

2 Studie: Implementierungsprobleme selbstgesteuerter Lehr-/Lernformen in den Sportunterricht aus Lehrer- und Schülersicht

2.1 Methode

Wenn es um Sichtweisen von Lehrern und/oder Schülern zum Sportunterricht geht, werden üblicherweise Einzelinterviews verwendet, d. h. den Untersuchungen liegt ein qualitativer Forschungsansatz zugrunde (z. B. Bräutigam, 1999; Miethling & Krieger, 2004). Wir entschieden uns dagegen in Anlehnung an Roth (1996) für eine diachrone Methodenkombination. In dem zweiphasigen Forschungsprozess wurden mit den Sportlehrern und Schülern (je $N = 8$) zunächst fokussierte Interviews geführt, um ihre Alltagstheorien zum Forschungsgegenstand möglichst offen explorieren und rekonstruieren zu können. Anschließend wurden die Interviewtexte auf der Grundlage einer qualitativen Inhaltsanalyse zusammengefasst und verdichtet und für die Konstruktion eines Fragebogens verwendet. Die schriftliche Befragung weiterer, erheblich größerer Lehrer- und Schülerstichproben (je $N = 50$) diente zum einen dazu, das Interviewmaterial zu validieren, zum anderen konnten aber auch differentielle Aspekte der Problemstellung bearbeitet werden, etwa die Abhängigkeit der schülerseitig erlebten Selbstbestimmungsmöglichkeiten vom Geschlecht der Sportlehrkraft. In diesem Beitrag werden nur die Ergebnisse der Interviewstudie dargestellt.

Die Interviews wurden mit Lehrern und Schülern verschiedener Gymnasien in Darmstadt und Umgebung geführt und auf Tonband aufgezeichnet. Die Gespräche dauerten im Schnitt etwa 25 Minuten und fanden in stillen Räumlichkeiten der jeweiligen Schule und ohne Anwesenheit dritter Personen statt. Ein Leitfaden, für dessen Entwicklung explorative Vorgespräche jeweils mit Lehrern und Schülern geführt worden waren, sollte sicherstellen, dass in den Interviews dieselben Themenbereiche angesprochen werden und insofern eine gewisse personenunabhängige Vergleichbarkeit gegeben ist. Die Analyse des Interviewmaterials beinhaltet folgende Schritte:

1. Transkription der Tonbandmitschnitte in normales Schriftdeutsch. Dabei wurden Dialekte nicht berücksichtigt, wohl aber typische Ausdrücke der Jugendsprache (Schülerinterviews).
2. Zusammenfassung/Reduktion des Textmaterials. Das Material wurde – methodisch kontrolliert auf die wesentlichen Inhalte reduziert, u. a. durch die Bündelung zusammenhängender oder bedeutungsgleicher Aussagen sowie die Elimination von Wiederholungen.
3. Induktive Kategorienbildung. Die Ableitung der Analysekategorien erfolgte – getrennt für die Lehrer- und Schülerinterviews – aus dem Material. Die Selektionskriterien für diese Kategorienbildung waren: a) direkter Bezug zur Thematik der Selbst- und Mitbestimmung im Sportunterricht, b) eindeutige Abgrenzbarkeit, und c) vergleichbares Abstraktionsniveau.

In der folgenden Ergebnisdarstellung stehen jene Analysekategorien im Mittelpunkt, die Bedingungen und Probleme der Implementierung selbstgesteuerter Lehr-/Lernformen in den Alltag des Schulsportunterrichts betreffen.

2.2 Ergebnisse der Lehrerbefragung

Fragen nach der Einsatzhäufigkeit von Lehr-/Lernformen, die eine Schülerpartizipation bzw. -selbststeuerung beinhalten wurden von den Sportlehrern und Sportlehrerinnen i. d. R. dahingehend beantwortet, dass sie diese Unterrichtsformen eher selten und unter sehr spezifischen Bedingungen verwenden. Exemplarisch für die Antworttendenz der Sportlehrerinnen und Sportlehrer ist die folgende Aussage, in der auch darauf verwiesen wird, dass diese Lehr-/Lernformen mit hohen Anforderungen an die Schüler verbunden sind:

> „Also, das habe ich bisher nicht oder kaum machen können. Ich sehe da auch die Problematik, dass unsere Schüler darauf nicht ausreichend vorbereitet sind." (Sportlehrer 7, 41 Jahre, 7 Jahre im Schuldienst)

Die Antworten auf die (Nach-)Frage, ob sie diese Unterrichtsformen in ihrer Ausbildung (Studium und Referendariat) kennengelernt haben, sind altersabhängig:

> „Nein, zu meiner Zeit war davon überhaupt nicht die Rede. Aber natürlich kenne ich diese Unterrichtsmethoden." (Sportlehrerin 3, 60 Jahre, 34 Jahre im Schuldienst)

> „Doch, über offenen Sportunterricht und so haben wir im Studium gesprochen, aber ich fand das damals sehr theoretisch." (Sportlehrer 7, 41 Jahre, 7 Jahre im Schuldienst)

Eine weitere Frage war, von welchen schüler-, aufgaben- oder situationsbezogenen Bedingungen Sportlehrer und Sportlehrerinnen den Einsatz selbstgesteuerter Lehr-/Lernformen abhängig machen. Alle befragten Sportlehrkräfte sprachen hier Voraussetzungen auf Seiten der Schüler an. Als wichtigstes Kriterium gilt das Alter, weil angenommen wird, dass mit zunehmenden Alter „*die Reflektionsbereitschaft und die Mitarbeit im kognitiven Bereich*" (Sportlehrer 5, 56 Jahre, 24 Jahre im Schuldienst) eher gegeben ist. In zwei Gesprächen wurden die motorischen Voraussetzungen thematisiert, wobei die Auffassung vertreten wurde, dass selbstgesteuerte Lehr-/Lernformen eher für motorisch begabte Schüler geeignet seien.

Nach den konkreten Problemen bei der Umsetzung dieser Lehr-/Lernformen befragt, benannten die Sportlehrer und Sportlehrerinnen eine Reihe von Schwierigkeiten, die sich grob drei Problembereichen zuordnen lassen, nämlich lehrerbezogenen, kontextbezogenen und schülerbezogenen Problemen. Vier exemplarisch ausgewählte Aussagen verdeutlichen diese Klassifikation. Die erste Aussage bezieht sich auf die bereits angesprochene fehlende oder mangelhafte Ausbildung bezüglich der Unterrichtsformen, die eine Schülerselbststeuerung implizieren und die daraus resultierende Unsicherheit bei ihrem Einsatz.

> „Also, ich bin ja gewissermaßen noch Anfängerin und ich merke schon, dass der Unterricht einfacher ist, wenn ich den Schülern genau sage, was sie machen sollen. Bei diesem offenen Sportunterricht fühle ich mich oft unsicher." (Sportlehrerin 7, 28 Jahre, 1 Jahr im Schuldienst)

Diese Unsicherheit wird auch im folgenden Statement deutlich; darüber hinaus wird mit der Klassengröße aber auch ein Problem der Institution Schule genannt.

> „Die Klassen sind zu groß. Bei diesem Unterricht verliert man schnell den Überblick und es kommt dann einfach nichts Vernünftiges raus." (Sportlehrerin 2, 60 Jahre, 32 Jahre im Schuldienst)

Der Schulkontext wird auch von Sportlehrer 4 angeführt; Unterricht mit ausgeprägter Schülerpartizipation verursacht einen höheren Zeitaufwand, der aufgrund struktureller Gegebenheiten (Lehrplanvorgaben) häufig nicht vorhanden ist.

> „Also, man muss als Lehrer sehr viel Geduld haben und darf nicht schnelle Resultate erwarten. Man braucht mehr Zeit und die hat man nicht immer, weil man sich nach dem Lehrplan richten muss." (Sportlehrer 4, 43 Jahre, 8 Jahre im Schuldienst)

Im Statement des Sportlehrers 7 wird schließlich nach den selbst- (also lehrer-) und kontextbezogenen Problemen das dritte Problemfeld genannt – nämlich die Schüler. Häufig gehen Lehrerinnen und Lehrer davon aus, dass nicht (nur) sie, sondern auch die Schüler den Anforderungen eines selbständigen Lernens nicht genügen.

2.3 Ergebnisse der Schülerbefragung

Die Schüler hatten wir u. a. gebeten, zu berichten, wie Lehr-/Lernformen, bei denen sie selbst- oder zumindest mitbestimmen dürfen, von den Sportlehrern im Unterrichtsablauf eingesetzt werden. Interessanterweise bezogen sich die Schüler mit ihren Antworten häufig nicht auf die von der Lehrkraft organisierten Lehr-/Lernformen, sondern auf ein – von der Lehrkraft unabhängiges – informell-gemeinsames Lernen (z. B. Schülerin 5; s. u.). Diese informellen Lerngruppen funktionieren i. d. R. nach dem „Tutoren-Prinzip", d. h. ein leistungsstarker Schüler hilft mehreren anderen Schülern. Generell wird von den Schülern als ein Problem des selbst- oder mitbestimmten Lernens angesehen, dass leistungsstarke oder dominante Schüler zu sehr dominieren.

> „Also, wir machen auch untereinander viel. Wenn ich einen anderen Schüler frage, wie geht das..., dann erklärt er mir das." (Schülerin 5, 18 Jahre)

> „Wir haben es auch mal so gemacht, dass wir immer in Vierergruppen zusammengegangen sind und dann Gegenkorrektur gemacht haben unter den Schülern. Das ist auch ziemlich gut. Aber da ist schon Selbstdisziplin gefragt." (Schülerin 7, 18, Jahre)

Auch die von den Schülern geschilderten Probleme beim Einsatz selbstgesteuerter Lehr-/Lernformen (s. u.) lassen sich den Unterrichtsakteuren oder aber dem Unterrichtskontext zuordnen. Einige Aussagen betreffen explizit das Lehrerverhalten. Aus Sicht der Schüler gelingt es Lehrern offenbar häufig nicht, sich als Begleiter und Berater im Lernprozess zu positionieren. Entweder wird die gewohnte Lehrerrolle einfach auf die andere Unterrichtsform übertragen (Schüler 2) oder die Schüler werden völlig sich selbst überlassen (Schülerin 6).

> „Also, ich glaube, für die Lehrer ist es viel bequemer, wenn sie uns einfach sagen können, was wir machen sollen. Selbst wenn er sagt, probier doch dies oder das einfach mal aus, steht er immer daneben und quatscht ständig rein." (Schüler 2, 17 Jahre)

> „Wir haben das nur einmal so richtig gemacht und da lief es ziemlich chaotisch ab. Der Lehrer hat sich einfach ganz rausgezogen." (Schülerin 6, 18 Jahre)

Weitere Statements thematisieren aber auch problematische Verhaltensweisen der Schüler. Wie oben bereits erwähnt, nehmen Schüler es selbst als problematisch wahr, dass bei selbstgesteuerten Lehr-/Lernformen häufig einige wenige Schüler dominieren und bestimmen was gemacht wird. Die Aussage der Schülerin 7 bezieht sich schließlich auf die Rahmenbedingungen, unter denen schulischer Sportunterricht stattfindet.

„Wenn wir etwas selbständig machen sollen, dann ist es leider fast immer so, dass die ‚Guten' bestimmen, was alle machen. Das gefällt vielen dann gar nicht." (Schülerin 4, 17 Jahre)

„Also, wie gesagt, wir haben das ja mal so gemacht in Gruppen und so und nur mit der Aufgabe. Wie gesagt, das war auch ganz okay. Nur, bevor wir richtig mit dem Ausprobieren begonnen haben, war die Stunde fast schon wieder zu Ende. Das war alles nicht so richtig effektiv, glaube ich." (Schülerin 7, 18 Jahre)

2.4 Diskussion

Zusammengefasst weisen die Resultate der Lehrer- und Schülerbefragung zu Problemen des Einsatzes selbstgesteuerter Lehr-/Lernformen auf drei hinreichend abzugrenzende Problemebenen hin:

1. Auf Lehrerebene wird – allerdings lebensalterabhängig – angeführt, Unterrichtsformen, die auf eine Selbststeuerung der Schüler abzielen, seien im Studium und Referendariat nicht thematisiert worden. Daraus resultiert eine Unsicherheit bezüglich der Verwendung solcher Unterrichtsformen, u. a. was die eigene Rolle als Lehrer betrifft. Diese Unsicherheit wird sowohl von den Lehrern als auch von den Schülern konstatiert. Die Schüler glauben darüber hinaus, dass Lehrer aus Bequemlichkeit lieber die „klassischen" Lehr-/Lernformen verwenden.
2. Probleme auf der Ebene der Schüler sehen Lehrer darin, dass diese ihrer Ansicht nach häufig nicht die Voraussetzungen mitbringen, um erfolgreich selbstgesteuert lernen zu können. Lehrer begründen so den Nicht-Einsatz bzw. nicht erfolgreichen Einsatz selbstgesteuerter Lehr-/Lernformen. Die Schüler sehen das Problem eher in der durch diese Unterrichtsform provozierten Dominanz leistungsstarker Schüler.
3. Auf der Kontextebene werden hinderliche Rahmenbedingungen der Institution Schule bzw. des schulischen Sportunterrichts genannt, z. B. die Klassengrößen, die Lehrplanvorgaben und die starren Zeitstrukturen.

Natürlich sind die Ergebnisse aus mehreren Gründen nicht generalisierbar: Erstens waren die Stichproben sehr klein (allerdings erreichte die Mehrzahl der Aussagen in der darauffolgenden schriftlichen Befragung einer größeren Stichprobe einen hohen Zustimmungsgrad), zweitens handelte es sich letztlich nur um anekdotische Erfahrungsberichte bzw. Beobachtungen des Unterrichtsgeschehens und drittens waren diese auf die gymnasiale Schulform beschränkt. Dennoch: Was würde es bedeuten, wenn die hier getroffenen Aussagen repräsentativ wären? Welche Konsequenzen würden sich daraus für die Sportlehrerausbildung und für den Sportunterricht ergeben? Eine Diskussion hierüber in der Sportpädagogik könnte helfen, dass verschiedene Formen des selbstgesteuerten Lernens zukünftig im schulischen Sportunterricht eine größere Rolle spielen.

Literatur

Bräutigam, M. (1999). „So schlecht ist er auch wieder nicht!" Erste Zugänge auf die Frage nach dem „schlechten" Sportlehrer aus Schülersicht. *sportunterricht, 48* (3), 100-111.
Brodtmann, D. & Landau, G. (1982). An Problemen lernen. *sportpädagogik, 6* (3), 16-22.
Deutscher Sportbund (Hrsg.) (2006). *DSB-Sprint-Studie: Eine Untersuchung zur Situation des Schulsports in Deutschland.* Aachen: Meyer & Meyer.
Frankfurter Arbeitsgruppe (1982). *Sportunterricht – analysieren und planen.* Reinbek: Rowohlt.
König, S. (2003). Evaluation von Spielvermittlungskonzepten im Sportunterricht. *sportunterricht, 52* (7), 201-207.
Laging, R. (2000). Methoden im Sportunterricht. *sportpädagogik, 24* (5), 2-9.
Loibl, J. (2001). *Basketball. Genetisches Lehren und Lernen.* Schorndorf: Hofmann.
Miethling, W.-D. & Krieger, C. (2004). *Schüler im Sportunterricht. Die Rekonstruktion relevanter Themen und Situationen des Sportunterrichts aus Schülersicht.* Schorndorf: Hofmann.
Prohl, R. (2004). Vermittlungsmethoden – eine erziehungswissenschaftliche Lücke in der Bildungstheorie des Sportunterrichts. In M. Schierz & P. Frei (Hrsg.), *Sportpädagogisches Wissen. Spezifik – Transfer – Transformationen* (Schriften der Deutschen Vereinigung für Sportwissenschaft, 141, S. 117-127). Hamburg: Czwalina.
Roth, K. (Hrsg.) (1996). *Techniktraining im Spitzensport. Rekonstruktion, Zusammenfassung und Validierung der Alltagstheorien erfahrener und erfolgreicher Trainer.* Köln: Sport und Buch Strauß.
Trebels, A.H. (1992). Das dialogische Bewegungskonzept. Eine pädagogische Auslegung von Bewegung. *sportunterricht, 41* (1), 20-29.
Wagenschein, M. (1968). *Verstehen lernen.* Weinheim: Beltz.

MIKE LOCHNY

Selbstgesteuertes Bewegungslernen und Lernstrategien im informellen und institutionellen Sporttreiben – eine empirische Untersuchung im Kanusport

1 Einleitung

In der heutigen Zeit erscheint es immer schwieriger der Ausdifferenzierung des Sports im Sportunterricht gerecht zu werden. Aus diesem Grund ist der Anspruch entstanden, dass Lernende Strategien zur Lösung von Bewegungsproblemen entwickeln sollen, um nicht nur gegenwärtig, sondern auch in Zukunft handlungsfähig zu sein (vgl. Wopp, 2001, S. 355). Diese Ansprüche lassen sich mittlerweile auch in bewegungsfeldorientierten Lehrplänen finden, in denen ein erziehender Sportunterricht gefordert wird. Speziell für den Sportunterricht an der gymnasialen Oberstufe gelten daher Anforderungen wie z.b., dass die Schüler/innen eigene Lernwege finden sollen, Wissen um den eigenen Lerntyp erlangen und Methodenkompetenzen entwickeln sollen, um Bewegungsprobleme in zunehmender Selbstständigkeit zu lösen (vgl. Ministerium für Schule und Weiterbildung, Wissenschaft und Forschung des Landes Nordrhein-Westfalen, 1999).
Während derartige Forderungen für das formelle Sporttreiben relativ neu sind, werden in der Freizeit stattfindende, informelle Lernprozesse schon seit längerer Zeit in engem Zusammenhang mit spezifischen Merkmalen wie Selbstständigkeit, Selbstorganisation und Selbststeuerung betrachtet, die prototypisch für diese Lernform stehen (Friedrich, 2004, S. 88). Grundsätzlich lässt sich jedoch bilanzieren, dass bezüglich Bewegungslernprozessen, die sich als selbstgesteuert bezeichnen lassen, kaum empirisches Wissen vorliegt (vgl. Friedrich, 2004, S. 89).
In diesem Beitrag sollen schwerpunktmäßig die Ergebnisse des zweiten Teils einer zweistufigen empirischen Studie zum selbstgesteuerten Bewegungslernen durch den Einsatz von Lernstrategien im Kanusport vorgestellt werden. Im ersten Teil der Studie wurden zehn männliche Kanuten, die die Sportart Kanufreestyle rein informell betreiben, mittels Leitfadeninterviews zu ihrem Lernverhalten befragt.
Mit Hilfe der verwendeten Auswertungsmethode: Zusammenfassende Qualitative Inhaltsanalyse (mit induktiver Kategorienbildung), konnten aus dem Interviewmaterial insgesamt sechs Lernstrategien ermittelt werden, die von den Befragten beim selbstgesteuerten Bewegungslernen verwendet werden (Lochny, 2008, S. 65-68):

- Observatives Lernen in Natura
- Observatives Lernen per Video
- Gezieltes Nachfragen
- Videoanalyse

- Kooperatives Lernen
- Mentales Training

Diese Lernstrategien wurden zwei Gruppen von insgesamt 17 institutionell sporttreibenden Kanuanfängern/innen (Sportstudierende und Teilnehmer/innen eines Hochschulsportkurses) im Rahmen der zweiten empirischen Studie über einen Zeitraum von sechs Wochen, in dem sie die Grundtechniken des Kanusports erlernen konnten, einzeln vorgestellt. Anschließend hatten sie weitere sechs Wochen Zeit, um die Kenterrolle im Kajak selbstgesteuert zu erlernen. In dieser explorativen Studie sollen erste Erkenntnisse darüber gewonnen werden, ob die im Rahmen der Vorstudie ermittelten Lernstrategien nur von Experten, die Kanufreestyle informell betreiben, genutzt werden können, oder ob sie auch von Kanuanfängern/innen im institutionellen Sporttreiben eingesetzt werden können. Langfristig sollen somit Informationen gewonnen werden, wie sich die Lehrplananforderungen bezüglich zunehmender Selbststeuerung der Lernprozesse seitens der Schüler/innen in die Praxis umsetzen lassen.

2 Methodologie

Bei der Datenerhebung wurden verschiedene Methoden im Rahmen eines Triangulationsansatzes miteinander kombiniert. So wurden die Teilnehmer/innen im Anschluss an den ersten Termin, bei dem sie das Geradeauspaddeln erlernen konnten, in einem Interview mit narrativen und problemzentrierten Anteilen zu ihrer bisherigen Sportbiographie und zu ihrem Bewegungslernverhalten befragt. In den sechs Wochen, in denen sie die Kenterrolle erlernen konnten, wurden sie systematisch beobachtet, wobei eine externe Person die Intensität und Dauer, mit der sie die vorgestellten Lernstrategien verwendeten, auf Beobachtungsbögen dokumentierte. Zusätzlich wurde der Lernprozess von einer weiteren Person mit einer Videokamera aufgezeichnet. Im Anschluss an diese sechs Wochen erfolgte dann ein zweites Leitfadeninterview, in dem die Teilnehmer/innen erneut zu ihrem Lernverhalten befragt wurden. Im Rahmen des Verfahrens der Videoselbstkommentierung (vgl. Hackfort & Schlattmann, 1994, S. 227ff.) wurden ihnen die Videoaufnahmen hierbei als Erzählanreiz vorgeführt. Da es sich bei dieser Untersuchung um eine rein explorative Studie handelte, galt es eine Auswertungsmethode zu finden, mit der diese Ausgangsbedingungen berücksichtigt werden können. Als besonders geeignet erschien hierfür die Grounded Theory nach Strauss und Corbin (1996), da diese Methodologie das Bilden einer gegenstandsverankerten Theorie ermöglicht, „die induktiv aus der Untersuchung des Phänomens abgeleitet wird, welches sie abbildet" (Strauss & Corbin, 1996, S. 7).

3 Ergebnisse

Mit der gewählten Auswertungsmethode wurden insgesamt sechs Kategorien und eine Kernkategorie induktiv aus dem gesammelten Datenmaterial gebildet. Im Folgenden sollen ausgewählte Ergebnisse einzelner Kategorien dargestellt werden. Im Eingangsinterview zeigte sich, dass die 17 Befragten in ihrer Sportbiographie bisher eigentlich noch nie selbstgesteuert Bewegungen erlernen mussten, da diese ihnen beim institutionellen Sporttreiben immer entweder von Lehrern/innen oder Trainern/innen vermittelt wurden. Diejenigen Teilnehmer/innen, die auch informell Sport betreiben, übten in diesem Kontext nur Bewegungen aus, die sie schon weitgehend beherrschten.

Trotz dieser geringen Selbststeuerung der bisherigen Bewegungslernprozesse war den Befragten im Eingangsinterview durchaus bewusst, wie sie individuell bestmöglich lernen können. Hierbei sind sie allerdings weitgehend darauf angewiesen, dass ihnen Lehrpersonen die Lernprozesse dementsprechend aufbereiten, indem sie u. a. die relevanten methodischen Entscheidungen treffen. Dies führte beim ersten Kontakt mit den Kajaks dazu, dass die Möglichkeiten selbstgesteuerter Lernprozesse nicht genutzt werden konnten und die Befragten hierbei mehrheitlich zu einer rein explorativen Vorgehensweise tendierten. Einige Lernende gaben zu diesem Vorgehen an, dass sie die vorhandenen Lernressourcen im privaten Kontext möglicherweise von sich aus genutzt hätten. Hier haben sie aber mit dem institutionellen Sporttreiben die Erwartungshaltung verbunden, dass die Lehrperson unaufgefordert eingreift und auch von sich aus Aufgabenstellungen erteilt.

Bezüglich der anschließenden sechs Wochen, in denen die Kenterrolle erlernt werden konnte, zeigte sich, dass die Lernenden hier wesentlich systematischer Lernstrategien einsetzten als beim ersten Kontakt mit den Kajaks zu Beginn der Untersuchung. Hierbei variierte die Anzahl der Lernstrategien, die sie an den einzelnen Terminen verwendeten, teilweise erheblich. Interessanterweise nutzten einige Teilnehmer/innen zu Beginn des Übungsprozesses mehr und im weiteren Verlauf weniger Lernstrategien, während andere Lernende einen genau entgegengesetzt verlaufenden Lernstrategieeinsatz zeigten. Als Gründe hierfür konnten ermittelt werden, dass diejenigen, die zunächst mehr Lernstrategien verwendeten, anfangs beispielsweise viel gezieltes Nachfragen bei der Lehrperson betrieben und zusätzlich viel observatives Lernen per Video nutzten. Im weiteren Verlauf wurden diese beiden Strategien dann zunehmend seltener verwendet, da mehrere Teilnehmer/innen die Kenterrolle bereits beherrschten und sie sich somit im Laufe des Lernprozesses immer besser gegenseitig beobachten und helfen konnten. Wurden hingegen anfangs weniger und im weiteren Verlauf des Lernprozesses mehr Lernstrategien eingesetzt, so gaben die Teilnehmer/innen, die auf diese Weise vorgegangen sind an, dass sie sich zunächst erst einmal an das Gefühl gewöhnen mussten im Kajak sitzend kopfüber unter Wasser zu sein. Erst mit zunehmender Sicherheit im Boot begannen sie dann die einzelnen Lernstrategien zu nutzen.

Entscheidender als die Anzahl der verwendeten Lernstrategien erwies sich jedoch die Qualität, mit der diese eingesetzt wurden. An diesem Punkt wurde deutlich, dass die Qualität des Lernstrategieeinsatzes von den Persönlichkeitsmerkmalen der Lernenden beeinflusst wird. Dies zeigte sich besonders deutlich bei der (Nicht-) Verwendung von Strategien deren Einsatz Kommunikation erfordert. So gab es Teilnehmer/innen, die während der gesamten sechs Wochen fortwährend kooperatives Lernen betrieben und Lernende, die diese Strategie nicht oder nur wenig verwendeten. Bei letzteren konnten zwei Gründe für diese Vorgehensweise gefunden werden. Einige Interviewte nutzten das kooperative Lernen ganz bewusst nicht. Sie entwickelten aus Zeiteffizienzgründen Hilfstechniken, um alleine handlungsfähig zu werden, obwohl sie die Kenterrolle noch nicht beherrschten. So ließen sie nach einem fehlgeschlagenen Eskimotierversuch beispielsweise das Paddel los und tauchten im Kajak sitzend unter Wasser zum Beckenrand, um sich daran eigenständig aufzurichten. Diese Lernenden entschieden sich bewusst gegen das kooperative Lernen, um mehr aktive Lernzeit im Kajak zur Verfügung zu haben.

Es gab jedoch auch Teilnehmer/innen, die das kooperative Lernen nicht nutzten, obwohl sie keine Lernzeitmaximierungsstrategie verfolgten. Diese Lernenden hätten eigentlich gerne Gruppenarbeit betrieben. Sie waren jedoch zu schüchtern, ihre Mitlernenden von sich aus anzusprechen und um Zusammenarbeit zu bitten. An dieser Stelle wurde deutlich, dass es beim selbstgesteuerten Bewegungslernen nicht ausreichend ist, lediglich einzelne Lernstrategien vorzustellen und die Teilnehmer/innen dann entscheiden zu lassen, wie sie vorgehen möchten. Für einige von ihnen stellte diese Möglichkeit keine Freiheit, sondern eine Überforderung dar. In diesen Fällen ist es notwendig, dass Lehrpersonen auch unaufgefordert auf die Lernenden zugehen, um in einem Gespräch die Gründe dafür herauszufinden, warum sie ungewollt alleine lernen.

Im Rahmen der ermittelten Kernkategorie stellte sich abschließend überraschenderweise heraus, dass diese Lernform sowohl von Lernenden, die die vorgestellten Lernstrategien effektiv nutzen konnten und motorisch gute Lernergebnisse erzielten, als auch von denjenigen, die einzelne Lernstrategien aufgrund von Persönlichkeitsmerkmalen nicht adäquat nutzen konnten und somit motorisch eher schlechte Lernergebnisse erzielten, überwiegend als sehr positiv bewertet wurde. So gaben die Teilnehmer/innen an, dass es ihnen wichtig war, dass sie hier z. B. nach ihrem eigenen Tempo lernen und selbst über ihre Vorgehensweise entscheiden konnten. Die Befragten erklärten, dass sie sich auf diese Weise wesentlich intensiver mit ihrem Lernprozess auseinandergesetzt haben, als sie es in ihrer bisherigen Sportbiographie tun mussten. Diese Auseinandersetzung mit der eigenen Vorgehensweise bezeichneten sie von sich aus als mindestens genauso wichtiges Lernziel wie das Erlernen der Kenterrolle selbst. An dieser Stelle ergeben sich Ansatzpunkte für selbstgesteuertes Bewegungslernen im Rahmen eines erziehenden Sportunterrichts, da sich die Teilnehmer/innen beim Einsatz dieser Lernform neben den motorischen Lernergebnissen, die klassisch mit einer Erziehung zum Sport verbunden werden, besonders intensiv auch mit ihrem eigenen Lernprozess und damit verbunden auch mit ihrer Persönlichkeit auseinandergesetzt haben, woraus sich wichtige Potenziale für eine Erziehung durch Sport ergeben.

4 Ausblick

Die Teilnehmer/innen der dargestellten Studie konnten beim selbstgesteuerten Bewegungslernen im institutionellen Kontext mehrheitlich wichtige Lernziele erreichen, die so auch in den modernen Lehrplänen für den Sportunterricht an der gymnasialen Oberstufe formuliert werden (siehe 1). Aufgrund der außerschulischen Lernsituation können die Ergebnisse jedoch nicht einfach auf Sportklassen übertragen werden. Aus diesem Grund folgte im Anschluss an diese Untersuchung eine weitere Studie, in deren Rahmen die ermittelten Lernstrategien erstmals auch einer Schulgruppe vorgestellt wurden (vgl. Beißel & Lochny, 2007, S. 38).

Literatur

Beißel, V. & Lochny, M. (2007). Eine ungewöhnliche Kooperation. *Kanusport, 77* (1), 38.
Friedrich, G. (2004). Formen informellen Lernens am Beispiel der Lernkonzepte von Skateboardern. *Spektrum Freizeit, 26* (2), 87-97.
Hackfort, D. & Schlattmann, A. (1994). Qualitative und Quantitative Analysen im Verfahrensverbund – Das Beispiel der Video(selbst)kommentierung (VSK). In: B. Strauß & H. Haag (Hrsg.), *Forschungsmethoden – Untersuchungspläne – Techniken der Datenerhebung in der Sportwissenschaft* (S. 227-234). Schorndorf: Hofmann
Lochny, M. (2008). Zur Erfassung des Einsatzes von Lernstrategien beim selbstgesteuerten Bewegungslernen durch Experteninterviews im Kanusport. In V. Oesterhelt, J. Hofmann, M. Schimanski, M. Scholz & H. Altenberger (Hrsg.), *Sportpädagogik im Spannungsfeld gesellschaftlicher Erwartungen, wissenschaftlicher Ansprüche und empirischer Befunde* (Schriften der Deutschen Vereinigung für Sportwissenschaft, 175, S. 65-68). Hamburg: Czwalina.
Ministerium für Schule und Weiterbildung, Wissenschaft und Forschung des Landes Nordrhein-Westfalen (MSWWF) (Hrsg.). (1999). *Richtlinien und Lehrpläne für die Sekundarstufe II – Gymnasium / Gesamtschule in Nordrhein-Westfalen. Sport.* Frechen: Ritterbach.
Strauss, A. & Corbin, J. (1996). *Grounded Theory: Grundlagen Qualitativer Sozialforschung.* Weinheim: Beltz, Psychologie Verlags Union.
Wopp, C. (2001). Lebenswelt, Jugendkulturen und Sport in der Schule. In: W. Günzel & R. Laging (Hrsg.), *Neues Taschenbuch des Sportunterrichts. Grundlagen und pädagogische Orientierungen. Band 1* (S. 342-359). Baltmannsweiler: Schneider.

JESSICA SÜßENBACH

Zur Situation des Grundschulsports

In der gegenwärtigen Qualitätsdebatte im Bildungswesen spielt der Schulsport (noch) eine untergeordnete Rolle. Gleichwohl ist das Fach aufgefordert, sich im Zuge schulischer Reformprozesse (z. B. Ganztag) zu positionieren und zu legitimieren. Ziel dieses Beitrages ist eine tiefer gehende Betrachtung, um die qualitätsdeterminierenden Faktoren des Grundschulsports zu identifizieren.

Methodisches Vorgehen

Im Rahmen der DSB-Sprint-Studie wurde ein komplexes Forschungsdesign gewählt, das die Kombination sich ergänzender methodischer Zugänge ermöglicht (vgl. Krüger & Pfaff, 2004). In der qualitativen Teilstudie[1] konnten durch kontrastive Fallvergleiche relevante Kennzeichen hinsichtlich eines sportiven Klimas identifiziert werden (vgl. Kelle & Kluge, 1999; vgl. zum methodischen Vorgehen Süßenbach & Schmidt, 2006). Diese Befunde[2] bieten Ansätze und Erklärungsmodelle, aus denen durch eine Verknüpfung mit den Ergebnissen des quantitativen Zugangs progressive Erkenntnisse zu erwarten sind. Die in einem zweiten Auswertungsschritt vorgenommene methodische Triangulation der quantitativen und qualitativen Daten eröffnet eine erweiterte, ganzheitliche Sicht auf den Grundschulsport und führt so zu einem besseren Verständnis der schulsportbezogenen Wirklichkeit. Auf der Folie des triadischen Qualitätsmodells werden die Dimensionen Struktur, Prozess und Ergebnis einer differenzierten Betrachtung innerhalb des komplexen Bedingungsgefüges Schule unterzogen. Unabdingbare Voraussetzung für die Erfassung von Qualität ist eine genaue Definition und Konkretisierung der drei genannten Qualitätsdimensionen (vgl. Riecke-Baulecke, 2001). So können Einzelfallstudien „mit ihrem Prozesswissen zu einer besseren Interpretation quantitativ gefundener Zusammenhänge beitragen; sie können nachspüren, wie sich im Schulvergleich positive oder negative Ergebnisse erklären lassen" (Horstkemper & Tillmann, 2004, S. 318). Grundlegend für ein positives sportives Schulklima ist demnach eine Konzeption, die Struktur und Prozess miteinander verbindet: „Struktur" bezieht sich auf Sachverhalte wie die Organisationsstruktur (z. B. Stundentafel, Stundenplan-

---

[1] Mit der Verknüpfung von institutioneller, interaktiver und individueller Perspektive ist eine komplexe, ganzheitliche Betrachtungsweise des Sportunterrichts im Gesamtsystem Schule gewährleistet.
[2] Um die spezifische Ausgangslage jeder einzelnen Grundschule angemessen zu erfassen und die innewohnenden pädagogischen Haltungen und Prozesse zu verstehen, liegen der Studie die zentralen Prinzipien der qualitativen Sozialforschung zu Grunde: Offenheit (gegenüber Personen, Situationen und Methoden), Forschung als Kommunikation, Prozesscharakter (von Forschung und Gegenstand), Reflexivität (von Gegenstand und Analyse), Authentizität und Flexibilität (vgl. u. a. Lamnek, 2005; Flick, Kardoff v. & Steinke, 2000; Flick, 1995).

erstellung, Fort- und Weiterbildung), Rollen, Normen, Werte und das Curriculum. Unter „Prozess" verstehen wir die Art und den Stil der schulpolitischen Beziehungen (z. B. Zusammenarbeit von Lehrern und Schulbehörde) und den Informationsfluss (z. B. kollegiale Absprachen, Festlegen gemeinsamer Ziele) innerhalb der Schule. Diese beiden Dimensionen des Qualitätsmodells sollen zunächst in den Blick genommen werden.

Struktur

Sportstättensituation

Hinsichtlich der räumlichen Rahmenbedingungen (Hallenkapazitäten, Ausstattung etc.) ist zu konstatieren, dass Grundschulen im Vergleich zu den weiterführenden Schulen besser ausgestattet sind. Grundsätzlich ist die Situation der Sportstätten als befriedigend einzustufen, wobei teilweise große Unterschiede zwischen den Einzelschulen aufzufinden sind. Demnach verfügen ca. 30% der Schulen über Lehrschwimmbecken im direkten Umkreis (< 1km), wohingegen 20% überhaupt keine Möglichkeit zur Erteilung von Schwimmunterricht haben (vgl. DSB, 2006, S. 57, 67). Ein weitaus positiveres Bild ergibt sich bei den überdachten Sportstätten. Hier verfügen ca. 96% aller Schulen häufig über Einzelhallen im direkten Umfeld. Auch die Versorgung mit nichtüberdachten Sportstätten (Lauf-, Wurf- und Sprunganlagen) ist mit 88,1% als positiv zu bewerten (vgl. DSB, 2006, S. 56f.). Im Vergleich zu weiterführenden Schulen besitzt die Grundschule im Durchschnitt die meisten Kapazitäten. An keiner anderen Schulform kann so viel Freiraum für außerunterrichtliche Sportangebote geschaffen werden (vgl. DSB, 2006, S. 63).

Neben der hohen Anzahl an räumlichen Kapazitäten ist der zeitliche Umfang, in dem Sport angeboten wird, in Grundschulen ebenfalls als positiv zu bewerten. An keiner anderen Schulform wird die vom Land vorgegebene Stundenanzahl (in der Regel drei Stunden) so gut eingehalten. Auch bei Unterrichtsausfall wird der Sportunterricht zu 56% aller Fälle adäquat vertreten. In weiterführenden Schulen wird dagegen der Sport in einem höheren Umfang ersatzlos gestrichen (vgl. DSB, 2006, S. 97).

Fachkräftesituation und Fachtreue

Diese gute Ausgangsbasis wird jedoch von der hohen Anzahl an fachfremd unterrichtenden Lehrern getrübt. Jeder zweite Sportlehrer an deutschen Grundschulen verfügt über keine adäquate Ausbildung. Die Wahrscheinlichkeit, dass Kinder im Alter von 6-10 Jahren nicht ein einziges Mal qualifizierten Sportunterricht erfahren, ist somit sehr hoch (vgl. DSB, 2006, S. 100). Gerade an Grundschulen ist eine optimale Versorgung mit Sportlehrkräften eine absolute Ausnahmeerscheinung. Daher stellt die Fachkräftesituation ein zentrales Problem an den Grundschulen dar – eine Tatsache, die die Qualität des Sportunterrichts aus der Sicht aller Beteiligten mindert. Der hohe Anteil von Sportlehrkräften, die fachfremd unterrichten ist nicht zuletzt dem an Grundschulen vorherrschenden Klassenlehrerprinzip geschuldet und erfordert aus sportpädagogischer Sicht einen erhöhten Fortbildungsbedarf.

Ein Vorzug des Faches Sport ist in den Augen vieler Sportlehrer das hohe Schülerinteresse am Sport und die vorhandene Grundmotivation. In der Grundschule können Sportlehrer das stark ausgeprägte Bewegungsbedürfnis der Mädchen und Jungen zufrieden stellen und bekommen oftmals eine positive Rückmeldung von den Kindern, die wiederum eine hohe Arbeitszufriedenheit zur Folge hat. Zusammenfassend ist festzuhalten, dass aus der subjektiven Wahrnehmung der Sportlehrer drei strukturell verankerte Kernbereiche benannt werden, die als qualitätsmindernde Faktoren des Sportunterrichts angesehen werden:

- Qualifikation der Sportlehrer
- Mangelnde adäquate Fortbildungsmöglichkeiten
- Zustand der Sportstätten und deren Ausstattung

Der Mehrwert einer qualitativen Einzelfallstudie besteht nun darin, diese strukturellen Missstände im Hinblick auf die daraus resultierenden Prozesse und Ergebnisse tiefer gehend zu analysieren.

Prozesse

Unabhängig von ihren jeweiligen Zielen, die die Sportlehrer mit ihrem Unterricht erreichen möchten, ist eine übergeordnete Aussage: die Möglichkeit, die Mädchen und Jungen in einer völlig anderen Situation zu erleben und wahrzunehmen. Damit eng verbunden ist die Chance, den Klassenverband zu stärken und ein Gemeinschaftsgefühl zu entwickeln. Im Unterschied zu den Klassenraum-Fächern können Schüler nicht nur ihren Bewegungsdrang stillen, sondern sie schätzen zudem die damit einhergehenden verbalen Ausdrucksmöglichkeiten sehr.
Es fällt die deutlich positivere Einschätzung des Sportunterrichts im Vergleich zu den anderen Fächern auf. Gründe hierfür sind in erster Linie die entspannte Atmosphäre in der Sporthalle sowie die veränderte Lehrerrolle: Sportlehrer werden von den Schülern als weniger streng wahrgenommen. Insbesondere in ihrer erzieherischen Funktion (z. B. Eingehen auf Schüler, Konflikte lösen, außerschulische Gespräche) sind sie bei den Schülern anerkannt und beliebt. Gleichwohl nehmen die Schüler die Fachkompetenz des Sportlehrers deutlich wahr, die in der Unterrichtsgestaltung zum Ausdruck kommt: ggf. Vormachen, Loben, Verbessern, Hilfestellungen geben und Konflikte lösen.
Bei der Analyse der Schüleraussagen zu ihrem erlebten Sportunterricht kristallisieren sich zentrale Kennzeichen heraus, die mit einer guten Sportstunde verbunden werden: Eröffnen von Erfolgserlebnissen und Könnenserfahrungen, Ermöglichen von Mitbestimmung, Vermittlung von transparenten Zielen, Erhalten des Spannungsgrades, Fordern von Anstrengungs- und Leistungsbereitschaft. Es bleibt festzuhalten, dass Schüler sich angesprochen fühlen, wenn ihre Bedürfnisse und Lernschwierigkeiten Berücksichtigung finden und sie zugleich zu weiteren Lernanstrengungen ermutigt werden. Dabei wissen sie sich durch konkrete Hilfeleistungen des

Sportlehrers unterstützt und fühlen sich durch Sachkompetenz auf den richtigen Weg gebracht. Anknüpfend an die Ausführungen zu den Dimensionen Struktur und Prozess ist hinsichtlich der Dimension Ergebnis zu konstatieren, dass der Sportunterricht mit Blick auf seine inhaltliche Offenheit und das zentrale Prinzip der Mehrperspektivität eine Vielzahl von Effekten/Zielen für sich beansprucht, die sich unter dem Doppelauftrag vereinen lassen.

Ergebnisse

Unstrittig ist die Forderung nach einer höheren Anzahl qualifizierter Sportlehrer in den Grundschulen. Gleichwohl ist mit der Einforderung personeller Ressourcen, gekoppelt mit der Verbesserung räumlicher Kapazitäten nicht zwingend eine Sicherung bzw. Steigerung der Qualität des Sportunterrichts verbunden. Vielmehr ist diese eher „input" orientierte Forderung zu ergänzen mit Blick auf den so genannten „output" des Schulsports. Welche Kompetenzen, Wissensstrukturen, Einstellungen, Werthaltungen – also welche Persönlichkeitsmerkmale werden aufgebaut, mit denen die Basis für ein lebenslanges Lernen zur persönlichen Weiterentwicklung und gesellschaftlichen Beteiligung gelegt ist (vgl. BMBF, 2003). Die Qualität der Schule wird folglich weniger durch detaillierte Richtlinien und Regelungen gesichert, sondern durch die Definition von Zielen, deren Einhaltung auch tatsächlich überprüft wird.

Ziele des Sportunterrichts aus Sicht der Schüler und Lehrer

Interessante Einsichten gewährt ein detaillierter Blick auf das weite Spektrum der im Sportunterricht angebahnten Ziele. Hier deuten sich leichte Differenzen in den Vorstellungen von Sportlehrern und Schülern an. Insgesamt schätzen vor allem jüngere Mädchen und Jungen ihren Sportunterricht sehr positiv ein. Ihre positiven Assoziationen beziehen sich bereits auf vielfältige Effekte und Sinnrichtungen des Sports: Das Lernen von neuen Sportarten oder Bewegungsfertigkeiten ist vor allem bei jüngeren Schülern für die außerschulischen Sportaktivitäten von großem Interesse. Zudem wird die Verbesserung der eigenen Leistungsfähigkeit – im Sinne von gesund und fit sein oder werden – als bedeutsam herausgestellt. Des weiteren wird der Sportunterricht als Ausgleich für die kognitiven Fächer im Klassenraum wahrgenommen und sehr geschätzt. Aus den subjektiven Einschätzungen der Schüler wird deutlich, dass sie durchaus einen positiven Einfluss auf ihre kognitive Leistungsfähigkeit durch die Bewegung im Sportunterricht wahrnehmen.

Einhellig geben Sportlehrer und Schulleitung als übergeordnetes Ziel des Sportunterrichts an, möglichst alle Schüler langfristig in den Sport zu integrieren. Mit der Erziehung zum Sport – als eine Fassette des Doppelauftrags – wird zum einen die Handlungsfähigkeit und individuelle Entfaltung auch im außerschulischen Sport angebahnt und ist zudem als Anregung zu einem bewegungsaktiven Lebensstil zu verstehen. Betrachtet man demgegenüber die eher diffusen und uneinheitlichen Zielvorstellungen der Schüler, wird deutlich, dass im Fach Sport ganz im Gegensatz zu den

Kernfächern Mathe oder Deutsch den Schülern nicht transparent ist, was eigentlich vermittelt werden soll. Hier ist die Paradoxie des Sportunterrichts in der Balance zwischen Gegenwarts- und Zukunftsorientierung offensichtlich. Diese Ergebnisse sind bedenkenswert, da die Transparenz und Kenntnis von Zielen im Unterricht wichtige Instrumentarien zur Steigerung der Unterrichtsqualität darstellen.

Wie zielführend sind nun die Prozesse innerhalb der Grundschule, um Schüler in die Bewegungs-, Spiel- und Sportkultur zu integrieren? Zunächst richtet sich der Blick auf die klassische Form des Nachmittagsangebots: Arbeitsgemeinschaften, in denen meist Lehrer bzw. Übungsleiter ihre Schüler unterrichten bzw. trainieren. Sie bieten den Schülern eine gute Gelegenheit, regelmäßig an einem sportiven Nachmittagsangebot teilzunehmen ohne eine Vereinszugehörigkeit.

Aus den Aussagen der Grundschullehrer eröffnen sich der Charakter und die Intention der Arbeitsgemeinschaften, die häufig von Vereinen organisiert werden. Es fällt auf, dass die subjektive Bestimmung einer guten Arbeitsgemeinschaft von einem hohen Selektionsgedanken geprägt ist (z. B. Talentsichtung), obwohl das selbstgesetzte Ziel der Schule, die Integration von möglichst allen Kindern in den Sport ist. Sofern es Kindern mit sportlich familiären Hintergrund gelingt positiv aufzufallen, könnte der Eintritt in den Verein noch an anderen Stellen scheitern (z. B. Organisation der Teilnahme an Übungszeiten im Verein). Damit bleibt nicht nur den motorisch weniger begabten Schülern der Einzug in die Sportkultur verschlossen sondern auch den talentierten.

Bei der Auswertung der Interviews wurde weiterhin deutlich, dass einige Grundschulen sehr viel Engagement in die Teilhabe an Wettkämpfen investieren. Insbesondere die externen Wettkämpfe erfordern oftmals einen hohen Arbeitsaufwand in der Planung und Durchführung und nicht zuletzt eine Schulleitung, die diese Aktivitäten unterstützt (Freistellung der Kinder vom Unterricht, die Sportlehrer vertreten lassen etc.). Aus vielen internen Wettkämpfen werden Schulfeste, an denen sich die Eltern beteiligen und beispielsweise für ein vielfältiges Rahmenprogramm sorgen. Es fällt allerdings auf, dass die Schulen ein hohes Engagement an Schulturnieren und Wettkampfteilnahmen angeben und die meisten Schüler gar nicht aktiv teilnehmen. Demnach nehmen an diesen Wettkämpfen in der Regel die Schüler teil, die bereits über gute motorische Voraussetzungen und einen sportiven Background verfügen. Zweifellos ist die Notwendigkeit von Wettkämpfen und Leistungsvergleichen nicht zu vernachlässigen, jedoch sind die Prozesse innerhalb dieser Angebote durchaus diskussionswürdig, denn möglichst viele Schüler sollten die Möglichkeit bekommen sich zu messen und ihre Leistung erfahren und einschätzen lernen. Die Tendenz, den Integrations- mit dem Selektionsgedanken zu vertauschen, ist an vielen Schulen zu beobachten. Interessanterweise tritt dieses Phänomen vorwiegend bei ausgebildeten Sportlehrkräften auf. Offensichtlich ist die eigene leistungsorientierte Sportsozialisation ein entscheidender Faktor für die Gestaltung der Prozesse im Schulsport.

Zusammenfassend ist festzustellen, dass Kindern mit geringen motorischen Fähigkeiten und sportlichen Vorerfahrungen weniger häufig der Weg in außerunterrichtliche Sportangebote der Schulen oder sogar in den Sportverein gelingt. Sofern das Elternhaus nicht aktiv unterstützt, haben es Schüler schwer im Sport Fuß zu fassen. Trotz vorhandener Grundmotivation und Interesse wartet gewissermaßen ein Hürdenlauf mit ansteigenden Hindernissen: So kann das Kind häufig nur an der Arbeitsgemeinschaft teilnehmen, wenn die Eltern bereit sind dafür zu zahlen. In der Arbeitsgemeinschaft angekommen, trifft das Kind auf einen Übungsleiter bzw. Trainer, der nur gute Spieler sucht, was ihn vor eine zweite große Hürde stellt. Aber auch die motorisch talentierteren Kinder mit einem sportfernen Elternhaus haben es nicht leicht. Sofern diese im Sportunterricht oder in einer Sichtung positiv auffallen, bekommen sie eine Empfehlung, um sich dann alleine im Alter von 6-10 Jahren auf den Weg zum Vereinstraining zu begeben. Auch hier eine Hürde, die nicht leicht zu überspringen ist. Obwohl sich alle Lehrer mehrheitlich für die Integration der Schüler in den Sport aussprechen, funktionieren die bereitgestellten Prozesse zu selten.

Bei empirischer Überprüfung der von schulischer Seite selbst gesetzten Ziele fällt auf, dass die Nutzung der sportlichen Angebote stark abhängig ist von der elterlichen Unterstützung und dass trotz umfangreicher Angebote und idealer struktureller Bedingungen an Grundschulen eine mangelnde Hinführung in die außerunterrichtliche Sport- und Bewegungskultur zu konstatieren ist. Hier bestätigen sich gesamtgesellschaftliche Tendenzen zunehmender sozialer Ungleichheit seit frühester Kindheit, die von Bildungsforschern damit erklärt werden, dass der Erwerb kulturellen Kapitals auf den außerschulischen Nachmittag verlagert wird (vgl. Zinnecker, 2004, S. 517). Das heißt in letzter Konsequenz, die kulturelle Teilhabe im Handlungsfeld Sport ist vorrangig von der sportaffinen Einstellung der Herkunftsfamilie abhängig.

Fazit

Bewegung, Spiel und Sport werden zu einem zentralen Element von Schul(sport)entwicklung, wenn die vorhandenen günstigen Voraussetzungen und Bedingungen – sowohl strukturell (Hallenkapazität, Stundentafel etc.) gesehen – als auch die hohe Grundmotivation und die positive Einschätzung der Grundschüler in Bezug auf den Schulsport genutzt werden. Eine sportaffine Schulleitung und vor allem qualifizierte Sportlehrer sind Garanten für den Aufbau der inner- und außerschulischen Prozesse und Netzwerke (z. B. Kooperation mit Vereinen), um das selbstgesetzte Ziel, alle Kinder langfristig in den Sport zu integrieren, zu erreichen. So steigt die Bedeutung des Schulsports in zweifacher Hinsicht: er leistet einen Beitrag zu einer gelingenden Schulentwicklung und individuellen Persönlichkeitsentwicklung.

Literatur

Bundesministerium für Bildung und Forschung (BMBF) (Hrsg.). (2003). *Zur Entwicklung nationaler Bildungsstandards – Expertise*. Berlin: BMBF.
Deutscher Sportbund (Hrsg.). (2006). *DSB-Sprint-Studie: Eine Untersuchung zur Situation des Schulsports in Deutschland*. Aachen: Meyer & Meyer.

Flick, U. (1995). *Qualitative Forschung – Theorie, Methoden, Anwendung in Psychologie und Sozialwissenschaften*. Reinbek: Rowohlt.
Flick, U., v. Kardorff, E. & Steinke, I. (Hrsg.). (2000). *Qualitative Forschung – Ein Handbuch*. Reinbek: Rowohlt.
Horstkemper, M. & Tillmann, K.-J. (2004). Schulformvergleiche und Studien zu Einzelschulen. In W. Helsper & J. Böhme (Hrsg.), *Handbuch der Schulforschung* (S. 287-324). Wiesbaden: VS Verlag für Sozialwissenschaften.
Kelle, U. & Kluge, S. (1999). *Vom Einzelfall zum Typus. Fallvergleich und Fallkontrastierung in der qualitativen Sozialforschung*. Opladen: Leske + Budrich.
Krüger, H.-H. & Pfaff, N. (2004). Triangulation quantitativer und qualitativer Zugänge in der Schulforschung. In W. Helsper & J. Böhme (Hrsg.), *Handbuch der Schulforschung* (S. 287-324). Wiesbaden: VS Verlag für Sozialwissenschaften.
Lamnek, S. (2005). *Qualitative Sozialforschung Lehrbuch* (4., vollständig überarbeitete Aufl.). Weinheim, Basel: Beltz.
Riecke-Baulecke, T. (2001). *Effizienz von Lehrerarbeit und Schulqualität*. Bad Heilbrunn: Klinkhardt.
Süßenbach, J. & Schmidt, W. (2006). Der Sportunterricht – eine qualitative Analyse aus Sicht der beteiligten Akteure. In Deutscher Sportbund (Hrsg.), *DSB-SPRINT-Studie. Eine Untersuchung zur Situation des Schulsports in Deutschland* (S. 228-251). Aachen: Meyer & Meyer.
Zinnecker, J. (2004). Schul- und Freizeitkultur der Schüler. In W. Helsper & J. Böhme (Hrsg.), *Handbuch der Schulforschung* (S. 287-324). Wiesbaden: VS Verlag für Sozialwissenschaften.

MARTIN HOLZWEG

Diagnostik und Förderung der Bewegungskompetenz von Kindern im frühen Grundschulalter

Einleitung

Zunehmende Verschlechterungen der motorischen Fähigkeiten von Kindern bereits im Grundschulalter werden in öffentlichen Diskussionen der vergangenen Jahre häufig beklagt. Auch in der seriösen Presse lassen sich in den letzten Jahren vielfältige Beiträge zum genannten Thema finden (vgl. u. a. ZEIT 15/2002, 15/2004, 40/2006, 20/2007, SPIEGEL 51/2000, 29/2005, 40/2004, 20/2007), allerdings tendieren selbst diese Beiträge häufig zu allgemeingültigen Aussagen und basieren selten auf einer ausreichenden empirischen Absicherung. Innerhalb der deutschen Sportwissenschaft wird der aktuelle Forschungsstand bezüglich des Themas ambivalent diskutiert. Während ein Großteil der Forscher in verschiedenen Einzelstudien teilweise dramatische Verschlechterungen der motorischen Fähigkeiten von Kindern im Vor- und Grundschulalter diagnostiziert, können Sportwissenschaftler anderer Forschungsgruppen diese Ergebnisse nicht replizieren (vgl. Theoretischer Hintergrund). Abgesehen von uneinheitlichen Forschungsergebnissen gibt es bisher nur wenige Forschungsprojekte, in denen es zu einer Verzahnung von Diagnose, Intervention und Evaluation kommt.
In dieser Studie wird ein Diagnoseinstrument (Motor Competence Test) zur Überprüfung der Bewegungskompetenz sowie ein Interventionsprogramm zur Verbesserung der Bewegungskompetenz von Kindern im frühen Grundschulalter vorgestellt. Sowohl der Einsatz des Motor Competence Tests als auch der Einsatz des Interventionsprogramms zur Verbesserung der Bewegungskompetenz wurden anhand repräsentativer Stichproben von Grundschulkindern (1. Klasse) in Schleswig-Holstein empirisch überprüft.

Theoretischer Hintergrund

Bös und Mechling lieferten einen Beitrag zur Grundlagenforschung, indem sie in Deutschland mit Hilfe von Faktorenanalysen erstmals empirisch abgesicherte Aussagen über Dimensionen der Motorik von Kindern und Jugendlichen machten (vgl. Bös & Mechling, 1983). Haag und Haag stellten 2000 ein ganzheitliches Konzept der Bewegungskompetenz vor, das eine deutliche Erweiterung der ursprünglich primär konditionell ausgerichteten nordamerikanischen Physical Fitness-Konzepte bedeutete. Bereits um die Jahrtausendwende lag eine Vielzahl von Einzelstudien und auch erste Überblicksdarstellungen zum Thema „Veränderung der motorischen

Fähigkeiten von Kindern und Jugendlichen vor" (vgl. z. B. Bös, 1999; Dordel, 2000; Gaschler, 1998; Kretschmer, 2000; Ketelhut, 2001; Bös, 2002). Nach wie vor liegen in Deutschland keine meta-analytischen Ergebnisse zur Entwicklung Veränderung der motorischen Fähigkeiten von Kindern und Jugendlichen vor. In den letzten Jahren wurden jedoch verstärkt Anstrengungen unternommen, Vergleichbarkeit von Daten, die mit verschiedenen Testverfahren erhoben wurden, herzustellen sowie Ergebnisse vorliegender Einzelstudien zusammenzufassen. Während Bös (2003) in einer Analyse zahlreicher Einzelstudien eine deutliche Verschlechterung der motorischen Leistungsfähigkeit von deutschen Kindern aufzeigt, kommen Kretschmer und Wirszing (2008) zu konträren Ergebnissen und kritisieren das forschungsmethodologische Vorgehen jener Einzelstudien. Woll (2007) liefert eine umfangreiche Überblicksdarstellung zum aktuellen Forschungsstand und weist ähnlich wie Kretschmer und Wirszing (2008) auf forschungsmethodologische Probleme (u.a. Stichprobenfehler, Fehlen von evaluierten Tests) innerhalb der analysierten Primärstudien hin. Mit der Fitnesslandkarte Niedersachsen (vgl. WIAD, 2006) wurde erstmals der Versuch unternommen, flächendeckend für ein Bundesland die motorischen Fähigkeiten kompletter Schuljahrgänge zu erheben. Mit der Entwicklung des Motorik-Moduls (MoMo, vgl. Opper et. al, 2007) innerhalb der KIGGS-Studie (vgl. Robert-Koch-Institut, 2006) wurde versucht, ein einheitliches Testverfahren zur Diagnose der motorischen Fähigkeiten von Kindern zu erstellen. Die Verwendung teurer Messgeräten (u. a. Fahrradergometer und elektronische Kraftmessplatte) lassen die Verwendung des Motorik-Moduls für eine flächendeckende Datenerhebung – z. B. alle Grundschulen eines Bundeslandes – jedoch fraglich erscheinen.

Methode

In einer ersten Studie wurden 600 Erstklässler in den 15 Kreisen Schleswig-Holsteins mit dem Motor Competence Test (vgl. Holzweg, 2006) getestet (Bestimmung des Status Quo). Die Stichprobe bestand jeweils aus 20 Kindern aus je zwei Grundschulen der 15 Kreise bzw. kreisfreien Städten (n = 20 x 2 x 15 = 600). Der Motor Competence Test (MCT), bestehend aus 13 Testitems, misst konditionelle Fähigkeiten, koordinativen Fähigkeiten, Beweglichkeit und Wahrnehmungseigenschaften.
In einer weiteren Studie wurde ein Interventionsprogramm mittels eines Versuchs-/Kontrollgruppen-Designs (jeweils 30 Pbn, CG=15+15, IG=15+15) mit drei Messzeitpunkten (Pretest zum Zeitpunkt t0, Posttest zum Zeitpunkt t1 direkt nach 12-wöchiger Intervention und Retentionstest zum Zeitpunkt t2 12 Wochen nach Ende der Intervention) hinsichtlich seiner Wirksamkeit – Verbesserung der Bewegungskompetenz (vgl. Haag & Haag 2000) – überprüft. Die Intervention bestand aus 2 x 45 min wöchentlich, zusätzlich zum Sportunterricht durchgeführten Programmen (Modulen) zur Verbesserung der koordinativen Fähigkeiten, der konditionelle Fähigkeiten, der Wahrnehmungseigenschaften sowie der Beweglichkeit.

Tab. 1. Aufbau des Interventionsprogramms zur Verbesserung der Bewegungskompetenz.

Interventionsprogramm zur Verbesserung der Bewegungskompetenz	Koordinative Fähigkeiten	Konditionelle Fähigkeiten	Wahrnehmungseigenschaften	Beweglichkeit
Anteil an der Gesamtintervention [%]	65	20	10	5

Sowohl die drei Messungen mit dem MCT (Messzeitpunkte t0, t1 und t2) als auch die Intervention wurden an beiden Schulen vom Testleiter durchgeführt um mögliche Störeffekte durch die Sportlehrkraft auszuschließen.
Die Analyse der Daten beider Studien erfolgte mit SPSS 15 (Faktorenanalyse, Korrelationen und Varianzanalysen). Die Dimensionaliät des MCT wurde mittels Faktorenanalyse überprüft. Zusätzlich wurden die Testitems durch ein Expertenrating auf ihre interne Validität geprüft. Zur Überprüfung der Objektivität des MCT wurden mehrere Testleiter hinzugezogen, zur Überprüfung der Reliabilität des MCT wurde auf die Test-Retest-Methode zurückgegriffen. Um mögliche Unterschiede zwischen Versuchs- und Kontrollgruppe bzw. Leistungssteigerungen bedingt durch die Intervention zu prüfen wurden einfaktorielle Varianzanalysen (ANOVA) gerechnet.

Ergebnisse

Die Daten der 600 Erstklässler geben einen repräsentativen Überblick über das Niveau der Bewegungskompetenz von Erstklässlern in Schleswig-Holstein. Die Faktorenanalyse zeigte, dass es sich bei dem MCT um einen mehrdimensionalen Test handelt. Der MCT erwies sich als sehr objektiver (Objektivitätskoeffizienten der Items zwischen .91 und .98 und reliabler (Reliabilitätskoeffizienten der Items zwischen .86 und .92) Test.
In der zweiten Studie konnte gezeigt werden, dass die koordinativen Fähigkeiten (z.B. Balancieren rückwärts: Zeitpunkt t1: $F(4,0)=7.59$; $p<.05$; $\eta^2=.11$; Zeitpunkt t2: $F(4,0)=6.74$; $p<.05$; $\eta^2=.10$;) der Interventionsgruppe sowohl direkt nach der Intervention (Posttest) als auch 12 Wochen nach der Intervention (Retentionstest) signifikant besser als die der Kontrollgruppe waren (vgl. Abb. 1).

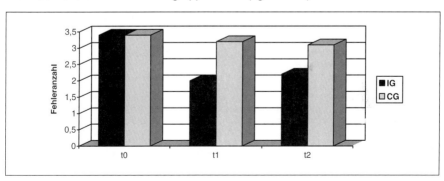

Abb. 1. Balancieren rückwärts zu den drei Testzeitpunkten.

Auch die konditionellen Fähigkeiten der Kinder konnten durch die Intervention deutlich und nachhaltig gesteigert werden konnten. Die Kinder der Interventionsgruppe zeigten sowohl zu t_1 als auch zu t_2 signifikant bessere Ergebnisse als die Kinder der Kontrollgruppe (z. B. Ausdauerlauf: Zeitpunkt t1: $F(4,0)=10.82$; p<.05; $\eta^2=.19$; Zeitpunkt t2: $F(4,0)=8.82$; p<.05; $\eta^2=.16$; vgl. Abb. 1). Selbst 12 Wochen nach Ende der Intervention bestehen noch signifikante Unterschiede zwischen Testleistungen von Versuchs- und Kontrollgruppe (z. B. Standweitsprung: Zeitpunkt t2: $F(4,0)=5.66$; p<.05; $\eta^2=.09$).

Diskussion

Die Ergebnisse legen nahe, dass im frühen Grundschulalter bereits relativ zeitlich begrenzte Interventionen deutliche und nachhaltige Wirkung hinsichtlich der Verbesserung der Bewegungskompetenz der Schülerinnen und Schüler bewirken können. Anhand des MCTs und dem zugehörigen Interventionsprogramm wurde exemplarisch die enge Verzahnung eines Diagnoseinstruments zur Überprüfung der Bewegungskompetenz sowie eines Interventionsprogramm zur Verbesserung der Bewegungskompetenz von Kindern im frühen Grundschulalter demonstriert. Im Gegensatz zu zahlreichen anderen Interventionsprogrammen konnte die nachhaltige Wirksamkeit des vorgestellten Interventionsprogramms empirisch belegt werden.

Um eine frühzeitige Förderung der Bewegungskompetenz zu erreichen erscheint es sinnvoll schon in der Grundschule über die Installierung von Programmen zur Verbesserung der Bewegungskompetenz nachzudenken. Im Rahmen einer Ganztagsbetreuung wäre es denkbar, solche Förderprogramme in den Schulbetrieb zu integrieren.

Literatur

Bös, K. & Mechling, H. (1983). *Dimensionen der Motorik.* Schorndorf: Hofmann.
Bös, K., Opper, E. & Woll, A. (2002). *Fitness in der Grundschule. Förderung von körperlichsportlicher Aktivität, Haltung und Fitness zum Zwecke der Gesundheitsförderung und Unfallverhütung.* Wiesbaden: BAG für Haltungs- und Bewegungsförderung.
Bös, K. (2003). Motorische Leistungsfähigkeit von Kindern und Jugendlichen. In W. Schmidt, I. Hartmann-Tews & W.-D. Brettschneider (Hrsg.), *Erster Deutscher Kinder- und Jugendsportbericht* (S. 85-108). Schorndorf: Hofmann.
Dordel, S (2000). Kindheit heute: veränderte Lebensbedingungen = reduzierte motorische Leistungsfähigkeit? *sportunterricht, 49* (11), 341-347.
Gaschler, P. (1998). Motorische Entwicklung und Leistungsfähigkeit von Schulkindern in Abhängigkeit von Alter und Geschlecht. *Haltung und Bewegung, 4* (4), 12.
Haag, H. & Haag, G. (2000). *From Physical Fitness to Motor Competence. Conceptualization – Realization – Evaluation.* Berlin: Peter Lang.
Holzweg, M. (2006). A Comparison between Movement Competence of German and South African (Pre) Primary School Children. *The Bulletin of Sport and Culture, 28* (3), 26-27.
Ketelhut, K. & Bittmann, F. (2001) Bewegungsmangel im Kindesalter. Sind Gesundheit und Fitness heutiger Kinder besorgniserregend? *sportunterricht, 49* (11), 342-344.
Kretschmer, J. & Wirszing, D. (2008). *Mole – Motorische Leistungsfähigkeit von Grundschülern in Hamburg.* Hamburg: Moeve.

WIAD (Hrsg). (2006). *Fitnesslandkarte Niedersachsen. Der Bewegungsstatus der niedersächsischen Schülerinnen und Schüler.* Bonn: WIAD.
Opper, E., Worth, A., Bös, K. & Wagner, M. (2007). Motorik-Modul: Motorische Leistungsfähigkeit und körperlich-sportliche Aktivität von Kindern und Jugendlichen in Deutschland. *Bundesgesundheitsblatt – Gesundheitsforschung – Gesundheitsschutz, 50,* 775-783.
Robert Koch-Institut (Hrsg.). (2006). *Erste Ergebnisse der KIGGS-Studie zur Gesundheit von Kindern und Jugendlichen in Deutschland.* Berlin: Druckpunkt.
Woll, A. (2007). Wie körperlich aktiv, motorisch leistungsfähig und gesund sind Kinder in der Grundschule? In S. Schröder & M. Holzweg (Hrsg.). *Die Vielfalt der Sportwissenschaft* (S. 157-183). Schorndorf: Hofmann.

JÜRGEN KRETSCHMER

Welche Bewegung ist in der Bewegten Schule?

Das augenblicklich wohl populärste Bewegungs- bzw. Schulkonzept ist das der *Bewegten Schule*. Trotz unterschiedlicher Begründungen (vgl. Thiel et al., 2002, S. 12-30) und unterschiedlicher Reichweiten und Ausrichtungen ist allen Konzepten gemeinsam, dass sie gesellschaftliche Veränderungen, die allgemein hin mit der veränderten Kindheit etikettiert werden, zum Anlass nehmen, um über Schule und Schulsport neu nachzudenken. In den Mittelpunkt dieses Nachdenkens wird die *Bewegung* gestellt und die Art und Weise, wie diese in Form von *bewegtem* Unterricht, *bewegtem* Lernen, *bewegtem* Sitzen, *bewegten* Pausen, *bewegtem* Schulleben und gar einem *bewegten* Sportunterricht in die Schule integriert werden kann (vgl. Laging, 2000, S. 30).
Dieses auffällige Übermaß der Verwendung des Bewegungsbegriffs hat mich bewogen, das Konzept der *Bewegten Schule* darauf hin untersuchen, in wie weit der *Bewegungsbegriff* theoretisch hinreichend abgesichert ist und ob die Erwartungen, die an ihn gerichtet werden, empirisch gestützt werden, was allerdings nur exemplarisch geschehen kann[1].

Mehr des Guten verspricht keine Verbesserung

Die Regensburger Projektgruppe definiert die bewegte Schule als „jene Einrichtung, die Bewegung in den Unterrichtsfächern und in den Schulalltag zum Prinzip des Lernens und Lebens macht" (2001, S. 27). Auffällig ist, dass Bewegung nicht mehr als (Unterrichts-)*Gegenstand*, sondern als *Prinzip des Lernens* gesehen wird. Offensichtlich scheint die Transformation der Bewegung vom Unterrichtsgegenstand zum Unterrichtsprinzip die Autoren von der Aufgabe zu entlasten, bestimmen zu müssen, was denn unter Bewegung verstanden werden soll und worin ihre pädagogische Qualität besteht (vgl. auch Krüger, 1999, S. 328). Dies wird deutlich, wenn man einen Blick auf die von der Regensburger Projektgruppe zusammengetragenen zehn Argumente für eine *Bewegte Schule* wirft (2001, S. 19).
Hier geht es – so mein erster Eindruck – mehr um Quantität als um Qualität, es sei denn Bewegung ist per se schon ein *Qualitätsbegriff*, so dass mehr desselben zugleich Besserung verspricht. Aber dieser Gedankengang ist nicht zwingend, wenn man sich an das Beispiel von dem Patienten erinnert, der meinte, durch die Erhöhung der Tablettendosis seinen Krankheitsprozess verkürzen zu können, aber zu seinem Leidwesen feststellen musste, dass er sich eine Vergiftung zuzog und dass mehr des Guten nicht besser sein muss (vgl. Watzlawick, 1986, S. 24).

---

1 vgl. dazu auch Probst und Kuhl (2006), die sich in derselben Absicht mit der „Ganzheitlichkeit" auseinandersetzen.

Ich will im Folgenden auf zwei Argumente eingehen, die sich auf die Bedeutung der Bewegung für die Entwicklung und das Lernen des Kindes stützen und denen in der Diskussion um die Bewegte Schule besondere Relevanz zugesprochen wird, da „Bewegung im schulischen Kontext unaustauschbare Lern-, Erziehungs- und Bildungspotentiale enthält" (Laging, 2000, S. 32; vgl. auch Hildebrandt-Stramann, 1999).

Bewegung und Entwicklung

Weniger bekannt und weniger ernsthaft geprüft ist meines Erachtens das weit verbreitete *entwicklungspsychologische* Argument, mit zumeist auf sechs entwicklungsförderliche Bewegungsfunktionen verwiesen wird (Klupsch-Sahlmann, 1995, S. 15f.). Auffällig an der Rezeption dieser Funktionen ist folgendes:

- Meistens wird auf Untersuchungen von Piaget oder Scherler Bezug genommen und betont, „wie bedeutend die beständig organisierende Aktivität, das Sich-Bewegen, für die Entwicklung von Kindern ist" (Klupsch-Sahlmann, 1995, S. 15). Dabei wird jedoch häufig unterschlagen, dass der Entwicklungsbezug vom Lebensalter und der Lebenssituation abhängt. Scherler hat sich mit der sensomotorischen Entwicklung von Kindern, also den Zeitraum von 0 bis höchstens 2 Jahren befasst, und seine Erkenntnisse vorsichtig für die Vor- und Grundschule angedacht. Versuche, die Wirksamkeit der sensomotorischen Welterschließung auch für spätere Entwicklungsphasen nachzuweisen, waren m. E. bisher nicht erfolgreich (vgl. Fischer, 1996; Philippi-Eisenburger, 1991).
- Selten wird auf die Originalquellen (Scherler, 1975; Kretschmer & Scherler, 1979; Kretschmer, 1981) zurückgegriffen und den Funktionen eine Entwicklungsbedeutsamkeit zugesprochen, die nie beabsichtigt war. Dies ist sehr folgenreich, denn es wird nicht zur Kenntnis genommen, dass die *Bewegungsfunktionen* lediglich *heuristische Bedeutung* haben. Mit ihnen sollten durch Funktionsanalyse die Wechselwirkung zwischen der in die Umwelt eingebundenen Bewegung des Kindes und seiner individuellen und sozialen Entwicklung aufgedeckt und somit entwicklungsrelevante Bewegungsfunktionen erst ermittelt werden (vgl. Kretschmer & Scherler, 1979, S. 37).
- Unbemerkt bleibt, dass die sechs *Bewegungsfunktionen* für sich genommen noch *keine pädagogischen Kategorien* sind. „Sie stellen lediglich fest, wie Bewegung die Entwicklung beeinflussen kann. Teilweise sind ihre Wirkungen ambivalent" oder nur unter bestimmten Voraussetzungen entwicklungsfördernd (Kretschmer, 1981, S. 41f.). Unbemerkt bleibt auch, dass die adaptive Funktion von Scherler selbst aus dem Katalog der Entwicklungsfunktionen herausgenommen wurde, weil es sich um eine biologische, aber nicht entwicklungsbedingte Funktion handelt (vgl. Scherler, 1990; vgl. auch Funke-Wieneke, 2004, S. 189).

Ich halte es für unbedingt erforderlich, die entwicklungspsychologische Argumentation theoretisch und – wenn möglich – auch empirisch zu überprüfen. Ich habe ernsthafte Zweifel am postulierten Erfahrungsgewinn, wenn Lehrer 12-Jährigen unterschiedliche Bälle anbieten, damit sie ihre unterschiedlichen Eigenschaften erfahren oder wenn Siebtklässlern im Rahmen eines Geräteparcours eine Wippe aus Langbänken angeboten wird, an der sie – zudem von überflüssigen Kommentaren der Lehrerin gestört – das Hebelgesetz erfahren sollen (vgl. Kretschmer, 1997).

Bewegung und Lernen

Problematisch ist für mich ebenfalls das *lernpsychologische Argument*, auch wenn es laut Regensburger Projektgruppe mittlerweile eine Reihe von gesicherten Erkenntnissen über die Rolle der Bewegung für die Entfaltung der geistigen Leistungsfähigkeit geben soll (2001, S. 84). Auffällig ist in diesem Zusammenhang, dass Handlung und Bewegung, Aktion und Aktivität zu schnell und ungeprüft gleichgesetzt werden. Von der Regensburger Projektgruppe werden Gage und Berliner zitiert (2001, S. 85), nach denen „für jede Form des Unterrichts gilt, dass ein aktiveres Lernen mit großer Wahrscheinlichkeit zu einer höheren Erinnerungsleistung über einen längeren Zeitraum führt als passives Lernen". Das teile ich noch, aber nicht die Gleichsetzung von aktivem Lernen und Bewegung. Eine gewisse Parallele gibt es hinsichtlich des *Handlungsbegriffs*. So wird gern auf Bruner und sein Modell der Wissensaneignung auf der handelnden, bildhaften und symbolischen Ebene verwiesen und betont, dass bei der Vermittlung von Lernstoffen (sic!) in der Schule die Reihenfolge der genannten Ebenen berücksichtigt werden *muss* (vgl. Klupsch-Sahlmann, 1995, S. 16). Neuere Erkenntnisse der Lernforschung, der Entwicklungspsychologie und der Entwicklungsneurobiologie gehen allerdings davon aus, dass die Abfolge von Lern- und Entwicklungsstadien nicht unbedingt zwingend ist und dass Kinder von komplexen Anforderungen genau das mitbekommen, was sie verarbeiten können. Alles andere rauscht an ihnen vorbei (vgl. Spitzer, 2002, S. 234).

Ich will die Fragwürdigkeit des themenerschließenden Lernens (Klupsch-Sahlmann, 2001) durch Bewegung oder kurz: das „Bewegte Lernen" an Beispielen aus dem Deutsch- und Mathematikunterricht veranschaulichen.

Klupsch-Sahlmann (1995, S. 19) bringt als Beispiel die Erarbeitung eines Gedichts von Josef Guggenmos.

> Der FLECK
>
> Nimm den FLECK,
> das ECK wirf weg,
> dann nimm ein O,
> tu's hinten dran,
> und nimm ein H,
> verlänger's dann.
> Jetzt hast du ein sehr kleines Tier.
> Das beißt nun in die Beine dir.

Sein methodischer Zugriff, mit dem der Bewegungsaspekt umfassend berücksichtigt werden soll, sieht so aus, dass Kinder eine 7er-Gruppe bilden.

„Sie haben sich die verschiedenen Buchstaben umgehängt (wie bei der „Sandwich-Werbung"). Zuerst einmal stellen sie sich zum Wort Fleck zusammen. Anschließend bewegen sich die Buchstaben E, C, K aus der Gruppe weg, und die beiden Buchstaben O und H kommen an der entsprechenden Stelle hinzu. So eröffnet sich den Kindern die Möglichkeit, das Rätsel handelnd zu erschließen, und die anderen Kinder der Klasse, die Aktion beobachtend, sehen, wie sich das ursprüngliche Wort bewegt und verändert" (Klupsch-Sahlmann, 1995, S. 19).

Gewiss sehen die Kinder wie aus dem FLECK ein FLOH wird, das ist ja offensichtlich. Aber wird damit nicht der Reiz des Gedichtes unterlaufen? Wenn ich mir das Gedicht recht betrachte, liegt dieser doch darin, gedanklich nachzuvollziehen, was passiert, wenn die Buchstaben ausgetauscht werden, wobei ja noch eine gedankliche Lösungshilfe in den letzten zwei Zeilen gegeben wird. Hier ist gedankliche Beweglichkeit statt körperliche Bewegung gefordert. Diese reduziert das Rätsel zu einem technischen Vorgang, der allenfalls die Lesefähigkeit beansprucht, aber nicht als Möglichkeit betrachtet werden sollte, „das Rätsel handelnd zu erschließen". Mehr Bewegung muss nicht die Qualität des Lernens steigern (vgl. auch Funke-Wieneke, 1997, S. 115).

Problematisch finde ich auch den anspruchsvollen Versuch von Hildebrandt-Stramann (1999), kindgerechte Wege zum Symbolsystem der Mathematik zu finden. Die Unterrichtseinheit mit dem Thema „Üben und Vertiefen der Zahlreihe und des Zehnersystems" stammt aus dem 1. Schuljahr und „entsprechend der didaktischen Forderung nach einem ganzheitlichen Vermittlungsansatz .... ging es in einem ersten Schritt um einen handlungsorientierten, d. h. bewegungsorientierten Einstieg (sic!)" (1999, S. 79):

„In der ersten Stunde erhielten die Kinder eine Zahlkarte mit einer Zehnerzahl, die sie sich umhängen sollten. Die Aufgabe war, durch den Raum zu gehen und bei der Begegnung mit der gleichen Zehnerzahl das Kind freundlich zu grüßen, eine Weile zusammenzugehen und sich wieder zu verabschieden.
Die weiteren Aufgaben bestanden darin,
- die nächst größere/kleinere Zahl zu suchen
- eine Schlange zu bilden in der Reihenfolge der Zehnerzahlen und durch den Klassenraum zu gehen, ohne die beweglichen Elemente zu berühren.

Diese bewegungsorientierten Aktivitäten boten eine gute Grunderfahrung, die den Transfer auf andere Materialien erleichtert" (Hildebrandt-Stramann, 1999, S. 79).
In der dritten Stunde bildeten die Kinder einen Kreis und sagten die Zehnerzahlen von 10 bis 100 auf, während sie sich einen Ball zuwarfen (Hildebrandt-Stramann, 1999, S. 80).

In seinem Fazit zu dieser Unterrichtseinheit hebt Hildebrandt-Stramann hervor, dass nicht nur die klassischen mathematischen Zielsetzungen erreicht wurden, sondern dass durch ein aktiv-entdeckendes und soziales Lernen und durch einen ganzheitlichen Vermittlungsansatz die Denkerziehung und Allgemeinbildung gefördert wird (1999, S. 82). Bei aller Sympathie dafür, dass die Kinder angehalten wurden, sich vorsichtig und sozial zu bewegen, bleibt mir unklar, worin das Aktiv-Entdeckende des Lernens bestehen soll und welche Transferleistung durch bewegungsorientierte Aktivitäten erleichtert worden sind. Ich will die Funktion, die Bewegungen bei der Steigerung der Gedächtnisleistung durch die Verknüpfung von motorischen und kognitiven Elementen haben können, nicht bestreiten, aber ich will vor einem diffusen oder überhöhten Anspruch an die Leistungsfähigkeit der Bewegung warnen.

Das Gegenteil des Schlechten muss nicht unbedingt das Gute sein

Meine kritischen Einwände richten sich nicht gegen die Idee, aus pädagogischer Perspektive darüber nachzusinnen, welchen Beitrag Bewegung in der Schule leisten kann. Diese teile ich ausdrücklich (vgl. Kretschmer, 1981; 1990; 1992; 1994). Meine Einwände richten sich gegen den inflationären Gebrauch und die heterogene Ausuferung der pädagogischen Inanspruchnahme von Bewegung, gegen die unzureichende theoretische Fundierung des Bewegungsverständnisses und die bisher unzureichende empirische Überprüfung der Leistungsfähigkeit von Bewegung in der Schule, gegen Aktionismus und Leichtgläubigkeit (vgl. Funke-Wieneke, 1997; Balz, 1999). Natürlich ist eine Schule ohne Bewegung eine schlechte Schule, aber – um noch einmal auf Watzlawick zurückzugreifen – das Gegenteil des Schlechten muss nicht unbedingt das Gute sein (vgl. 1986, S. 39). Und es gilt auch das Gute am vermeintlich Schlechten zu prüfen, wie es Hölter tut, der feststellt, dass in der Schule „eine zunehmende Kontrolle und Sublimierung von primären Bedürfnissen des Menschen stattfindet, die man zwar auf dem Hintergrund einer Ideologie von ‚natürlicher Entwicklung' bedauern mag, die aber insgesamt für die Weiterentwicklung der menschlichen Rasse recht sinnvoll zu sein scheint" (1997, S. 124).
Es kann also vorrangig nicht darum gehen, mehr Bewegung in die Schule zu bringen, sondern zunächst die pädagogische Leistungsfähigkeit von Bewegung in der Schule theoretisch gründlicher abzuklären und einzugrenzen. Vielleicht ist weniger dann ein mehr an Qualität.

Literatur

Fischer, K. (1996). *Entwicklungstheoretische Perspektiven der Motologie des Kindesalters.* Schorndorf: Hofmann.
Funke-Wieneke, J. (1997). Vom Sitzraum zum Bewegungsraum. In F. Dannenmann, J. Hanning-Schosser & R.Ullmann (Hrsg.) (1997), *Schule als Bewegungsraum. Konzeptionen – Positionen – Konkretionen* (S. 109-119). Stuttgart: Ministerium für Kultus, Jugend und Sport.
Funke-Wieneke, J. (2004). *Bewegungs- und Sportpädagogik.* Baltmannsweiler: Schneider.
Hildebrandt-Stramann, R. (1999). *Bewegte Schulkultur. Schulentwicklung in Bewegung.* Butzbach-Griedel: Afra.
Hölter, G. (1997). Schule als Bewegungsraum? – Überlegungen zur Mobilität und awareness – Desomatisierung und Triebkontrolle. In F. Dannenmann, J. Hanning-Schosser & R. Ullmann (Hrsg.), *Schule als Bewegungsraum. Konzeptionen – Positionen – Konkretionen* (S. 121-124). Stuttgart: Ministerium für Kultus, Jugend und Sport.
Klupsch-Sahlmann, R. (1995). Bewegte Schule. *sportpädagogik, 19* (6), 14-22.
Klupsch-Sahlmann, R. (2001). Themenerschließendes Bewegen. *Grundschule, 33* (10), 41-42.
Kretschmer, J. (1981). *Sport und Bewegungsunterricht 1-4.* München, Basel, New York: Urban & Schwarzenberg.
Kretschmer, J. (1992). Ist der Klassenraum ein Bewegungsraum? s*portpädagogik, 16* (4), 42-44.
Kretschmer, J. (1997). Zum Einsatz von Bewegungslandschaften im Sportunterricht der Grundschule. *sportpädagogik, 21* (1), 34-38.

Kretschmer, J. & Laging, R. (1994). Selbstarrangierte Bewegungssituationen. *sportpädagogik, 18* (4), 42-43.
Kretschmer, J. & Scherler, K. (1979). Bewegung, Spiel und Sport in der Grundschule. In M. Zimmer-Schürings & H. Maier (Hrsg.), *Zur Theorie und Praxis von Körper- und Bewegungserziehung* (S. 34-39). Oldenburg: Universität.
Krüger, M. (1999). Wieviel Bewegung bringt die „Bewegte Schule"? *sportunterricht, 48,* 324-329.
Laging, R. (2000). Theoretische Bezüge und Konzepte der Bewegten Schule – Grundlagen und Überblick. In R. Laging & G. Schillack (Hrsg.), *Die Schule kommt in Bewegung. Konzepte, Untersuchungen und praktische Beispiele zur Bewegten Schule* (S. 2-38). Baltmannsweiler: Schneider.
Philippi-Eisenburger, M. (1991). *Motologie: Einführung in die theoretischen Grundlagen.* Schorndorf: Hofmann.
Probst, H. & Kuhl, J. (2006). Weniger Ganzheitlichkeit ist mehr. In A. Fitz, R. Klupsch-Sahlmann & G. Ricken (Hrsg.), *Handbuch Kindheit und Schule. Neue Kindheit, neues Lernen, neuer Unterricht.* (S. 192-208). Weinheim, Basel: Beltz.
Regensburger Projektgruppe (2001). *Bewegte Schule – Anspruch und Wirklichkeit.* Schorndorf: Hofmann.
Scherler, K. (1975). *Sensomotorische Entwicklung und materiale Erfahrung.* Schorndorf: Hofmann.
Scherler, K. (1990). Bewegung als Zeichen. In H. Gabler et al. (Hrsg.), *Für einen besseren Sport. Themen Entwicklung und Perspektiven aus Sport und Sportwissenschaft. Ommo Grupe zum 60. Geburtstag.* (S. 396-414). Schorndorf: Hofmann.
Spitzer, M. (2002). *Lernen. Gehirnforschung und die Schule des Lebens.* Heidelberg; Berlin: Spektrum.
Thiel, A., Teubert, H. & Kleindienst-Cachay (2002). *Die „Bewegte Schule" auf dem Weg in die Praxis.* Baltmannsweiler: Schneider.
Watzlawick, P. (1986). *Vom Schlechten des Guten oder Hektates Lösungen.* München, Zürich: Piper.

ILKA SEIDEL, ANDREA SEDLAK & KATRIN WALTER

Auswirkungen regelmäßiger Bewegungspausen auf das Klassenklima jugendlicher Schüler

Ausgangslage und Zielstellung

Die Mehrheit der empirischen Studien zum Einfluss von Elementen bewegter Schule auf die Lernvoraussetzungen oder sozialen Aspekte der Schüler ist im Grundschul- oder Primarbereich angesiedelt (Fessler, Stibbe & Haberer, 2008) und hat dabei neben dem Sportunterricht insbesondere den Aspekt der fächerübergreifenden Bewegungspausen im Fokus. An weiterführenden Schulen ist die Befundlage bislang eher gering, auch wenn diese Schulen sehr häufig Aspekte einer bewegungsfreundlichen Schulorganisation in ihrem Schulprogramm benennen (Wuppertaler Arbeitsgruppe, 2003).

Aufgrund der Wirkungsannahmen von regelmäßig in den schulischen Lernalltag implementierter Bewegung z. B. in Form von Bewegungspausen sowohl auf kognitive Lernleistungen bzw. deren Voraussetzungen wie Aufmerksamkeit und Konzentration, als auch auf die Steigerung der Schulzufriedenheit und des schulischen Klimas wächst die Bedeutung von Elementen bewegter Schule auch für weiterführende Schulen, und hier vor allem für jene Schüler, deren Lernvoraussetzungen weniger günstig ausgeprägt sind.

An der von uns begleiteten privaten Wirtschaftsschule wurden im Rahmen des Schulentwicklungsprozesses bereits Elemente einer bewegten Schule wie die aktive Hofpause und die Umgestaltung des Pausenhofes mit mehr Bewegungsanreizen bereits umgesetzt. Weitere Elemente sollten in den Schulalltag implementiert werden. Dabei war es der Schule aufgrund der Rahmenbedingungen (keine Sporthalle vorhanden, dichte Bebauung des Schulhofes, enge Raumverhältnisse innerhalb des Schulgebäudes) am ehesten möglich „Bewegungspausen im Unterricht" als weiteres Element einzuführen. Ziel aller dieser Aktivitäten ist für die Schulleitung die Verbesserung der Lernvoraussetzungen sowie der Schulzufriedenheit der Schüler.

Um eine solche Schulzufriedenheit und damit eine positive Bindung zu erreichen müssen sich die Schüler in der Schule wohl fühlen (Pekrun, 1985). Hierfür ist vor allem das Beziehungs- und Interaktionsgeschehen in der Schule aus Sicht der Schüler von Bedeutung (Eder, 1998). Dazu zählen subjektiv bedeutsame Merkmale, die sich auf die ganze Schule als Organisationseinheit beziehen (Schulklima), und sozial geteilte subjektive Repräsentationen von Merkmalen der Schulklasse als Lernumwelt (Klassenklima) (Eder, 2001; 2002).

Ziel der hier vorgestellten Teilstudie war es, die Auswirkungen der Einführung einer regelmäßigen Bewegungspause im Unterricht auf das Klassenklima mit seinen

Aspekten des Sozial- und Leistungsdrucks, der Schülerzentriertheit, Kohäsion und Disziplin zu prüfen. Die interessierende Fragestellung lautete, inwieweit ein solcher „Eingriff" in den schulischen Ablauf Auswirkungen auf das Erleben des Klassenklimas der betroffenen Klassen bei den unterschiedlichen Akteuren der Klasse hat. Im Fokus standen hierbei neben den Mitschülern vor allem die Be-Coaches, die die Bewegungspausen selbständig durchgeführt haben.

Methodik

Die Studie wurde an einer privaten Wirtschaftschule in München durchgeführt. Die untersuchten 203 Schüler gingen zum Zeitpunkt der Studie in die insgesamt 10 Klassen der Stufen 8 bis 11 und waren zwischen 13 und 20 Jahren alt (16,3±1,2). Fünf Klassen bildeten die Interventionsgruppe (n=101), die Parallelklassen die Kontrollgruppe (n=102) (s. Tab. 1).

Tab. 1. *Anzahl der Schüler in den insgesamt fünf Klassen der Interventions- (IG) und Kontrollgruppe (KG) getrennt nach den Klassenstufen 8-11.*

Klassenstufe Anzahl in	8 (m, w) je 1 Klasse	9 (m, w) je 1 Klasse	10 (m, w) je 2 Klassen	11 (m, w) je 1 Klasse
IG	N= 17 (11, 6)	N= 23 (12, 11)	N= 44 (34, 10)	N= 17 (10, 7)
KG	N= 20 (14, 6)	N= 20 (16, 4)	N= 43 (28, 15)	N= 19 (10, 9)

Die Intervention bestand aus den täglich zu Beginn der vierten und sechsten Stunde durchgeführten Bewegungspausen von ca. fünf Minuten Dauer, da diese Stunden besonders anfällig für Störungen und Konzentrationseinbußen sind (Wamser & Leyk, 2002; Raviv & Low, 1990). Die Bewegungspausen wurden durch Be-Coaches – Schüler der jeweiligen Klassen, die sich zur Durchführung der Bewegungspausen bereit erklärt hatten und in einem Workshop darauf vorbereitet wurden – angeleitet und durchgeführt. Insgesamt wurde die Intervention nach der Schulung der Be-Coaches und nach einer Einführungsphase über einen Zeitraum von sechs Wochen kontinuierlich durchgeführt (s. Abb. 1).

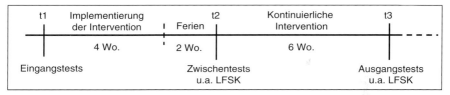

Abb. 1. Untersuchungsdesign der Teilstudie.

Die Einschätzung des Klassenklimas erfolgte über den Linzer Fragebogen zum Schul- und Klassenklima (LFSK, Eder, 1998). Im LFSK wird neben dem Schulklima das Klima auf Klassenebene durch insgesamt 14 Items erfasst und zu Subskalen der Dimensionen Sozial- und Leistungsdruck, Schülerzentriertheit, Kohäsion und

Disziplin zusammengefasst. Die Ergebnisse werden in Standardwerte (SW) umgerechnet und auf Gruppenunterschiede zwischen Interventions- und Kontrollklassen mittels Varianzanalysen geprüft. Bei der Auswertung und Interpretation ist zu beachten, dass ein SW=100 dem Mittelwert entspricht und Schwankungen um den SW-Mittelwert von ±10 Punkten als „natürliche" Fluktuationen zu bewerten sind (Eder, 1998, S. 36).

Ergebnisse

Da sich zu keinem Zeitpunkt signifikante Geschlechtsdifferenzen in den LFSK-Daten finden, wird dieses Merkmal bei den weiteren Analysen nicht mehr berücksichtigt. Zu Beginn der kontinuierlichen Intervention wird das Klassenklima sowohl von den Interventions- als auch von den Kontrollklassen sehr ähnlich eingeschätzt (s. Abb. 2, t2-SW-Werte). Insgesamt liegen alle Werte im Bereich durchschnittlicher Ausprägung um SW=100±10. Auch der Vergleich zwischen den Interventions- und Kontrollklassen auf Klassenstufenebene ergibt mit Ausnahme der *Schülerzentriertheit* in den 10. Klassen keine Unterschiede, wobei diese Unterschiede zwar signifikant, aber nicht bedeutsam sind (F=5.69, p=.02, part. Eta^2=.06), so dass von gleichen Ausgangsbedingungen auf Klassenstufenebene ausgegangen werde kann.
In den Analysen der Veränderungen des Klassenklimas über Varianzanalysen mit Messwiederholung (s. Abb. 2) zeigen sich signifikante Veränderungen über die Zeit für den *Sozial- und Leistungsdruck* (F=14.64, p=.00, part. Eta^2=.08), die *Kohäsion* (F=21.47, p=.00, part. Eta^2=.11) und die *Disziplin* (F=5.63, p=.02, part. Eta^2=.08). Das bedeutet, dass sich diese drei Dimensionen von t2 zu t3 unabhängig von der Gruppenzugehörigkeit verändern.
Zusätzlich zeigt sich in der *Kohäsion* ein signifikanter aber geringer Interaktionseffekt für die Gruppenzugehörigkeit (F=10.73, p=.00, part. Eta^2=.06); die Kohäsion nimmt in den IG-Klassen stärker ab als in den KG-Klassen.

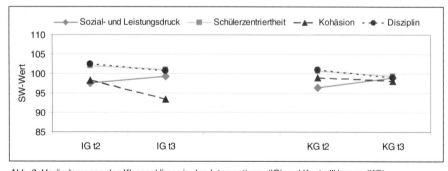

Abb. 2. Veränderungen des Klassenklimas in den Interventions- (IG) und Kontrollklassen (KG).

Die genaueren Analysen der Kohäsion auf Klassenstufenebene (s. Abb. 3) ergeben nur für die 10. Klassen einen signifikanten und bedeutsamen Effekt über die Zeit (F=14.91, p=.00, part. Eta²=.17), d.h. dass hier der Zusammenhalt sowohl bei IG- als auch KG-Schülern abnimmt, auch wenn die Abnahme mit Eder (1998) noch als natürliche Fluktuation einzustufen ist. In den Klassen 8 und 11 ergeben sich keine überzufälligen Veränderungen. Für die 9. Klassen zeigt sich jedoch ein bedeutsamer Interaktionseffekt für die Gruppenzugehörigkeit (F=13.96, p=.00, part. Eta²=.29). Die Kohäsion nimmt in der IG-Klasse 9 ab, während sie in der KG-Klasse 9 zunimmt. Die Befunde für die Klassen 9 und 10 stützen die Ergebnisse von Eder (1996), der vor allem in diesen Klassenstufen Abweichungen vom sonstigen Verlauf beobachten konnte.

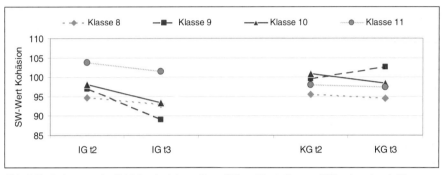

Abb. 3. Veränderungen der Kohäsion der Interventions- (IG) und Kontrollgruppe (KG) getrennt nach Klassen.

Neben den Veränderungen auf der Ebene des gesamten Klassenverbundes sind die Veränderungen bei denjenigen Schülern von Interesse, die als Be-Coach die Bewegungspausen durchgeführt haben, da sie im Verlaufe der Intervention eine besondere Aufgabe zu erfüllen hatten. Dabei handelt es sich um insgesamt sieben Schüler (Kl.8=1; Kl.9=2; Kl.10=2; Kl.11=2), so dass hier keine statistischen Analysen möglich sind. Dennoch sollen die Ergebnisse der Be-Coaches exemplarisch von Klasse 9 vorgestellt und diskutiert werden (s. Abb. 4).

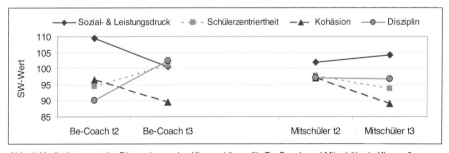

Abb. 4. Veränderungen der Dimensionen des Klassenklimas für Be-Coach und Mitschüler in Klasse 9.

Den *Sozial- und Leistungsdruck* schätzt der Be-Coach nach Abschluss der Intervention positiver ein, da sein zunächst sehr hoher und damit eher ungünstiger Wert deutlich und im Unterschied zu den Mitschülern absinkt (SW_{vor}=110, SW_{nach}=100). In der *Schülerzentriertheit* verändert sich die Wahrnehmung des Be-Coaches entgegengesetzt zu der seiner Mitschüler. Sein Wert verschiebt sich auch hier leicht in Richtung einer günstigeren Ausprägung (SW_{vor}=95, SW_{nach}=101). In der *Kohäsion* zeigt sich, dass auch der Be-Coach den Zusammenhalt geringer einschätzt als vorher. Die *Disziplin* dagegen wird von ihm zu Beginn deutlich niedriger eingeschätzt als später (SW_{vor}=90, SW_{nach}=102), wobei diese Einschätzungen jeweils vom Klassendurchschnitt abweichen.

Diskussion

Die Werte des Klassenklimas liegen bei der von uns untersuchten privaten Wirtschaftsschule sowohl zu Beginn als auch nach sechs Wochen regelmäßiger täglicher Durchführung der Bewegungspausen insgesamt im normalen Bereich. Veränderungen ergeben sich im *Sozial- und Leistungsdruck* und in der *Disziplin* sowohl für die Interventions- als auch die Kontrollklassen, so dass dies nicht auf die Bewegungspausen zurückgeführt werden kann. Die Veränderungen in der *Kohäsion* können jedoch durch den zusätzlichen Gruppeneffekt der IG-Klasse 9 auf die Einführung der Bewegungspausen zurückgeführt werden, ohne dass damit andere Einflussfaktoren ausgeschlossen werden können. Hier zeigen sich signifikante Veränderungen und diese Einschätzung teilen sowohl die Mitschüler als auch der Be-Coach. Einen möglichen Interpretationsansatz bietet die Lehrereinschätzung für die IG-Klasse 9, welche die Klasse als eine „sehr lebhafte Klasse (beschreibt), der es bisweilen nicht gelingt ohne Heranziehen des Schulregelwerks den disziplinarischen Anforderungen des regulären Unterrichts zu entsprechen." Zwar finden sich auf der LFSK-Dimension Disziplin hierfür keine Entsprechungen, dennoch könnte durch die Einführung der Bewegungspausen sowohl die Disziplin als auch der Zusammenhalt innerhalb des Klassenverbundes beeinflusst worden sein. So ist denkbar, dass sich durch die Zuweisung der spezifischen Aufgabe und Funktion an den Be-Coach die Stellungs- und Beziehungsverhältnisse innerhalb des Klassenverbundes veränderten. Allerdings ist mit Eder (1998) darauf hinzuweisen, dass vor allem in den Klassen 9 und 10 das Beziehungsgefüge grundsätzlich Schwankungen unterworfen ist, das über die „normalen" Fluktuationen hinaus gehen kann.
Grundsätzlich wäre dann aber bei Klassen dieses Altersbereiches die Einführung von Bewegungspausen sehr genau zu überlegen. Dies sollte jedoch nicht zu einer grundsätzlichen Ablehnung solcher lernunterstützender Maßnahmen, sondern vielmehr dazu führen, dass die einzelnen Schritte einer solchen Implementierung gemeinsam von Schülern und Lehrern diskutiert und verbindlich festgelegt werden. Deshalb gewinnen unter einer solchen Perspektive zwei andere Aspekte an Bedeutung, die in unserer Studie vernachlässigt wurden: der flexible Einsatz und die Unterstützung durch die Lehrer bei der Durchführung der Pausen im Unterricht.

Der zeitlich flexible und situationsadäquate Einsatz von Bewegungspausen auch im Bereich weiterführender Schulen steht außer Frage und wurde in unserer Studie zugunsten der Kontrollierbarkeit vernachlässigt. Dieser Punkt wurde anschließend jedoch insbesondere von den Schülern als zu verändernde Bedingung genannt. Kritisch festzuhalten bleibt allerdings, dass die Bewegungspausen zwar von allen Lehrern zu Beginn gewollt waren, aber im Laufe der Intervention nur von wenigen auch aktiv unterstützt wurden. Allerdings scheinen anhand der anschließend geführten Gespräche mit den Lehrern für diese insbesondere gegenüber älteren Schülern deutlich größere Hemmschwellen zu existieren, eine aktive Rolle in der Ausgestaltung von Bewegungspausen im Unterricht zu übernehmen. Da die Gründe für diese Barrieren vielfältig sind (Regensburger Projektgruppe, 2001), ist zu überlegen, wie solche Elemente eingesetzt werden können. Zum einen gilt es, den Lehrern durch Fortbildungsmaßnahmen sowohl die Bedeutung von Bewegung für das Lernen zu verdeutlichen als auch Handlungskompetenzen an die Hand zu geben, wie sie solche Maßnahmen altersgruppen- und klassenspezifisch gestalten können. Unseres Erachtens bietet hierbei die partizipative Einbeziehung der Schüler z. B. über die Be-Coaches einen Ansatz, um auch bei älteren Schülern eine Akzeptanz und damit auch Chance auf die Einbindung von Bewegungspausen in den Unterricht weiterführender Schulen zu erzielen. Zudem können Schüler u. U. einen direkten positiven Effekt durch die Übernahme einer solchen Aufgabe erzielen. Zumindest zeigt sich für unsere Be-Coaches, dass sich deren subjektive Einschätzung des Beziehungs- und Interaktionsgeschehens positiv verändert, was wiederum zu einer Veränderung ihrer Lern- und Arbeitshaltung führen kann.

Literatur

Eder, F. (1996). *Schul- und Klassenklima. Ausprägungen, Determinanten und Wirkungen des Klimas an höheren Schulen.* Innsbruck: Studienverlag.
Eder, F. (1998). *Linzer Fragebogen zum Schul- und Klassenklima für die 8.-13. Klasse (LFSK 8-13). Handanweisung.* Göttingen: Hogrefe.
Eder, F. (2001). Schul- und Klassenklima. In D.H. Rost (Hrsg.), *Handwörterbuch pädagogische Psychologie* (2., überarbeitete und erweiterte Auflage, S. 578-586). Weinheim: Beltz.
Eder, F. (2002). Unterrichtsklima und Unterrichtsqualität. *Unterrichtswissenschaft, 30* (3), 213-229.
Fessler, N., Stibbe, G. & Haberer, E. (2008). Besser Lernen durch Bewegung? Ergebnisse einer empirischen Studie in Hauptschulen. *sportunterricht, 57* (8), 250-255.
Pekrun, R. (1985). Schulklima. In W. Tellmann (Hrsg.), *Handbuch Schule und Unterricht* (S. 224-247). Düsseldorf: Schwann.
Raviv, S. & Low, M. (1990). Influence of physical activity on concentration among junior high school students. *Perceptual and Motor Skills, 70,* 67-74.
Regensburger Projektgruppe (2001). *Bewegte Schule – Anspruch und Wirklichkeit. Grundlagen, Untersuchungen, Empfehlungen.* Schorndorf: Hofmann.
Wamser, P. & Leyk, D. (2002). Einfluss des Sportunterrichts auf Unterrichtsstörungen. Eine Langzeitanalyse von Klassenbucheinträgen in der Schule. *sportunterricht, 51* (2), 43-47.
Wamser, P. & Leyk, D. (2003). Einfluss von Sport und Bewegung auf Konzentration und Aufmerksamkeit: Effekte eines „Bewegten Unterrichts" im Schulalltag. *sportunterricht, 52* (4), 108-113.
Wuppertaler Arbeitsgruppe (2003). Projekt Bewegung, Spiel und Sport im Schulprogramm und im Schulleben. Überlegungen und Ergebnisse zur Analyse von Schulprogrammen. *dvs-Informationen, 18* (4), 28-34.

MAUD HIETZGE

Bewegung in der Pause – Zeit- und Raumaneignung. Problementfaltung, Forschungssetting, Ausblick

1 Zur Selbstverständlichkeit (?) des Bewegens in non-formalen Situationen der Schule

Forschungslücke Große Pause

Für die gemeinsame Herstellung der Unterrichtssituation, die von relativer Ruhe geprägt sein sollte, erscheint es als organisatorisch erforderlich, dass sich Kinder im Klassenraum wenig bewegen: Die Lehrperson versammelt die Aufmerksamkeit auf sich, viele verschiedene Individuen richten sich (idealtypisch) auf einen Fokus aus und verfallen dabei gelegentlich in Langeweile-Starre (Götz, 2006). Die damit einhergehende körperliche Stillstellung im Unterricht (Breidenstein, 2006) geschieht systematisch, obwohl sie gemeinhin nicht explizit zu den Erziehungszielen gezählt wird, insofern sie über konzentrierte Arbeitsatmosphäre hinausgeht; dies lässt sich mit Mauss als Körpertechnik zur Herstellung einer funktionalen Haltung verstehen (vgl. Langer, 2008). Die Pausen sollen demgegenüber das institutionell vorgesehene Ventil für Kinderkörper bereitstellen, sie sollen der Rekreation und dem Austoben dienen, die Konzentrationsfähigkeit für die folgenden Stunden wiederherstellen. 2002 unternahm eine Klasse Hamburger Gymnasiasten einen Rekordversuch: 25 Stunden in der Schule büffeln ohne Pause, ohne Schlaf (Spiegel Online, 1.3.2002) – eine singuläre Erfahrung, die auch nicht ansatzweise auf den Alltag übertragen werden sollte. Unter betriebswirtschaftlicher Perspektive ist es nach § 4 des Arbeitszeitgesetzes für Erwachsene vorgeschrieben, bei einer Arbeitszeit von mehr als 6 Stunden 30 Min. Pause einzuhalten. Ist die wichtige Funktion der Pause für Kinder erst recht unumstritten, hat sie bisher die ihrer Bedeutung entsprechende Forschungsresonanz in der Erziehungswissenschaft genauso wenig erzeugt wie die Körperlichkeit der Schüler, wohl aber öffentliche Diskussion als Tatort des *Bullying* unter Schülern: So titelte der Focus 1995 *Schlachtfeld Große Pause*. Das (potentiell anarchische) Andere der Unterrichtssituation liegt weitgehend im Graubereich alltäglichen Tuns oder wird vorwiegend unter funktionaler Perspektive betrachtet. Für Schüler ist die Pause aber eines der tragenden Sinnelemente von Schule (vgl. Kauke, 1995). Wie wichtig regelmäßige Bewegungspausen in der Tat auch für Konzentration sind, haben u. a. Dordel et. al. (2003) zu belegen versucht. Aber was, wenn die Pause die Kennzeichen dessen trägt, wofür sie den Ausgleich schaffen soll, Bewegungslosigkeit reproduziert oder zum bloßen Gegensatz zur Ordnung der Stunde wird? – Was also tun Schüler genau unter welchen Bedingungen unter dem Bewegungsgesichtspunkt in Pausen?

Schulische Lebenswelten – zwischen Sedierung und Aktionismus

Vor dem Hintergrund der medial-öffentlichen Geißelung des *Bewegungsmangelsyndroms* erscheint die Diskussion in der Sportwissenschaft zwiespältig, da in der Pauschalität der Argumentation (vgl. Kretschmer, 2004) ein zu grobkörniges Bild der Veränderungen kindlicher Lebenswelten entworfen wird (Thiele, 1999) und dennoch insgesamt nicht ignoriert werden kann (Erklärung des Club of Cologne 2003), da gesellschaftliche Veränderungen gerichtet kulminieren (Urbanisierung, Transporttechnologien, Mediennutzung, Zunahme von Schreibtischtätigkeiten usw.), die die Selbstverständlichkeit alltäglichen (Fort-)Bewegens tendenziell eher reduzieren, auch wenn sich dies je nach Milieu sehr unterschiedlich auf Kinder auswirken kann. Zeiher und Zeiher (1994) haben das Theorem *Verinselung* kindlicher Räume thematisiert, als weitere Aspekte werden Institutionalisierung, Verhäuslichung (Zinnecker, 1990) und Mediatisierung sowie die Umstrukturierung des urbanen Lebensraums genannt (z.B. Blinkert, 1997; Seidel & Woll, o. D.). Die Tendenz zur Verhinderung alltäglichen Bewegens erfasst also längst nicht nur mehr die Kinder in städtischen Räumen, sondern viele Faktoren wirken auf kindliche Lebenswelten ein, auch insofern, als das Leben der Eltern direkt seinen Schatten auf das der Kinder wirft und auch letztere mehreren institutionellen Ordnungen ausgesetzt sind. Dennoch zeigen Kinder in der Pause Bewegungsdrang.

Erwachsenwerden hat aus kindlicher Perspektive hingegen das Kennzeichen sich weniger zu bewegen, was sie ohne jeden apokalyptischen Unterton so aussprechen: *„wenn ich älter werde, bewege ich mich nicht mehr so viel"* (Video Elicitation – Interview, M. 10 J. Schule I). Das Zusammenwirken unterschiedlicher Aspekte der postmodernen Lebenswelt erzeugt neben faktischen Einschränkungen auch *Anpassungssog* in Richtung *Bewegungsabstinenz*, gleichzeitig spielt aber die Formation und Stilisierung des Körpers ansteigend eine zentrale Rolle im Sozialisationsprozess, die eine separate und systematische Körperaufmerksamkeit erfordert. Paradoxe und individualisierte Auswirkungen erzeugen also insgesamt ein uneindeutiges Bild mit milieuspezifischen Szenarios, aber alle Fäden laufen in der Schule zusammen. Bewegungsapathie fördernde oder zu Aktivität motivierende Einflüsse der Schule stellen den greifbaren Teil komplexer Veränderungen dar, der sich fokussieren, quantitativ weiter untersuchen und auf mögliche Folgerungen für Ganztagskonzepte analysieren lässt.

Die Einführung des Ganztags birgt in diesem Zusammenhang sowohl bewegungspädagogische Chancen als auch die Gefahr bloßer Verlängerung der *Aufbewahrungs- und Beschäftigungszeit*. Ist der Sportunterricht etablierter Forschungsgegenstand (z. B. Thiele, 2007), wurde dem Pausenverhalten bisher wenig wissenschaftliches Interesse entgegen gebracht (vgl. Wagner-Willi, 2005) – dies sollte im Rahmen der Ganztagskonzeption geändert werden, da die Verantwortung für kindliche Lebenszeit in der Schule massiv steigt. Die Organisation des Tagestaktes und der Lernrhythmen, der Wechsel von konzentriertem Arbeiten und Bewegungs- und Mußezeiten sind entscheidende Faktoren für den Erfolg von Ganztagsbildung (Wahler et al., 2005; Tillmann, 2000). Damit rückt das Bewegen in Pausensituationen aus der Peripherie ins Zentrum der Schulevaluation einerseits, der Theoriegenerierung für Aneignungsprozesse andererseits (Deinet & Reutlinger, 2004), der Pausenhof stellt eine weitere bedeutungsvolle „Lernumgebung für Bildungsprozesse" (Maag Merki, 2008) bereit, in der informelle bzw. non-formale Lerngelegenheiten bestehen (BMBF, 2008). Was sich Kinderkörper aneignen, ist unter bildungstheoretischer Perspektive zu betrachten.

Die relative Körpervergessenheit der Erziehungswissenschaft – Ausnahmen bestehen in der Heilpädagogik/Psychomotorik einerseits, in ästhetisch fundierten bzw. diskurstheoretischen Arbeiten andererseits (Rumpf, 1981; Langer, 2008) – übergeht dabei, in welchem Ausmaß Heranwachsende dem Körper Bedeutung zumessen, wofür bei der permanenten Invention von jugenddominierten Trendsportarten seismographisch Alltagserfahrungen verarbeitet werden. Das Verhältnis von *Körpervergessenheit* und *Körperbesessenheit* ist dabei noch nicht zureichend geklärt, die Schule einer der zentralen Orte der Ausbildung körperlicher Dispositionen in diesem spannungsvollen Spektrum. Gerade Jugendliche, die die Hofpause sitzend in *Arenen* verbringen und sich damit präsentieren, besetzen teilweise auch explizit sportliche Räume – betreiben eine Separation der Raumkonstitution, die Kinder der Eingangsstufe so nicht inszenieren. Die Konstitution sozialer Räume (vgl. Löw, 2001) folgt der Separation wechselseitig aufeinander angewiesener, sich selbst bestätigender sozialer Praxen im Sinne der Bourdieu'schen *Doxa*. Ist der Körper im Unterricht Objekt der Fremddisziplinierung, wird er in der Pause zum Mittler der Selbstinszenierung, der im Laufe der Schulzeit von wilden Rollenspielen über regelgeleitete Spiele in einen sitzenden bzw. sportlichen Habitus übergeht. Der Schulhof ist dabei Bühne und prägende institutionelle Umwelt zugleich. Im Folgenden wird kurz das Forschungsdesign skizziert, das die Bedeutung bewegten Pausenverhaltens für Entwicklungs- und Bildungsprozesse herauszuarbeiten vermag.

2 Forschungsansatz

Für die Altersgruppen der Kinder, Kids und Jugendlichen wurde typisches Pausenverhalten an vier ausgewählten Schulen des StuBSS-Projekts der Universität Marburg erhoben. *Angebotsstrukturen* des schulischen Lebensraums und Strukturkennzeichen der Institution, die *Aktivitäten* der Schüler auf dem Pausenhof und ihre Konstruktionsleistungen sowie die darauf bezogenen konzeptionellen Gedanken der *Schulleitung* bilden den dreifachen Ansatz. Die Suche nach einem angemessen komplexen Methodensetting für die Rekonstruktion der Herausbildung körperlicher Dispositionen in schulischen Sozialräumen mit Hinsicht auf Bewegung führte folgerichtig zur Videographie. Filmische Aufzeichnung, Schnitt und Analyse unterliegen dabei reflektierten ethnografischen Explorations- und Fokussierungsprozessen. Die Aufzeichnung beruht auf transparenten Selektionsentscheidungen; Vollständigkeit, Herausarbeiten wiederkehrender und okkasioneller Abläufe und der Aufweis typischer Inszenierungsformen auf breiterer Datenbasis aus Teilnehmender Beobachtung und den Quellentexten des Gesamtprojekts sichern die Qualität, so dass die

Bewegungsaktivitäten auf dem betreffenden Schulhof in einer bestimmten Phase zutreffend abgebildet werden können. Im Sinne der Reduktion gemäß der Dokumentarischen Methode (Bohnsack, 2001) werden Videodaten vernachlässigt, die der Forschungsfrage nicht dienen. Das Verfahren der *Video Elicitation* beruht nun darauf, den Schülern Szenen mit ihrem eigenen Verhalten auf dem Schulhof zu zeigen und kommentieren zu lassen bzw. die Trailer als Gesprächsstimuli in Gruppendiskussionen einzusetzen, die die Konstruktionsleistungen der Peers zum Vorschein bringen. Zu diesem Zweck werden Sequenzen auf bestimmte Schüler, Verhaltensformen, Raumnutzung etc. hin geschnitten, um gezielt dazu befragen zu können. Zusätzliche Fragen sichern Reproduzierbarkeit, Passung und Gültigkeit der Fokussierung und Interpretation. Auf diesem Weg werden in einem gesonderten Verfahren *Videoporträts* des bewegten Pausenverhaltens einer Schule erstellt, die diese zum Erhebungszeitpunkt zutreffend kennzeichnen. Ausgewählte Szenen werden der Codierung mit der Software *Interact* unterzogen, die die Bearbeitung laufender Sequenzen erlaubt, und genauer Formulierender und Reflektierender Interpretation unterzogen werden. (Auf ergänzende methodische Instrumente sowie Bezugstheorien der Interpretation kann an dieser Stelle nicht eingegangen werden, vgl. Hietzge, 2009). Zusätzlich werden Schulleiterinterviews zu Beginn der Erhebung geführt, ein zweites gegen Ende auf der Basis von Videodaten vervollständigt das Bild. Dadurch besteht die Möglichkeit neben den institutionellen Bedingungen (v. a. Zeitstruktur, räumliche Ressourcen, Organisationsstruktur u. a.) prägende Einflüsse der beteiligten Leitungspersonen als Kontrastfolie einbeziehen zu können und der Schule ein Feedback zu geben, welche Aktivitäten die vorhandenen Ressourcen und Strukturentscheidungen ermöglichen oder verhindern, sodass über das wissenschaftliche Erkenntnisinteresse hinaus Praxistransfer angestrebt wird.

3 Exemplarische Aktivitäten in exponierten Territorien zur Gestaltung sozialer Räume und Vorschau auf einige Ergebnisse

Angebotsstruktur und Raumnutzung

Tischtennisplatten dienen nicht nur dem Tischtennisspiel (v. a. Rundlauf), sondern auch anderen Aktivitäten. Insbesondere ältere Schüler nutzen die Platten um darauf zu sitzen, zu tanzen, Spielformen darauf zu inszenieren etc. Unten stehende Bilder zeigen zwei Tischtennisplatten, die häufig zweckentfremdet werden, auf dem zweiten Bild findet sich eine Jungengruppe an einer dazu rechtwinklig zu denkenden Reihe von Tischtennisplatten vor einem weiteren Gebäudetrakt. Auf der Tagung wurde eine Sequenz gezeigt, in der Mädchen mit Stelzen an den Tischtennisplatten Raumaneignung und Umnutzung der zur Verfügung gestellten Sportgeräte zeigen, die der territorialen Ausweitung ihres Aktionsradius und seiner inhaltlichen Aufladung mit ansonsten eher dem anderen Geschlecht zugeschriebenen Aktivitäten (Stabhochsprung auf die Platte, Stockkampfmimikry, Mikrofon u. a.) dienen – bzw. dem Spiel mit dieser Möglichkeit. Die Aktion lebt von der Präsenz von Publikum und medialen Bezügen, während die Jungen die Platten typisch (Abb. 1) zur Kommunikation und als Ruheplatz nutzen. In der Tat äußern Jugendliche an allen Schulen, dass ihnen Rückzugs- und Kommunikationsräume wichtig sind. Aus der Umnutzung kann nicht gefolgert werden, es müssten mehr Bänke aufgestellt werden, sondern die Gelegenheit zur eigenen Gestaltung ist hier tragend, wohingegen eine perfekte, aber durchregulierte Ausstattung nicht unbedingt zu mehr Zufriedenheit führen muss (vgl. Probeinterview O., 16 J.).

Abb. 1. Tischtennisplatten an Schule I und eine typische Umnutzungsvariante.

Institutionelle Zeit und eigengeleitete Zeit

Wie dieses räumliche Arrangement wird im Zuge der Einführung des Ganztags auch der zeitliche Takt des Schultags zum Gegenstand bewusster Gestaltung oder sollte das zumindest werden. Abbildung 2 zeigt eine Möglichkeit den Umgang von Schulen mit dem Zeitproblem und Entwicklungstendenzen anschaulich zu machen. Die Flexibilisierung der Zeitstruktur ist zusammen mit den vorhandenen Angebotsstrukturen der Umwelt entscheidend verantwortlich für die Realisationsmöglichkeit nicht-formaler Bewegungsaktivitäten.

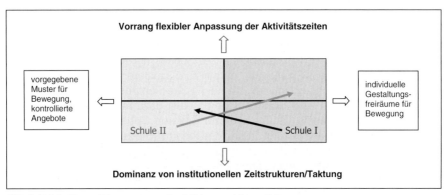

Abb. 2. Zeitstruktur und Bewegungsmuster definieren nutzbaren Zeitraum.

Schülergruppen bilden in Auseinandersetzung mit der sozialökologischen Struktur ihrer Schule Bewegungstraditionen aus, die von ihren *Konjunktiven Erfahrungsräumen* (Mannheim, vgl. Bohnsack et al., 2001) beredtes Zeugnis ablegen. Schule fungiert als Drehscheibe für Bewegungsfreude wie zur Normalisierung von Bewegungslosigkeit, gegenüber der die Predigt gesundheitsdienlichen Verhaltens normativ wirkt und mit wenig Echo verhallt, hier muss Schulentwicklung ansetzen und bedarf professioneller Beratung durch die Sportpädagogik. Die Ergebnisse der Untersuchung werden der Öffentlichkeit Ende 2009 en detail zugänglich gemacht.

Literatur

BMBF (Hrsg.) (2008). *Stand der Anerkennung non-formalen und informellen Lernens in Deutschland.* Zugriff unter http://www.bmbf.de/pub/non-formales_u_informelles_lernen_ind_deutschland.pdf
Blinkert, B. (1997). *Aktionsräume von Kindern in der Stadt.* Pfaffenweiler: Centaurus.
Bohnsack, R., Nentwig-Gesemann, I. & Nohl. A.-M. (2001) (Hrsg.). *Die Dokumentarische Methode und ihre Forschungspraxis.* Opladen: Leske & Budrich.
Bös, K. (1997). Unsere Kinder brauchen mehr Bewegung. *Grundschule, 29* (5), 44-46.
Breidenstein, G. (2006). *Teilnahme am Unterricht. Ethnographische Studien zum Schülerjob.* Mannheim: SV.
Club of Cologne (2003). *Bewegungsmangel bei Kindern: Fakt oder Fiktion?* (Red. D. Kurz u. a.). Bielefeld: Universität, Fakultät für Psychologie und Sportwissenschaft.
Deinet, U. & Reutlinger, C. (Hrsg.) (2004). *„Aneignung' als Bildungskonzept der Sozialpädagogik.* Wiesbaden: VS.
Dordel, S. et. al. (2003). Zusammenhänge zwischen körperlicher Aktivität und Konzentration im Kindesalter (CHILT-Projekt). *Deutsche Zeitschrift für Sportmedizin, 54* (9), 242-246.
Götz, T. & Frenzel, A.C. (2006). Phänomenologie schulischer Langeweile. *Zeitschrift für Entwicklungspsychologie und Pädagogische Psychologie, 38* (4), 149-153.
Hietzge, M. (2009; im Druck). Die Interpretation des Visuellen. Videographische Methodenkonzepte. *Leipziger sportwissenschaftliche Beiträge, 49* (1).
Kauke, M. (1995). Kinder auf dem Pausenhof. In I. Behnken & O. Jaumann (Hrsg.), *Kindheit und Schule* (S. 51-62). München, Weinheim: Juventa.
Kretschmer, J. (2004). Zum Einfluss der veränderten Kindheit auf die motorische Leistungsfähigkeit. *Sportwissenschaft, 34* (2), 414-437.
Laging, R. (2008). Bewegung und Sport – Zur integrativen Bedeutung von Bewegungsaktivitäten im Ganztag. In H.-U. Otto & T. Coelen (Hrsg.) (2008). *Grundbegriffe der Ganztagsbildung* (S. 253-262).Wiesbaden: VS
Laging, R., Hildebrand-Stramann, R. & Teubner, J. (2005). *Projektantrag zur Studie zu Entwicklung von Bewegung, Spiel und Sport in der Ganztagsschule. Info-Fassung.* Zugriff unter http://www.uni-marburg.de/fb21/ifsm/ganztagsschule/projekt/antraginfokurz
Langer, A. (2008). *Disziplinieren und entspannen. Körper in der Schule.* Bielefeld: transcript.
Löw, M. (2001). *Raumsoziologie.* Frankfurt am Main: Suhrkamp.
Maag Merki, K. (2008). *Braucht der Schulsport die Schulentwicklung – oder die Schulentwicklung den Schulsport?* Vortrag auf der Jahrestagung der dvs-Sektion Sportpädagogik, 22.-24. Mai 2008 in Köln.
Rumpf, H. (1981). *Die übergangene Sinnlichkeit.* München: Juventa.
Seidel, I. & Woll, A. (o. D.). *Bewegung, Spiel und Sport in der Schule.* Zugriff unter http://download.zollernalbkreis.de/Amt43/Sport/Grundschule%20mit%20bewegungserzieherischem%20 Schwerpunkt/bss-woll-seidel.pdf
Thiele, J. (1999). „Un-Bewegte Kindheit?" Anmerkungen zur Defizithypothese in aktuellen Körperdiskursen. *sportunterricht, 48* (4), 141-149.
Thiele, J. (2007). Bewegung als Beitrag zur Schulentwicklung/-qualität im Setting Grundschule: Erfahrungen aus dem Pilotprojekt „Tägliche Sportstunde an Grundschulen in NRW". In I. Hunger & R. Zimmer (Hrsg.), *Bewegung – Bildung – Gesundheit* (S. 146-149). Schorndorf: Hofmann.

Tillmann, K.-J. (2000). Sozialisation – soziales Lernen – Erziehung oder: Schule ist mehr als Fachunterricht. In B. Frommel et al. (Hrsg.), *Schule am Ausgang des 20. Jahrhunderts* (S. 133-146). Weinheim, München: Juventa.
Wagner-Willi, M. (2005). *Kinder-Rituale zwischen Vorder- und Hinterbühne*. Wiesbaden: VS.
Wahler, P., Preiß, C. & Schaub, G. (2005). *Ganztagsangebote an der Schule*. München: DJI.
Zeiher, H. & Zeiher, H. (1994). *Orte und Zeiten der Kinder*. Weinheim, München: Juventa.
Zinnecker, J. (1990). Vom Straßenkind zum verhäuslichten Kind. In I. Behnken (Hrsg.), *Stadtgesellschaft und Kindheit im Prozeß der Zivilisation* (S. 142-162). Opladen: Leske + Budrich.

SERGIO ZIROLI

Längsschnittstudie zur motorischen Leistungsfähigkeit und zum Gewichtsstatus von Schülerinnen und Schülern einer sportbetonten Grundschule mit täglichem Sportunterricht in Berlin

1 Einführung

Bewegung, Spiel und Sport von Kindern im Rahmen des Settings Schule kommt aufgrund der zunehmenden motorischen Leistungsschwächen (u.a. WIAD, 2001; 2003; Rusch & Irrgang, 2002) und der beobachtbaren Folgen von Bewegungsmangel (u. a. Wabitsch, 2004), wie insbesondere Übergewichtigkeit, Haltungs- und Konzentrationsschwächen, im Kindes- und Jugendalter eine immer größer werdende Bedeutung zu.

Die sogenannten „Sportbetonten Grundschulen" Berlins, eine derer Untersuchungsgegenstand der darzustellenden Evaluationsstudie war, bilden hierfür ein besonderes Beispiel, weil einerseits die pädagogische Leitvorstellung einer „bewegten Schule" umgesetzt werden soll, andererseits die Sportprofilierung an diesen Schulen auch das Ziel verfolgt, einem bestimmten, gewillten Teil der Schülerschaft eine tägliche Sportstunde anzubieten. Über dieses Netzwerk von 31 Schulen mit ca. 40 sportbetonten Zügen in Berlin wurde in Verbindung mit deren Gesamtuntersuchung bereits in der Vergangenheit auf sportwissenschaftlichen Kongressen berichtet, ebenso existieren dazu verschiedene Veröffentlichungen (Ziroli, 2006; Ziroli & Döring, 2003).

Zusammengefasst ergab die repräsentative Gesamterhebung 2002 für die im Folgenden zu skizzierende Längsschnitterhebung zur motorischen Leistungsfähigkeit und zum Gewichtszustand von Kindern an einer dieser Schulen die folgenden relevanten Ergebnisse:

– Kinder mit täglichem Sportunterricht verfügen über eine signifikant höhere motorische Leistungsfähigkeit als Kinder, die nur drei Stunden Sportunterricht pro Woche erhalten
– in den sportbetonten Klassen sind weitaus weniger Kinder mit Übergewicht und Adipositas vertreten als in den Normalklassen, obwohl der Anteil an übergewichtigen Kindern bei den Erstklässlern der sportbetonten Klassen höher ist
– die sportbetonten Züge werden in der Regel von Kindern mittlerer und höherer Sozialschichten besucht, es waren lediglich 10,5% feststellbar, die der unteren Sozialschicht zuzuordnen waren.

2 Projektdarstellung

Ein wesentliches Ziel der 2002 parallel zur repräsentativen Querschnittsuntersuchung aller sportbetonten Grundschulen Berlins angelegten Längsschnittstudie zur motorischen Leistungsfähigkeit und zum Gewichtszustand von Grundschülerinnen und Grundschülern war die Überprüfung der Wirkungen bei Kindern mit Migrations- und/ oder sozial schwachem Hintergrund. Dazu wurde eine nicht randomisierte, sondern gezielt ausgewählte Schule, die Carl-Bolle-Grundschule in Tiergarten, eine Brennpunktschule mit 89% Kindern nichtdeutscher Herkunft, wie es in Berlin bezeichnet wird, als Untersuchungsschule ausgewählt, weil nach heutigem Kenntnisstand (u.a. Kurth & Schaffrath, 2007 (KIGGS); WIAD, 2003) insbesondere sie es sind, die in dieser Hinsicht erhöhte und zunehmend sich verstärkende Probleme aufweisen.

2.1 Fragestellungen

In der Studie sollten folgende Fragestellungen untersucht werden:
- Wie steht es um die motorische Leistungsfähigkeit der gesamten Schülerschaft zu den sechs Zeitpunkten des Längsschnitts? Welche Trends lassen sich erkennen?
- Existieren Unterschiede zwischen Kindern mit täglichem und den üblichen drei Stunden Sportunterricht pro Woche?
- Wie steht es um den Gewichtszustand der gesamten Schülerschaft zu den sechs Zeitpunkten des Längsschnitts? Welche Trends lassen sich erkennen?
- Existieren Unterschiede zwischen sportbetonten und nicht sportbetonten Schülerinnen und Schülern?

2.2 Stichprobe

Die Untersuchungsschule, die Carl-Bolle-Grundschule, liegt seit der Bezirksreform 2001 in Berlin-Mitte. Dieser Bezirk umfasst die alten Bezirke Mitte, Tiergarten und Wedding und hat mit über 30% den größten Migrantenanteil aller Berliner Bezirke. Die Teilbezirke Tiergarten und Wedding sind hierbei neben dem alten Bezirk Mitte absolut dominierend. 40-50% der Erwachsenen weisen keinen Schulabschluss oder Hauptschulabschluss auf. In Tiergarten gilt insbesondere der Beuselkiez, in dessen Herzen die Carl-Bolle Grundschule liegt, als besonders sozialschwaches Teilgebiet (Delekat & Kis, 2001).
Die Schule hat bereits seit dem Schuljahr 1994/95 eine Sportbetonung und betrachtet sich nach den Ergebnissen der Querschnittserhebung 2002, wie oben erwähnt, als „bewegte Schule". Die Schule hat 400 Schülerinnen und Schüler, die in fast allen Fällen einen Migrations- und/ oder sozial schwachen Hintergrund aufweisen. In den sechs Erhebungsphasen der Längsschnittstudie lag der Anteil an Kindern mit Migrationshintergrund zwischen 72 und 89 Prozent. Hinsichtlich der Stundenanteile[1] und

---

1 In einem sportbetonten Zug, der die Klassen 1 bis 6 umfasst, erhält ein/e Schüler/in in den Klassen 1 und 2 eine zusätzliche Stunde pro Woche zu den üblichen 3 Stunden Sport. Ab Klasse 3 werden noch weitere 2 Stunden Sport pro Woche hinzugefügt, sodass ein Kind im sportbetonten Zug von Klasse 3 an auf 6 Sportstunden pro Woche kommt. Im nicht sportbetonten Zug werden die üblichen 3 Stunden Sport pro Woche realisiert.

-nutzung im sportbetonten Zug ist anzumerken, dass die in Klasse 1 zusätzliche Stunde als „einfache Spiele- und Tobestunde" realisiert wird. In Klasse 2 werden 2 der 4 Stunden für Schwimmen (außerhalb - Busanfahrt) verwendet. Die Kinder haben ab Klasse 4 Sportergänzungsunterricht, ein sogenannter Wahlpflichtunterricht Schwimmen und normalen Sportunterricht, er umfasst neben normalen „Schulsportarten" auch Exoten wie u.a. Tennis und Tischtennis.

2.3 Methoden

Zur Überprüfung der möglichen Effekte von täglichem Sportunterricht auf Migranten- und sozial schwächer gestellte Kinder wurde von 2002-2007 jährlich über 6 Jahre hinweg die motorische Leistungsfähigkeit und der Gewichtsstatus der Kinder eines sportbetonten und eines nicht sportbetonten Zuges der Klassen 1-6 untersucht. In Tabelle 1 sind die Erhebungswellen näher beschrieben.

Tab. 1. *Teilnehmer/innen der 6 Erhebungswellen 2002-2007.*

Erhebungswelle	n	Teilnahme	n	Gesamt:
t_1 – 2002	250	1x	301 (44,1%)	681 Kinder
t_2 – 2003	267	2x	131 (19,2)	48,6% weiblich
t_3 – 2004	268	3x	121 (17,7)	51,4% männlich
t_4 – 2005	249	4x	93 (13,6)	54,8% sportbetont
t_5 – 2006	215	5x	34 (5,0)	45,2%
t_6 – 2007	224	6x	1 (0,1)	nicht sportbetont

Zur Bestimmung der motorischen Leistungsfähigkeit wurde der Münchner Fitnesstest (Rusch & Irrgang, 1994) eingesetzt. Der Test beinhaltet 6 Einzeltests, die nach motorischen Hauptbeanspruchungsformen differenziert sind: Koordination (Übung 1: Ballprellen und Übung 2: Zielwerfen), Beweglichkeit (Übung 3: Rumpf-/Hüftbeugen), Schnelligkeit (Übung 4: Standhochspringen), Kraft (Übung 5: Halten im Hang), Ausdauer (Übung 6: Stufensteigen).
Um die Ergebnisse, die ein Schüler bei den einzelnen Übungen des Tests erzielt, bewerten zu können, werden diese den Werten von Vergleichs- und Normpopulationen gegenübergestellt. Mittels dieser jeweils nach Altersjahrgängen (6-18 Jahre) und Geschlecht spezifizierten Vergleichspopulationen wird eine t-Transformation der Rohwerte vorgenommen. Der Mittelwert der Verteilung der alters- und geschlechtsspezifischen Normpopulation erhält durch die t-Transformation bei jeder Übung den t-Wert 50, die SD als Maß für die Streuung der Werte ist auf 10 festgesetzt. Der t-Wert 50 bedeutet demnach, dass eine Person eine Punktzahl erreicht hat, die dem Mittelwert ihrer Vergleichsgruppe entspricht (>50 =überdurchschnittlich; <50 =unterdurchschnittlich) (Klaes et al., 2008, S. 63f.).
Das Gewicht und die Körperhöhe wurden mittels einer geeichten SECA-Waage (EG-Bauzulassung) mit Körperhöhenmessvorrichtung erfasst. Basierend auf diesen Werten wurde der Body-Mass-Index berechnet und anhand der Referenzliste der Arbeitsgemeinschaft Adipositas (Kromeyer-Hauschild et al., 2001) der Gewichtszustand bewertet.

3 Erste trendanalytische Ergebnisse

Längsschnittstudien werden in Trend- und Paneldesigns differenziert (Diekmann, 1995, S. 266ff.). Aufgrund der geringen Anzahl an Schülerinnen und Schülern, die an mehreren (bis hin zu allen) Untersuchungswellen teilgenommen haben, steht in der Darstellung und Analyse in diesem Beitrag die Betrachtung der Entwicklungstrends über die 6 Erhebungswellen im Mittelpunkt.

3.1 Motorische Leistungsfähigkeit

Deskriptiv zeigen die Ergebnisse (Abb. 1), dass die untersuchten Kinder insgesamt unter dem Mittelwert (t=50) der bundesdeutschen Vergleichpopulation liegen. Ebenso zeigt der Vergleich des Durchschnitts an allen sportbetonten Grundschulen 2002 und die erreichten Leistungen an der Carl-Bolle-Grundschule über die letzten 6 Jahre, dass die Schülerinnen und Schüler im Gesamten betrachtet weit unterdurchschnittliche Gesamtleistungswerte erzielen.

Die in der Abbildung 1 eingerechnete Trendlinie macht deutlich, dass die Gesamt-t-Wertentwicklung leicht rückläufig über die 6 Jahre verläuft (t=48 -> t=46). Dies betrifft sowohl die Kinder mit als auch ohne täglichen Sportunterricht.

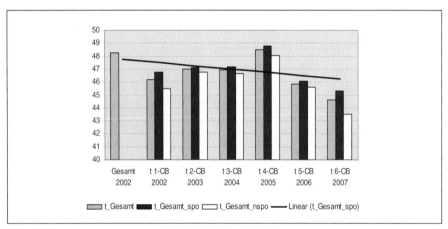

Abb. 1. Ergebnisse des Münchner Fitnesstests von Kindern mit und ohne Sportbetonung (t_Gesamt = Gesamtdurchschnitt aller Erhebungen, t_Gesamt_spo = Gesamtdurchschnittswert von Kindern mit täglichem Sportunterricht, t_Gesamt_nspo = Gesamtdurchschnittswert von Kindern mit 3 Stunden Sportunterricht pro Woche).

Die Betrachtung einer univariaten Varianzanalyse der Gesamt-t-Durchschnittswerte mit den Faktoren Geschlecht und Sportbetonung ergibt weitere Detailergebnisse:

- zu 4 der 6 Erhebungswellen (t_1 – F=34,6, p=.000. Eta^2=.130; t_2 – F=30,68, p=.000. Eta^2=.110, t_3 – F=7,28, p=.007. Eta^2=.027, t_6 – F=7,90, p=.005. Eta^2=.035) sind signifikante Unterschiede zugunsten der Jungen gegenüber den Mädchen zu diagnostizieren

- bei den Gesamtfitnesswerten und der Unterscheidung in sportbetonte und nicht sportbetonte Schülerinnen und Schüler lassen sich nur zu t_1 und t_6 signifikante Unterschiede zugunsten der Kinder mit täglichem Sportunterricht ausmachen (t_1 – F=4,74, p=.030. Eta^2=.019; t_6 - F=7,97, p=.005. Eta^2=.035).
- die Unterschiede zu den Zeitpunkten t_1 und t_6 beruhen auf den hochsignifikanten Unterschieden der Mädchen mit und ohne Sportbetonung (t_1 – F=15,76, p= .000; t_6 – F=16,00, p=.000). In beiden Fällen sind die Mädchen mit täglichem Sportunterricht den Schülerinnen mit 3 Sportstunden pro Woche motorisch weit überlegen. Die Jungen mit und ohne Sportbetonung weisen dagegen zu allen Testzeitpunkten keine signifikanten Unterschiede in ihrer motorischen Leistungsfähigkeit auf, wenn auch konstatiert werden muss, dass sie bis auf die Übungen Halten im Hang (Kraftausdauer) und Stufensteigen (Ausdauer) zu allen Untersuchungszeitpunkten besser abschneiden.

3.2 Gewichtszustand

Im Kinder- und Jugendgesundheitssurvey des Robert-Koch-Instituts Berlin wurde 2003-2006 erstmalig eine gesamtdeutsche Erhebung zum Gewichtsstatus von Kindern realisiert. Danach ist von ca. 15-20 Prozent übergewichtigen und adipösen Kindern im Alter von 6 bis 13 auszugehen. Die berechneten Prävalenzen zeigen aber auch, dass der Anteil an Adipösen im Grundschulalter eine Verdoppelung in Abhängigkeit des Migrantenstatus aufweist. Ebenso enorm sind die Unterschiede in Abhängigkeit vom Sozialstatus, hier findet sich sogar eine Verdreifachung mit Abnahme des Sozialstatus durch alle Altersabstufungen hindurch.

Betrachtet man die Tatsache, dass der Anteil an Kindern mit Migrationshintergrund an der Carl-Bolle-Grundschule in den Erhebungswellen der Längsschnittbetrachtung bei 70 bis 89% lag, und die Tatsache, dass nahezu alle Kinder aus niederen sozialen Verhältnissen stammen, erklärt sich der hohe Anteil an Übergewichtigen und Adipösen an dieser Brennpunktschule im Beuselkiez in Berlin-Tiergarten, wie er in Abbildung 2 ausgewiesen ist.

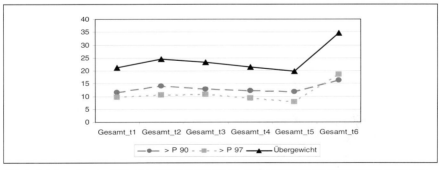

Abb. 2. Anteile an übergewichtigen (> P90) und adipösen (> P97) Kindern zu den 6 Erhebungszeitpunkten (Gesamtbetrachtung).

Insgesamt lassen sich über die ersten fünf Erhebungswellen von 2002-2006 zwischen 20-25% Übergewichtige feststellen, zum Zeitpunkt t_6 ist eine extreme Erhöhung des Anteils an Übergewichtigen zu verzeichnen, ein möglicher Erklärungsgrund könnte der Tatbestand sein, dass der Migrantenanteil in der 6. Erhebungswelle mit 89% am höchsten war.

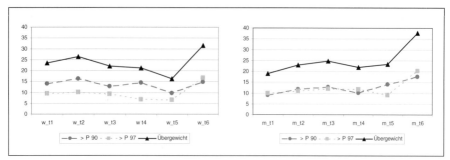

Abb. 3. Anteile an übergewichtigen und adipösen Schülerinnen und Schülern 2002-2007.

Bei der Betrachtung des Gewichts der Mädchen und Jungen zeigt sich nur zum Zeitpunkt t_5 ein bedeutender Unterschied, 16,3% der Mädchen stehen 23,2% der Jungen mit Übergewicht gegenüber. Sieht man von der 6. Erhebungswelle ab, zeigt sich insgesamt bei den Mädchen über die Jahre 2002-2006 ein Trend in Richtung Verringerung des Anteils an Übergewichtigen, wobei hierbei der zunehmende Trend des Anteils der besonders Fettleibigen (>P 99,5) auffallend ist. Bei den Jungen ist der Anteil an Übergewichtigen über die Jahre 2002-2006 relativ gleichbleibend. Auffallend ist auch hier, der hohe Anteil an adipösen Kindern, der annähernd gleiche Anteile aufweist wie der Anteil an Übergewichtigen.

Der Vergleich des Gewichts von Kindern mit und ohne Sportbetonung erbrachte zu keinem Zeitpunkt signifikante Unterschiede. Vielmehr ist festzuhalten, dass insgesamt betrachtet der Anteil an übergewichtigen Kindern (> P 90) bei den nicht sportbetonten Kindern geringer ist. Dieses Ergebnis begründet sich darin, dass gerade Kinder mit Gewichtsproblemen animiert werden, in die sportbetonten Züge zu gehen. Der Anteil Übergewichtiger in sportbetonten Zügen in den ersten fünf Erhebungswellen betrachtet ist mit 20 bis 26% relativ konstant.

4 Zusammenfassende Schlussbemerkungen

Die vorliegenden Trendanalysen deuten an, dass im Gegensatz zu den Ergebnissen der 2002 durchgeführten repräsentativen Querschnittsuntersuchung an „Sportbetonten Grundschulen" Berlins nur bzw. insbesondere Mädchen mit Migrations- und/oder sozialschwachem Hintergrund vom täglichem Sportunterricht profitieren. Sie sind zu allen Testzeitpunkten ihren Klassenkameradinnen, die nur 3 Stunden pro Woche im Sport unterrichtet werden, motorisch überlegen, davon zu zwei Zeitpunkten hoch signifikant. Die Jungen erzielen zwar ebenfalls zu den sechs unterschiedlichen Zeitpunkten höhere Leistungen, diese fallen aber zu keinem Zeitpunkt signifikant aus. Die Analyse des Gewichtszustandes der Kinder mit Migrations- und/ oder sozialschwachem Hintergrund zeigt bei den Kindern, die täglich Sportunterricht erfahren, keine bemerkenswerten Unterschiede über die Jahre 2002 bis 2006. Der Anteil an übergewichtigen Kindern liegt über die Jahre hinweg bei ca. 20 bis 25%. Der Schluss, dass sich durch täglichen Sportunterricht der Gewichtszustand von sozial benachteiligten Kindern positiv beeinflussen lässt, bestätigt sich auf der Basis der vorliegenden ersten Analysen der Längsschnittdaten nicht.

Literatur

Delekat, D. & Kis, A. (2001). *Zur gesundheitlichen Lage von Kindern in Berlin. Ergebnisse und Handlungsempfehlungen auf Basis der Einschulungsuntersuchungen 1999.* Gesundheitsberichterstattung Berlin, Spezialbericht 2001 – 1. Senatsverwaltung für Arbeit, Soziales und Frauen Berlin. Berlin.
Diekmann, A. (1995). *Empirische Sozialforschung.* Reinbek: Rowohlt.
Klaes, L., Poddig, F., Wedekind, S., Zens, Y. & Rommel, A. (Hrsg.). (2008). *Fit sein macht Schule – Erfolgreiche Bewegungskonzepte für Kinder und Jugendliche.* Köln: Deutscher Ärzteverlag.
Kromeyer-Hauschild, K., Wabitsch, M., Kunze. D., Geller, F., Geiß, H.C. & Hesse, V. (2001). Perzentile für den Bodymass-Index für das Kindes- und Jugendalter unter Heranziehung verschiedener deutscher Stichproben. *Monatsschrift Kinderheilkunde, 149* (8), 807-818.
Kurth, B. & Schaffrath, R.A. (2007). Die Verbreitung von Übergewicht und Adipositas bei Kindern und Jugendlichen in Deutschland. Ergebnisse des bundesweiten Kinder- und Jugendgesundheitssurveys (KIGGS). *Bundesgesundheitsblatt – Gesundheitsförderung – Gesundheitsschutz, 50* (5-6), 736-743.
Rusch, H. & Irrgang, W. (1994). Auswahltest Sportförderunterricht. *Haltung und Bewegung, 14* (1), 4-17.
Rusch, H. & Irrgang, W. (2002).Verändert sich die Leistungsfähigkeit der SchülerInnen. *Bewegungserziehung, 56* (4), 10-14.
Wabitsch, M. (2004). Kinder und Jugendliche mit Adipositas in Deutschland. Aufruf zum Handeln. *Bundesgesundheitsblatt – Gesundheitsforschung – Gesundheitsschutz, 47* (3), 251-255.
Wissenschaftliches Institut der Ärzte Deutschland (WIAD) (2001). *Zum Bewegungsstatus von Kindern und Jugendlichen in Deutschland.* (bearbeitet von Klaes, L.; Rommel, A., Cosler, D., Zens, Y.C.K.). Frankfurt: DSB.
Wissenschaftliches Institut der Ärzte Deutschland (WIAD) (2003). Der Bewegungsstatus von Kindern und Jugendlichen in Deutschland. *sportunterricht, 52* (9), 259-264.
Ziroli, S. (2006). *Bewegung, Spiel und Sport an Grundschulen. Profilbildung – Theoretische Grundlagen und empirische Befunde.* Aachen: Meyer & Meyer.
Ziroli, S. & Döring, W. (2003). Adipositas – kein Thema an Grundschulen mit Sportprofil? Gewichtsstatus von Schülerinnen und Schülern an Grundschulen mit täglichem Sportunterricht. *Deutsche Zeitschrift für Sportmedizin, 54* (9), 248-253.

SABINE REUKER

Wirkungen erlebnispädagogischer Schulfahrten – Bausteine eines sozialerzieherischen Schulprofils

Einleitung

In den Medien wird gerade in der letzten Zeit wieder häufiger über Gewalt von Schülern und Schülerinnen berichtet und auf Missstände aufmerksam gemacht. Im Zuge solcher Ereignisse fällt der Frage nach sozialerzieherischen Einflussmöglichkeiten pädagogischer Institutionen verstärkt Bedeutung zu. In den neu entwickelten Lehrplänen werden die Schulen zur Erfüllung ihres Bildungs- und Erziehungsauftrages aufgefordert. Dem Fach Sport wird durch seine vom sonstigen Schulalltag abweichenden Struktur gerade für die Veränderung sozialen Handelns eine besondere Rolle zugesprochen (vgl. z. B. Balz, 2003; Pühse, 1999). In jüngster Zeit werden vielfach auch Möglichkeiten erlebnispädagogischer Angebote diskutiert, wobei umfassende empirische Absicherungen fehlen (vgl. z. B. Boeger & Schut, 2005). Im Folgenden wird theoretisch begründet, dass Schulfahrten einen geeigneten Rahmen für sozialerzieherische Prozesse bieten. Diese Annahme wird in einer Untersuchung zur Wirkung sportlicher und erlebnispädagogischer Schulfahrten auch empirisch belegt.

Theoretischer Bezugsrahmen

Der sozialerzieherische Einfluss der verschiedenen Fahrten wurde in dieser Untersuchung über die Veränderung der sozialen Handlungsbereitschaft erhoben. Unter diesem Begriff werden verschiedene handlungsleitende Gedanken und Empfindungen zusammengefasst, die soziales Handeln bestimmen. Den Bezugsrahmen dieser Annahme liefert die Theorie des geplanten Verhaltens (Ajzen, 1991), in der davon ausgegangen wird, dass jegliches Handeln von Intentionen vorhergesagt wird. Diese werden ihrerseits von den Prädiktoren Einstellung, subjektive Norm und Verhaltenskontrolle beeinflusst. Bei den Einstellungen handelt es sich um Ansichten, wie in bestimmten Situationen gehandelt werden sollte. Die subjektive Norm umfasst Überzeugungen, wie andere Personen, die einem wichtig sind, die beabsichtigten Handlungen bewerten würden. Die Verhaltenskontrolle beinhaltet das Zutrauen in das eigene Handeln in der jeweiligen Situation.
Die Theorie wurde in Anlehnung an das spontane Prozessmodells von Fazio (1986) um den Aspekt der Befindlichkeit ergänzt. Mit dem Modell wird das Auftreten spontaner Handlungen, wie sie in sozialen Alltagssituationen häufig zu beobachten sind, erklärt. Dieses erweiterte Modell stellt den theoretischen Bezugsrahmen der

empirischen Untersuchung dar. Hiernach kann über die Handlungsbereitschaft auf das tatsächliche Handeln geschlossen werden.
In Anlehnung an verschiedene Theorien bzw. Modelle (vgl. z.B. Bandura, 1997; Becker, 1994; Selman, 1984) lässt sich begründen, dass für die Beeinflussung der Handlungsbereitschaft Rahmenbedingungen geeignet sind, die positive Erlebnisse und vielfältige Interaktionen, in denen eigene und fremde Perspektiven erfahren werden, ermöglichen (vgl. Reuker, im Druck). Diese Rahmenbedingungen lassen sich durch die strukturellen Besonderheiten von Schulfahrten dort besonders gut realisieren. Insbesondere durch die Länge und Intensität des Zusammenseins werden vielfältige Interaktionen ermöglicht. Durch die Neuartigkeit der Situation können festgefahrene Strukturen aufgebrochen und Rollenbeziehungen neu ausgehandelt werden. Die Freiheit von schulorganisatorischen Zwängen ermöglicht eine inhaltlich viel offenere Gestaltung der Fahrten, wodurch das Erfahren positiver Erlebnisse und Unterstützung eher ermöglicht wird. Ohne eine gezielte sozialerzieherische Ausrichtung werden die dort ablaufenden Prozesse allerdings dem Zufall überlassen, so dass sich auch unerwünschte Handlungsstrukturen festigen können.
Für das Erreichen sozialerzieherischer Zielsetzungen werden dem Sport besondere Möglichkeiten zugesprochen. Die theoretischen Begründungen sind dabei recht vielfältig. Als ein besonders bedeutsamer Aspekt wird die soziale Struktur des Sports angeführt (vgl. z. B. Balz, 2003; Pühse, 2004). Hiernach erfordert sportliches Handeln immer auch kommunikative Absprachen und einen konstruktiven Umgang mit Konfliktsituationen, ohne die eine erfolgreiche Ausübung nicht möglich ist. Somit wird sozial erwünschtes Handeln nicht nur ermöglicht, sondern evoziert. Einige Studien belegen allerdings, dass nicht jeder Sport gleichermaßen wirksam ist (vgl. z. B. Grineski, 1989; Kahila, 1996). Hiernach müssen auch sportliche Aktivitäten entsprechend gestaltet und aufbereitet werden, um sozialerzieherisch wirksam zu sein.
Eine stärker sozialerzieherische Ausrichtung sportlicher Inhalte lässt sich durch eine erlebnispädagogische Gestaltung der Fahrten erreichen. In der Erlebnispädagogik werden häufig Aufgaben gestellt, die nur gemeinschaftlich zu lösen sind. Der Schwierigkeitsgrad wird dabei auf die Fähigkeiten der Teilnehmer und Teilnehmerinnen abgestimmt, so dass über Erfolgserlebnisse und das Erfahren sozialer Unterstützung diese Handlungen auch positiv erlebt werden können. Ferner sind die Aufgabenstellungen so offen formuliert, dass vielfältige Interaktionen stattfinden können. Diese sind allerdings nicht beliebig, sondern werden über die Situation bestimmt. Auftretende Schwierigkeiten und Konflikte werden in anschließenden Reflexionsgesprächen aufgearbeitet. Hierbei geht es darum, andere Perspektiven kennen und verstehen zu lernen und Handlungsalternativen zu entwickeln.
In Anlehnung an die theoretischen Ausführungen wird davon ausgegangen, dass bewegungsorientierte Schulfahrten die soziale Handlungsbereitschaft positiv beeinflussen können. Dabei ist anzunehmen, dass sich mit zunehmend sozialpädagogischer Ausrichtung der Fahrten auch stärkere Effekte nachweisen lassen, so dass für die Teilnehmer und Teilnehmerinnen der erlebnispädagogischen Fahrten die stärksten Veränderungen zu erwarten sind.

Untersuchungsdesign und Methoden

Zur Überprüfung der Effekte von bewegungsorientierten Schulfahrten auf die soziale Handlungsbereitschaft wurden Schulen benötigt, die sowohl sportliche als auch erlebnispädagogische Schulfahrten durchführen. Ferner mussten sie die Erhebung in ihren Räumen genehmigen. Aufgrund dieser Rahmenbedingungen konnten nur Schulen untersucht werden, die sich freiwillig zur Teilnahme gemeldet haben. Die Untersuchung ist somit als Evaluationsstudie angelegt. Den vielfältigen methodischen Schwierigkeiten, mit denen sich die Evaluationsforschung auseinandersetzen muss (z. B. Komplexität der Wirkzusammenhänge, Konstanthaltung der Störvariablen, fehlende Randomisierung vgl. z. B. Dörfler & Roth, 2005, S. 145ff.; Rost, 2000, S. 131ff.) wurde dadurch begegnet, dass die Phasen der Konzeptualisierung, Implementation und Wirkungsforschung (vgl. Rost, ebd.) systematisch durchlaufen wurden.

Zur Überprüfung der sozialerzieherischen Möglichkeiten von Schulfahrten wurden zwölf Mittelstufenklassen, die an verschiedenen Fahrten bzw. Sportaktivitäten teilgenommen haben, und eine Kontrollgruppe zu zwei Messzeitpunkten untersucht (vgl. Tab. 1).

Tab. 1. *Zeitlicher Ablauf der Untersuchung.*

t_1 (vor der Fahrt)	Treatment	t_2 (nach der Fahrt)
Fragebogen Dilemma-Spiel	Kontrollgruppe	Fragebogen Dilemma-Spiel
	Vergleichsgruppe „Sport"	
	Vergleichsgruppe „Stadtfahrt"	
	Sportfahrten	
	Erlebnissportfahrten	
	Erlebnispädagogikfahrten	

Durch den Vergleich verschiedener Fahrten wurde die Bedeutung der inhaltlichen und methodischen Gestaltung der Fahrten für das Erreichen sozialerzieherischer Zielsetzungen überprüft. Neben der Kontrollgruppe und den Treatmentgruppen wurden zusätzlich zwei weitere Vergleichsgruppen („Sport" und „Stadtfahrt") evaluiert. Hierdurch wurde untersucht, inwieweit mögliche Effekte durch sportliche Aktivitäten, durch die Teilnahme an Schulfahrten allgemein oder erst über die Kombination dieser beiden Merkmale zu erzielen sind. Entsprechend der differenzierten Fragestellungen wurden die Vergleichsgruppen dabei als Treatment- bzw. Kontrollgruppe aufgefasst. Aufgrund des quasi-experimentellen Designs konnte eine Randomisierung und Parallelisierung der verschiedenen Gruppen nicht durchgeführt werden. Ein Einfluss eventueller Drittvariablen kann somit nicht ausgeschlossen werden. Aus diesem Grund wurden neben den gängigen deskriptiven Daten (z. B. Geschlecht) weitere, für bedeutsam angenommene Variablen (z. B. Bewertung der Fahrten) miterhoben und auf ihren Einfluss hin überprüft. Hierdurch und durch die

Diskussion der Besonderheiten der untersuchten Stichprobe (vgl. Bortz & Döring, 2006) konnte das Problem eingegrenzt werden.
Zur Untersuchung der sozialen Handlungsbereitschaft wurde der von Schlicht, Bläse und Schmitz (1998) entwickelte Fragebogen verwendet. Der Fragebogen erfasst für verschiedene Kategorien des Sozialverhaltens die Prädiktoren *Einstellung*, *subjektive Norm*, *Verhaltenskontrolle* und *Intention*. Für den Prädiktor *Befindlichkeit* wurden entsprechende Items ergänzt. Es wird erwartet, dass sich die Prädiktoren in den vorgegebenen Situationen in Richtung der im pädagogischen Kontext angestrebten und von Experten operationalisierten sozialen Zielsetzungen verändern.
Zusätzlich wurde das tatsächliche kooperative Entscheidungsverhalten in einem sozialen Dilemma-Spiel erhoben. Unter einem sozialen Dilemma versteht man eine Konfliktsituation, in der sich die beteiligten Personen zwischen der Berücksichtigung der eigenen oder aber fremder Interessen entscheiden müssen. Dabei beeinträchtigt das selbstbegünstigende Verhalten (kompetitives Handeln) das Erreichen des gemeinschaftlichen Ziels, während das gemeinschaftliche Verhalten (kooperatives Handeln) dem eigenen Interesse entgegenläuft. Soziale Dilemma-Spiele sind gut zu standardisieren und erweisen sich für die Untersuchungssituation als besonders geeignet, weil über das Entscheidungsverhalten innerhalb der Spiele kooperative, individualistische und kompetitive Handlungstypen unterschieden werden können (vgl. Herkner, 1991, S. 406ff.). Da eine wichtige Zielsetzung von Schulfahrten die Förderung von Kooperationsbereitschaft ist, wird erwartet, dass sich die Wirkung auch über eine Zunahme an kooperativen Handlungen im sozialen Dilemma-Spiel nachweisen lässt.

Ergebnisse und Diskussion

Insgesamt ließen sich für die bewegungsorientierten Fahrten positive Effekte auf soziale Aspekte nachweisen, die sich wie folgt konkretisieren lassen:
Im Entscheidungsverhalten des Dilemma-Spiels wurde bei den Teilnehmern und Teilnehmerinnen der Schulfahrten zum zweiten Messzeitpunkt eine Veränderung in Richtung gesteigertes Kooperationsverhalten festgestellt. In einer Varianzanalyse mit dem 2-fach gestuften Faktor Zeit und dem 6-fach gestuften Faktor Treatment wurde ein hoch signifikanter Interaktionseffekt ($F_{(5;273)}$=8.81, p<.001; η^2=.14) nachgewiesen, der den Einfluss der Fahrten belegt. In den a priori Einzelvergleichen der Veränderungen führte der Vergleich zwischen den Teilnehmern und Teilnehmerinnen der Schulfahrten und denen, die nicht teilgenommen haben, zu signifikanten Unterschieden (p<.001). Ein spezifischer Vorteil der erlebnispädagogischen Fahrten bestätigte sich allerdings nicht. Vielmehr lässt sich insbesondere durch den Vergleich mit der Gruppe „Fahrt" annehmen, dass Schulfahrten unabhängig von ihrer bewegungsorientierten Gestaltung kooperatives Handeln bestärken können.
Im Gegensatz hierzu wurde bei der Beeinflussung der sozialen Handlungsbereitschaft eine Überlegenheit der erlebnispädagogischen Fahrten festgestellt. Die Teilnehmer und Teilnehmerinnen dieser Fahrten zeigten in allen Kategorien (Aggression,

Hilfsbereitschaft und Eigenständigkeit) stärkere Veränderungen im Sinn der erwünschten Zielsetzung als die Schüler und Schülerinnen der anderen Gruppen. Dabei wurden in der Kategorie Aggressives Verhalten die auffälligsten Unterschiede festgestellt. So zeigten die Schüler und Schülerinnen der erlebnispädagogischen Fahrten ausschließlich erwünschte und mit Ausnahme der Skala Subjektive Norm auch signifikante Veränderungen. In der Skala Einstellung wurde zudem ein signifikanter Interaktionseffekt festgestellt ($F_{(5;271)}=2.89$, $p=.015$; $\eta^2=.05$). In den a priori Einzelvergleichen der Veränderungen ließen sich neben der Skala Einstellung ($p=.001$) auch in den Skalen Kontrolle ($p=.029$) und Intention ($p=.012$) signifikante Unterschiede zwischen den erlebnispädagogischen und den anderen Fahrten bestätigen. Hiernach wiesen die Schüler und Schülerinnen der erlebnispädagogischen Gruppe zum zweiten Messzeitpunkt eine erwünschtere Einstellung zum nichtaggressiven Handeln auf und trauten sich auch im verstärkten Maße zu, so zu handeln, wie sie es für richtig halten. Ferner nahmen sich diese Schüler und Schülerinnen verstärkt vor, nicht aggressiv zu handeln.

Die einheitlichen positiven Veränderungen, mit denen sich die erlebnispädagogische Gruppe in den Kontrastprüfungen signifikant von den anderen Gruppen unterscheidet, bestätigen einen Einfluss erlebnispädagogischer Fahrten. Diese hypothesenkonformen Ergebnisse sind insbesondere deswegen bemerkenswert, weil innerhalb eines solch kurzen Interventionszeitraumes nur geringfügige Veränderungen zu erwarten waren.

Die Ergebnisse zeigen, dass Schulfahrten und hier insbesondere solche mit erlebnispädagogischer Ausrichtung, eine wichtige Funktion im Rahmen sozialerzieherischer Prozesse erfüllen und somit wertvolle Bausteine eines sozialerzieherischen Schulprofils sein können. Zur Sicherung der Nachhaltigkeit bleibt allerdings zu fragen, wie die initiierten Prozesse im Schulalltag aktualisiert und im Sinn eines sozialerzieherischen Schulprofis ausgebaut werden können. Mit dieser Fragestellung lassen sich weitere Forschungsvorhaben anschließen, in denen die inhaltliche und organisatorische Gestaltung solcher umfassenden Konzepte zu entwickeln und zu evaluieren sind.

Literatur

Ajzen, I. (1991). The theory of planned behavior. *Organizational Behavior and Human Decision Processes, 50*, 179-211.
Balz, E. (2003). Wie kann man soziales Lernen fördern? In Bielefelder Sportpädagogen (Hrsg.), *Methoden im Sportunterricht* (4., unver. Aufl., S. 149-167). Schorndorf: Hofmann.
Bandura, A. (1997). *Self-efficacy: The exercise of control.* New York: Freeman and Company.
Becker, P. (1994). Theoretische Grundlagen. In A. Abele & P. Becker (Hrsg.), *Wohlbefinden* (2. Aufl., S. 13-50). Weinheim, München: Juventa.
Boeger, A. & Schut, T. (Hrsg.). (2005). *Erlebnispädagogik in der Schule. Methoden und Wirkungen.* Berlin: Logos.
Bortz, J. & Döring, N. (2006). *Forschungsmethoden und Evaluation: für Human- und Sozialwissenschaftler* (4., überarb. Aufl.). Heidelberg: Springer.
Dörfler, T. & Roth, M. (2005). Ausgewählte Probleme bei der Planung und Auswertung von Evaluationsstudien im längsschnittlichen Design. In A. Boeger & T. Schut (Hrsg.), *Erlebnispädagogik in der Schule – Methoden und Wirkungen* (S. 141-157). Berlin: Logos.

Fazio, R.H. (1986). How do attitudes guide behavior? In R.M. Sorrentino & E.T. Higgins (Eds.), *The handbook of motivation and cognition: Foundations of social behavior* (S. 204-243). New York: Guildford Press.

Grineski, S. (1989). Children, games, and prosocial behavior – insight and connection. *Journal of physical Education, Recreation, and Dance, 60* (8), 20-25.

Herkner, W. (1991). *Lehrbuch Sozialpsychologie* (5., korr. und stark erw. Aufl.). Bern: Huber.

Kahila, S. (1996). Cooperation in Physical Education as a Teaching Method in Learning Social Behavior and Making Freinds. In G. Doll-Tepper & W.-D. Brettschneider (Eds.), *Physical education and sport. Changes and challenges* (Vol. 2, S. 195-209). Aachen: Meyer & Meyer.

Pühse, U. (1999). Soziale Lernprozesse im Sportunterricht. In W. Günzel & R. Laging (Hrsg.), *Neues Taschenbuch des Sportunterrichts Band 1* (S. 215-234). Baltmannsweiler: Schneider.

Pühse, U. (2004). *Kindliche Entwicklung und soziales Handeln im Sport*. Schorndorf: Hofmann.

Reuker, S. (im Druck). *Chancen schulischer Sport- und Bewegungsangebote – verändern erlebnispädagogische Schulfahrten die soziale Handlungsbereitschaft?* Berlin: Logos.

Rost, J. (2000). Allgemeine Standards für die Evaluationsforschung. In W. Hager, J.-L. Patry & H. Brezing (Hrsg.), *Evaluation psychologischer Interventionsmaßnahmen: Standards und Kriterien* (S. 129-140). Bern u.a.: Huber.

Schlicht, W., Bläse, G. & Schmitz, A. (1998). *Werteerziehung im Jugendalter*. Schorndorf: Hofmann.

Selman, R.L. (1984). *Die Entwicklung des sozialen Verstehens. Entwicklungspsychologische und klinische Untersuchungen*. Frankfurt am Main: Suhrkamp.

ELKE GRIMMINGER

Schulinterne Sportlehrerfortbildungen als Schulentwicklungsinstrument – Die Förderung interkultureller Kompetenz von Sportlehrkräften

Problemstellung

Die meisten europäischen, vor allem die westeuropäischen Länder, sind Einwanderungsländer und zeichnen sich durch sprachlich, kulturell und ethnisch heterogene Gesellschaften aus. In Deutschland besitzen 11,1% der Jugendlichen von 10 bis 16 Jahren nicht die deutsche Staatsangehörigkeit, 32,4% dieser Altersgruppe haben Migrationshintergrund, d. h., dass mindestens ein Elternteil dieser Jugendlichen nicht in Deutschland geboren ist (Mikrozensus, 2005). Lehrkräfte sind aber zumeist nicht für das Unterrichten einer kulturell heterogenen Klasse vorbereitet: Sie sind ausgebildet für die Monokultur (Gogolin, 1999). Die wenigen empirischen Untersuchungen zu Lehrerhandeln in kulturell heterogenen Kontexten kommen zu dem Fazit, dass Lehrkräfte mit den Anforderungen kultureller Heterogenität überfordert sind (Weber, 2003) oder sich verunsichert fühlen (Czock, 1985; Auernheimer et al., 1996). Ihnen scheint es an Wissen und entsprechenden Fähigkeiten für die Umsetzung interkultureller Lern- und Bildungsprozesse im Unterricht zu mangeln (Auernheimer et al., 1996). Auch Sportlehrkräfte fühlen sich im Sportunterricht im Umgang mit einer kulturell heterogenen Schülerschaft verunsichert bzw. überfordert. Sie wissen nicht, wie sie interkulturelles Lernen in ihrem Sportunterricht umsetzen können (Grimminger, 2008). Diese Ergebnisse verweisen auf die Notwendigkeit von Aus- und Fortbildungsangeboten für (Sport-)Lehrkräfte. Die schulinterne Lehrerfortbildung ist nicht nur ein viel versprechendes Schulentwicklungsinstrument, weil sie über die Qualifizierung des Personals in die Unterrichtsebene hineinwirkt, sondern sie hat auch den Vorteil, dass sie schul- und teilnehmerorientiert geplant und durchgeführt werden kann. Es ist möglich, sich über die Ziele der Fortbildung zu verständigen und die schulspezifischen Rahmenbedingungen zu thematisieren. Ein breiter Konsens innerhalb des Kollegiums kann erzielt und Perspektiven für die weitere Schul(sport)entwicklung können entworfen werden, was die grundlegende Voraussetzung für die Verankerung von Interkulturalität im Schul(sport)programm ist (vgl. Gieß-Stüber, Grimminger, Schmerbitz & Seidensticker, 2007).

Interkulturelle Kompetenz von Sportlehrkräften

Interkulturelle Kompetenz von Sportlehrkräften umfasst übergeordnet zwei Facetten: die Fähigkeit eines konstruktiven Umgangs mit Differenzen, kultureller Vielfalt und den daraus resultierenden Unsicherheiten für pädagogisches Handeln sowie die fachdidaktisch-methodische Kompetenz, interkulturelles Lernen im Schulsport zu initiieren, zu begleiten und zu reflektieren mit dem konkreteren Ziel, einen konstruktiven Umgang mit Fremdheit (interkulturelle Kompetenz) bei den Schüler/-innen zu fördern (Grimminger, 2008). Die dazu aus theoretischer Sicht benötigten Teilkompetenzen lassen sich den „big five" der Lehrerkompetenzen (Miethling & Gieß-Stüber, 2007) zuordnen. Diese sind Sachkompetenz, Methodenkompetenz, Selbstkompetenz, Sozialkompetenz und Schulentwicklungskompetenz. Damit wird auch deutlich, dass es sich nicht um völlig neue Kompetenzen handelt, sondern dass die einzelnen Teilkompetenzen nur eine spezifische Erweiterung erfahren. Die Sachkompetenz wird z. B. erweitert durch das Wissen über „körperliche Fremdheit", d. h. das Wissen darüber, dass der Umgang mit dem Körper, aber auch die Wahrnehmung des Körpers von anderen, kulturell unterschiedlich ist (vgl. Bröskamp, 2008.). Des Weiteren kommt das Wissen hinzu, dass Zugänge zum Sport kulturell unterschiedlich sind und damit Exklusions- und Inklusionsmechanismen soziale Ungleichheit (re-)produzieren können. Das Wissen, dass Kultur bzw. kulturelle Zugehörigkeit wandelbar ist, erweitert ebenso die Facetten der Sachkompetenz. Durch die vordergründige Zugehörigkeit zu einer Kultur – primär festgemacht an äußeren Merkmalen wie Hautfarbe, Kleidung etc. – können Verhaltensweisen nicht vorhergesehen bzw. allein interpretiert werden. Methodenkompetenz im Sinne interkultureller Kompetenz wird erweitert durch die didaktisch-methodische Fähigkeit, interkulturelle Lern- und Bildungsprozesse im Schulsport zu planen, durchzuführen und zu reflektieren. Sie erhält aber auch eine spezifische Ausweitung durch die Sensibilität für kulturelle Differenzen, im Sinne einer Sensibilität, wann (kulturelle) Differenzen thematisiert werden müssen, weil sie beunruhigen (Auernheimer, 1995), und wann die Thematisierung zu einer Stigmatisierung bzw. Etikettierung des Individuums beiträgt. Wie schon in der Geschlechterdebatte ausführlich diskutiert, muss eine Balance gefunden werden zwischen Dramatisierung und Entdramatisierung von Differenzen (vgl. Faulstich-Wieland, 1998).

Die Performanz interkultureller Kompetenz

Über interkulturelle Teilkompetenzen zu *verfügen*, ist aber nicht damit gleichzusetzen, interkulturell kompetent zu *handeln*. Die Performanz, d. h. die Überführung der zur Verfügung stehenden Kompetenzen in beobachtbares Verhalten, wird von mehreren Indikatoren, den sog. Performanzindikatoren, beeinflusst. Educational Beliefs als Überzeugungen bzw. „Vorstellungen von Lehren und Lernen" (Hartinger, Kleickmann & Hawelka, 2006) beeinflussen, wie und ob jemand sich Wissen über einen bestimmten Bereich aneignet und ob und wie jemand dazu geneigt ist, dieses Wissen anzuwenden (Nespor, 1987, S. 318). Educational Beliefs können performanzmindernd bzw. -fördernd wirken. Als Belief-Cluster, d. h. als Gruppierung von Beliefs um das Thema „Interkulturalität" bzw. „Einwanderung", können Akkulturationseinstellungen betrachtet werden, die ebenso die Performanz interkultureller Kompetenz beeinflussen. Akkulturationseinstellungen sind Vorstellungen über das Verhältnis von Majorität und Minoritäten. Diese Einstellungen verfolgen entweder Assimilation (die Anpassung der Minoritäten an die Majorität), Segregation (die von der Majorität gewünschte Isolation der Minoritäten) oder pluralistische Integration, bei der allen Gruppierungen ein bestimmtes Maß an kultureller Integrität zugesichert wird, gleichzeitig findet aber eine Bewegung hin zur jeweils anderen Kultur statt, mit dem Ergebnis eines gemeinsamen neuen kulturellen Rahmens (Berry et al., 1989).

Um interkulturelle Kompetenz bei Sportlehrkräften zu fördern und um die Performanz interkultureller Kompetenz zu ermöglichen, wurde ein Fortbildungskonzept entwickelt und mit Sportlehrkräften durchgeführt, das die spezifischen Erweiterungen der interkulturellen Methoden- und Sachkompetenz im Sport anspricht. Zugleich sollte versucht werden, die Educational Beliefs und Akkulturationseinstellungen der Sportlehrkräfte so zu verändern, dass sie die Performanz interkultureller Kompetenz begünstigen.

Methodische Vorgehensweisen: das Untersuchungsdesign

Das Untersuchungsdesign ist untergliedert in multimethodische, miteinander verzahnte Studien, die fünf übergeordneten Phasen zugeordnet werden können. Grundlegend orientiert sich das Untersuchungsdesign an dem von Haenisch (1988) entwickelten Evaluationsmodell, dem so genannten KIPPT-Modell, welches unterscheidet in Kontextevaluation, Inputevaluation, Produktevaluation, Prozessevaluation und Transferevaluation.

Kontextevaluation kann als Bestandsaufnahme betrachtet werden. An den Schulen, die sich für eine schulinterne Lehrerfortbildung interessierten, wurden drei Monate vor der Fortbildung stichprobenartig je drei bis vier Sportlehrkräfte (insgesamt N=11) interviewt, um Erwartungen an die bevorstehende Fortbildung abzuklären. Zwei Wochen vor der Fortbildung füllten die Teilnehmer/innen einen Fragebogen (Pretest) aus, der neben personen- und biographiebezogenen Angaben Items zu Educational Beliefs und Akkulturationseinstellungen umfasst sowie einen Itemblock, der das Verständnis der Sportlehrkräfte über den Zusammenhang von Sport und Kultur erfasst (Sachkompetenz), und einen Itemblock, der die verschiedenen Facetten der Methodenkompetenz abbildet. Ausgewählte theoretische Annahmen zum Zusammenhang der Performanzindikatoren und der Performanz interkultureller Kompetenz wurden im Rahmen einer unabhängigen Fragebogenerhebung unter N=99 Sportlehrkräften überprüft, die nicht an der Fortbildung teilgenommen haben (Querschnittstudie).

Unerlässliche Voraussetzungen für die Umsetzung wissenschaftlicher Erkenntnisse in der Praxis sind ein praxisnahes, prozesshaftes Vorgehen sowie Kooperationen mit Expert/innen des Praxisfeldes (vgl. Gieß-Stüber, 2000). Unter dieser Prämisse stand die *Inputevaluation*. Zur Bewertung der Umsetzbarkeit der theoretisch entwickelten Fortbildungsinhalte wurde das Fortbildungskonzept in verschiedenen Vorstudien im Kontext von Schule, Sportverein und -verband erprobt und von Expert/-innen aus Schule, Lehrerfortbildung und Sportverbandsebene im Rahmen von Experten/innen-Interviews bewertet. Die Entwicklung des Fortbildungskonzepts unterstand folglich einer kontinuierlichen *Prozessevaluation*.

Prozessevaluation bedeutet für den Kontext dieser Arbeit aber nicht nur die kontinuierliche Abstimmung zwischen Theorie und Praxis, sondern beinhaltet auch die Entwicklung der Sportlehrkräfte bezüglich der Teilkompetenzen interkultureller Kompetenz und der Performanzindikatoren. Am Ende der Fortbildung füllten die Sportlehrkräfte denselben Fragebogen wie zwei Wochen vor der Fortbildung aus (Posttest). In diese Längsschnittstudie gehen N=37 Fragebögen (Pre-Posttest-Paare) ein.

Bei der *Produktevaluation* steht die Evaluation des Fortbildungskonzepts aus Sicht der Sportlehrkräfte im Vordergrund. In dem Posttest, den die Sportlehrkräfte nach der Fortbildung ausfüllten, wurden Fragen eingebunden zur Aufbereitung und Gestaltung der Fortbildung, zur Atmosphäre in der Lerngruppe, zur Kompetenz der Moderatorin etc.

Transferevaluation bedeutet schließlich Produktevaluation im Funktionsfeld. Längerfristige Wirkungen der Fortbildung sollen in der Praxis untersucht werden: Setzen die Lehrkräfte die Fortbildungsinhalte um? Welche Erfahrungen haben sie damit gemacht? Mit Hilfe kurzer „Fragebogen-Interviews" wurden diese Fragen mit den Teilnehmer/innen (N=18) vier bis fünf Wochen nach der Fortbildung erörtert.

Zusammenfassung zentraler Ergebnisse

Die Auswertung der Pre-Posttest-Paare zeigt, dass sich die Sportlehrkräfte nach der Fortbildung in ihrer Methodenkompetenz gestärkt fühlen, d. h. sie fühlen sich hochsignifikant kompetenter, interkulturelle Lern- und Bildungsprozesse in ihrem Sportunterricht zu planen, durchzuführen und zu reflektieren (mittlerer Rang Pretest=4,5; mittlerer Rang Posttest=16,9; $p<.01$). Ein Pre-Posttest-Vergleich in der Skala der Sachkompetenz zeigt, dass das Wissen zu Sport und Interkulturalität nach der Fortbildung hochsignifikant zugenommen hat (mittlerer Rang Pretest=3,5; mittlerer Rang Posttest=8,8; $p<.01$).

Die in der Querschnittstudie identifizierten Faktoren der Performanzindikatoren wurden für die Pre-Posttest-Auswertung in unabhängige Skalen umgewandelt. Die Skepsis gegenüber der Wirksamkeit interkultureller Erziehung in der Schule nimmt im Pre-Posttest-Vergleich signifikant ab (mittlerer Rang Pretest=12,8; mittlerer Rang Posttest=11,4; $p<.05$). Gleichzeitig nimmt die Überzeugung zu, dass sich interkulturelle Erziehung am besten fächerübergreifend inszenieren lasse und auch etwas bewirke, allerdings nicht signifikant. Die Überzeugung, Sportunterricht könne nichts zum interkulturellen Lernen beitragen, weil er einen primär sportmotorischen Auftrag habe, nimmt im Posttest ab, jedoch nicht signifikant.

Die Rangsummen-Vergleiche der Skalen der Akkulturationseinstellungen zeigen, dass Anpassungserwartungen im Pretest-Posttest-Vergleich hochsignifikant abnehmen (mittlerer Rang Pretest=14,1; mittlerer Rang Posttest=11,4; $p<.01$). Die

Einstellung „pluralistische Integration" nimmt im Pre-Posttest-Vergleich zu, jedoch nicht signifikant. Obwohl Segregationserwartungen im Pretest schon sehr gering ausgeprägt sind, nehmen sie im Posttest noch einmal ab, aber nicht signifikant. Anknüpfend an die theoretischen Überlegungen und empirischen Ergebnisse der Querschnittuntersuchung (N=99) ergibt sich in der Transferevaluation die Hypothese, dass die Nicht-Umsetzung der Fortbildungsinhalte auf Rangsummenunterschiede in den Skalen der Educational Beliefs und Akkulturationseinstellungen zurückzuführen ist. Demzufolge ergibt sich die Annahme, dass sich die Sportlehrkräfte, die bereits Fortbildungsinhalte in ihrem Sportunterricht umgesetzt haben, durch signifikant performanzförderlichere Ausprägungen auszeichnen als Sportlehrkräfte, die diese noch nicht umgesetzt haben. Des Weiteren kann die Hypothese aufgestellt werden, dass sich die Sportlehrkräfte, die bereits nach der Fortbildung interkulturelles Lernen in ihrem Sportunterricht inszeniert haben, durch eine signifikant höhere Rangsumme auf der Methoden- und Sachkompetenzskala auszeichnen. Die Auswertung der Daten zeigt, dass diese Hypothesen aufgrund eines nicht signifikanten Rangsummenunterschieds abgelehnt werden müssen. Die Performanzindikatoren, die sich in der Querschnittstudie z. T. als signifikante, zumindest aber als theoriekonforme Prädiktorvariablen erweisen, liefern in der Längsschnittstudie keine Erklärung für die Umsetzung bzw. Nicht-Umsetzung interkulturellen Lernens im Sportunterricht. Gründe für die Nicht-Umsetzung sind nicht eine fehlende Kompetenzentwicklung oder eine fehlende Entwicklung performanzfördernder Indikatoren, sondern vielmehr strukturelle, schulorganisatorische, aber auch persönliche Probleme (z. B. Burnout), wie die qualitative Auswertung zeigt. Die Ergebnisse der Transferevaluation decken sich folglich mit den von Haenisch (1988) gemachten Erfahrungen in der Lehrerfortbildung. Eine als subjektiv erfolgreich wahrgenommene Teilnahme an einer Fortbildung führt nicht automatisch zur Anwendung des Gelernten im Praxisfeld. Die Sportlehrkräfte betonen in den Interviews jedoch, dass sie durch die Fortbildung „eine andere Antenne" für die kulturelle Vielfalt an ihrer Schule und in ihrem Unterricht bekommen haben. Durch die Fortbildung ist ihnen der Beitrag von Bewegung, Spiel und Sport zum übergeordneten Bildungs- und Erziehungsauftrag deutlich geworden. Sie trauen sich sowohl zu, diesen gegenüber skeptischen Kollegen/innen zu argumentieren, als auch die Inhalte der Fortbildung an andere Kollegen/innen weiterzugeben. Sie fühlen sich in ihrer Schulentwicklungskompetenz gestärkt.

Schlussbetrachtungen

Aus der Bewertung der Fortbildungsveranstaltung zeigt sich, dass das Konzept von den Teilnehmern/innen überwiegend positiv angenommen wurde. Die längsschnittliche Auswertung der Daten verweist auf eine hochsignifikante Erhöhung interkultureller Methoden- und Sachkompetenz sowie auf eine z. T. signifikante, zumindest aber theoriekonforme Veränderung der Performanzindikatoren in performanzförderliche Richtung. Diese Ergebnisse werden durch die Ergebnisse der Transferevaluation bestätigt: die Sportlehrkräfte haben das Gefühl andere Wahrnehmungsmuster für interkulturelle Situationen erworben zu haben. Durch die Erweiterung der Sach- und Methodenkompetenz fühlen sie sich in ihrer Schulentwicklungskompetenz gestärkt. Jedoch schulorganisatorische Rahmenbedingungen und persönliche Voraussetzungen (z. B. Burnout) verhindern die Performanz der erworbenen Kompetenzen. Dies verweist auf die Notwendigkeit, Personal- und Unterrichtsentwicklung nicht losgelöst von Organisationsentwicklung zu betrachten, sowie Präventionsmaßnahmen zu bedenken.

Literatur

Auernheimer, G. (1995). *Einführung in die interkulturelle Erziehung* (2. Aufl.). Darmstadt: Wissenschaftliche Buchgesellschaft.
Auernheimer, G., von Blumenthal, V., Stübig, H. & Willmann, B. (1996). *Interkulturelle Erziehung im Schulalltag. Fallstudien zum Umgang von Schulen mit der multikulturellen Situation*. Münster, New York: Waxmann.
Berry, J.W. et al. (1989). Acculturation Attitudes in Plural Societies. *Applied Psychology: An international Review, 38*, 185-206.
Bröskamp, B. (2008). Körperliche Fremdheit(en) revisited. In P. Gieß-Stüber & D. Blecking (Hrsg.), *Sport – Integration – Europa. Neue Horizonte für interkulturelle Bildung* (S. 218-133). Baltmannsweiler: Schneider.
Czock, H. (1985). *Bericht zum Projekt „Alltagstheorien von Lehrern ausländischer Kinder"*. Bielefeld: Universität.
Faulstich-Wieland, H. (1998). Reflexive Koedukation zwischen Dramatisierung und Entdramatisierung von Geschlechterdifferenzen. In E. Walz & U. Dussa (Hrsg.), *Mädchen sind besser – Jungen auch. Konfliktbewältigung für Mädchen und Jungen – ein Beitrag zur Förderung sozialer Kompetenzen in der Grundschule* (S. 50-59). Berlin: paetec.
Gieß-Stüber, P. (2000). *Gleichberechtigte Partizipation im Sport? Ein Beitrag zur geschlechtsbezogenen Sportpädagogik*. Butzbach-Griedel: Afra.
Gieß-Stüber, P., Grimminger, E., Schmerbitz, H. & Seidensticker, W. (2007). Interkulturalität als Schul(sport)entwicklungsperspektive – Skizze einer Schulfallstudie an der Laborschule Bielefeld. In N. Fessler & G. Stibbe (Hrsg.), *Standardisierung, Profilierung, Professionalisierung. Herausforderungen für den Schulsport* (S. 143-159). Baltmannsweiler: Schneider.
Gogolin, I. (1999). *Lehrbefähigt für die Monokultur. Ein Gespräch mit Ingrid Gogolin über Pädagogenausbildung und Mehrsprachigkeit an deutschen Schulen*. Beilage der Süddeutschen Zeitung vom 16. Dezember 1999.
Grimminger, E. (2008). *Die Förderung interkultureller Kompetenz von Sportlehrkräften. Entwicklung und Evaluation eines Fortbildungskonzepts*. Inaugural-Dissertation, Albert-Ludwigs-Universität, Freiburg.
Haenisch, H. (1988). *Evaluation in der Lehrerfortbildung. Beispiele und Hilfen zur Evaluation von Fortbildungsmaßnahmen*. Soest: Landesinstitut für Schule und Weiterbildung.
Hartinger, A., Kleickmann, T. & Hawelka, B. (2006). Der Einfluss von Lehrervorstellungen zum Lernen und Lehren auf die Gestaltung des Unterrichts und auf motivationale Schülervariablen. *Zeitschrift für Erziehungswissenschaft, 9* (1), 110-126.
Miethling, W.-D. & Gieß-Stüber, P. (2007). Persönlichkeit, Kompetenz und Professionelles Selbst des Sport- und Bewegungslehrers. In W.-D. Miethling & P. Gieß-Stüber (Hrsg.), *Beruf Sportlehrer/in: Über Persönlichkeit, Kompetenzen und Professionelles Selbst von Sport- und Bewegungslehrern* (S. 1-24). Baltmannsweiler: Schneider.
Nespor, J. (1987). The role of beliefs in the practice of teaching. *Journal of Curriculum Studies, 19* (4), 317-328.
Weber, M. (2003). *Heterogenität im Schulalltag. Konstruktion ethnischer und geschlechtlicher Unterschiede*. Opladen: Leske+Budrich.

PETRA GIEß-STÜBER, ELKE GRIMMINGER, HELMUT SCHMERBITZ &
WOLFGANG SEIDENSTICKER

Reflexive Interkulturalität als Schul(sport)entwicklungsperspektive – Die Laborschule in Bewegung

Ausgangspunkt

Erhebungen des Statistischen Bundesamts zeigen, dass sich Schulen immer mehr zu einem Ort interkultureller Begegnung entwickeln. In Deutschland beträgt der Anteil von Personen mit Migrationshintergrund 18,6%. In der jüngsten Altersgruppe von 6-10 Jahren weisen inzwischen 29,2% Kinder Migrationshintergrund auf, in der Altersgruppe von 10-16 Jahren 26,7% (Mikrozensus 2005). Diese gesellschaftlichen Veränderungen werden auch im Schulleben wahrgenommen und können dort von Lehrern/innen als Konflikt zwischen pädagogischen Veränderungsinteressen und schulischen Bedingungen wahrgenommen werden. Solche Widerspruchserfahrungen sind Ausgangspunkt für die pädagogische Schulentwicklung, die auf eine Veränderung des Lehrens und Lernens abzielt (Bastian, 1998). Die Wahrnehmung ethnischer Cliquenbildung ist eine solche Widerspruchserfahrung in einer Schule, deren explizites Selbstverständnis es ist, ein Lebens- und Erfahrungsraum für *alle* Kinder und Jugendlichen zu sein. Die Irritation löste in der an diesem Projekt beteiligten Schule[1] Schulentwicklungsimpulse aus. Fachbezogen wurde ein Zugang zur Förderung interkultureller Kompetenz über den Schulsport gesucht. Zum Teil ist diese Entscheidung in personenbezogenen spezifischen Qualifikationsprofilen der beteiligten Lehrkräfte begründet, grundsätzlich aber aus der Überzeugung gespeist, dass das Fach Sport besonders günstige Lerngelegenheiten bietet für überfachliche Kompetenzen.
Für die Schul- und Organisationsentwicklung ist zunächst die Analyse der Ausgangslage zentral (vgl. Dalin, Rolff & Buchen, 1996). Helsper, Böhme, Kramer und Lingkost (2001) plädieren für eine deskriptiv-analytische Herangehensweise an die Schulkultur. Im Vordergrund soll die sinnhafte Erschließung der Alltags- und Interaktionspraxen stehen. Eine deskriptive Analyse kann dann Ausgangspunkt für eine normativ geleitete Schul(sport)entwicklung sein unter der Zielperspektive Interkulturalität. Dieser Schul(sport)entwicklungsweg sollte von außerschulischen Expertinnen wissenschaftlich beraten und begleitet werden.

---

1 Die Laborschule wurde 1974 als Versuchsschule des Landes NRW mit dem Auftrag gegründet, neue Formen des Lehrens und Lernens zu entwickeln und zu erproben.

Theoretisches Rahmenkonzept – eine interkulturelle Schulkultur

Eine grundlegende Erkenntnis der Schulentwicklungsforschung ist, dass die Veränderung von Schulen in erster Linie in der Änderung der Schulkultur besteht (Sarason, 1982). Schulkultur wird verstanden als „symbolische Ordnung, als sinnstrukturiertes Gefüge von Werten, Normen, Regeln und Erwartungen" (Helsper, 2000, S. 36). Dieses Gefüge stellt den Handlungsrahmen für die schulischen Akteure, insbesondere Lehrkräfte, Schüler/innen und Eltern dar. Durch stetige Interaktionen werden Schulkultur und die in ihr verankerten Machtstrukturen realisiert, produziert, aber auch modifiziert: Schulkultur ist immer in Bewegung. Schulkultur schlägt sich im Schul*klima* nieder, das über verschiedene Indikatoren mehr oder weniger gut empirisch erfasst werden kann: schulische Partizipationsmöglichkeiten, pädagogische Orientierungen, Beziehungs- und Umgangsformen, unterrichtliche Orientierungen, Grundatmosphäre sowie Öffnung der Schule (vgl. Kultusministerium des Landes Sachsen-Anhalt, 2000). Ein interkulturelles Schulklima gründet auf dem emanzipatorisch entworfenen Ansatz einer interkulturellen Pädagogik (vgl. Auernheimer, 2003) und ist auf einen Abbau hierarchischer Verhältnisse und auf die Anerkennung gleichberechtigter Differenzen ausgerichtet. Der Ansatz richtet sich ausdrücklich an die immigrierte *und* die einheimische Bevölkerung. Vorurteile sollen reduziert werden, die Abhängigkeiten in einer Weltgemeinschaft werden aufgezeigt. Interkulturelle Erziehung fördert kritisches Bewusstsein bezogen auf institutionelle Diskriminierung und soziale Ungleichheiten. Kultur bzw. kulturelle Zugehörigkeit wird dabei als wandelbar verstanden. *Intra*kulturelle Differenzen dürfen nicht ausgeblendet, *inter*kulturelle Differenzen nicht überbetont werden. Kultur ist – wie Schulkultur – in Bewegung: sie wird durch die sie tragenden Menschen produziert und modifiziert. Diese Dynamik und auch *intra*kulturelle Vielfalt erlaubt keine polarisierenden Kategorisierungen und Typisierungen. *Interkulturell* bezeichnet anders als multikulturell die Bezugnahme der Kulturen aufeinander.
Bevor das erziehungswissenschaftliche Konzept überhaupt systematisch in die *sport*pädagogische Diskussion Eingang gefunden hatte, wurde von verschiedenen Seiten bedenkenswerte Kritik vorgebracht (z. B. Scherr, 1998; Mecheril, 2002), die bei den weiterführenden konzeptionellen Überlegungen (ausführlich bei Gieß-Stüber, 2008) aufgegriffen werden soll: ein begriffliches Problem steckt in dem Präfix „inter-"; „zwischen" Kulturen lässt im Alltagsdiskurs und in der pädagogischen Praxis definierbare Einheiten assoziieren, die aber weder im Hinblick auf Minderheiten- noch auf Mehrheitskulturen anzunehmen sind. Die inter*kulturelle* Perspektive kann dazu verleiten, Schwierigkeiten und Konflikte in heterogenen Gruppen vorschnell auf *kultur*bedingte Ursachen zu beziehen. Übersehen wird dann leicht die Überschneidung kultureller Handlungsorientierungen mit denen, die sich aus sozialen Lebensbedingungen, Geschlechterzugehörigkeit oder anderem ergeben (vgl. Diehm & Radtke, 1999). Zunehmend wird die Frage aufgeworfen, ob Kultur die angemessene Kategorie ist, in der Differenzen beschrieben werden können. Dieser berechtigte Zweifel leitet das Untersuchungsdesign und die Methodenentwicklung des vorzustellenden

Projekts. Der theoretische Zugang über eine Heuristik einer „reflexiven Interkulturalität" im Sport (Gieß-Stüber, 2008) und dem theoretischen und methodischen Ansatz der Intersektionalität (Crenshaw, 1989) versucht, die Komplexität aufzunehmen, die darin besteht, dass (plurale) Zugehörigkeiten und Lebenskontexte geachtet und anerkannt, Migrationskontexte reflektiert und diskriminierende Strukturen abgebaut werden sollen, ohne Zu- oder gar Festschreibungen zu reproduzieren. Dabei ist zu bedenken, dass Gender immer durch soziale Lage ergänzt wird, Ethnizität immer bereits gegendert und mit Merkmalen von sozialer Lage versehen ist (vgl. Lutz, 2004).

Eine aus diesem Kontext resultierende These führt zu der Annahme, dass das Schulklima mehr oder weniger von Assimilationserwartungen geprägt sein kann und dies wiederum Ethnisierungsprozesse im Dienste der Konstruktion einer fiktiven „kollektiven Identität" begünstigt oder irrelevant sein lässt. Identifizierung und Abgrenzung werden über sog. „Marker" situativ aktualisiert (meistens in Konkurrenz- oder Konfliktsituationen) (vgl. Groenemeyer, 2003). Das Problem ist, dass die im Rahmen von ‚doing ethnicity' produzierten Formen sozialer Beziehungen (z. B. „Cliquenbildung"; Unterhaltungen in der Herkunftssprache o. a.) Fremdheitszuschreibungen provozieren und damit Ethnisierungsprozesse reproduzieren.[2]

In dem hier dargestellten Projekt stand folglich erst einmal die Frage im Mittelpunkt, inwiefern Assimilationserwartungen, Benachteiligungserfahrungen und Ethnisierungsprozesse das Schulklima der Laborschule prägen. Daran anknüpfend können Handlungsempfehlungen aufgezeigt und Maßnahmen durchgeführt und evaluiert werden.

Methodische Vorgehensweise – das Untersuchungsdesign

Zur Analyse der Ausgangssituation und zur Dokumentation des angestrebten Schul(sport)entwicklungsprozesses an der Laborschule wurde ein Forschungsdesign gewählt, das quantitative und qualitative Methoden miteinander verzahnt, um mit einer Methodenvielzahl aus verschiedenen Perspektiven (Lehrkräfte, Schulleitung, Schüler/innen, Beobachtungen) Organisations-, Personal- und Unterrichtsebene zu betrachten. Ein intersektioneller Zugang ist dabei leitend. Teilergebnisse werden sukzessiv aufeinander bezogen. Durch die Triangulation verschiedener Methoden, Sichtweisen und theoretischer Bausteine ist die wissenschaftliche Rekonstruktion von komplexen Handlungsmustern im alltagsweltlichen Kontext der Akteure möglich; die Ausdifferenzierung und Unterscheidung verschiedener Dimensionen der Schulkultur wird berücksichtigt. Die Interpretation der Analysedaten basiert einerseits auf theoretischen Annahmen, ist aber gleichzeitig offen für die Interpretationen und Deutungen aus der Schul-Alltagswelt. Prozessorientierung und Kommunikativität kennzeichnen folglich den Forschungsprozess, der sich in eine Analyse-

---

2 Andere Marker, über die sich Personen auch unabhängig von ethnischen Konnotationen identifizieren, ihre Zugehörigkeit definieren oder Anlass von Benachteiligungserleben sein können, sind Geschlecht, Aussehen, Einstellungen und Interessen.

phase (Analyse des Schulprogramms; Fragebogenerhebung unter Schülern/innen (N=339); Interviews mit ausgewählten Schülern/innen (N=17); Soziogramme (N=228); Interviews mit Sportlehrkräften (N=3); teilnehmende Beobachtung), Planungsphase (Ergebnispräsentation im Kollegium und konsensuale Entscheidung über Maßnahmen) und Interventionsphase (Durchführung und Evaluation beschlossener Handlungsmaßnahmen) untergliedern lässt. Zur Einordnung und kontrastiven Interpretation der an der Laborschule erhobenen Daten wurden an zwei weiteren Schulen (Gesamtschule und Hauptschule) dieselben Daten erhoben.

Ausgewählte Analyse-Ergebnisse aus der Schülerperspektive

In der quantitativen Vollerhebung unter den Laborschülern/innen der Sekundarstufe I (N=339) wird deutlich, dass sich nahezu alle Schüler/innen in der Laborschule wohl fühlen. 85% der Schüler/innen geben an, dass sie häufig bzw. manchmal gerne in die Schule gehen; 91,6% der Schüler/innen fühlen sich häufig bzw. manchmal in der Laborschule wohl. Bei den Schülern/innen, die sich in der Laborschule weniger wohl fühlen, gibt es keinen systematischen Geschlechter-, Alters-, Migrations- oder Milieueffekt. Nur wenige Schüler/innen berichten von Benachteiligungserfahrungen aufgrund von Geschlecht, Herkunft, Muttersprache, Religion oder Einstellungen. Über die Fragebogenauswertung kann jedoch nicht erschlossen werden, ob diese Benachteiligungserfahrungen im schulischen oder außerschulischen Kontext erfolgen. 37,6% der Schüler/innen nehmen häufig bzw. manchmal Konflikte zwischen Schülern/innen unterschiedlicher Herkunft wahr. Die große Mehrheit der Schüler/innen (82,5%) gibt an, dass sie häufig bzw. manchmal etwas von Jugendlichen anderer Herkunft lernen können. 79,4% interessieren sich häufig bzw. manchmal für andere Kulturen. Im Vergleich zu den Schülern/innen der beiden Vergleichsschulen zeichnen sich die Laborschüler/innen durch hoch signifikant ($p<.01$) geringere Assimilationserwartungen aus. Dass sich vor allem türkische Schüler/innen von den anderen Schülern/innen abgrenzen und eine ethnisch-homogene Ingroup bilden, berichten 20% der Schüler/innen.

Für die fokussierten Interviews wurden N=17 Schüler/innen auf Basis der quantitativen Vollerhebung ausgewählt[3]. Es wurden Kinder und Jugendliche ausgewählt, die Benachteiligungserfahrungen angaben, oder die häufig Konflikte zwischen Schülern/innen unterschiedlicher Herkunft oder ethnische Cliquenbildung wahrnehmen. Des Weiteren wurden Schüler/innen ausgewählt, die sich durch sehr hohe Assimilationserwartungen auszeichneten. Diese Schüler/innen stellen sog. Experten/innen für ihre Schule aus Schülersicht dar. Ziel war es, differenziertere Informationen über Konfliktkonstellationen, Benachteiligungserfahrungen, Cliquenbildung und Ethnisierungsprozesse zu erhalten. Die qualitative Inhaltsanalyse bringt u. a. zum Vorschein, dass Ethnisierungskonstruktionen von Schülern/innen mit und ohne Migrationshintergrund erfolgen und zwar in Form von Fremdethnisierung (Schüler/

---

[3] Dabei wurde auf eine gleichmäßige Verteilung von Geschlecht und Migrationsgeschichte geachtet.

innen ohne Migrationshintergrund ethnisieren Schüler/innen mit Migrationshintergrund z. B. aufgrund ihrer anderen Muttersprache) und Selbstethnisierung (Schüler/innen mit Migrationshintergrund unterhalten sich untereinander in ihrer nichtdeutschen Muttersprache). Selbst- und Fremdethnisieren bedingen sich wechselseitig bzw. können sich verstärken. Für die Konstruktion von Insidern und Outsidern greifen die Schüler/innen, unabhängig von Geschlecht oder Migrationshintergrund, auf Normalitätsvorstellungen zurück und beharren auf diesen. Normalitätsabweichungen werden häufig an Marker*bündeln* (Aussehen, Kleidung, andere Muttersprache, „andere" Lebensumstände) festgemacht und legitimieren Ausgrenzung und Hänseln. Auffällig ist die intersektionelle Verzahnung der Normalitätskonstruktionen. Im Hinblick auf die Fragestellung, ob der Schulsport einen besonderen Beitrag zur Interkulturalität leisten kann, wird in den Schüler/innen-Interviews deutlich, dass im Sportunterricht und im Schulsport keine Integration per se erfolgt. Die Aussagen der Schüler/innen verweisen stringent auf die Bedeutsamkeit einer didaktisch-methodischen Inszenierung von Bewegung, Spiel und Sport, wenn Interkulturalität als Zielperspektive verfolgt werden soll. Wettkampf und Leistung konterkarieren integrative Lernziele. Die Perspektive „gemeinsam etwas spielen" erleichtert dagegen die Kontaktaufnahme und den Umgang mit „Anderen".

Anhand von Soziogrammen (N=228) wird sichtbar, dass 36% der Schüler/innen kaum in den Klassenverband integriert sind. Sie werden nur selten oder gar nicht von ihren Mitschülern/innen für private Situationen (Geburtstag, Geheimnis erzählen) oder sportliche Kontexte (Schnelligkeit, Vertrauen, Kreativität) gewählt. 13,5% dieser kaum integrierten Schüler/innen geben selbst an, nie oder nur selten Kontakt zu anderen Mitschülern/innen zu haben. Dies bedeutet, dass in jedem Klassenverband ca. zwei Schüler/innen isoliert sind. Dabei zeigt sich keine Systematik bezüglich Geschlecht, ethnischer Herkunft oder sozialer Lage, was wiederum auf die Komplexität von Ausgrenzungsprozessen hinweist.

Die Laborschule in Bewegung

Die komplexen Befunde wurden aufbereitet und dem Kollegium der Laborschule vorgestellt. Im Rahmen einer kooperativen Planung sollten die Lehrkräfte konsensual Entscheidungen über Handlungsmaßnahmen treffen. Die Sportlehrkräfte initiierten eine schulinterne Lehrerfortbildung zu interkulturellem Lernen in Bewegung, Spiel und Sport (Grimminger, 2008). Darin sollten Anregungen vermittelt werden, wie interkulturelles Lernen über den Schulsport inszeniert werden kann. Die Sportlehrkräfte entschieden sich sogleich einen Schulsporttag zum Thema „Fit – freundlich – fair – in einer Welt" durchzuführen. Die Umsetzung von interkulturellem Lernen soll zukünftig in unterschiedlichen Fächern sowie fachübergreifend und in Projektarbeit aufgegriffen werden. Um die Interkulturalität stärker im Schulleben und in der Gestaltung der Schule sichtbar werden zu lassen, wurde am Haupteingang „Willkommen" in den verschiedenen Sprachen der Laborschulkinder aufgehängt sowie eine Weltkarte, auf der die Herkunftsländer aller Schüler/innen markiert sind.

Für alle Klassen wurde ein interkultureller Kalender erstellt, in dem alle Festtage und Bräuche der Herkunftsländer der Laborschüler/innen verzeichnet sind. Für die Außenwirkung übersetzte die Laborschule ihre Homepage in vier weitere Sprachen (Türkisch, Spanisch, Französisch und Englisch).

Fazit

Insgesamt verweisen die Ergebnisse darauf, dass sich die Laborschule mit ihrem pädagogischen Programm schon auf einem guten Weg zu einer interkulturell orientierten Schule befindet und einen konstruktiven Umgang mit kultureller Vielfalt bei den Schülern/innen fördert[4]. Laborschulspezifische Bedingungsfaktoren und pädagogische Prinzipien begünstigen möglicherweise ein vorurteilsfreies friedliches Miteinander. Diese Annahme bestärkt sich vor allem im Hinblick auf die Ergebnisse an den Vergleichsschulen. Mag der Eindruck entstehen, die Kategorie „Kultur im Sinne von Ethnie" spiele für das Zusammenleben und -lernen an der Laborschule keine Rolle, unterstreichen die Ergebnisse an den Vergleichsschulen die Bedeutsamkeit interkultureller Differenzen im Schulalltag. Die Schüler/innen der Vergleichsschulen rekurrieren stärker auf ethnische Marker bei der Beschreibung und Legitimation von Ausgrenzungsprozessen. Die an den Vergleichsschulen interviewten Sportlehrkräfte fühlen sich mit einer kulturell heterogenen Schülerschaft überfordert und üben z. T. starken Anpassungsdruck aus (Grimminger, 2008). Reflexive Interkulturalität, die im Sinne einer Intersektionalität aufgefasst wird, stellt weiterhin eine bedeutsame Schul(sport)entwicklungsperspektive dar.

Literatur

Auernheimer, G. (2003). *Einführung in die Interkulturelle Pädagogik*. Darmstadt, Wissenschaftliche Buchgesellschaft.
Bastian, J. (1998). Pädagogische Schulentwicklung. Von der Unterrichtsreform zur Entwicklung der Einzelschule. In J. Bastian (Hrsg.), *Pädagogische Schulentwicklung. Schulprogramm und Evaluation* (S. 29-43). Hamburg: Bergmann + Helbig.
Crenshaw, K. (1989). Demarginalizing the Intersection of Race and Sex. A Black Feminist Critique of Antidiscrimination Doctrine, Feminist Theory and Antiracist Politics. *The University of Chicago Legal Forum*, 139-167.
Dalin, P., Rolff, H.H. & Buchen, H. (1996). *Institutioneller Schulentwicklungsprozess*. Soest: Verlag für Schule und Weiterbildung.
Diehm, I. & Radtke, F.-O. (1999). *Erziehung und Migration. Eine Einführung*. Stuttgart: Kohlhammer.
Gieß-Stüber, P. (2008). Reflexive Interkulturalität und der Umgang mit Fremdheit im und durch Sport. In P. Gieß-Stüber & D. Blecking (Hrsg.), *Sport – Integration – Europa. Neue Horizonte für interkulturelle Bildung* (S. 234-248). Baltmannsweiler: Schneider.
Groenemeyer, A. (2003). Kulturelle Differenz, ethnische Identität und die Ethnisierung von Alltagskonflikten. In A. Groenemeyer & J. Mansel (Hrsg.), *Die Ethnisierung von Alltagskonflikten* (S. 11-46). Opladen: Leske + Budrich.

---

4 Die Interviewstudie mit den Sportlehrern/innen zeigt auch einen konstruktiven Umgang mit kultureller Vielfalt bei den Sportlehrkräften (Grimminger, 2008).

Grimminger, E. (2008). *Die Förderung interkultureller Kompetenz von Sportlehrkräften. Entwicklung und Evaluation eines Fortbildungskonzepts.* Inaugural-Dissertation, Albert-Ludwigs-Universität Freiburg.
Helsper, W. (2000). Wandel der Schulkultur. *Zeitschrift für Erziehungswissenschaft, 3,* (1), 35-60.
Helsper, W., Böhme, J., Kramer, R.-T. & Lingkost, A. (2001). *Schulkultur und Schulmythos. Gymnasien zwischen elitärer Bildung und höherer Volksschule im Transformationsprozeß.* Opladen: Leske + Budrich.
Lutz, H. (2004). Migrations- und Geschlechterforschung: Zur Genese einer komplizierten Beziehung. In R. Becker & B. Kortendick (Hrsg.), *Handbuch Frauen- und Geschlechterforschung. Theorie, Methoden, Empirie* (S. 476-484). Wiesbaden: VS Verlag für Sozialwissenschaften.
Mecheril, P. (2002). Kompetenzlosigkeitskompetenz. Pädagogisches Handeln unter Einwanderungsbedingungen. In G. Auernheimer (Hrsg.), *Interkulturelle Kompetenz und pädagogische Professionalität* (S. 15-34). Opladen: Leske + Budrich.
Sarason, S.B. (1982). *The Culture of School and the Problem of Change.* Boston: Allyn and Bacon.
Scherr, A. (1998). Die Konstruktion von Fremdheit in sozialen Prozessen. *Neue Praxis, 1,* 49-58.

ANDRÉ GOGOLL

Kognitiv aktiv?
Bedingungen des Wissenserwerbs im Oberstufensport

Keine andere Leistung der Schule steht momentan so hoch im Kurs, wie der Aufbau von kognitiven Kompetenzen. Kinder und Jugendliche sollen in der Schule des 21. Jahrhunderts wieder das lernen, was noch vor TIMS und PISA als „Kerndomäne deutscher Bildungseffizienz" angesehen wurde – nämlich: ein gut verstandenes inhaltliches Sachwissen, das flexibel zur Lösung von komplexen Problemen und Aufgaben genutzt werden kann. Um den Erwerb einer solchen intelligenten Wissensbasis anzubahnen, soll Unterricht „kognitiv aktivierend" gestaltet werden. Er soll Schülerinnen und Schülern Gelegenheiten und Angebote zum „verständnisvollen Lernen", d. h. zum Verstehen komplexer Sachverhalte schaffen – so lautet der zentrale Auftrag an einen Unterricht, der unter einer Verbesserung von Bildungsqualität nicht nur die Umstellung auf Outputsteuerung, sondern letztlich eine Optimierung von Prozessen des Lehrens und Lernens versteht.
In meinem Beitrag frage ich danach, unter welchen Bedingungen auch das Fach Sport – zumindest in der gymnasialen Oberstufe, in dem es ja verstärkt um eine kognitiv-intellektuelle Auseinandersetzung mit Bewegung, Spiel und Sport geht – zur kognitiven Aktivierung von Schülerinnen und Schülern beitragen kann: Welches sind also die Bedingungen, unter denen solche anspruchsvollen kognitiv-intellektuellen Lernvorgänge im Sportunterricht stattfinden? Um diese Frage zu beantworten, stelle ich Ergebnisse einer Studie zum Lern- und Leistungsverhalten von Schülerinnen und Schülern im Oberstufensport vor, die ich im Rahmen des nordrhein-westfälischen Schulversuchs „Sport als 4. Fach der Abiturprüfung" durchgeführt habe.

Theoretischer Hintergrund

Verständnisvolles Lernen bezeichnet einen aktiven mentalen Konstruktionsprozess, bei dem Wissen so verändert, erweitert, vernetzt, geordnet oder neu generiert wird, dass die Lernenden neuartige Probleme oder Situationen ihrer sozialen oder natürlichen Umwelt interpretieren und verstehen können (vgl. Gruber, Prenzel & Schiefele, 2001, S. 127). Der individuelle Lernvorgang selbst wird von einer Reihe von Faktoren mitbestimmt (vgl. Baumert & Köller, 2000, S. 273f.; Weinert, 1996, S. 7-9): Verständnisvolles Lernen ist erstens von den kognitiven Voraussetzungen der lernenden Personen abhängig, vor allem von deren *Vorwissen*. Insbesondere der Umfang und die Qualität der bereits vorhandenen Wissensbasis entscheidet darüber, ob und mit welcher Tiefe Schülerinnen und Schüler Sachverhalte verstehen können. Verständnisvolles Lernen ist zweitens von den *Situationen und Kontexten* abhängig, in die der Lernvorgang eingebettet ist. Der Grund dafür ist, dass Verstehen die

Zuschreibung von Bedeutung impliziert und dieser Zuschreibungsprozess an den sozialen Erwerbszusammenhang geknüpft ist, in dem das Lernen stattfindet. Verständnisvolles Lernen ist drittens von *motivationalen Merkmalen und metakognitiven Prozessen* beeinflusst, die den Lernvorgang steuern und kontrollieren. Wenn man sich einmal die empirische Forschung zum Lern- und Leistungsverhalten von Schülern im Sportunterricht anschaut, so stellt man schnell fest, dass Merkmale zu einem so verstandenen Wissenserwerb, eigentlich nicht untersucht werden. Sie werden allenfalls mituntersucht, wenn sie wichtig für das Bewegungslernen sind – so etwa, wenn es um die Nutzung von kognitiven Lernstrategien beim Erwerb neuer sportmotorischer Fertigkeiten geht (vgl. Bund, 2006). In meiner Untersuchung zum Lern- und Leistungsverhalten im Oberstufensport standen solche Merkmale des Wissenserwerbs dagegen im Mittelpunkt. Berücksichtigt habe ich solche Indikatoren des kognitiven Lern- und Leistungsverhaltens, die einen Hinweis auf die Intensität und Verstehenstiefe des kognitiv-intellektuellen Lernens im Sportunterricht geben. Dazu gehört erstens die Fähigkeit Lernstrategien zur Informationsverarbeitung zu nutzen. Die Präferenzen bei der Nutzung unterschiedlicher Lernstrategien entscheiden dabei, entsprechend dem „level-of-processing"-Ansatz von Craik und Lockhart (1972), in hohem Maße über die Tiefe und Systematik der Informationsverarbeitung und damit über die Verstehensqualität der erzielten Lernergebnisse. Strategien, bei denen etwa Schlüsselbegriffe durch wiederholtes Nachsprechen auswendig gelernt werden (Wiederholungsstrategien), führen demnach zu einem oberflächlichen und weniger flexiblen Wissen als solche Strategien, bei denen neue Lerninhalte mit bestehendem Vorwissen verknüpft (Elaborationsstrategien) oder der Erfolg der Lernstrategienutzung kontrolliert (Kontrollstrategien) werden. Die Art und Weise, in der Schülerinnen und Schüler im Sportunterricht lernen, wird zweitens durch volitionale Prozesse der Anstrengungs- und Ausdauerregulation bestimmt. Anstrengung und Ausdauer sind nur zwei Merkmale aus einem komplexen volitionalen Prozess der Handlungskontrolle, der vor und während der Ausführung einer Handlung wirksam wird und die Selektion und Steuerung von (Lern-) Handlungen kontrolliert.

Hypothesen

Im Einklang mit Modellen aus der Lehr-Lernforschung sowie mit Befunden aus der Sportpädagogik gehe ich davon aus, dass das kognitive Lern- und Leistungsverhalten im Sportunterricht durch eine Vielzahl von Merkmalen bedingt wird, die sich zudem noch wechselseitig beeinflussen (vgl. Abb. 1). Dazu gehören vor allem die auf den Sportunterricht bezogene Lernmotivation der Schülerinnen und Schüler sowie weitere, für verständnisvolle Lernprozesse relevante Bedingungsfaktoren, wie das sporttheoretische Vorwissen, das auf den Sportunterricht bezogene akademische Selbstkonzept und das Sportinteresse. Auf diese Merkmale werde ich mich im Folgenden beschränken.

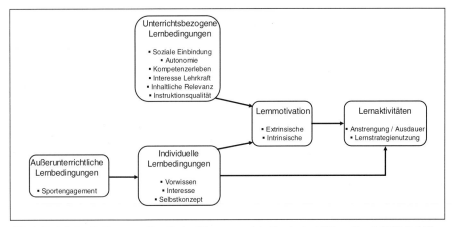

Abb. 1. Postuliertes Bedingungsgefüge für den Wissenserwerb im Sportunterricht (aus Gogoll, 2008, S. 148).

Das im vorliegenden Beitrag untersuchte Modell postuliert, dass die im Sportunterricht vorherrschende Lernmotivation der zentrale direkte Bestimmungsfaktor für die Aufnahme und Qualität von verstehensorientierten Lernaktivitäten der Schülerinnen und Schüler ist. Dabei hängt die Wahl einer auf Verstehen abzielenden Lernstrategie vorrangig von der Art der zu Grunde liegenden Lernmotivation ab: Da kognitiv anspruchsvolle Lernstrategien – also Elaborations- und Kontrollstrategien – mit einem erhöhten kognitiven Engagement verbunden sind, sollten diese eher von denjenigen Schülerinnen und Schüler genutzt werden, die sich für den Lerninhalt auch interessieren. Die oberflächlichen Wiederholungsstrategien sollten eher genutzt werden, wenn das Lernen auf äußeren Druck hin und damit fremdbestimmt geschieht (Hypothese 1). Die Anstrengung und Ausdauer, mit der Schülerinnen und Schüler theoretische Inhalte im Sportunterricht lernen, sollte primär von der Stärke der Lernmotivation abhängig sein. Daher wird sowohl ein Einfluss der extrinsischen als auch der intrinsischen Lernmotivation erwartet (Hypothese 2). Darüber hinaus wird angenommen, dass ein Teil des Einflusses der individuellen Lernvoraussetzungen – sportbezogenes Vorwissen, auf den Sportunterricht bezogenes akademisches Selbstkonzept und Interesse am Sport – auf die Aufnahme und die Qualität der Lernaktivitäten über die Lernmotivation vermittelt werden (Hypothese 3).

Methode

Die als Fragebogenuntersuchung konzipierte Studie wurde an Schülerinnen und Schüler aus den 12. Jahrgangsstufen der am nordrhein-westfälischen Schulversuchs „Sport als 4. Fach der Abiturprüfung" teilnehmenden 52 Versuchsschulen durchgeführt. Die Hypothesenprüfung erfolgt anhand einer Teilstichprobe von N = 133 Schülerinnen und Schüler, die angaben, zum Zeitpunkt der Untersuchung im Grundkurs Sport Klausuren zu schreiben. Die wesentlichen Untersuchungsvariablen sind in

Tabelle 1 systematisch aufgeführt – jeweils mit weiteren Angaben zu ihrer Herkunft, einem Beispielitem und ihren Konsistenzwerten. Zwei Subskalen zur extrinsischen Lernmotivation wurden aufgrund schlechter Konsistenzwerte aus der Untersuchung eliminiert.

Tab. 1. *Verwendete Skalen und deren Realibilitäten.*

Skalen	N_i		α
1. Merkmale des Lernprozesses			
Wiederholungsstrategien	4	... übe ich, indem ich das Gelernte immer wieder aufsage.	.83
Elaborationsstrategien	5	... überlege ich, wie das, was zu lernen ist, mit der Praxis zusammenhängt, die ich im Sportunterricht schon gelernt habe.	.80
Kontrollstrategien[a]	3	... versuche ich herauszufinden, was ich noch nicht richtig verstanden habe.	.73
Anstrengung / Ausdauer Theorie	3	... lerne und arbeite ich so fleißig wie möglich.	.77
2. Lernmotivation			
External-fremdbestimmt	3	... damit ich keinen Ärger bekomme.	.75
Interessiert-selbstbestimmt	3	... weil ich großes Interesse an den Inhalten des Sportunterrichts habe.	.82
3. Individuelle Lernvoraussetzungen			
Theoretisches Vorwissen	3	Ich kann bei sporttheoretischen Themen im Sportunterricht viel von meinem Vorwissen nutzen.	.73
Sportinteresse	3	Sport ist mir persönlich wichtig.	.74
Akademisches Selbstkonzept	3	Ich war schon immer gut im Sportunterricht.	.83

Ergebnisse

Abbildung 2 zeigt das resultierende, insgesamt gut an die empirischen Daten angepasste Strukturgleichungsmodell zum Einfluss der individuellen Lernvoraussetzungen und der Lernmotivation auf das kognitiv-intellektuelle Lern- und Leistungsverhalten im Sportunterricht. Dabei zeigt sich erstens, dass die Lernaktivitäten der Schülerinnen und Schüler ausschließlich auf einer selbstbestimmten und interessegeleiteten Lernmotivation basieren. Fremdbestimmt-extrinsische Formen der Lernmotivation tragen demgegenüber in keiner Weise zur Aufnahme kognitiv-intellektueller Lernaktivitäten im Sportunterricht bei. Im Einzelnen ergeben sich substanzielle Einflüsse der selbstbestimmt-interessierten Lernmotivation auf die „Nutzung von Elaborationsstrategien" ($\beta = .47$) sowie auf die „Anstrengung und Ausdauer beim Theorielernen" ($\beta = .42$). Die strukturanalytisch ermittelten Ergebnisse zeigen zweitens, dass die auf selbstbestimmtem Handeln und Interesse basierende Lernmotivation die Einflüsse der individuellen Lernvoraussetzungen auf das Lern- und Leistungsverhalten der Schülerinnen und Schüler vollständig mediiert. Die individuellen Lernvoraussetzungen, die die Schülerinnen und Schüler in den Sportunterricht mitbringen, werden demnach lediglich durch ihre lernmotivationsförderliche Wirkung lernwirksam. Dabei wird jedoch deutlich, dass einzig das auf den Sportunterricht bezogene akademische Selbstkonzept einen signifikanten

Einfluss auf die Lernmotivation (β = .26) ausübt. Die indirekten, über die Lernmotivation vermittelten Beiträge des Selbstkonzeptes auf die Merkmale des Lern- und Leistungsverhaltens im Sportunterricht betragen β = .12 für die Nutzung von Elaborationsstrategien und β = .11 für die Anstrengung und Ausdauer beim Lernen.

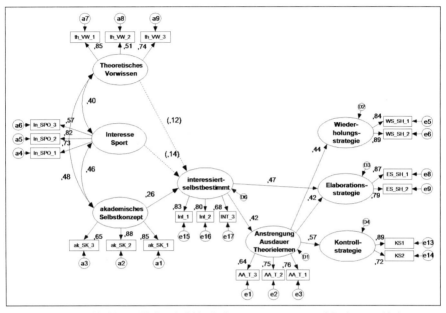

Abb. 2. Angepasstes Modell zum Einfluss individueller Lernvoraussetzungen auf das Lern- und Leistungsverhalten im Sportunterricht (χ^2 = 214.13, df = 178, p = .001, p_{korr} =.214; RMSEA = .052; RMSEA LO90-HI90 = .034-.068; SRMR =.076; CFI =.941; gestrichelte Pfade = nicht signifikant).

Diskussion

Bemerkenswert ist, dass die postulierte besondere Bedeutung einer interessiertselbstbestimmten Lernmotivation für die Aufnahme von verstehensfördernden Lernaktivitäten durch die ermittelten Ergebnisse nicht nur bestätigt, sondern doppelt unterstrichen wird: So erweist sich eine auf Interesse und Selbstbestimmung basierende Lernmotivation nicht nur als *einziger Prädiktor* für verständnisvolles Lernen im Sportunterricht. Vielmehr wirkt diese für das Lernen günstige Form von Lernmotivation zugleich als ein *vollständiger Mediator* der Einflüsse der übrigen Lernbedingungen auf die Aufnahme und die Qualität von Lernaktivitäten im Sportunterricht. Für die extrinsische Lernmotivation zeigen sich dagegen keine Hinweise für einen lernförderlichen Einfluss. Nach den ermittelten Befunden werden die verstehensfördernden Merkmale „Nutzung von Elaborationsstrategien" und „Anstrengung und Ausdauer beim Lernen" von Schülerinnen und Schülern ausschließlich durch eine auf Interesse am Lerninhalt und auf Selbstbestimmung basierende Lernmotivation bestimmt. Dieses Ergebnis steht in Einklang mit den Befunden anderer Untersuchungen. So ergab sich etwa in der Metaanalyse von Schiefele und Schreyer (1994) ebenfalls ein substanzieller Zusammenhang zwischen intrinsischer Lernmotivation und der Nutzung von Tiefenverarbeitungsstrategien.

Interessant ist der Befund, dass das Interesse am Sport und das sportbezogene Vorwissen weder einen direkten, noch einen substanziellen indirekten Einfluss auf das Lern- und Leistungsverhalten der Schülerinnen und Schüler ausüben. Dieser Befund ist aus zwei Gründen erwartungswidrig: zum einen, weil Schülerinnen und Schüler offenbar in lernmotivationaler Hinsicht nicht automatisch von einem hohen Interesse am Sport profitieren können; zum anderen, weil zumindest die Nutzung von Elaborationsstrategien eigentlich an das Vorhandensein von Vorwissen gebunden ist. In weiteren Analysen konnte gezeigt werden, dass der Einfluss beider individueller Lernvoraussetzungen vollständig über das akademische Selbstkonzept vermittelt wird, das die Schülerinnen und Schüler im Sportunterricht entwickelt haben (vgl. Gogoll, 2008). Dieser Befund führt zu der weiter zu klärenden Vermutung, dass Schülerinnen und Schüler zum Aufbau einer interessiert-selbstbestimmten Lernmotivation im Sportunterricht bevorzugt solche Wahrnehmungen, Einschätzungen und Bewertungen heranziehen, die sie auch im Kontext des Sportunterrichts vornehmen. Subjektive Wahrnehmungen und Bewertungen, die sie auf ihren außerschulischen Sport beziehen, werden demgegenüber nur dadurch motivational bedeutsam, dass sie die Ausprägung kontextnaher Einschätzungen, wie etwa das akademische Selbstkonzept, begünstigen.

Literatur

Baumert, J., & Köller, O. (2000). Unterrichtsgestaltung, verständnisvolles Lernen und multiple Zielerreichung im Mathematik- und Physikunterricht der gymnasialen Oberstufe. In J. Baumert, W. Bos & R. Lehmann (Hrsg.), *TIMSS/III, 2*, (S. 271-315). Opladen: Leske + Budrich.
Bund, A. (2006). *Selbstkontrolliertes Bewegungslernen.* Unveröff. Habilitationsschrift, TU Darmstadt.
Craik, F. & Lockhart, R. (1972). Levels of processing: A framework for memory research. *Journal of Verbal Learning & Verbal Behavior, 11*, 671-684.
Gogoll, A. (2008). *Wissenserwerb im Sportunterricht. Zwischen didaktischem Anspruch, theoretischer Begründung und empirischer Realisierungsmöglichkeit.* Habilitationsschrift, Universität Bielefeld.
Gruber, H., Prenzel, M., Schiefele, H. (2001): Spielräume für Veränderungen durch Erziehung. In A. Krapp & B. Weidenmann (Hrsg.), *Pädagogische Psychologie. Ein Lehrbuch* (4., vollständig überarbeitete Aufl.) (S. 99-135). Weinheim: Beltz Psychologie Verlags Union.
Schiefele, U. & Schreyer, I. (1994). Intrinsische Lernmotivation und Lernen: Ein Überblick zu Ergebnissen der Forschung. *Zeitschrift für Pädagogische Psychologie, 8*, 1-13.
Weinert, F.E. (1996). Lerntheorien und Instruktionsmodelle. In F.E. Weinert (Hrsg.), *Psychologie des Lernens und der Instruktion* (Enzyklopädie der Psychologie, Serie Pädagogische Psychologie, 2, S. 1-48). Göttingen: Hogrefe.

Verzeichnis der Autorinnen und Autoren

Aschebrock, Heinz, Dr.
Ministerium für Schule und Weiterbildung Nordrhein-Westfalen, heinz.aschebrock@msw.nrw.de

Balz, Eckart, Prof. Dr.
Bergische Universität Wuppertal, FB G – Sportwissenschaft, ebalz@uni-wuppertal.de

Bähr, Ingrid, Dr.
Goethe-Universität Frankfurt, Institut für Sportwissenschaften, i.baehr@sport.uni-frankfurt.de

Bindel, Tim, Dr.
Bergische Universität Wuppertal, FB G-Sportwissenschaft, bindel@uni-wuppertal.de

Bockhorst, Rüdiger
Bertelsmann Stiftung Gütersloh, ruediger.bockhorst@bertelsmann.de

Breuer, Meike
Ruhr-Universität Bochum, Fakultät für Sportwissenschaft, meike.breuer@rub.de

Bund, Andreas, PD Dr.
Universität Oldenburg, Institut für Sportwissenschaft, andreas.bund@uni-oldenburg.de

Derecik, Ahmet
Universität Münster, Institut für Sportwissenschaft, derecik@staff.uni-marburg.de

Dieterich, Sven, Dr.
Unfallkasse Nordrhein-Westfalen, s.dieterich@unfallkasse-nrw.de

Frick, Ulrich, Dr.
Goethe-Universität Frankfurt, Institut für Sportwissenschaften, u.frick@sport.uni-frankfurt.de

Frohn, Judith, Dr.
Bergische Universität Wuppertal, FB G – Sportwissenschaft, frohn@uni-wuppertal.de

Gieß-Stüber, Petra, Prof. Dr.
Universität Freiburg, Institut für Sport u. Sportwissenschaft, petra.giess-stueber@sport.uni-freiburg.de

Gogoll, André, PD Dr.
Universität Magdeburg, Institut für Sportwissenschaft, andre.gogoll@ovgu.de

Golenia, Marion
Universität Münster, Institut für Sportwissenschaft, marion.golenia@uni-muenster.de

Grimminger, Elke, Dr.
Universität Freiburg, Institut für Sport u. Sportwissenschaft, elke.grimminger@sport.uni-freiburg.de

Heim, Christopher
Goethe-Universität Frankfurt, Institut für Sportwissenschaften, c.heim@sport.uni-frankfurt.de

Henrichwark, Claudia
Bergische Universität Wuppertal, FB G – Erziehungswissenschaft, henrichwark@uni-wuppertal.de

Hietzge, Maud Corinna, Dr.
PH Freiburg, Institut für Sportpädagogik und Sport, hietzge@ph-freiburg.de

Hildebrandt-Stratmann, Reiner, Prof. Dr.
TU Braunschweig, Seminar für Sportwissenschaft und Sportpädagogik, r.hildebrandt-stramann@tu-bs.de

Holzweg, Martin
Humboldt-Universität Berlin, Institut für Sportwissenschaft, martin.holzweg@spowi.hu-berlin.de

Kottmann, Lutz, Dr.
Bergische Universität Wuppertal, FB G – Sportwissenschaft, kottmann@uni-wuppertal.de

Kretschmer, Jürgen, Prof.
Universität Hamburg, Fachbereich Erziehungswissenschaft, kretschmer@uni-hamburg.de

Kuhlmann, Detlef, Prof. Dr.
Universität Hannover, Institut für Sportwissenschaft, detlef.kuhlmann@sportwiss.uni-hannover.de

Kurz, Dietrich, Prof. Dr.
Universität Bielefeld, Abteilung Sportwissenschaft, dietrich.kurz@uni-bielefeld.de

Laging, Ralf, Prof. Dr.
Universität Marburg, Institut für Sportwissenschaft und Motologie, laging@staff.uni-marburg.de

Lochny, Mike
Universität Bremen, Institut für Sportwissenschaft/Sportpädagogik, mlochny@yahoo.de

Maag Merki, Katharina, Prof. Dr.
Universität Zürich, Pädagogisches Institut, kmaag@paed.uzh.ch

Menze-Sonneck, Andrea, Dr.
Universität Bielefeld, Abteilung Sportwissenschaft, andrea.menze-sonneck@uni-bielefeld.de

Neuber, Nils, Prof. Dr.
Universität Münster, Institut für Sportwissenschaft, nils.neuber@uni-muenster.de

Reuker, Sabine, Dr.
Universität Gießen, Institut für Sportwissenschaft, sabine.reuker@sport.uni-giessen.de

Rischke, Anne
Universität Bielefeld, Abteilung für Sportwissenschaft, anne.rischke@uni-bielefeld.de

Schmerbitz, Helmut
Laborschule Bielefeld, helmutschmerbitz@uni-bielefeld.de

Sedlak, Andrea
Universität Karlsruhe, Institut für Sport und Sportwissenschaft, andrea_sedlak@web.de

Seidel, Ilka, Dr.
Universität Karlsruhe, Institut für Sport und Sportwissenschaft, ilka.seidel@kit.edu

Seidensticker, Wolfgang
Laborschule Bielefeld, wseidensticker@gmx.de

Serwe, Esther
TU Dortmund, Institut für Sport und Sportwissenschaft, esther.serwe@tu-dortmund.de.

Seyda, Miriam
TU Dortmund, Institut für Sport und Sportwissenschaft, miriam.seyda@tu-dortmund.de

Stibbe, Günter, Prof. Dr.
PH Karlsruhe, Institut für Bewegungserziehung und Sport, stibbe@ph-karlsruhe.de

Süßenbach, Jessica, Dr.
Universität Duisburg-Essen, Sport- u. Bewegungswissenschaften, jessica.suessenbach@uni-due.de

Thiele, Jörg, Prof. Dr.
TU Dortmund, Institut für Sport und Sportwissenschaft, joerg.thiele@tu-dortmund.de

Thienes, Gerd, PD Dr.
Universität Osnabrück, Fachgebiet Sport und Sportwissenschaft, gerd.thienes@uni-osnabrueck.de

Von Taube, Christopher
Bertelsmann Stiftung, Gütersloh, christopher.vontaube@bertelsmann.de

Walter, Katrin
Universität Karlsruhe, Institut für Sport und Sportwissenschaft, walter@sport.uka.de

Wulf, Oliver
Bergische Universität Wuppertal, FB G – Sportwissenschaft, wulf@uni-wuppertal.de

Ziroli, Sergio, Prof. Dr.
PH Weingarten, Fach Sport, ziroli@ph-weingarten.de

Deutsche Vereinigung für Sportwissenschaft

Die Deutsche Vereinigung für Sportwissenschaft (dvs) ist ein Zusammenschluss der an sportwissenschaftlichen Einrichtungen in der Bundesrepublik Deutschland in Lehre und Forschung tätigen Wissenschaftler/innen. Die dvs wurde 1976 in München gegründet und verfolgt das Ziel, die Sportwissenschaft zu fördern und weiterzuentwickeln. Sie sieht ihre Aufgabe insbesondere darin:

- die Forschung anzuregen und zu unterstützen,
- gute wissenschaftliche Praxis auf der Grundlage berufsethischer Grundsätze zu sichern,
- die Kommunikation zwischen verschiedenen Disziplinen zu verbessern,
- die Lehre zu vertiefen und Beratung zu leisten,
- zu Fragen von Studium und Prüfung Stellung zu nehmen sowie den Nachwuchs zu fördern,
- regionale Einrichtungen bei der Strukturentwicklung zu unterstützen,
- die Personalstruktur wissenschafts- und zeitgerecht weiterzuentwickeln,
- die Belange der Sportwissenschaft im nationalen und internationalen Bereich zu vertreten.

Die Aufgaben werden durch die Arbeit verschiedener Organe erfüllt. Höchstes Organ der dvs ist die Hauptversammlung, der alle Mitglieder angehören und die mindestens alle zwei Jahre einmal tagt. Zwischen den Sitzungen der Hauptversammlung übernimmt deren Aufgaben der Hauptausschuss, dem außer dem dvs-Präsidium Vertreter/innen der Sektionen und Kommissionen angehören. Das dvs-Präsidium besteht aus Präsident/in, Schatzmeister/in (Vizepräsident/in Finanzen) sowie bis zu vier weiteren Vizepräsidenten/innen. Zur Unterstützung der Arbeit des Präsidiums ist ein/e Geschäftsführer/in tätig.

Weitere Organe der dvs sind der Ethik-Rat sowie die Sektionen und Kommissionen, die Symposien, Tagungen und Workshops durchführen. Sektionen gliedern sich nach sportwissenschaftlichen Disziplinen und Themenfeldern; Kommissionen befassen sich problemorientiert mit Fragestellungen einzelner Sportarten bzw. Sportbereiche. Für besondere, zeitbegrenzte Fragen können ad-hoc-Ausschüsse gebildet werden. Zurzeit sind in der dvs tätig:

- **Sektionen:** Biomechanik, Sportgeschichte, Sportinformatik, Sportmedizin, Sportmotorik, Sportökonomie, Sportpädagogik, Sportphilosophie, Sportpsychologie, Sportsoziologie, Trainingswissenschaft
- **Kommissionen:** „Bibliotheksfragen, Dokumentation, Information" (BDI), Fußball, Gerätturnen, Geschlechterforschung, Gesundheit, Leichtathletik, Schneesport, Schwimmen, „Sport und Raum", Sportspiele, Tennis, „Wissenschaftlicher Nachwuchs"
- **ad-hoc-Ausschüsse:** Digitale Medien, Elementarbereich, Motorische Tests, Sportentwicklungsplanung.

Mitglied in der dvs kann jede/r werden, die/der in der Bundesrepublik Deutschland hauptamtlich in Lehre und Forschung an einer sportwissenschaftlichen Einrichtung tätig ist, die/der sportwissenschaftliche Arbeiten veröffentlicht hat oder einen sportwissenschaftlichen Studienabschluss (Diplom, Magister, Promotion) nachweisen kann. Auf Beschluss des dvs-Präsidiums weitere Personen Mitglied werden. Auch können Institutionen oder Vereinigungen Mitglieder der dvs werden, wenn ihre Zielsetzung der der dvs entspricht.

Mitglieder der dvs haben die Möglichkeit, an der Meinungsbildung zu sport- und wissenschaftspolitischen Fragen mitzuwirken. Darüber hinaus ermöglicht die Mitgliedschaft in der dvs u.a. eine kostengünstige Teilnahme an allen dvs-Veranstaltungen sowie am alle zwei Jahre stattfindenden „Sportwissenschaftlichen Hochschultag", den Erwerb der Bücher der dvs-Schriftenreihe und den Bezug der Zeitschrift „Sportwissenschaft" zu ermäßigten Mitgliederpreisen. Der formlose Antrag auf Mitgliedschaft ist zu richten an die **dvs-Geschäftsstelle, Postfach 73 02 29, D-22122 Hamburg, Tel.: (040) 67 94 12 12, Fax: (040) 67 94 12 13, eMail: info@sportwissenschaft.de.**
Weitere Informationen zur dvs finden Sie im Internet unter: **www.sportwissenschaft.de**

Schriftenreihen

Sportwissenschaftliche Dissertationen und Habilitationen
Herausgeber: **Clemens Czwalina**   ISSN 0944-9604

Band 35	Schaefer: Sport in der Berufsschule. 1995. 357 S. ISBN 978-3-88020-257-3.	
Band 41	Gruber: Sport und Mukoviszidose. 1997. 160 S. ISBN 978-3-88020-291-7.	
Band 46	Rauter: Raum und Zeit im Bewegungsleben des Kindes. 1998. 176 S. ISBN 978-3-88020-320-4.	
Band 47	Ferger: Trainingseffekte im Fußball. 1998. 120 S. ISBN 978-3-88020-324-2.	
Band 49	Vorleuter: Evaluierung einer neuen Lehrplankonzeption. 1999. 280 S. ISBN 978-3-88020-338-9.	
Band 50	Brack: Sportspielspezifische Trainingslehre. 2002. 336 S. ISBN 978-3-88020-406-5.	
Band 51	Remmert: Spielbeobachtung im Basketball. 2002. 188 S. ISBN 978-3-88020-412-6.	
Band 52	Lenck: Kinder beobachten – Entwicklung fördern. 2003. 144 S. ISBN 978-3-88020-422-5.	
Band 53	Vetter: Ressourcenmanagement im Sport. 2004. 176 S. ISBN 978-3-88020-445-4.	
Band 54	Schliermann: Entwicklung eines Selbstlernprogramms zur Burnoutprävention bei Fußballtrainern. 2005. 392 S. ISBN 978-3-88020-447-8.	
Band 55	Extra: Sport in deutscher Kurzprosa des zwanzigsten Jahrhunderts. 2006. 300 S. ISBN 978-3-88020-469-0.	
Band 56	Tietjens: Physisches Selbstkonzept im Sport. 2009. 164 S. ISBN 978-3-88020-524-6.	
Band 57	Ziert: Trainingssteuerung in der Leichtathletik. 2009. ca. 240 S. ISBN 978-3-88020-530-7.	

Kinder-Jugend-Sport-Sozialforschung
Herausgeber: **Werner Schmidt**   ISSN 1619-652X

Band 1	Schmidt: Sportpädagogik des Kindesalters. 1998, 2. neu bearb. Aufl. 2002. 200 S. ISBN 978-3-88020-398-3.
Band 2	Breuer: Kindliche Lebens- und Bewegungswelten in dicht besiedelten Wohnquartieren. 2002. 184 S. ISBN 978-3-88020-399-0.
Band 3	Süßenbach: Mädchen im Sportspiel. 2004. 192 S. ISBN 978-3-88020-434-8.
Band 4	Schmidt: Kindersport-Sozialbericht des Rurgebietes. 2006. 144 S. ISBN 978-3-88020-465-2.

Sportwissenschaft interdisziplinär
Ein wissenschaftstheoretischer Dialog
Klaus Willimczik

Band 1	Geschichte, Struktur und Gegenstand der Sportwissenschaft. 2001. 216 S. ISBN 978-3-88020-388-4.
Band 2	Forschungsprogramme und Theoriebildung in der Sportwissenschaft. 2003. 288 S. ISBN 978-3-88020-389-1.
Band 3	Forschungsmethodik und Verantwortung in der Sportwissenschaft. 2009. ca. 200 S. ISBN 978-3-88020-390-7. (i.V.)
Band 4	Die sportwissenschaftlichen Teildisziplinen und eine 'vollständige' Bibliographie. 2010. ca. 160 S. ISBN 978-3-88020-391-4. (i.V.)

Forschungsmethoden in der Sportwissenschaft
Herausgeber: **Klaus Willimczik**

(Die Reihe ist abgeschlossen)

Band 1	Willimczik: Statistik im Sport. (Grundlagen – Verfahren – Anwendungen; ersetzt den früheren Grundkurs Statistik) 1992. 4., überarbeitete Auflage 1999. 272 S. ISBN 978-3-88020-351-8.
Band 2/3	Singer & Willimczik (Hrsg.): Sozialwissenschaftliche Forschungsmethoden in der Sportwissenschaft. 2002. 228 S. ISBN 978-3-88020-414-0.
Band 4	Singer u.a.: Die ATPA-D-Skalen. (Eine deutsche Version der Skalen von Kenyon zur Erfassung der Einstellung gegenüber sportlicher Aktivität). 1987. 188 S. ISBN 978-3-88020-160-6.